华信经管创新系列

内部审计学
（第2版）

沈 征 编 著

电子工业出版社
Publishing House of Electronics Industry
北京·BEIJING

内 容 简 介

本书分为"理论篇"和"实务篇"两个部分，分别从内部审计理论和实务角度详细论述了内部审计的历史演进和概念的发展，对内部审计机构和内部审计人员的要求和管理，内部审计在组织治理、风险管理和内部控制中的角色和作用，内部审计行为的技术规范、道德规范，内部审计的过程与方法，内部审计工作底稿，内部审计的报告，内部控制审计，风险管理审计，对舞弊行为进行检查和报告，绩效审计，信息系统审计，内部经济责任审计，建设项目内部审计，内部环境审计。

本书既可以作为高等院校会计、审计等财经类专业的本科和研究生教学用书，也可以作为对从事内部审计等相关工作的实务工作者的培训用书。

未经许可，不得以任何方式复制或抄袭本书之部分或全部内容。
版权所有，侵权必究。

图书在版编目（CIP）数据

内部审计学／沈征编著．—2 版．—北京：电子工业出版社，2022.4
ISBN 978-7-121-43244-6

Ⅰ.①内⋯ Ⅱ.①沈⋯ Ⅲ.①内部审计－高等学校－教材 Ⅳ.①F239.45

中国版本图书馆 CIP 数据核字 (2022) 第 056160 号

责任编辑：王二华
特约编辑：张米娜
印　　刷：三河市华成印务有限公司
装　　订：三河市华成印务有限公司
出版发行：电子工业出版社
　　　　　北京市海淀区万寿路 173 信箱　邮编：100036
开　　本：787×1092　1/16　印张：20.25　字数：516 千字
版　　次：2015 年 12 月第 1 版
　　　　　2022 年 4 月第 2 版
印　　次：2022 年 4 月第 1 次印刷
定　　价：59.90 元

凡所购买电子工业出版社图书有缺损问题，请向购买书店调换。若书店售缺，请与本社发行部联系，联系及邮购电话：(010) 88254888，88258888。
质量投诉请发邮件至 zlts@phei.com.cn，盗版侵权举报请发邮件至 dbqq@phei.com.cn。
本书咨询联系方式：(010) 88254532。

前 言

PREFACE

　　现代组织的规模越来越大，组织结构也越来越复杂，对信息技术的依赖程度也空前提高，它们正在朝着知识密集型和数据依赖型组织发展，在全球各个行业和领域从事着极度专业化和日益复杂的经营。与此同时，超越传统组织框架的战略联盟和虚拟组织开始涌现，预示着信息时代新型组织形式的发展已经显著改变了组织的目的、职能以及随之而产生的进行组织治理、风险管控和控制执行的需要。当下，我们又面临大数据时代的到来，数据的迅速膨胀决定着组织的未来发展，对人类的数据驾驭能力提出了新的挑战，也为人们获得更为深刻、全面的洞察能力提供了前所未有的空间与潜力。在这一不断变革甚至快速转型的经营环境和组织架构中，内部审计早已经成为组织管理者、治理者、外部审计师以及其他各方利益相关者的重要助手和合作伙伴。只要规划合理、执行有力，面对飞速发展和纷繁复杂的组织环境，内部审计都能在促进和支持组织治理、风险管理和内部控制方面发挥不可替代的作用。

　　随着内部审计的发展，内部审计在组织治理、风险管理和内部控制中扮演着重要的角色，同时也发挥着越来越重要的作用。内部审计通过评价和改善组织的治理过程扮演着完善组织治理的重要角色，发挥着提高组织治理效率和效果的重要作用。内部审计通过评价和改善组织的风险管理活动扮演着优化组织风险管理的重要角色，发挥着优化组织风险管理有效和高效运行的重要作用。内部审计通过评价和改进组织的内部控制扮演着优化组织内部控制设计和提升运行效果的重要作用。为此，明确内部审计在组织治理、风险管理和内部控制中的角色和作用，探索内部审计角色和作用得以充分体现和发挥的实现途径是我们更好地开展内部审计工作的前提。

　　国际内部审计师协会在修订的《国际内部审计专业实务框架》中将内部审计界定为："内部审计是一种独立、客观的确认和咨询活动，旨在增加价值和改善组织的运营。它通过系统的、规范的方法，评价风险管理、控制和治理过程的效果，帮助组织实现其目标。"中国内部审计协会2013年新颁布的《中国内部审计执业准则》也将内部审计界定为："一种独立、客观的确认和咨询活动，它通过运用规范的程序和方法，审查和评价组织业务活动及其内部控制、风险管理的适当性、合法性和有效性，促进组织改善治理和管理，帮助组织增加价值，实现其目标。"上述内部审计概念都将内部审计确定为集风险管理、内部控制和公司治理等要素于一体的综合性审计，并且将为组织增加价值的目标列为首要的职能定位。内部审计概念要求内部审计必须站在组织整体利益的立场上，从组织治理、风险管理和内部控制入手，通过评价和改进组织治理、风险管理和内部控制过程中的效率、效益和效果，以确保披露组织潜在的风险，达到经济并有效地为组织增加价值和改进运营的目的。

内部审计活动是在复杂多变的法律和文化环境中实施的，是在目标、规模和结构完全不同的组织中开展工作的，也是由组织内部或外部的不同机构和人员执行的。当今世界存在纷繁复杂的风险环境，这使已经身处巨大的差异化运作环境的内部审计职业更加面临了层出不穷的风险挑战。内部审计职业界及其从业人员必须认真考虑的一个重要问题就是如何更好地在内部审计的计划、实施、报告，以及后续追踪阶段合理地贯彻系统化的内部审计过程的设计思路，结合对风险的识别、评估和应对采取规范化的内部审计方法，强化对内部审计活动的规划、管理和控制，以改善内部审计的工作效果和效率，从而实现内部审计为组织增加价值的功能定位。

自本书第一版出版以来，国际内部审计师协会修订了《国际内部审计专业实务框架》，并发布了若干实务公告，中国内部审计协会也发布和修订了若干具体审计准则和实务指南，进一步完善了内部审计准则体系。面对内部审计职业方兴未艾的发展机遇，内部审计职业界必须不断地提升自身的专业胜任能力，内部审计人员更应当不断更新自己的专业知识体系，这也是我们本次修订《内部审计学》的主要目的。

本书内容将内部审计在理论和实务领域的新近发展成果进行系统的归纳和总结，希望能够帮助高等院校财经类专业的学生和致力于内部审计职业发展的实务工作者全面了解内部审计的基础理论，熟悉内部审计的实务流程。当然，本书的撰写完成只是作者在内部审计理论与实务研究进程中的开始，在内部审计领域需要进行更进一步研讨的内容还有很多，我们必须一如既往、坚持不懈地不断前行。最后，非常感谢电子工业出版社和王二华先生对本书的出版给予的鼎力协助。

沈　征

2022年3月于天津财经大学

目 录
CONTENTS

理 论 篇

第一章　内部审计的历史演进和概念的发展 ……… 2
 第一节　内部审计的历史演进 ……… 2
  一、国外内部审计的历史演进 ……… 2
  二、我国内部审计的历史演进 ……… 18
  三、内部审计产生与发展的动因和基础 ……… 21
 第二节　内部审计概念的发展 ……… 24
  一、内部审计概念的最早提出 ……… 24
  二、国际内部审计师协会对内部审计概念界定的发展历程 ……… 25
  三、国际内部审计师协会关于内部审计概念的全新理念 ……… 26
  四、中国内部审计协会对内部审计概念的修订 ……… 28
 第三节　后安然时代对内部审计职业发展的最新要求 ……… 29

第二章　内部审计机构和内部审计人员 ……… 30
 第一节　内部审计机构 ……… 30
  一、内部审计机构的设置模式 ……… 30
  二、我国对设置内部审计机构的规定和要求 ……… 31
  三、内部审计机构的职责和权限 ……… 33
  四、内部审计机构与组织中其他治理主体的关系 ……… 34
 第二节　内部审计人员 ……… 35
  一、内部审计人员应当具备的专业胜任能力 ……… 35
  二、内部审计人员专业胜任能力的获取、保持和提高 ……… 38
 第三节　内部审计机构和人员管理 ……… 39
  一、内部审计机构的管理 ……… 39
  二、内部审计部门管理 ……… 41
  三、内部审计项目管理 ……… 46
  四、内部审计质量评估 ……… 47

第三章　内部审计的角色和作用 ……… 49
 第一节　三线模型 ……… 49
  一、三线模型的原则 ……… 50
  二、三线模型中的关键职责 ……… 51
  三、核心职能之间的关系 ……… 53
  四、三线模型的应用 ……… 54
 第二节　内部审计在组织治理中的角色和作用 ……… 55
  一、组织治理概述 ……… 55
  二、内部审计在组织治理中的作用 ……… 56
  三、提升内部审计在组织治理中地位的途径 ……… 57
 第三节　内部审计在风险管理中的角色和作用 ……… 58
  一、风险管理概述 ……… 58
  二、内部审计在风险管理中的确认和咨询作用 ……… 59
 第四节　内部审计在内部控制中的地位和作用 ……… 62

一、内部审计在内部控制中的地位……62
二、内部审计在内部控制中的作用……63

第四章 内部审计的规范体系……65
第一节 内部审计的技术规范……65
一、内部审计准则概述……65
二、内部审计准则的框架结构……67
三、内部审计准则的内容……67
第二节 内部审计行为的道德规范……77
一、内部审计职业道德规范概述……77
二、内部审计职业道德规范的框架结构……79
三、内部审计职业道德的基本原则……80
四、内部审计职业道德规范的具体内容……82

第五章 内部审计的过程与方法……88
第一节 内部审计的过程……88
一、规划内部审计过程的风险关注……88
二、内部审计的计划阶段……89
三、内部审计的实施阶段……90
四、内部审计的报告阶段……92
五、内部审计的后续追踪阶段……94
第二节 内部审计的方法……95
一、内部审计的取证方法……95
二、内部审计的抽样方法……99
第三节 内部审计工作底稿……103
一、内部审计工作底稿的概念和作用……103

二、内部审计工作底稿的类型……105
三、内部审计工作底稿的编制与复核……106
四、内部审计工作底稿的归档和保管……107

第六章 内部审计报告……108
第一节 内部审计报告概述……108
一、内部审计报告的概念……108
二、内部审计报告的作用……109
第二节 内部审计报告的质量要求……109
一、衡量内部审计报告质量的标准……109
二、编制内部审计报告应注意的事项……110
第三节 内部审计报告的内容和格式……111
一、内部审计报告的基本要素……111
二、内部审计报告的主要内容……112
三、内部审计报告的基本格式……114
第四节 内部审计报告的编制……117
一、内部审计报告的编制程序……117
二、内部审计报告的编制要求……117
第五节 内部审计报告的复核、报送和归档……118
一、内部审计报告的复核……118
二、内部审计报告的报送……119
三、内部审计报告的归档……119

实 务 篇

第七章 内部控制审计……122
第一节 内部控制概述……122
一、内部控制的概念界定……122
二、内部控制的目标……124
三、内部控制的基本要素……125
四、内部控制的局限性……126
第二节 内部控制审计概述……127
一、以内部审计机构为实施主体的内部控制审计的概念界定……127

二、内部控制审计与内部控制评价、内部控制审计及内部控制评审的联系和区别……127
三、内部控制审计的责任划分……131
第三节 内部控制审计的内容……132
一、组织层面内部控制审计的内容……132
二、业务层面内部控制审计……140
第四节 内部控制审计的组织方式和程序……141

一、内部控制审计的组织方式 ……… 141
　　二、内部控制审计的程序 ……… 142
第五节　内部控制审计的方法 ……… 147
　　一、个别访谈法 ……… 147
　　二、调查问卷法 ……… 148
　　三、专题讨论法 ……… 148
　　四、穿行测试法 ……… 149
　　五、实地查验法 ……… 149
　　六、抽样法 ……… 149
　　七、比较分析法 ……… 150

第八章　风险管理审计 ……… 151
第一节　风险管理审计概述 ……… 151
　　一、风险管理审计的概念界定 ……… 151
　　二、内部审计在企业全面风险管理中的作用 ……… 152
　　三、风险管理审计与风险导向审计的联系与区别 ……… 153
第二节　风险管理审计的目标和内容 ……… 154
　　一、风险管理审计的目标 ……… 154
　　二、风险管理审计的主要内容 ……… 155
　　三、风险管理审计的主要实施领域 …… 157
第三节　风险管理审计的方法 ……… 161
　　一、传统审计方法在风险管理审计中的应用 ……… 161
　　二、风险管理体系建立情况的审计方法 ……… 162
　　三、常见的风险评估方法 ……… 162

第九章　对舞弊行为进行检查和报告 …… 165
第一节　舞弊的概念界定和表现方式 ……… 165
　　一、舞弊的概念界定 ……… 165
　　二、舞弊的表现方式 ……… 167
第二节　舞弊审计的理论基础和责任划分 ……… 168
　　一、舞弊三角理论 ……… 168
　　二、组织管理层与内部审计机构和人员在防范舞弊行为中的不同责任 … 171

第三节　舞弊审计的程序 ……… 173
　　一、评估舞弊发生的可能性 ……… 173
　　二、舞弊的检查 ……… 175
　　三、舞弊的报告 ……… 176
第四节　计算机舞弊的控制与审计 …… 177
　　一、计算机舞弊的类型 ……… 177
　　二、计算机舞弊的控制和审计方法 … 179

第十章　绩效审计 ……… 182
第一节　绩效审计概述 ……… 182
　　一、绩效审计的历史演进 ……… 182
　　二、绩效审计的概念 ……… 184
第二节　绩效审计的内容 ……… 186
　　一、绩效审计的范围 ……… 186
　　二、绩效审计的具体内容 ……… 188
第三节　绩效审计的方法 ……… 189
　　一、数量分析法 ……… 189
　　二、比较分析法 ……… 191
　　三、因素分析法 ……… 192
　　四、量本利分析法 ……… 193
　　五、专题讨论会 ……… 193
　　六、标杆法 ……… 194
　　七、调查法 ……… 195
　　八、成本效益分析法 ……… 196
　　九、数据包络分析法 ……… 196
　　十、目标成果法 ……… 197
　　十一、公众评价法 ……… 197
第四节　绩效审计的评价标准 ……… 198
　　一、评价标准的来源 ……… 198
　　二、评价标准的确定 ……… 199
第五节　绩效审计报告 ……… 202
　　一、绩效审计报告的要求 ……… 202
　　二、绩效审计报告的内容 ……… 203

第十一章　信息系统审计 ……… 206
第一节　信息系统审计概述 ……… 206
　　一、信息系统审计的概念 ……… 206
　　二、信息系统审计的目标 ……… 207
　　三、信息系统审计中的职责划分 …… 208
第二节　信息系统审计的程序 ……… 209

一、信息系统审计计划 ……………… 209
二、信息技术风险评估 ……………… 210
三、信息系统审计测试 ……………… 211
四、信息系统审计报告 ……………… 211
第三节 信息系统审计的内容 ……… 212
一、组织层面信息技术控制的审计 …… 212
二、信息技术一般性控制的审计 …… 212
三、业务流程层面相关应用控制的
审计 ……………………………… 213
第四节 信息系统审计的方法和
技术 ……………………………… 214
一、信息系统审计的基本方法 ……… 214
二、信息系统审计的具体方法 ……… 217
三、信息系统审计的具体技术 ……… 218

第十二章 内部经济责任审计 …… 223
第一节 内部经济责任审计概述 …… 223
一、内部经济责任审计的产生和
发展 ……………………………… 223
二、内部经济责任审计的概念 ……… 226
三、内部经济责任审计的特点 ……… 227
四、内部经济责任审计的作用 ……… 229
第二节 内部经济责任审计的目标和
内容 ……………………………… 232
一、内部经济责任审计的目标 ……… 232
二、内部经济责任审计的内容 ……… 235
第三节 内部经济责任审计的实施 … 238
一、审计准备阶段 …………………… 238
二、审计实施阶段 …………………… 240
三、审计终结阶段 …………………… 243
四、审计结果运用及后续审计 ……… 244
第四节 内部经济责任审计的方法、
评价及经济责任界定 ………… 245
一、内部经济责任审计的方法 ……… 245
二、内部经济责任审计评价 ………… 247
三、内部经济责任审计评价指标 …… 249
四、审计分类评价标准与综合评价
应用 ……………………………… 255
五、经济责任的界定 ………………… 258

第十三章 建设项目内部审计 …… 261
第一节 建设项目内部审计概述 …… 261
一、建设项目内部审计的概念 ……… 261
二、建设项目内部审计的目标 ……… 262
三、建设项目内部审计的特点 ……… 263
四、建设项目内部审计的实施 ……… 264
第二节 建设项目内部审计的内容 … 265
一、投资立项审计 …………………… 266
二、设计(勘察)管理审计 …………… 268
三、招投标审计 ……………………… 270
四、合同管理审计 …………………… 273
五、设备和材料采购审计 …………… 275
六、工程管理审计 …………………… 278
七、工程造价审计 …………………… 280
八、竣工验收审计 …………………… 282
九、财务管理审计 …………………… 283
十、后评价审计 ……………………… 286
第三节 建设项目内部审计的方法 … 287
一、工程造价审计方法 ……………… 287
二、建设施工承包合同形式下的造价
审计重点 ………………………… 290
三、建设项目内部审计中的工程质量
检测方法 ………………………… 291

第十四章 内部环境审计 …………… 294
第一节 内部环境审计概述 ………… 294
一、内部环境审计的产生和发展 …… 294
二、内部环境审计的概念界定 ……… 295
三、内部环境审计的类型 …………… 296
四、内部环境审计的组织方式 ……… 297
第二节 内部环境审计的目标和
内容 ……………………………… 298
一、内部环境审计的目标 …………… 298
二、内部环境审计的内容 …………… 300
第三节 内部环境审计的方法 ……… 310
一、内部环境审计的通用方法 ……… 310
二、内部环境审计的特殊方法 ……… 312

参考文献 ……………………………… 315

理 论 篇

第一章

内部审计的历史演进和概念的发展

第一节 内部审计的历史演进

"现代内部审计之父"劳伦斯·索耶曾经指出:"内部审计在古代就有其起源,但是,只有到近代这棵大树才开始根深叶茂,内部审计的历史从古到今,经历了一个缓慢而艰难的过程。"[①]如今,内部审计已经从以会计和财务为导向的职业发展成为以更高层次和更广范围的管理和治理为导向的职业,内部审计也从独立审计服务的附属品发展成为独立的专业和学科。了解和研究内部审计的历史演进可以帮助我们厘清导致内部审计产生和发展的动因和基础,并在充分认清职业界所面临的变化中的环境和社会需求的基础上,积极完善职业的自身建设,不断满足层出不穷的社会需求。

一、国外内部审计的历史演进

(一)远古时代的内部审计

对内部审计的需求和内部审计出现的迹象可以追溯到公元前 3500 年的美索不达米亚文明,当时的记录中就显示了对财务交易进行验证的记载,即在与财务交易有关的数字旁边有些小的标记。这些点、记号和对勾标记就很好地描述了一个审计验证的过程和制度。当时的记录还显示一名书记员编制简要的交易汇总表,另一名书记员对汇总表进行验证。这一过程则充分地体现了内部牵制制度中的独立检查和职责分离的理念和做法。

差不多在同一个时期,古埃及奴隶主阶级的最高统治者也设置了具有较强独立性的监督官,并具体设置了"记录监督官""谷物仓库监督官"以及从事国家财政监督和行政监督的监督官,负责对政府的会计账簿、谷物税的征收及财政行政等具体行为进行审查和监督,监督官的职责实际上就是审计。

---

① 劳伦斯·索耶. 索耶内部审计学. 北京:中国财政经济出版社,2005.

两千多年前，古希腊的雅典城邦就建立了官吏卸任经济责任审计制度，由审计官具体执行。希腊人具有很强的对财务进行控制的观念，他们的记录显示，交易必须得到授权和验证。他们的控制系统包括特殊的、直接的方式，并使用奴隶而不是自由人来担当记录人，因为希腊人认为拷问奴隶比询问发过誓的自由人更能获得可靠的信息。当时，这些古国的审计官员以"听证"（Audit）的方式，对掌管国家财物和赋税的官吏进行审查和考核，成为具有审计性质的经济监督工作。

到了公元前510年左右的古罗马时期，罗马帝国在元老院之下设置了审计机构，负责监督行政官吏，并设财务官和监督官协助元老院处理国家财政事务，其中财务官负责国库记录和审计，监督官具有一定的独立审计职能。与此同时，一些奴隶主拥有规模很大的领地，为了防止负责管理领地和财物的人员出现舞弊行为，他们采用了"账户听证"方式对这些人员经管的财物收支或直接进行监督，或指派专人执行审查并向他们报告。

事实上，上述官员通过口头验证将他的记录与其他人的进行对比，以防止负责管理资金官员的舞弊行为的"听取账户"的工作所使用的术语"审计"（Audit）就起源于拉丁文中的"auditus"，即"听众"的意思，而询问者就是通过检查地方总督的账目，试图发现舞弊和资金滥用的问题。

（二）中世纪时代的内部审计

罗马帝国衰落之后，其建立的货币系统和财务控制系统也随即衰落了，直到黑暗时代的末期，统治者被重新要求证明自己取得了应得的收入。最初由贵族和法官进行审计，稍后由指派的官员进行审计。从黑暗时代进入中世纪之后，内部审计在西欧得到了进一步的发展，出现了专职的审计人员负责查错防弊的工作。当时，许多王室都委派官员对所属领主交纳的地租、贡赋进行检查并向王室报告；许多拥有大量土地的寺院都在寺院总务长之下设有对财务收支和会计账目进行检查的人员；许多行会都在成员中通过选举的方式产生审计人员，对行会的财物和账目进行审查，并在行会举行的大会上做出报告。

1. 寺院审计

11世纪的西欧寺院制度广为流传，这些寺院不仅拥有庞大的地产，而且还从事食盐、畜牧之类的贸易，发展饲养业和进行抵押放款，有些寺院甚至还成为当地的贸易中心。这些寺院往往都建立了较为严密的经济管理组织，在住持之下，设有一个院长（Prior）和一个或一个以上的副院长。院长手下配备有许多专职的负责寺院各部门和财产管理的管理人员，其中总务长的权力最大，由他全面管理寺院的土地、动产和各项收支业务。隶属于总务长的岗位还有地窖管理员、储蓄所和作坊的监督员、会计员或出纳员。为了加强对寺院的管理，监督受托人员经济责任的履行情况，寺院还适当地配备了审计人员。审计人员的主要任务包括审查会计人员编制的会计账目和财产清单，并对记账差错和舞弊以及浪费和奢侈行为进行处理。这些审计人员往往是具有一定的专业会计知识的僧侣，而审计人员的地位和职能发挥，在各个寺院并不相同。有些寺院的审计人员直接对院长负责，由寺院授权处理寺院的内部审计业务；有些寺院的审计人员则只是总务长手下的经济监督人员。美国的汤普森在其所著的《中世纪经济社会史（下）》中对第二种情形的评价是："在这样的情况下，审计人员的独立性相对来讲要差一些。"

2. 城市审计

中世纪西欧的商业得到了极大的复兴，在西欧的原土地上重新出现了以手工业和商业为中心的城市。最初，城市仍然由封建领主管辖，但进入 11、12 世纪以后，城市居民不堪忍受封建领主的剥削和压迫，展开了要求自治权的斗争。他们通过金钱购买或武装斗争在不同程度上获得了自治权。自治城市由市民选出市长、法官和市议会，他们受市民的委托，负责管理城市。那些负责城市财政管理的官员定期在作为市民代表的审计人员面前朗读会计账目，审计人员通过听取账户记录，对他们的受托经济责任进行审查。1228 年和 1311 年伦敦市的会计官员先后两次接受审查。最初由市长、市参议院和其他有关人员组成的审计委员会进行审计业务，后来改为从市民中选举产生 6 名诚实善良的代表担任审计人员。1316 年，都柏林市要求税收人员将收支预算书报送到"市民或审计人员面前"，以接受审计。1456 年，又制定了通过听取账户记录对本市各种会计账户进行审查的规定。1456 年，爱尔兰各城市，出纳官的会计账簿会受到详细的审查。15 世纪，苏格兰的一些城市各机关的官员都需要在市长、参议院和市民面前接受审计监督。16 世纪，詹姆斯一世的法律规定：城市官员包括市长、议员等的会计账簿均得接受审计人员的审查。法国、德国和意大利诸国，也在不同程度上实施过城市审计业务。例如，在德意志北部城市之间形成的著名的商业和政治联盟——汉萨同盟就曾经配备了数名审计人员，实施对会计账目等的审计工作。

3. 行会审计

行会审计是中世纪内部审计的重要形态。在英国，从 11 世纪至 12 世纪开始就已经存在具有特殊目的的人们的结合体，即行会。每个行会每年要召开 1～4 次总会，议事内容包括选举产生理事和审计人员。理事会是行会的执行机关，其主要任务是征收会费和罚款，调查行会的财产状况，仲裁行会成员间的纠纷，登记反映行会经济业务的行会账户。审计人员通常是从行会成员中选举产生的，是行会成员的代表，其主要任务就是定期对账户进行审查。理事必须在召开总会之时完成对所有行会账户的审查并提交给审计人员。审计人员审查完毕之后，就会向行会成员就账户记录进行口头报告。由此可见，行会审计就是建立在行会成员和理事之间关于行会业务和财产管理的委托、受托关系基础之上的。审计的重点与城市审计一样，都是审查作为受托人的理事在处理经济事务方面的诚实性。

4. 银行审计

十字军的东征给意大利的商业和金融均带来了极大的繁荣。到 13 世纪，意大利商业的繁荣对记录的要求更为精准。此时出现了复式簿记会计系统，即每一笔交易都要在借方和贷方两个账户中同时予以反映。这个系统可以帮助商人对其与客户和供应商相关的交易进行控制，同时也可以监督员工的工作。与此同时，伴随商业的繁荣发展，审计工作也越来越正式和规范。金融业的巨大发展更催生了银行内部审计的产生。佛罗伦萨是当时意大利的金融中心，这里的巴尔迪银行、佩鲁齐银行和阿恰伊渥奥利银行就曾被誉为"基督教世界的支柱"。在西欧各地，这些银行到处都设有佛罗伦萨总行的代理分行。为了加强对这些分行的控制，银行家们就采用了某些内部审计的审查和控制形式。著名会计思想家迈克尔·查特菲尔德在其所著的《会计思想史》中就记载了当时银行内部审计的运转情况。例如，梅迪席银行就曾专门设置内部审计人员对各分行的财务报表进行审计，以预防呆账和信用过期。当时，对本国的分行通常一年审计一次；对国外的分行，总行则要求代理人一年来佛罗伦萨报送两次会计记录。

5. 庄园审计

在中世纪的内部审计形态中，庄园审计是最具特色的。当时的西欧庄园不仅是封建制度下的政治单位，也是重要的经济单位。庄园主为了更好地进行庄园管理，加强对农奴的剥削，自己不再参加管理活动，而将这些任务委托给数名庄园管理者去执行，并在庄园主和数名庄园管理者的经济责任关系中建立比较严密的内部审计制度。

在数名庄园管理者中，以监视人、总收入官和审计人员三者尤为重要。监视人员负责掌握土地和租地人的情况，编制地租账；总收入官是最重要的官吏，庄园的经营就是以他为轴心进行的，他对庄园的经营承担全部的责任，其主要任务就是根据地租账征收地租和通行费并编制反映庄园收支业务的庄园账目。不过，欲从收入中开支需经庄园主点头同意。一般情况下，总收入官希望高估损失，低估收入和自然增产值，提交对自己有利的会计账目。著名会计学家A·C·利特尔顿在其所著的 Accounting Evolution to 1900 中就描述了当时庄园审计的基本状况。审计人员的任务是接受庄园主的委托，定期检查账目记录，审查总收入官编制的会计账簿的小计和合计是否正确，加法运用有无差错，根据付款单审查开支原因，并陈述审计意见。然后将庄园账户和审计意见一起提交给庄园主，接受他的最终审阅和批准。

可见，庄园审计是建立在庄园主和总收入官之间关于庄园管理的委托、受托关系的基础之上的，正如著名会计思想家迈克尔·查特菲尔德在其所著的《会计思想史》中指出的那样："在中世纪所有的会计职能中，这种审计与现代审计颇为相似，而且对现代实务，有着最直接的影响。"但是，此时审计的重点仍然是审查受托者的责任履行情况，通过审查账簿来了解经办人员是否诚实。

（三）近代的内部审计

1. 催生近代内部审计的适宜环境

近代的内部审计起源于英国的工业革命时代，各种组织开始雇用注册会计师检查财务记录，而不只是以往的"听证"。审计验证变成了对书面记录进行详查和将账簿记录与书面证据进行核对的工作。以中世纪的寺院审计、城市审计、行会审计、银行审计和庄园审计为代表的传统内部审计也在向新型内部审计制度演变和发展。

19世纪末和20世纪初，西方资本主义的发展进入垄断时代，产业结构和经营机制出现了很多新的变化，垄断企业开始成为资本主义经济的重要特征。在少数发达资本主义国家，一些大型股份制企业为了开拓垄断资本利润的新来源，瓜分世界市场，纷纷将"过剩"资本输出到国外，其目标是发展中国家，在这些国家设立分支机构和分公司。例如，美国的胜家缝纫机器公司就最先到欧洲进行直接投资，美国的威斯汀豪斯电器公司，英国、荷兰合资建立的尤尼莱佛公司，瑞士的雀巢食品公司，都先后到国外投资建厂，开始跨国性经营，充当资本主义国家资本输出的重要工具。伴随跨国公司的大规模发展，总公司开始撤离管理第一线，变直接管理为间接管理，与分公司只保持松散的关系，对分公司（尤其是海外分公司）只保持控股关系，分公司拥有较大的自主权，其主要财务责任就是必须按控股额向总公司支付股东的红利。在管理层次增加、实行分权管理的跨国公司中，高级管理层遇到了管理上的巨大难题。一方面，总公司必须制定各种完备和详细的管理政策、方针、手续和流程，以确定各个分公司在经营管理中履行职责的标准;另一方面,总公司还必须采用新型的控制方式,对这些政策、方针、手续和流程的执行情况进行管理。

企业管理层迫切需要解决新形势下出现的新问题,但是管理层也意识到,如果仍然采取以往聘用外部独立审计人员对分公司的财产、会计记录和经营情况进行审查的方式,是很难满足来自管理方面的新要求的。因为外部审计人员通常仅提供一年一度的财务报表审计,而管理层次和控制内容的日益复杂化可能需要缩短审计的期限和拓宽审计的范围。如果完全依赖外部独立审计人员,就会大幅度增加审计的成本,同时也未必能够在审计内容上满足管理层的要求。企业管理层必须另辟蹊径,于是他们开始将目光转向企业内部,千方百计地从员工中选拔具有经营管理知识和能力的特殊人才,要求他们从企业自身的利益出发,对分公司管理责任的履行情况进行经常性的监督。相对于外部独立审计人员,在企业内部选拔的这些特殊的人才被称为"内部审计人员"。当管理层更进一步意识到内部审计人员在管理控制中的重要性之后,就开始在公司内部增设专门的内部审计职能部门,此职能部门就是"内部审计机构"。

正如内部审计职业的创始人维克多·布林克在其所著的《前程无量》一书中所指出的:"在内部审计师职业建立以前的岁月里,工商企业和其他各种组织的活动范围变得愈来愈庞大,愈来愈复杂。这些变化的到来,致使对控制和经营效率的管理更加困难。管理人员再也不能亲自观察责任范围内的所有活动,甚至不再有充分的机会去接触直接或间接向他们报告的人。于是,他们开始寻求能够处理这些新问题的所有可能的途径。愈来愈多的管理部门发现,有必要任用一些专门的职员去检查和报告正在发生的事情,并对其原因进行深入的调查。这些专业人员就是'内部审计人员'。"由此可见,近代的内部审计是在19世纪末20世纪初,随着大中型企业管理层次的增多和管理人员经济责任的加重,基于企业内部经济监督和管理之需而产生的。

2. 近代内部审计的发展

在内部审计迈向近代内部审计的早期,英国走在了最前列。19世纪末,在一次次经济危机的严重打击下,深受股份公司破产之苦的股东和债权人强烈要求对企业的会计记录和资产管理加强监督,为了满足这些正当的要求,英国议会在1844年率先颁布了《公司法》,从法律制度层面明确要求企业设立监事之职,行使内部审计之权,从而初步确立了近代内部审计制度。

19世纪末,德国克虏伯公司在军火工业中占据着统治地位,它是一个将采煤、冶金、机器和军火生产合为一体的巨大康采恩。1875年,该公司实行了内部审计制度。该公司的审计手册指出:"审计人员应确定是否正确地遵循了法律、合同、政策和程序;企业的所有业务是否符合所确定的政策,并取得成功。就此而论,审计人员应提出建议,以改进现存设备和程序,并以改进管理的建议方式,对合同加以批评。"这就表明该公司已经配备了内部审计人员,并初步实施了合规审计和经营审计。

在美国,铁道部门是最早认识到内部审计的必要性并建立内部审计制度的行业。美国铁道部门从19世纪末就开始配备内部审计人员,负责巡视各铁路售票机构,检查现金记录的正确性,因此这些内部审计人员也被称为"巡回审计师"。大约在1919年,美国一家大型铁路公司就曾经利用内部审计人员对餐车业务进行了财务审计和经营审计。这些审计人员在审计报告中不仅揭露了工作差错和舞弊行为,还详细列举了浪费现象。

日本在明治和大正时代，就出现了实行内部审计的公司。审计人员不仅进行财务审计，还进行经营审计。当然，这种经营审计大多数不是为了健全现代化的管理制度，而是带有对经济管理的效果进行评价的性质。其审计方式主要包括：(1)由总公司派出检查人员进行审计；(2)由商法规定的监事实行内部审计；(3)由专职内部审计部门进行审计；(4)由兼职内部审计人员进行审计；(5)临时进行内部审计工作。其中，以第一种和第二种形态最为普遍。例如，住友公司从明治时代起，就由总公司审计人员对住友仓库、住友电气和住友金属等公司进行审计。日本内部审计的先驱者神马新七郎在回忆录中指出："最近，在我国的学术界和实务部门，研究内部审计之风十分盛行，实在令人欣喜。但是，这仅仅是最近的事。记得在大正时代末期，我们在进行公司会计和成本核算时，各部门报告的经营报表和会计报表，未必都是可靠的；而且，公司为了达到内部控制的目的，制定了各种规章制度，包括经营规程、成本核算规程、预算控制规程和工资计算规程等，并在公司内部付诸实施，而实际上，这些规章制度并没有严格贯彻执行。于是，公司为了保证各部门提供的各项报告的正确性，为了充分贯彻执行公司的规章制度，决定在公司内部设置单独的部门，承担内部审计工作。这种趋势产生于大正时代末期。就是在这种形势之下，使我公司萌发了建立内部审计制度的动机，昭和四年1月1日，我受命担任第一任审计科长，尔后，又出任董事长，并兼职审计部长。"

1823年，澳大利亚维多利亚州成立了电力委员会。第一任董事长是第一次世界大战以后从欧洲战场上退伍下来的一位将军。他在管理实践中认识到，搞好企业经营的关键是必须加强管理工作，其中强化内部控制是不可缺少的工作，而要推动这项工作，就必须设置一个能够替代他从事经常性检查、评价和监督的机构。所以，他于1923年4月9日，向董事会提出了一份有历史意义的备忘录，其中一开始就指出："在这个备忘录所提出的概括性的提纲中，从管理授权的功能、职责、范围及其绩效责任出发，应设立诸如内部审计的机构。内部审计人员在电力委员会中不是行政长官；他们应直接向委员会负责；有权接触所有的凭证、账簿、统计资料、信件和文件，对委员会资产的安全、经营支出的适当性，以及影响经济利益的事项进行检查，向委员会的主席提出审计报告。"由此可见，早在20世纪20年代，在澳大利亚的一些企业就已经确立了内部审计的性质、机构、职责、权力和工作范围，这也充分证明了澳大利亚企业家的远见卓识。

(四)现代的内部审计

在近代内部审计的发展过程中，内部审计虽然越来越得到企业管理层的关注和重视，内部审计自身也得到了很大的发展，但是，外部审计师始终持续地影响着完成内部审计的方式和方法。内部审计人员基本上都是作为其所在公司的注册会计师的内部助手们存在的，他们通常为那些外部审计师提供财务审计的文书性支持工作。这一情形直至1941年才发生了根本性的改变，这一年第一部内部审计专著的出版预示着内部审计有了适合于自身发展的独立的理论体系，这一年第一个内部审计组织的诞生预示着内部审计已经成为一个独立的职业并与外部审计职业相分离，内部审计职业已经通过将其内部审计的范围扩展到对整个企业的经营绩效进行评价取得了与外部审计职业相同的社会地位。从此开始，现代内部审计开始发展。1941年也被誉为"现代内部审计的奠基之年"，成为内部审计发展史中一座重要的里程碑。与此同时，企业运营和政府运作的日益复杂化使得管理层更加关注有效监控的重要性，内部审计职业的作用也得到了前所未有的重视。由此可见，现代内部审计的发展并不是自发地开始的,而是管理人员和内部审计人员为了适应管理现代化和控制高效化的要求,自觉地追求和倡导的结果。

1. 第一部内部审计专著的出版

自 19 世纪末 20 世纪初开始,内部审计在企业管理近代化的发展进程中的作用越来越受到管理部门的重视。许多企业都开始从加强管理和控制的角度设置专门的内部审计机构,配备专门的内部审计人员。内部审计职业迎来了大发展的重要契机,在这样的历史转折过程中,有一个人敏锐地捕捉到了审计发展的最新需要,并将观察的焦点集中在内部审计理论的研究之上,先声夺人地推出了关于内部审计的拓荒之作,宣告了内部审计学科的正式诞生,创立了适合内部审计自身发展的独立的理论体系。他就是维克多·Z·布林克(Victor. Z. Brink)。

维克多·Z·布林克于 1906 年 6 月 13 日生于美国,就读于内布拉斯加大学,并取得了工商管理硕士学位,毕业后,布林克留校任教。1934 年,布林克就任精炼石油公司内部审计员。1939 年,布林克进入哥伦比亚大学攻读博士学位,并于 1941 年荣获哥伦比亚大学经济学博士学位。第二次世界大战之后,他重新回到审计实务领域,曾担任两年的会计师事务所合伙人,之后又在福特公司担任审计主任长达 15 年,晚年被哥伦比亚大学聘为名誉教授,同时担任管理咨询顾问。

布林克自 20 世纪 30 年代末就开始动笔写作内部审计学专著,当时,他正在哥伦比亚大学攻读博士学位。在罗伊·B·凯斯特教授(Roy. B. Kester)的直接指导下,他将博士论文的研究重点确定为内部审计领域。布林克的博士论文以内部审计的性质和范围为主轴,并围绕这一中心内容构建了全文的基本框架,对诸多内部审计理论和实践问题进行了大胆的探索。正是凭着这篇论文,布林克顺利地通过了博士答辩,并荣获博士学位。不久,布林克在论文的基础上将其扩编成书,题名为《内部审计——程序的性质、职能和方法》(*Internal Auditing – Nature, Functions and Methods of Procedure*),由罗纳尔德出版公司于 1941 年 1 月 1 日正式出版发行。

现将布林克的《内部审计》第一版的目录列示如下:

第一篇　导论和基本背景
　　第一章　问题介绍和陈述
　　第二章　内部审计服务
　　第三章　内部审计部门的组织和结构
　　第四章　内部牵制
第二篇　内部审计项目要素
　　第五章　初步考虑和现金
　　第六章　应收账款和投资
　　第七章　存货、购进和销售
　　第八章　固定资产和其他资产
　　第九章　会计账目和应收票据
　　第十章　应计费用和其他负债
　　第十一章　业主权益、收益和费用
　　第十二章　内部审计师的其他定期活动

第一章　内部审计的历史演进和概念的发展

　　第十三章　内部审计师的其他特殊活动
　　第十四章　工作底稿、审计结果和审计报告
第三篇　导论和基本背景
　　第十五章　内部审计服务的评价
　　第十六章　内部审计部门与外部审计师的配合
　　第十七章　结论和展望未来
附录 A　公共会计师事务所采用的评价内部牵制的问卷
附录 B　公共会计师事务所采用的检查客户内部程序的手册
附录 C　参考文献

　　布林克在其著作中指出："编写本书的目的有两个：一是对形成和指导内部审计项目，以及提高详细审计工作绩效，具有实用性；二是使会计人员和负责公司行政管理实务的公司管理人员，也有可能更深更好地理解内部审计作为更加有效地加强控制的工具的潜在优点。在编写本书的过程中，笔者不仅运用了自己在实际审计工作（包括公营性质和私营性质两个方面）中的经验，而且亲自对其他实务进行了调查。……人们对内部审计的兴趣愈来愈高。在过去的 25 年里，工商企业越来越认识到内部审计可以使其组织运转更有效率。……这个在工商企业中运用内部审计的运动，也受到注册会计师的欢迎。"

　　布林克的《内部审计》是世界上第一部系统地论述内部审计理论和实务的专著。它向内部审计职业界提供了加强控制和提高绩效的有效途径。它是作者根据第一手资料，并通过大量调查编著而成的。罗纳尔德出版公司在征订广告中指出："该书将为解决内部控制问题，提供必不可少的和不断的帮助。"出版社还将该书称为"有效运用内部审计的指南"。布林克《内部审计》的出版促使更多的管理人员开始思考如何才能更好地组织其内部审计职能。布林克在其著作中强有力地提出：内部审计人员不仅能够，而且应该成为组织管理团队的更重要成员。布林克设想的现代内部审计人员是为管理层服务的，这不但超出了常规的会计验证程序，而且采用了更广泛的方法为管理层提供服务，并将之作为内部审计活动的有关内容。

　　布林克《内部审计》一书的出版与"内部审计师协会"的创立，并称为 20 世纪 40 年代内部审计发展的两件大事，震动了世界审计领域。这两件大事标志着内部审计取得了质的飞跃：一方面，内部审计第一次从实践上升为理论，从而有力地确立了内部审计学科；另一方面，内部审计已经走向组织化，成为深受社会公众欢迎的专业队伍。1973 年，该书被更名为《现代内部审计》(Modern Internal Auditing)，作为第三版发行；1982 年，布林克又与赫伯特·威特(Herbert. Witt)合作推出了第四版；1986 年，出版社又出版了配套的继续教育版，赢得了世界性的声誉。《现代内部审计》（第四版）由内部审计管理、内部审计的方法、内部审计的评价及其与各界的关系四个部分组成，是作者根据自己多年担任注册会计师、内部审计师、管理咨询顾问和教授的丰富经验编写而成的，既有精辟的理论分析，又有实践经验的总结，洋洋洒洒五十余万字，反映了内部审计理论与实践的最新成果，是内部审计人员的必读之书。《内部审计》从付梓之日迄今已经超过 70 个春秋，但是它仍然经久不衰，不愧为审计学领域屈指可数的经典名著。

　　布林克教授治学严谨，知识渊博，除《内部审计》一书之外，还出版了很多优秀专著。其中包括《管理和计算机》(1974 年)、《前程无量(国际内部审计师协会的历史：1941—1976

9

年)》(1977年)、《管理政策》(1978年)和《内部审计案例研究》(1986年)。

布林克博士还是内部审计职业的杰出奠基人和领导者之一。1941年12月，他与另外23名有志之士一起，联合发起并成立了"内部审计师协会"。尔后，他还亲自在该协会担任各种职务，如国际计划委员会、对外关系委员会和国际事务委员会委员长、研究部主任，并于1950年至1951年，被一致推选为内部审计师协会主席。在布林克教授担任协会主席期间，内部审计师协会获得了长足的发展。

由于布林克教授对内部审计学和内部审计职业组织做出的突出贡献，内部审计师协会于1967年授予他协会的最高奖项——布雷德福·卡德默斯奖(Bradford Cadmus Award)。内部审计职业界对布林克教授在内部审计面临大变革时代时努力探索创新发展之路的精神永远都会怀着深切的敬意和由衷的钦佩。

2. 第一个内部审计组织的创立

布林克教授作为内部审计师协会的主要创始人，曾经在其所著的《前程无量》(*Foundations for Unlimited Horizons*)一书的扉页上郑重地写道："诚以本书献给约翰·瑟斯顿——《前程无量》的总设计师和讲授内部审计概念的最具有说服力的发言人"。约翰·B·瑟斯顿是20世纪享誉世界的内部审计领域领导人，就是他倡导并组织了一批富有经验的内部审计精英人士创建了世界上第一个内部审计职业组织。

瑟斯顿毕业于威廉学院和纽约法学院，他生活的时代正是内部审计职业逐渐趋于成熟的时代，当时美国的许多企业都设置了独立的内部审计机构，配备了专职的内部审计人员。一个偶然的机会促使瑟斯顿走上了组建内部审计组织的道路。1941年夏初，瑟斯顿以北美公用事业公司内部审计负责人的身份，出席了由几家企业召开的内部审计会议。会议结束时，代表委托他编写一份总结性文件。瑟斯顿经过仔细的考虑，撰写了名为《内部审计——现代管理必不可少的需要》(*Internal Auditing—A Vital Need of Modern Management*)的文件，该文尽管得到了许多内部审计同行的赞许，但是其中体现的思想在当时却无法付诸实施。于是，瑟斯顿萌发了创建内部审计组织来更好地发展内部审计职业的想法。当他将这一想法告诉他的挚友哥伦比亚工程公司审计主任罗伯特·米尔恩(Robert. Milne)时，得到了对方的大力支持。

1941年1月，罗纳尔德出版公司出版了布林克博士的专著《内部审计》，这部书立刻引起了瑟斯顿的注意。他敏锐地意识到这部出自布林克博士之手的专著可以给他提供理论上的帮助。于是，瑟斯顿亲自面见了已在哥伦比亚大学贸易学院任教的布林克，请求他提供帮助，布林克很爽快地答应了要求。

创建内部审计职业组织的关键一步就是选定有志于此项工作的行业精英人员。在瑟斯顿、米尔恩和布林克的倡导下，40位活跃在实务领域的内部审计人员报名参加，其中24人表示愿意直接参与协会的筹备活动。1941年9月23日，24位响应者出席了在纽约市威廉俱乐部召开的筹备会议。会上，与会者热烈讨论了建立新的内部审计职业的潜在可能性和可行性。最后一致认为，此举实属必要，并推荐瑟斯顿担任筹备负责人，同时任命一个以阿瑟·霍尔德(Arthur. Hald)为主席的委员会负责起草协会章程和申请许可证。1941年11月10日，纽约教育长官正式批准了成立协会的申请。第二天，内部审计师协会宣告成立。在1941年12月9日召开的第一届年会上，瑟斯顿被推举为协会第一任会长，这不仅是瑟斯顿职业生涯和奋斗经历中辉煌的一页，也是内部审计史上一座重要的里程碑。

协会成立之后，瑟斯顿并没有满足于自己已经取得的成就，1943 年，他出版了自己编著的《内部审计——一种新的管理技术》(Internal Auditing—A New Management Technique)一书，该书共 450 页，收集了 1943 年以前发表的有关内部审计的重要文章和文件。这是第一部由协会赞助出版的文献，它首次介绍了内部审计职业的历史、职能和作用，收到了良好的效果。

瑟斯顿自从确定以发展和繁荣内部审计事业为自己的奋斗目标以后，便坚定地朝着这个目标继续前行。后来，他虽然辗转几家大型公司工作，但是一直都从事内部审计工作。最后，瑟斯顿创办了自己的咨询公司，专门提供内部审计服务。不幸的是，1951 年 3 月 25 日，瑟斯顿因积劳成疾而过早地告别了自己所热爱的事业，享年仅 43 岁。

瑟斯顿是一位杰出的内部审计职业的导航人，他像透镜聚焦一样将毕生的精力倾注到内部审计事业上，在推动内部审计职业发展中做出了卓越的贡献。现在，人们都亲切地称他为"内部审计师协会之父"。为了纪念这位卓越创始人和第一任会长，内部审计师协会特设了瑟斯顿奖(Thurston Award)，每年评选一次，用以奖励在《内部审计师》会刊上发表优秀论文的作者。

3. 现代内部审计的发展

内部审计师协会创立之后，其规模在很短的时间内就得到了迅速的扩展。1942 年 9 月 15 日，协会在纽约设立了第一个分会，1943 年 1 月 27 日和 1943 年 7 月 29 日，协会又分别在密执安和芝加哥地区设立了第二个和第三个分会。1944 年和 1945 年，协会在加拿大分别设立了多伦多分会和蒙特利尔分会。这是协会在美国以外的国家设立的最早的分会，它标志着内部审计师协会已经具有国际化特色。1941 年，协会成立之时只有会员 24 人，到 1947 年，会员已经增加至 1 322 人。1974 年，协会在英国伦敦召开了年会，这次年会在内部审计职业发展史上具有重大的历史意义，这是协会第一次在北美之外的国家召开的国际性会议。在该次会议上，有 27 个国家的代表出席了会议，这次国际性会议的召开表明内部审计师协会已经真正成为一个国际性的组织。

1966 年，威廉·斯密斯(William. Smith)出任协会会长之后，马上设立了职业发展委员会负责探索内部审计师资格考试和证书项目的可行性。当时，许多内部审计人员都认为应像民间审计职业建立注册会计师称号那样，设立注册内部审计师称号。自 1973 年开始，协会正式开始注册业务，从而为内部审计师提供了一个获得专业资格的机会。如今，最初只有 24 名会员的内部审计师协会已经发展成为拥有 180 000 名会员的国际性职业组织——国际注册内部审计师协会(The Institute of Internal Auditors，IIA)，这也充分证明内部审计的职业地位在世界范围内已经达到了一个很高的水平。

如果说内部审计师资格证书项目是对内部审计人员个人职业资格的考察，那么质量保证项目则是根据内部审计师协会的标准对内部审计组织进行的评价。1986 年，内部审计师协会质量保证复查中心开始对内部审计组织的工作质量进行复查，已经针对不同工业部门的内部审计组织开展了这项业务。内部审计师协会开展的质量保证服务很快就引起了越来越多的内部审计主任和审计委员会的兴趣，因为该项目能够为组织带来内部审计机构声誉的提高。

为了发展内部审计理论研究等学术事业，内部审计师协会成立了专门的研究委员会，出版了大量的内部审计专著，还定期出版《内部审计师》《今日内部审计师协会》和《管理部门报告》等期刊。协会出版的具有突出成就的专著如下：协会最早赞助出版的内部审计论文集

《内部审计——一种新的管理技术》(Internal Auditing—A New Management Technique);第一部文献目录《内部审计文献目录》(Bibliographies of Internal Auditing Literature);第一部尝试将统计技术运用于内部审计领域的开拓性手册《审计师抽样手册》(Sampling Manual for Auditors);探索内部审计师在数据处理过程中的作用的《系统的可审性和控制》(System Auditability and Control);将现代管理科学与内部审计职业实践完美融合的《现代内部审计实务》(The Practice of Modern Internal Auditing);系统介绍内部审计师协会历史的《前程无量》。

为了奖励在内部审计领域做出突出贡献的人士,协会还设立了各种奖项,其中较为著名的如下:瑟斯顿奖(Thurston Award),设立于1951年,每年评选一次,用以奖励在《内部审计师》会刊上发表优秀论文的作者;卡德默斯奖(Bradford Cadmus Award),设立于1965年,用以奖励在内部审计领域做出重大贡献的人士,是协会的最高奖项。

4. "现代内部审计之父"劳伦斯·索耶

劳伦斯·B·索耶(Lawrence. B. Sawyer)是一位律师、作家、会计师和内部审计师。索耶曾在美国审计总署担任内部审计总监。索耶更是内部审计师协会的活跃分子,作为协会的会员,索耶经常出席各种会议,积极参与讨论,在与各方面人士的交流与沟通中激发和丰富了自己的内部审计思想。40多年的审计经历使索耶掌握了大量的第一手资料,这对他后来的研究、写作和教学十分有益。索耶先后发表过近百篇学术论文,出版过数本学术专著,其中包括《现代内部审计实务》(1973年)、《现代内部审计》(1974年)、《管理和现代内部审计》和《内部审计手册》,他还举办过各种学术讲座和研讨会,参加过录像教学。在现代审计发展史中,索耶在推动内部审计发展方面占有重要的地位。

索耶在现代内部审计理论研究和教育方面取得的成就与他幸福美满的家庭生活是分不开的。他在南加州的舒适住宅中每每回忆自己的内部审计研究生涯,都会不无感慨地提到自己的妻子和女婿。他的处女作(也是成名之作)《现代内部审计实务》(The Practice of Modern Internal Auditing)就是在女婿的鼓励下,经过两年半废寝忘食的努力而编著完成的。索耶一方面继承了前人的优秀成果,同时又将自己的丰富经验与现代管理科学融为一体,从一种崭新的角度,对各种内部审计实践问题进行了系统的、孜孜不倦的研究。这是他一生中收获最大的重要转折点。1973年,潜心数年编著而成的内部审计新著《现代内部审计实务》由内部审计师协会正式出版了,并且立刻产生了广泛而深刻的影响。所以,索耶马上又出版了《学生指南》和《教师指南》两本配套材料,以满足内部审计教学的需要。但是,他没有因著述的成功而沾沾自喜,故步自封。尔后,他又花了八年的时间,继续阅览更多的资料,研究新的问题,对第一版《现代内部审计实务》进行了全面的修订和补充,增添了许多新的内容。1981年,《现代内部审计实务》修订版正式由内部审计师协会出版。该版由六篇组成,共二十五章,详细介绍了体现现代特点的内部审计技术、方法、报告、管理和其他事项,将整个理论体系建立在现代管理学基础之上。1988年,协会又出版了该书的第三版,并改名为《索耶内部审计学》(Sawyer's Internal Auditing)。内部审计从布林克1941年出版《内部审计》以来,经过三十年的时光,到索耶发表这部惊人之作,才形成了一套比较完整的理论实务体系,表现出鲜明的时代特色。著名的内部审计学家佛瑞德里克·E·明茨在评价该书时指出:《现代内部审计实务》一书在内部审计文献中迈出了重要的一步。

索耶称得上是当代世界第一流的内部审计权威人士,现代内部审计的重要奠基人。为了表彰他对内部审计职业所做出的卓越贡献,内部审计师协会向他颁发了内部审计职业的最高奖——布雷德福纪念奖(卡德默斯奖),并四次向他颁发了瑟斯顿奖。正如国际内部审计师协会(IIA)前任秘书长威廉·G·毕晓普(William. G. Bishop)先生所言,劳伦斯·B·索耶,这位被称为"现代内部审计之父"的内部审计的"布道者",无私地将其宝贵的知识和丰富的经验汇集成了内部审计领域最重要的专业论著。2004年,国际内部审计师协会将第五版的《索耶内部审计学》推荐给中国内部审计师协会,新版的《索耶内部审计学》结合了近年来发生的一系列财务丑闻,分析了加强内部控制和风险管理的必要性,并就2002年《萨班斯-奥克斯利法案》对内部审计和审计委员会所产生的重大影响一一做了介绍。新版《索耶内部审计学》从七个方面分三十一章非常全面地阐述了内部审计的定义、性质、方法,所采用的最新技术以及如何对内部审计活动进行管理和控制,其中包含了大量详细的、具有可操作性的实务内容及范例。

5. 政府部门内部审计的发展

在企业内部审计的发展方兴未艾之时,一些国家政府部门的内部审计也得到了长足的发展。政府部门内部审计的发展主要基于两个方面的原因:一方面,随着政府职能的扩大,特别是在凯恩斯主义的冲击下,政府部门的经费开支迅速增长,政府部门领导人的经济责任也出现了不断扩大的趋势,社会各界开始关心政府部门经费的管理和使用情况,政府部门领导人为了更好地履行自己扩大了的经济责任,便开始建立和强化政府内部审计部门;另一方面,为了管理和控制经费支出,使其真正达到预期的社会效益和经济效益,政府部门的领导人也积极地将内部审计作为内部控制的一部分,将内部审计部门培育成为政府管理人员的助手。

在澳大利亚,自1945年开始,连续几任审计长均提到政府部门的内部审计工作发展不够,需要进一步发展。1964年,财政部要求各部门严格检查内部审计人员的工作,以确保内部审计工作由具备资格和能力的人员来实施。1966年,公共服务委员会(The Public Service Board)指定了一个联合委员会(Joint Committee),负责调查联邦21个部门约500个内部审计机构的职责和作用。联合委员会得出的结论是内部审计的范围和方法因单位的不同而不同,所以有必要对内部审计的作用进行定义。于是,该委员会提出了下述定义:"内部审计是一个独立的事后的评价部门,它在一个部门内部发挥作用,并为管理层提供服务,它的对象是该部门的收入、支出、储备、人事、有关的经营活动、该部门内部有关单位的财务、会计和供应活动。"

进入20世纪70年代以后,澳大利亚大部分政府部门虽然都对内部审计机构进行了反复的评价和检查,但是,审计长还是不断地埋怨内部审计部门工作效率不高。于是,1971年,公共决算委员会对各部门内部审计工作的进展情况进行了一次普查。调查结果于1972年9月作为委员会第39号报告报送给了议会。委员会严肃地指出:虽然内部审计部门的工作有所改进,但是出现了内部审计人员向其他部门流失的情况,致使这种改进存在夭折的迹象。1973年7月,公共服务委员会提请各部门注意公共决算委员会的意见。一年以后,公共决算委员会又进行了一次调查,旨在了解各部门为了更好地发挥内部审计的作用都采取了哪些措施,然而审计长对调查结果仍然不满意。1977年,公共服务委员会从管理角度,对政府部门的内部审计工作进行了联合检查。这次检查涉及澳大利亚七个部门、八个公司和信托机构,其目的是鼓励各部门和信托机构提高其内部审计组织的效率。调查结束后,委员会在征求了审计长的意见之后，向公众简要地介绍了提高内部审计效率的计划，同时宣布成立联合执委会，由公务员委员会、审计署和财政部的代表组成，该执委会的建立，为"澳大利亚内部审计局"的成立创造了条件。

公共服务委员会还就以下事项提出了建议：(1)全体内部审计人员的教育方案；(2)执行公共服务委员会在国家审计组织审计长和其他机构协助下制定的高水平的审计标准；(3)运用和开发现金的审计技术，特别是广泛使用以内部控制系统为基础的审计技术；(4)如果可能，检查各部门和机构的组织和分工。同时，委员会还要求有关负责人在下述方面进行合作：(1)采纳所建议的、具有过渡性质的内部审计标准；(2)采纳以系统为基础的审计；(3)制定内部审计章程；(4)加强合规性审计；(5)扩大内部审计范围，将非财务审计引入内部审计工作中，引进效果性审计和效率性审计；(6)支持公共服务委员会制定的教育方案；(7)对内部审计组织进行检查。

为了适应各部门的急需，公共服务委员会在与审计署和财政部磋商以后，制定了"内部审计标准说明"(Statement of Interim Internal Audit Standard)。这些标准吸收了澳大利亚会计师协会、特许会计师协会和美国会计总署审计标准的内容。自1979年5月以来，委员会的大部分精力都放在了制定管理人员和内部审计师的教育方案上。方案中不仅包括培训计划和课程，借此向内部审计师介绍以系统为基础的审计，而且包括为部门管理者准备的课程，以增加他们对内部审计部门的兴趣。审计署与委员会齐心协力，安排课程，举办专题讨论会，并且制定了综合性的《基本审计手册》(General Audit Manual)。该手册主要供本署审计官员使用，其中也介绍了一部分内部审计最基础的技术、方法和标准。

6. 经营审计的发展

正当大批的内部审计师为内部审计现代化和职业化的发展进行不懈努力的时候，一种新型的内部审计业务以前所未有的速度迅速进入内部审计领域，引发了内部审计工作重点的快速扩展和重大转移，这就是经营审计业务。它突破了传统的财务审计领域，给内部审计职业带来了巨大发展的良好契机。如今，经营审计业务已经成为内部审计职业发展的主流和特色。维克多·Z·布林克在谈及经营审计时就曾指出："理解内部审计的这一扩大了的作用，对于评价内部审计当前所处的环境，它所受到的新的压力，以及由此导致的内部审计发展的前景是十分重要的。"[1]经营审计的发展，不仅扩大了内部审计的专业视野，还吸引了一大批精明强干的人才；经营审计的开展不仅提高了内部审计工作在管理层心目中的地位，也为内部审计人员本身赢得了更高的报酬。

现代内部审计向经营审计的扩展并非偶然，它是随着社会经济的发展，企业管理人员经济责任的扩展而逐步形成的。第二次世界大战之后，各个企业都发生了巨大的变化。勇于承认现实的公司已经感到竞争的加剧、资源的日益昂贵，以及顾客要求越来越高的趋势。对于这些企业来说，满足上述要求、应对上述挑战的最好方法就是努力改变企业的组织结构，降低成本，提高质量，满足特殊顾客的需求，并比竞争对手采取更快的改进措施，这一应对过程通常被称为"观动向、看需求"。在这个过程中，需要突破臃肿的组织机构，加速采用新技术(计算机、机器人技术和电信技术)，不断提高工作人员的素质，并紧紧依靠精确的实时信

---

[1] 文硕. 世界审计史. 北京：企业管理出版社，1996.

息进行决策。只有这样，才能掌握更多的信息、技术和技能，占有更多的信息和技术优势。总而言之，现代企业要在竞争日益激化的环境中稳操胜券，就必须以最快的速度、最高的效率和最佳的效果做出反应。在这样的形势推动下，内部审计人员开始意识到对内部审计职业的挑战，同时也逐渐察觉到内部审计职业良好机遇的到来。他们认为，如果毫无准备或不愿意转变，不愿意正视转变时期对内部审计职业提出的新要求，及时地为管理者提供高质量的服务，就会使自己陷入困境。于是，内部审计人员在财务审计的基础上，从过去的只强调防护性作用的内部审计工作起步，向对企业管理做出更大贡献的方向迈出了坚定的步伐。

20世纪40年代之前，内部审计从方法上主要集中于满足财务审计的要求。进入20世纪40年代以后，这无疑妨碍了内部审计对当时日益复杂的企业管理方面的经济责任所实施的监督，限制了内部审计人员在企业管理现代化进程中作用的发挥。从发展内部审计职业的角度分析，恰恰是这种基本上单一的财务审计形态束缚了它的手脚，使它难以越出传统的疆界，走向一个新的天地。20世纪40年代末和50年代初，在《内部审计师》杂志上先后发表的两篇有关经营审计的论文发起了开展经营审计的理论动员，在当时的影响确实是很大的。

1948年3月，阿瑟·H·肯特（Arthur. H. Kent）在《内部审计师》杂志上发表了《经营的审计》（Audits of Operations）一文，详细论述了传统的财务审计以外的审计活动。在这之前，人们提及这一领域，往往称之为"非会计事项审计"，而非"经营的审计"。肯特是美国加利福尼亚标准石油公司的总审计师。他毕业于英格兰利物浦学院和师范学院，后来，先后在英格兰和新英格兰致力于教育工作。1917年受聘于加利福尼亚标准石油公司，并于1931年1月起，全面负责该公司的内部审计工作。此外，肯特还担任过西雅图政府部门的高级雇员。在这篇论文中，肯特首先论述了经营审计的定义，并对财务审计和经营审计的目的进行了比较。然后，根据自己在经营审计方面积累的经验，肯特详细介绍了经营审计的应用方法。肯特指出："非常自然，下面所列举的许多事例出自我所在的公司，但我确信，这些典型事例的目的和应用方法对任何一家公司都是适用的。对公司经营活动的了解和本身所具备的优秀判别力将使您能够根据公司所处的特殊环境，正确地应用经营审计"。[①]肯特在文章的结论部分指出："你们中的一些人也许正在实施我所论述的经营审计，另一些人则仍然将自己完全局限于财务审计之中。如果您属于后一类，您也许会问我：在公司里面，能做出什么与您论述的经营审计有关的事情呢？我想我会这样回答您：当您认为有可能实施经营审计时，您应一次又一次地将一些分析结果传递给您的管理部门，而这些分析对产生巨大的经营效率则是非常有益的。然后，您可以用尽可能最好的方法，辅助管理部门经营公司，您会发现，他们会更多地寻求您的帮助。或许，在有些地方，您的审计部门一起被管理部门看作会计工作的另一种形式。如果说有用，也只是在数字核查中奏效。但是，逐渐地，在他们的眼中，您会受到欢迎，甚至会被认为是高效率管理的一个非常重要的帮助。"[②]这篇论文是肯特先生在内部审计师协会洛杉矶分会会议上宣读的学术论文，是世界上第一篇论述经营审计的开拓性文献。肯特的文章通过对新型审计的理论探索，引导了一整批介绍经营审计的出色论著。

1954年，菲拉德瑞克·E·敏茨（Frederic. E. Mints）在《内部审计师》杂志第7期上发表了第一篇以"经营审计"（Operational Auditing）为题的技术性论文。敏茨先生是洛克希德航空

---

① Arthur. H. Kent. Audits of Operations. Internal Auditors, 1948.3.
② Arthur. H. Kent. Audits of Operations. Internal Auditors, 1948.3.

公司常驻审计师。他在这篇论文的序言中指出："经营审计是指通过对企业经营活动进行分析性检查，来决定企业活动是否与管理政策相一致，以此保证管理目标的实现。经营审计的这种评估作用对改善管理工作具有极大的帮助。……现在，我们需要发展一种新的、有特色的职业。这并不意味着要赋予管理人员一些比注册会计师的工作更精深的内容，而是要为管理层提供一种崭新的、富有特色的、不能通过其他途径得到的服务。笔者认为，从财务审计出发是唯一自然的途径。我们中的绝大多数最初都是作为会计师得到培训的，大部分时间都花在了公共会计业务上。但是，必须认识到，我们所扮演的新角色是高层管理部门的助手，因此，不能将自己局限于财务管理工作中。除审核账户、保证出纳员的手不伸向钱箱以外，我们应该做而且能够做许多其他的工作。自从内部审计师协会建立以后，许多有远见的审计专家就一再提出，应将内部审计工作扩展到其他业务领域。"①接着，敏茨通过列举两个实例，很有说服力地介绍了自己在实际工作中的经营审计经验。他指出："经营审计在洛克希德航空公司以若干形式实践了许多年。可以说，它并没有达到瓜熟蒂落的圆满地步，但也的确取得了一定的发展。所以，我敢肯定地说，经营审计同样可以在您的公司实施。现在，我们公司可以以三年为循环期。在循环期内，我们将 45%的时间用于财务审计，55%的时间用于经营审计。"②敏茨在文章的最后指出："人们常说，昨天的梦想变成了今日的现实，我想，我们这些人已经做了很长时间的经营审计梦，现在是该实现梦想的时候了。常有一些这样的警言：'危险！慢行！千万小心！'其结果是人们根本不敢去做，现在是全速前进的时候了。当然，我们也要小心，但一定要去做"③敏茨后来回忆说，在他发表论文之前，肯特就在1953年"智囊团会议"上提到"Operational"一词。当时，他们考虑了几个名词，最后觉得"Operational"一词听起来更加顺耳。

上述两篇论文的作者所表现出来的热忱，使许多内部审计师深受启示和鼓舞。他们除财务审计以外，也积极地投身于新兴的经营审计事业。从此，经营审计在内部审计领域蓬勃发展起来。但是，对于一种新的内部审计业务，光有几个经验丰富的倡导者写出不算很多的经营审计文章，并不足以表明它的成长。在发展经营审计事业的过程中，引人注目的还是三支精干的队伍：一支来自内部审计领域；另一支来自企业管理领域；最后一支来自民间审计领域。

肯特和敏茨发表关于经营审计的文章以后，各种专业杂志上连续发表了数百篇有关这一主题的论文。1958年，内部审计师协会出版了《经营审计》(Operational Auditing)。这是一部论文集，收录了在第17届内部审计师协会年会上宣读的所有论文。1964年，内部审计师协会出版了布雷德福·卡德默斯(Bradford·Cadmus)会长编著的工具书《经营审计手册》(Operational Auditing Handbook)，它很快成为现代内部审计师的良师益友。1975年，内部审计师协会就公司内部审计的一些问题，对数十家公司进行了调查。其结果表明，95%的被调查单位实施经营审计的目的是对效率性、效果性和经济性做出评价。同时还表明，内部审计机构审计时间的 51%已用在经营审计活动上。

在内部审计人员开发经营审计概念的同时，被称为管理审计的类似活动也由管理队伍发展起来。1932 年，T·G·罗丝(T·G·Ross)在伦敦出版了第一本管理审计专著。该书名为

---

① Frederic. E. Mints. Operational Auditing. Internal Auditors，1954.6.
② Frederic. E. Mints. Operational Auditing. Internal Auditors，1954.6.
③ Frederic. E. Mints. Operational Auditing. Internal Auditors，1954.6.

《管理审计》（The Management Audit），其突出特点就是建议按问卷形式对被审计单位进行调查，问卷是专为分析有关部门各项活动而设计的。最初，《管理审计》是提交给工业管理协会的一篇论文，后来扩充成一本不到 40 页的专著。罗丝是管理科学的忠实信徒，是工业顾问，也是"机械工程师协会""生产工程师协会"和"英国管理协会"会员。他建议将企业分解为各个职能部门，将管理分为可用效率来加以衡量的工程技术，并指出了经营成功的关键因素。他认为，一个既具有管理才能，又拥有数年实际经验的管理者（至少应具有 15 年的工作经历），应该能够评价每一个环节的效率和成就，正像经过良好训练的会计师审查会计记录那样。1940 年，"大城市人寿保险公司"颁发了题为《管理审计概要》（Outline for a Management Audit）的管理审计指南，该书发展了罗丝所倡导的管理审计思想。1948 年，霍华德·本尼迪克特（Howard·G·Benedict）出版了内部审计史上著名的《管理标准》（Yardsticks of Management）一书。该书是探索访问式管理审计的力作，由九部分组成，试图通过因素分析法对管理活动进行评价。

进入 20 世纪 50 年代以后，管理学术界在管理刊物上发表了大量的论文来应和萌芽中的管理审计思想。很快，管理审计的名气越来越大。其中，在理论领域的响应以美国管理协会会长杰克逊·马丁德尔（Jackson·Martindell）最为活跃，他于 1950 年出版了《对管理的科学评估》（The Scientific Appraisal of Management）一书。该书总结了马丁德尔认为的管理成功的公司的经验，是美国管理协会在管理审计方面的开拓性文献。另外，在实务领域，美国管理协会在整个 50 年代通过对数百家大公司进行管理审计，从实践上对管理审计进行了推广。该协会甚至一度出版了著名的《管理审计》（The Management Audit）期刊。20 世纪 60 年代初期，经营审计开始与管理审计合二为一，因为管理职业后来不再对管理审计感兴趣，内部审计师协会全面接管了经营审计工作。比较起来，在开发扩大范围审计的过程中，管理界运用的是宏观方法，而内部审计界运用的则是微观方法，各自的贡献都是突出的，均值得载入史册。

经营审计在内部审计领域的运用，推动了内部审计工作的蓬勃发展。它的作用和成就引起了民间审计职业界的关注。1978 年，美国注册会计师协会设立了经营和管理审计特别委员会，负责研究经营审计的理论与实践问题，并为协会会员提供适当的信息。该委员会的成员由协会的审计标准委员会，管理咨询服务部和联邦政府部推荐，经过两年的研究，委员会公布了一份意向性讨论稿。委员会认为，经营审计业务是一种管理咨询服务，但也带有财务审计的某些特点，故执业人员制定经营审计标准时，可以查阅管理咨询服务部所颁发的管理咨询服务标准和审计标准委员会公布的有关审计标准。同时，委员会明确指出，所有为政府单位或联邦资助项目进行经营审计的执业人员，还应熟悉美国会计总署发布的审计标准；独立开业的会计师也应按照该署的有关审计标准，进行经营审计业务。

1982 年，协会正式出版了《经营审计约定》（Operational Audit Engagement）报告。该报告在导言中指出："虽然注册公共会计师执行的经营审计并不是一种新的服务，但特别委员会相信，独立开业的会计师会更好地被邀请为私营部门和政府的当事人提供这类服务。因此，……本报告将有助于执业人员认识经营审计的良机和面临的挑战。"委员会编写该报告的目的有两个：一是对经营审计做出定义，并为注册公共会计师提供经营审计业务方面的详细信息；二是明确经营审计与财务审计的异同之处。目前，内部审计职业正在面临与日俱增的猛烈挑战：(1)公营部门和企业经营行为的商业化，要求进一步从财务审计和合规审计转向以经济性、效率性和效果性为内容的经营审计；(2)企业承担的经营风险迅速增加，要求内部审计加强对控制系统进行评价，并对经营决策进行审查；(3)企业面临日益激烈的经济竞争，要求内部审计对生产技术方面的问题进行评价，并采用新的审计程序和方法，深化经营审计工作。所有这些都为经营审计提供了发挥作用的场所，而且也预示着经营审计必定会在审计领域得到突飞猛进的大发展。

二、我国内部审计的历史演进

(一)古代内部审计

我国内部审计的历史发展可谓源远流长，早在3000多年前的西周时期就出现了内部审计的萌芽。周王朝设立了天、地、春、夏、秋、冬六卿管理朝政，其中，天官协助周天子总管一切政务，在天官之下设小宰管理财政收支、司会管理核算业务；在小宰之下设宰夫负责监督周王朝的财政收支有无错弊、各级官吏使用财物有无绩效，这就是我国古代内部审计的最初萌芽。据《周礼》记载，"宰夫之职，掌治朝法，以正王及三公、六卿、大夫群吏之位。掌其禁令，叙群吏之治。"可见，宰夫实施的正是政府内部审计的职责，负责政治监察，掌管治理朝政之法，并监督官吏严格遵守和执行朝法。

秦汉时期是我国封建社会的建立和成长时期。封建社会经济的逐步发展和政治的逐步完善，促进了我国审计制度的发展。秦朝实行御史制度，御史大夫是全国最高的监察长官，辅佐皇帝行使对国家政治和财政的监督工作；同时，实行上计制度，即由皇帝亲自参加听取和审核各地方官吏的财粮收支情况报告以决定赏罚，由御史大夫主持上计工作，这实际上就是掌管全国的民政、财政及财粮收支的审计工作。另外，秦朝还设置了"少府"掌管皇室的财计工作，行使内部审计权力。汉承秦制，仍由御史大夫兼上计的职责，行使监察职权；汉代还设立了"计相""司隶校尉""刺史"等官职，建立了多层次的监察体系。尤为重要的是，汉代还制定了《上计律》，使上计制度有法可依，标志着我国审计立法的开始。

隋唐两朝是我国封建社会的鼎盛时期。隋唐时期中央集权不断加强，官职系统日臻完善，社会经济快速发展，这对管理和监督提出了更高的要求。隋朝开始设置"比部"（"比"就是考核审查的意思），隶属都官或刑部之下，掌管国家财计监督，行使审计职权且具有司法监督的性质。唐朝改设三省六部，比部置于刑部之下，开展审计的权力覆盖国家财经的各个领域，而且一直延伸至州、县。比部审查的范围极广，项目众多，而且具有很强的独立性和很高的权威性。唐朝在发展政府内部审计的过程中还建立了一些审计制度，规定了各种审计程序、送审时间和审计处理要求等重要事项，尤其是制定了考核审计官员的标准。据《新唐书·百官志》记载，唐朝对所有官吏视其职掌的不同，分别制定不同的考功标准，其中对审计官员提出"明于勘复，稽失毋稳，为勾检之最"的准则，足以引为后人鉴戒。

宋代专门设置了"审计司"，隶属于太府寺(属内部审计性质)，南宋初年还设置了"审计院"。宋朝审计司(院)的建立，标志着我国"审计"的正式定名，从此"审计"这个概念成为我国财政经济监督的专门用语。宋代的审计监督制度非常严格，审计范围也很广泛。

元明清时期的君主专制制度日益强化，这一时期我国审计制度的发展基本处于停滞衰落状态。元朝逐渐强化了御史检查机构的审计职能，户部兼管财计报告的审查工作，独立的审计机构已告消亡。明朝设都察院，左右都察史的长官审查中央财计。清承明制，继续设置都察院，职掌对君主进行规谏，对政务进行评价，对大小官吏进行纠弹，成为当时国家最高的监察、监督、弹劾和建议的机构。尽管明清两代施行的都察院制度使审计工作有所加强，但审计缺乏了独立性，特别是取消了比部这种独立的审计机构，使政府内部审计职能受到了严重的削弱。

(二) 近现代内部审计

到19世纪后半期，随着我国民族资本主义工商业的产生和发展，一些按照西方企业管理模式建立的银行、造船厂、矿山和兵工厂开始在企业内部设立稽核职位或部门，实行内部审计制度，近代内部审计在我国开始出现。辛亥革命后，北洋政府于1914年设立审计院，颁布了《审计法》。1928年，南京国民政府设立审计院，后改为审计部，隶属检察院。同一时期，中国共产党领导下的革命根据地成立了苏维埃政府审计委员会，颁布了《审计条例》，实行审计监督制度。对战争年代节约财政支出，保障战争供给，树立廉洁作风，都起到了积极的作用。

新中国成立之后，我国并没有实施审计制度。内部审计是伴随20世纪80年代计划经济向市场经济的转轨而得以恢复的。1983年8月20日，国务院批转《审计署关于开展审计工作几个问题的请示》，明确了"对下属单位实行集中统一领导或下属单位较多的主管部门，以及大中型企事业组织，可根据工作需要建立内部审计机构或配备审计人员，实行内部审计监督。"根据国务院的规定，一些部门和单位开始组建内部审计机构。铁道、交通、邮电、煤炭、水电、石油、经贸、商业、地矿等部门和金融机构，以及船舶、石化、汽车、有色金属等实体性公司陆续建立了司局级的内部审计机构。

1985年8月，国务院发布了《国务院关于审计工作的暂行规定》，要求国务院和县级以上地方各级人民政府各部门、大中型企业事业单位应当建立内部审计监督制度，根据审计业务需要，分别设立审计机构或审计人员，在本部门、本单位主要负责人领导下，负责本部门、本单位的财务收支及其经济效益的审计。内部审计的业务，要受国家审计机关的指导。1987年4月，中国内部审计学会成立，并于同年加入国际内部审计师协会，成为IIA的国家分会。1988年11月，国务院发布了《审计条例》，对内部审计的机构设置、人员职责、工作范围和领导关系做出了明确规定。内部审计开始在国家各级行政机关、大中型企业事业单位全面展开，并成为我国审计监督制度的重要组成部分。这一时期的内部审计业务主要针对财务收支及其有关经济活动开展。

20世纪90年代以后，随着我国市场经济体制改革进程的加快，内部审计得到了较快发展。1992年5月，原国家体改委发布了《股份有限公司规范意见》和《有限责任公司规范意见》，明确规定股份有限公司实行内部审计制度，设立内部审计机构或配备内部审计人员；有限责任公司可按照国家规定制定审计制度，并根据实际需要设立内部审计机构。1994年8月，全国人大常委会颁布了《中华人民共和国审计法》，第二十九条明确规定："国务院各部门和地方人民政府各部门、国有的金融机构和企业事业组织，应当按照国家有关规定建立健全内部审计制度。各部门、国有的金融机构和企业事业组织的内部审计，应当接受审计机关的业务指导和监督。" 1999年10月，全国人大常委会颁布了修订后的《中华人民共和国会计法》，第二十七条第四款规定："对会计资料定期进行内部审计的办法和程序应当明确。"在审计法的推动下，交通部、原国内贸易部、原林业部、原广播电影电视部、原卫生部等国务院组成部门，以及广东、江苏、安徽等地方人民政府先后发布了内部审计规章，推动了内部审计的进一步发展。

进入21世纪之后，随着中国特色社会主义市场经济体制的不断完善，以及经济全球化和科学技术的迅猛发展，内部审计得到了空前发展。2002年5月，中国内部审计学会正式更名为中国内部审计协会，成为对企业、事业单位、行政机关和其他组织的内部审计机构进行行业自律管理的全国性社会团体组织，其主要职能是管理、服务、宣传、交流，即对内部审计实行行业自律管理，为内部审计机构和内部审计人员提供业务服务和开展各种交流活动。内部审计协会的成立，意味着我国内部审计开始实行国际上通行的行业自律管理，从而推动了我国内部审计向职业化发展的进程。

2003年2月，审计署发布了修订后的《审计署关于内部审计工作的规定》，明确规定："国家机关、金融机构、企业事业组织、社会团体以及其他单位，应当按照国家规定建立健全内部审计制度。法律、行政法规规定设立内部审计机构的单位，必须设立独立的内部审计机构。法律、行政法规没有明确规定设立内部审计机构的单位，可以根据需要设立内部审计机构，配备内部审计人员。"2006年2月，修订后的《审计法》第二十九条规定："依法属于审计机关审计监督对象的单位，应当按照国家有关规定建立健全内部审计制度；其内部审计工作应当接受审计机关的业务指导和监督。"2008年，五部委发布的《企业内部控制基本规范》、国资委发布的《中央企业内部审计管理暂行办法》、银监会发布的《银行业金融机构内部审计指引》、证监会发布的《上市公司章程指引》和《上市公司治理准则》、保监会发布的《保险公司内部审计指引(试行)》，以及农业部、交通部等部委制定的本部门、本行业的内部审计规定，都对内部审计工作做了具体规定。

为推动内部审计在本地区的发展，一些地方还制定了地方性内部审计法规、规章，如《安徽省内部审计条例》《河北省内部审计规定》《内蒙古自治区内部审计办法》《浙江省内部审计工作规定》等。目前，已有河北、湖南、山东、辽宁、甘肃、内蒙古、陕西、浙江、安徽、黑龙江、江苏、云南、四川、重庆、上海、青岛、深圳、宁波共18个省、自治区、直辖市和计划单列市出台了内部审计条例、办法或规定。这些法律、法规、规章的颁布实施，为内部审计工作提供了制度保障。

从2003年至2005年，中国内部审计协会陆续颁布了《内部审计基本准则》、20项具体准则和若干内部审计实务指南。对我国内部审计的基本概念、内部审计活动的目标、宗旨、范围、性质与功能等皆有所指导，也为我国内部审计活动和工作的有效开展提供了一套完整、科学、权威的准则。2013年，为了适应内部审计的最新发展，更好地发挥内部审计准则在规范内部审计行为、提升内部审计质量方面的作用，中国内部审计协会对2003年以来发布的内部审计准则进行了全面和系统的修订。新修订的内部审计准则体现了我国内部审计的转型和发展，内部审计的理念、目标和定位已经从"查错纠弊"向防范风险和增加价值转变。

目前，我国已经建立了包括审计法和相关法律、行政法规、地方性法规、部门规章、地方政府规章、内部审计准则等在内的内部审计法律制度体系，形成了内部审计行业组织架构，以及与我国国情相适应的、相对成熟的内部审计类型和方法，初步构建了一支规模较大、素质较高的内部审计队伍，这些都标志着我国现代内部审计的发展模式初步形成，内部审计已经成为社会主义市场经济建设中一支不可或缺的重要力量。据不完全统计,截至2012年12月,全国共有内部审计机构55 993个,其中专职内部审计机构27 575个;共有内部审计人员194 201人,其中专职内部审计人员101 841人;取得国际注册内部审计师资格的有25 000人。2012年全国内部审计机构共完成审计项目250多万个,审计总金额28万多亿元,促进增收节支8000多亿元。内部审计作为组织治理的重要组成部分和实施组织内部控制、管理和监督的重要手段,为加强风险管理、完善内部控制、改善治理结构和流程、推进廉政建设,进而为促进经济社会健康发展发挥了重要作用。

三、内部审计产生与发展的动因和基础

(一)内部审计发展的历史回顾和综述

人类社会进入奴隶制社会之后,出现了私有制,奴隶主将私有财产委托给精明强干的代理人进行管理,从而产生了经济责任关系。此时,奴隶主必然委派自己的亲信作为第三者审查代理人是否诚实地履行了经济责任。这些亲信通常是奴隶主庄园的管家和监工,他们受奴隶主委托对下属各庄园的管理者进行经济监督。但是,这些第三者还不是真正意义上的内部审计人员,因为他们除审计工作之外,往往还进行其他的监督。与此同时,在奴隶制政府机构中也出现了部门内部审计的萌芽,例如,西周时代的司会在负责政府会计工作的同时也行使内部审计职责,不论是日常的会计核算,还是所有的会计报告均需经司会之手进行考查,这就是所谓原始意义上的内部审计。由此可见,奴隶社会是内部审计的萌芽时期,这一时期形成的古代内部审计思想虽然尚处于简单的萌芽状态,但是注定成为未来管理导向内部审计思想的渊源。

中世纪的内部审计得到了进一步的发展,其主要标准就是出现了独立的内部审计人员,这是对奴隶主社会内部审计最重要的突破,也代表了内部审计的重要发展。中世纪的内部审计属于一个承上启下的发展阶段,这一时期,一方面继承了奴隶制社会内部审计的思想,另一方面又为近代内部审计的发展奠定了坚实的基础。中世纪内部审计的典型形式包括寺院审计、城市审计、行会审计、银行审计和庄园审计,这些内部审计的发展形式都是中世纪内部审计的源流和代表。但是,中世纪内部审计的主要目标仍然是查错防弊,即审查被审计单位内部承担经济责任者的诚实性。

19世纪末20世纪初,内部审计领域发生了深刻的变革。中世纪时代以寺院审计、城市审计、行会审计、银行审计、庄园审计和合伙企业审计为主要形态的传统意义上的内部审计逐渐被一种新型的内部审计制度所取代。第一次世界大战之后,尤其是在两次世界大战之间,主要资本主义国家的经济力量尚不均衡,促使跨国公司无论是在数量上还是在规模上都得到了迅速的发展,跨国公司所建立的分公司的分布面比以前有了大幅度的扩展。跨国公司在管理层次上的增加和在控制范围上的扩大,导致盗用公款、会计记录混乱等一系列的问题明显突出地表现出来。为了调整和控制跨国公司的经济活动,除铁道部门之外,联合商业企业、电力企业、煤气企业、石油开采行业、汽车制造企业、钢铁制造企业和其他一些行业的企业也纷纷在企业内部设立内部审计机构,培养内部审计人员,这些安排在很大程度上推动了近代内部审计制度的日趋完善。例如,福特汽车公司在20世纪20年代前后,就在欧洲各国设立了许多具有较大独立性的分公司,并经常派出巡回审计人员和地

区监督员对这些分公司进行间接的控制。由此可见，对于现代企业管理者而言，内部审计这项新制度并不是推陈出新，而是近代企业管理体系中不可或缺的重要组成部分。

　　进入20世纪40年代之后，西方资本主义国家企业的内部结构和外部环境进一步复杂化。尤其是随着大型跨国公司的迅速崛起，不但管理层次的分解比以往任何时候都更加迅速，而且企业与企业之间的竞争也日益激烈，企业管理者对于降低成本、提高经济效益的要求更加迫切。公司在做出经营决策时，不再仅仅考虑一家公司局部的损失，而是考虑整个公司的最大利益；不仅要考虑公司的现在，还要考虑公司未来的发展。为了适应公司管理层的要求，也为了促进内部审计职业自身的发展，内部审计职业在很多领域均实现了巨大的变革。在此期间，第一部内部审计学专著出版，预示着内部审计学已经作为独立的学科体系从审计学中分离出来，并建立了内部审计自己的理论体系，更有利于对内部审计实务的指导。第一个内部审计的职业组织得以创立，并发展成为内部审计职业的国际组织，标志着内部审计已经作为一个职业在社会上确立起来。内部审计从私营部门向公营部门扩展，政府部门内部审计得到了极大的发展。内部审计的关注点从财务审计扩展到绩效审计、责任审计、环境审计等更加全面的领域，凸显了内部审计的重要社会角色。内部审计准则得以制定和颁布，不仅在内部审计职业界形成了指导实务操作的规则和指南，更在社会公众中树立了良好的职业形象。内部审计职业界还借鉴和开发了大量的内部审计方法，建立了内部审计师资格考试制度，确保了内部审计职业的专业胜任能力，更丰富了内部审计职业的专业手段。在当今社会中内部审计职业得到了突飞猛进的发展，内部审计已经成为支撑公司治理的四大基石之一，内部审计职业也已经成为令人向往的最具有发展潜力的职业之一。

（二）内部审计产生和发展的理论动因和基础

　　1. 受托责任关系是内部审计产生的基础和动因

　　受托责任关系是指资源所有者与资源经营管理者之间形成的资源委托或受托经营管理关系，以及资源上级经营管理者和下级经营管理者之间形成的委托或受托经营管理关系。资源所有者将资源经营管理权委托给受托人后，需要对其经营管理情况进行有效监督和控制，受托人也需要向委托人证明其受托责任的履行情况。在组织内部，内部审计接受董事会的委托，对经营管理者受托责任的履行情况进行审查和评价，即满足资源所有者的所有权与资源经营管理者的经营权相分离的需要；接受经营管理者的委托，对下级经营管理者受托责任的履行情况进行审查和评价，即满足上级经营管理者与下级经营管理者实行管理分权的需要。

　　现代内部审计发展的初期，为满足企业对财务活动进行控制的需求，内部审计主要立足于财务领域，以保护财产、查错纠弊为主要目标，通过对财务、会计及经营活动的审查、评价为管理层提供服务。现代内部审计得到进一步发展之后，为满足企业对提高经济效益和效率的需求，内部审计开始以包括财务在内的各项业务活动为检查对象，以促进提高业务经营活动的效率和效果为目标，通过审计发现业务经营活动中违背科学管理原则的行为，帮助管理层更加经济、更有效率、更有效果地进行管理。审计工作重心由查错纠弊走向了兴利增值，审计业务由财务领域拓展到业务活动领域。随着信息技术的飞速发展和竞争的加剧，各类组织对内部控制的需求更加迫切，更加关心对风险的辨识、评估和管理，内部审计又开始将审计业务领域从审查评价财务、业务活动的效率和效果，转向评价和改善风险管理、内部控制和治理过程的效果。因此，从现代内部审计的发展历程不难看出，随着受托责任内容的变化和扩大，内部审计领域也不断变化和拓宽。可见，受托责任关系是内部审计产生和发展的基础和动因。

2. 组织内在需求是内部审计发展的关键因素

纵观近代到现代企业内部审计的发展历史，我们不难看出内部审计是伴随经济的发展、企业规模的扩大和组织内部管理层次的日益复杂得以发展的。经济发展导致组织规模不断扩大、外部环境不断变化，经营管理、提高效率、有效应对风险的挑战更为艰巨，导致组织对内部审计的需求更为迫切。当前，随着审计委托人更加关注组织的内部控制、风险防范和组织治理，以及外部审计对各类组织财务报表审计的常态化、制度化，财务审计已经逐渐淡出内部审计的舞台，非财务审计已经成为内部审计的主要工作，内部审计实践中普遍开展了内部控制审计、风险管理审计、舞弊审计、效益审计、建设项目审计、经济责任审计、环境审计和信息系统审计等适应组织内在需求的审计内容。

3. 法律法规是内部审计发展的重要推动力量

从内部审计的历史发展不难看出，内部审计的发展离不开国家法治建设的推动。目前，世界上许多国家和地区都制定了与内部审计相关的法律、法规以规范企业、公共部门等机构的内部审计。由于国情不同，各国内部审计立法的形式也不尽相同。从世界范围来看，内部审计主要有两种立法形式：一是制定内部审计法，对内部审计制度做出专门规定，例如，美国1978年制定了《监察长法》，以色列1992年制定了《内部审计法》，韩国2012年制定了《公共部门内部审计法》。二是虽然没有制定专门的内部审计法，但通过公司法、证券法、商法等国家重要法律对内部审计制度做出规定，如法国、德国、加拿大等国。

以美国为例，在企业内部审计领域，1934年制定的《证券交易法》没有对内部审计做出规定，但在1998年修订该法时对内部审计做了明确规定。修订后的《证券交易法》第十三章规定，证券发行者应当建立和维持内部审计制度，以保证证券发行者根据核准进行交易且相关交易得到记录，根据核准增加资产且相关资产账实相符。进入21世纪之后，美国颁布的《萨班斯-奥克斯利法案》《上市公司会计改革与投资者保护法案》《公司与审计义务、责任及透明度法案》等法律对企业的内部审计也都做出了更为详细的规定。美国内部审计近百年来一直走在世界前列，尽管有其经济发展的因素，但与内部审计立法的持续推进和强制性规定是密不可分的。我国近30年来内部审计的快速发展也充分表明，法治建设是推动内部审计发展的重要力量。

4. 职业化是推动内部审计健康发展的保证

内部审计是专业性较强的工作，内部审计人员必须具备较强的专业胜任能力，需要掌握会计、审计、管理、金融、法律、统计、电子数据处理等方面的知识，同时对组织业务、风险及其偏好、控制系统要有深入了解，以满足不同组织对内部审计的需求。内部审计的专业性决定了内部审计的组织建设、内部审计人员的专业胜任能力和职业道德要求，以及审计程序的执行、审计证据的搜集、审计评价意见的发表等一系列工作都应当有自身的特点。内部审计工作的特点决定了内部审计必须走职业化道路，现代内部审计的发展历程也表明内部审计的健康发展需要职业化予以保证。

在现代内部审计的发展过程中，国际内部审计师协会通过发挥职业组织的引领作用，促进了内部审计自身体系的完善、职业道德规范的形成和实务标准的发展，推动了内部审计的健康发展。作为国际性的内部审计职业组织，国际内部审计师协会1943年首次出版了内部审计的专业刊物——《内部审计师》，搭建了内部审计研究和交流的平台；1947年发布了第一个内部审计的职责公告，明确了内部审计的职责和定位；1968年发布了正式的内部审计职业道德规范；1974年组织了第一次国际注册内部审计师(CIA)考试，建立了内部审计人员的专业胜任能力框架；1978年发布了第一个内部审计专业实务准则，奠定了内部审计实务的标准化。70余年来，国际内部审计师协会以"经验分享，共同进步"作为自己的座右铭，提供的服务包括在国际范围内开展全面的专业开发活动，制定内部审计实务标准和颁发内部审计师证书；为会员和全世界的公众提供研究、传播和发展内部审计的活动，包括内部控制、风险管理与治理以及有关课题的知识和信息；加强各国内部审计师之间的联系，交流内部审计的信息和各国内部审计经验，促进内部审计教育事业的发展。20世纪90年代以来，国际内部审计师协会更把"在全球范围内提高内部审计的形象"作为战略目标。上述工作的开展，不断引领着现代内部审计理念的发展，使内部审计能够适应经济社会的发展及组织的需要；不断推动着内部审计的组织建设，使内部审计机构成为组织治理体系的重要组成部分；不断更新、修订内部审计定义和实务标准，使内部审计在标准化、规范化的道路上稳步前进。正如国际内部审计师协会在其出版的《经验共享中前进的60年》一书中表述的，"在过去的60年，IIA和内部审计在全球不断扩展，适用性和影响力不断增进，得到了社会的认可，的确是非凡的发展和进步。事实上，内部审计职业表现出了持续快速发展的稳定性，并将成为21世纪的职业。"

我国在1987年成立中国内部审计学会，2002年经审计署同意和民政部批准，更名为"中国内部审计协会"。作为国际内部审计师协会的国家分会，中国内部审计协会按照审计法及其实施条例的规定，依法对内部审计进行职业自律管理。20多年来，中国内部审计协会坚持"服务、管理、宣传、交流"的宗旨，通过开展理论研讨、推广典型经验、制定审计准则、组织CIA考试、实施后续教育、搭建交流平台、开展质量评估等方式，向会员单位提供了丰富多彩的服务，推动了我国内部审计的职业化、专业化和制度化建设。国际内部审计师协会和中国内部审计协会的发展和发挥的作用表明，内部审计的健康发展必须走职业化的道路，以保证内部审计人员不断提高专业胜任能力。

第二节 内部审计概念的发展

恰当理解概念和概念的形成过程有助于辨别事物的异同，更好地理解研究对象，统一和规范概念的形成还有利于促进理论、知识及问题的交流，进而发展理论。内部审计理论的发展遵循了上述一般规律，但也呈现出自身的特殊性。内部审计的发展经历了从简单到复杂，从初级到高级的过程，内部审计职能也由最初的财务审计发展到经营审计，以及现在更加丰富的审计内容。内部审计的这一演进过程在内部审计概念的不断发展中得到了最充分的体现和验证。

一、内部审计概念的最早提出

内部审计师协会成立之后就开始着手实施一项内部审计人员职责说明计划。1947年5月，协会正式发表了《内部审计师职责说明》(The Statement of Responsibilities of the Internal Auditors)。该职责说明对内部审计首次做出概念界定:"内部审计是在审查财务、会计和其他经营活动的基础上的独立评价活动。它为管理者提供保护性和建设性的服务,处理财务与会计问题,有时也涉及经营管理中的问题。"协会对内部审计概念所做出的首次界定就已经暗示了内部审计不只与财务记录有关,这已经代表了内部审计职业在发展理念上的巨大飞跃,它带领内部审计从财务领域向经营领域迈进。但是,由于当时内部审计在组织内的地位较低,内部审计人员的专业胜任能力也不高,内部审计职能的发挥还是受到很大限制的。

二、国际内部审计师协会对内部审计概念界定的发展历程

在内部审计师协会发布《内部审计师职责说明》几年后,协会的许多会员认为应当对说明进行修订,修订的重点在于扩大内部审计师对经营领域的兴趣。为此,在 1955 年至 1956 年间,在阿瑟·肯特先生的领导下,协会的研究委员会对第一版说明做出了一些修订。1957 年,完成修订工作后,5 月 30 日通过执行委员会审议。修订后的说明将内部审计界定为:"内部审计是组织内部审核会计、财务和其他经营业务的独立评价活动。它为管理提供服务,是一种衡量、评价其他控制有效性的管理控制。"第二次的定义首次提出内部审计是一种衡量、评价其他控制有效性的管理控制,大大提高了内部审计在组织中的地位,强调了内部审计是一种管理控制,可以衡量和评价其他控制的有效性,体现了内部审计属于较高层次监督的本质属性。但是,对内部审计的第二次定义仍然将会计和财务放在内部审计主要内容的首位,并将其当作内部审计的主要业务。

1971 年 7 月 30 日,协会对说明进行了第二次修订,这次修订终于彻底割裂了内部审计与会计账簿的联系。负责起草说明修订稿的研究小组成员 W·詹姆斯·哈梅埃(W·James·Harmeyer)建议,在新说明的开始就应当将原说明中的"会计、财务和其他经营业务"直接简化为"经营业务",以强调内部审计人员应当对所有的经营业务都感兴趣。因此,修订后的说明书在第一节《性质》中指出:"内部审计作为一种对经营管理部门的帮助,是组织内审核经营业务的独立评价活动。它是一种管理控制,其作用是衡量和评价其他控制的有效性。"此次的内部审计概念使用了"经营业务"一词以概括一个组织所进行的全部活动,这一修改表明内部审计人员同样关心经营业务的每个重要方面。同时,虽然去掉了"财务和会计"这样的措辞,但是并不是意味着将内部审计的传统工作范围排除在外,实际上"经营业务"作为一个总的概念已经包括了内部审计的传统工作范围。为此,说明强调内部审计人员不应仅局限于会计记录,还应该全面了解被检查的业务。内部审计人员必须走出各种描述而面对现实,必须摆脱历史数据而面对会计记录中得到反映或者影响会计记录的实际经营业务。

1978 年 6 月,内部审计师协会在旧金山召开的国际会议通过了由以西北银行的罗杰·N·罗勒斯(Roger·N·Carolus)为主席的职业标准和责任委员会拟定的内部审计准则。著名内部审计学家劳伦斯·索耶指出:"这是内部审计职业化道路上的一座重要的里程碑。"此次颁布的内部审计准则将内部审计定义修订为:"内部审计是以检查、评价组织为基础的独立评价活动,并为组织提供服务。"新的内部审计概念将为管理服务修改为为组织服务,并将内部审计服务的范围进一步扩大。但是,这并不意味着内部审计不再为管理服务,正如维克多·布林克指出的:"内部审计的主要服务对象依然是管理,所不同的是,为组织服务要求内部审计人

员以整个组织的立场来观察和评价问题，为组织长远的、全局的利益服务。因为组织的长远利益才是组织的根本利益，是解决各种问题的基础。"

1990年，内部审计师协会将内部审计概念修订为："内部审计工作是在一个组织内部建立的一种独立评价职能，目的是作为对该组织的一种服务工作，对其活动进行审查和评价。"这次修订的重点在于将内部审计界定为：是建立在组织内部的、以便与外部审计相区别。

1993年，内部审计师协会再次将内部审计概念修订为："内部审计的目的是协助该组织的管理成员有效地履行他们的职责。"这次修订解决了"为组织服务"是为谁服务的问题，明确了内部审计服务的具体对象。

1999年6月，国际内部审计师协会理事会通过了对内部审计的全新概念界定，并于2001年写入了《内部审计实务标准》，该定义指出："内部审计是一种独立、客观的确认和咨询活动，其目的在于为组织增加价值和提高组织的运作效率。"这是国际内部审计师协会第一次赋予内部审计"确认和咨询"双重服务内容，标志着内部审计已经进入增值型内部审计的全新时代。

2004年，国际内部审计师协会发布了内部审计的新定义，从表面上看，与1999年的定义相比没有太多的变化。但是，在协会发布的解释公告中将内部审计的服务范围进一步扩大，不仅为增加组织价值提供服务，还为组织的所有利害关系人，诸如政府、股东、债权人、客户和委托人创造价值和利益服务。该定义突出强调了内部审计范围包括确认和咨询，内部审计就是确认和咨询服务的统一体，内部审计应当积极主动，以客户为中心，关注内部控制、风险管理和治理过程的关键问题。

三、国际内部审计师协会关于内部审计概念的全新理念

2013年国际内部审计师协会新修订的《国际内部审计专业实务框架》中将内部审计界定为："内部审计是一种独立、客观的确认和咨询活动，旨在增加价值和改善组织的运营。它通过系统的、规范的方法，评价风险管理、控制和治理过程的效果，帮助组织实现其目标。"上述内部审计概念将内部审计确定为集风险管理、内部控制和公司治理等要素于一体的综合性审计，并且将为组织增加价值的目标列为首要的职能定位。内部审计概念要求内部审计必须站在组织整体利益的立场上，从组织治理、风险管理和内部控制入手，通过评价和改进组织治理、风险管理和内部控制过程中的效率、效益和效果，以确保披露组织潜在的风险，达到有效地为组织增加经济价值和改进运营的目的。

(一)内部审计的目标是为组织增加价值

内部审计的目标决定着内部审计的价值取向和功能定位，它是有效开展内部审计工作的前提。20世纪90年代之后，外部环境的一系列重大变化，对全世界的组织都产生了深远影响。面对竞争的加剧和监管的加强，组织管理层必须快速反应，调整战略，再造流程，防范风险，这就需要为决策提供更加及时、准确的信息。受这种趋势的影响，作为组织"价值链"上一个重要的环节，内部审计也必须进行变革。正是在这一背景下，IIA将内部审计为组织服务的目标清晰地表述为"增加价值和改善运营"。该目标的确立标志着现代内部审计已不再是传统的查错防弊，而是评价并改善组织的风险管理、控制和治理过程的效果，为组织增加价值，帮助组织实现其目标。

增加价值是指内部审计通过履行确认和咨询职能，提供组织需要的审计产品和服务，在完善组织的内部控制、建立风险防范机制和改善组织治理方面发挥作用，从而在价值上获得增益。针对服务对象不同的需求，内部审计既要实施财务审计、绩效审计、遵循性审计、系统安全审计和审慎性调查审计等确认项目，以向组织提供有关风险管理、内部控制和治理程序等方面的评价结果；同时，还要积极与服务对象协商，通过开展内部控制培训为管理层提供关于新系统的控制建议、起草相关政策等咨询活动，以增加组织价值并提高组织的运营效率。

(二)内部审计必须保持独立性和客观性

独立性和客观性是对内部审计机构、内部审计人员及其从事的内部审计工作的基本要求。客观性是独立性的目的，独立性是保持客观性的必要条件。如果内部审计活动所处的环境中存在可能对内部审计人员的独立判断产生重大影响的事项，内部审计人员就不可能基于其自身的知识、经验和技能自由地开展审计工作，依照相关的职业准则搜集充分、适当的审计证据，并依据自己的专业判断做出客观公正、不偏不倚的结论。因此，内部审计人员在做出审计判断时应当保持主观态度(精神)上的超然独立，同时，内部审计活动所处的环境中也应当避免可能对内部审计人员的独立判断产生重大影响的事项。

(三)内部审计的职能是确认和咨询

审计的职能就是审计本身所具有的功能，它是内在于审计的客观属性。传统的内部审计以查错纠弊为目标，主要职能是针对组织的财务收支及有关经济活动进行审查和评价。IIA将内部审计的职能定位为"确认"与"咨询"，标志着内部审计的职能除了传统的监督、检查和评价，还包括在内部控制、风险管理和组织治理层面发挥建设性作用，以实现为组织增加价值和改善组织运营的目标。

确认职能是内部审计较早显现出来的职能，表现为内部审计人员对管理层履行受托管理责任的过程或结果进行核实、予以确认。咨询职能是现代内部审计的重要职能，是传统内部审计转变为现代内部审计的重要标志，它要求内部审计在履行确认职能的基础上，针对审计发现的问题分析原因，提出帮助组织改善管理、提高经济效益的建议，从而协助委托人实现对管理层履行受托管理责任行为的有效约束和激励，直接促进和帮助其有效履行受托责任。内部审计应当通过履行确认和咨询职能，促进和帮助有关管理层有效履行其受托管理责任，以减少代理成本、改善管理绩效、增加组织价值。

(四)内部审计要采用系统和规范的方法

IIA要求内部审计应当通过运用系统、规范的方法，评价并改善风险管理、控制和治理过程的效果。狭义的审计方法仅指审计实施过程中为取得审计证据而采取的各种手段。广义的审计方法则指审计过程中各阶段所使用方法的集合，它涵盖审计计划制订、审计项目实施和审计结果沟通的全过程。传统的审计方法主要有询问法、审核法、观察法、函证法、监盘法、分析程序法、抽样法等。随着计算机技术应用的不断普及，如测试数据法、平行模拟法等计算机辅助审计技术已经得到广泛的应用。此外，一些内部控制和风险评估方面的技术方法也逐渐成为常用的审计方法。

(五)内部审计的重点是风险管理、控制和治理过程

IIA 强调内部审计是一种能够增加组织风险管理与内部控制系统的有效性,从而不断增加组织价值的活动。内部审计作为组织内部的经常性监督职能,具有对组织充分了解和业务熟悉方面的优势,可以对所有存在疑问的业务、财务数据和内部控制进行调查。与此同时,内部审计还是组织风险管理的函数,通过对组织管理层所进行的风险管理过程实施监控和协调,能够有效地帮助组织管理层进行有效的风险管理和科学的管理决策,提高组织的绩效水平,帮助组织增加价值,实现组织治理目标。作为组织内部传统管理领域的内部控制与内部审计也是不可分割的,内部审计是内部控制的重要组成部分,内部控制是内部审计的监控对象。由此可见,在组织治理、风险管理和内部控制中均占有重要地位的内部审计只有适应飞速发展和纷繁复杂的组织环境,从组织治理、风险管理和内部控制入手,通过评价和改进组织治理、风险管理和内部控制过程中的效率、效益和效果,以确保披露组织潜在的风险,达到经济并有效地为组织增加价值和改进运营的目的。

四、中国内部审计协会对内部审计概念的修订

中国内部审计协会 2013 年新颁布的《中国内部审计执业准则》将内部审计界定为:"一种独立、客观的确认和咨询活动,它通过运用规范的程序和方法,审查和评价组织业务活动及其内部控制、风险管理的适当性、合法性和有效性,促进组织改善治理和管理,帮助组织增加价值,实现其目标。"修订后的定义力求反映国际、国内内部审计实务的最新发展变化,与国际内部审计师协会对内部审计的定义接轨。与 2003 年的定义相比,主要变化体现在以下方面:

(一)关于内部审计的职能

2003 年的内部审计定义突出强调内部审计的职能是监督和评价,但是,相对于"监督"所体现的内部审计的查错纠弊功能,现代内部审计更强调价值增值功能。因此,借鉴国际内部审计师协会的定义,此次修订将内部审计的职能从"监督和评价"改为"确认和咨询",拓展了原定义中内部审计的职能范围。

(二)关于内部审计的范围

修订后的定义将内部审计范围界定为"业务活动、内部控制和风险管理的适当性和有效性",将原来的"经营活动"改为"业务活动",体现了内部审计的业务范围不仅仅局限于以盈利为目的的组织,还包含非营利组织。定义中增加了对"风险管理的适当性和有效性"的审查和评价,以体现内部审计对组织风险的关注。

(三)关于内部审计的方法

修订后的定义增加了运用"系统、规范的方法"的规定,强调了内部审计的专业技术特征,体现了内部审计职业的科学性和规范性,有助于内部审计人员和社会各界人士了解内部审计职业对技术方法和人员素质的要求。

(四)关于内部审计的目标

修订后的定义将内部审计的目标界定为"促进组织完善治理,增加价值和实现目标",进

一步明确了内部审计在提升组织治理水平,促进价值增值以及实现组织目标中的重要作用。对内部审计目标更高的定位将进一步提升内部审计在组织中的地位和影响力,提升内部审计的层次。

第三节 后安然时代对内部审计职业发展的最新要求

人类社会刚刚进入 21 世纪,就接连发生了安然、世通等公司的财务丑闻,后安然时代的到来催生了对内部审计职业具有重要影响的法案《萨班斯-奥克斯利法案》,后安然时代的社会大环境也发生了巨大的变革,为内部审计职业的发展提供了新的机遇,也提出了全新的要求。

始于 20 世纪 80 年代的内部审计职能外包业务在 20 世纪 90 年代得到了迅速的发展,当时越来越多的内部审计职能被普遍外包给由企业的外部审计人员管理的"独立"团队。安然与其他公司垮台之后的调查均指出这些外包的内部审计职能并不总是具有和真正的内部审计一样的独立性,而独立性却是国际内部审计师协会职业准则的灵魂。《萨班斯-奥克斯利法案》彻底改变了这一局面,会计师事务所不再被允许通过一个外包协议来履行其审计客户的内部审计职能,内部审计的重任落在了内部审计职业界自己身上。

2002 年 4 月,国际内部审计师协会在对美国国会关于《萨班斯-奥克斯利法案》的意见陈述书中提出,内部审计、外部审计、董事会以及高层管理人员是有效治理公司的四大基石,内部审计被公认为有效组织治理的重要基础。由此可见,后安然时代的内部审计已经被提升到了组织治理的层面,并随整个组织治理发挥作用。内部审计已经不再是低层次的管理活动而是更高层次的治理活动。内部审计已经被纳入组织价值链的轨道,关注组织治理的实施,协助组织治理的完善,促进整个组织治理的有效和高效,以实现为组织增加价值和利益合理分配的重要使命。

得到《萨班斯-奥克斯利法案》全新授权的审计委员会已经意识到,他们所在组织的内部审计职能是全面公司治理的重要组成部分。审计委员会中拥有专业头衔的会计和财务专家也需要内部审计人员的帮助,以解释组织中的内部控制问题,更好地评价审计风险,计划和实施有效的内部审计。依据《萨班斯-奥克斯利法案》的要求,内部审计人员需要担负按照法案 404 条款对组织中的内部控制进行复核的重任。

内部审计还应该更加积极地参与其他与《萨班斯-奥克斯利法案》相关的事项。其中一个尤为重要的领域就是组织中的道德与举报(whistleblower)职能。审计委员会应负责在组织中设立一个与财务报告相关的举报职能,内部审计部门及其首席审计官(CAE)必须充分参与,以评估这一职能是否符合《萨班斯-奥克斯利法案》的规定,以及是否达到了审计委员会的期望。

第二章

内部审计机构和内部审计人员

第一节　内部审计机构

一、内部审计机构的设置模式

内部审计机构是指在部门、单位内部从事组织和办理审计业务的专门机构。内部审计是组织治理结构中必不可少的组成部分，在组织内部的设置直接体现组织治理层和高级管理层对内部审计职能重要性的认识，直接影响内部审计职能在组织中的地位及其权威性，直接关系到内部审计为组织增加价值功能的充分发挥。根据组织规模、管理方式、组织战略目标等实际情况，内部审计机构的设置模式也会有所不同。

（一）财务总监领导模式

这种模式的内部审计机构在组织治理结构中的层次较低，由财务总监领导，向财务总监报告，独立性较差。通常只能开展针对各个职能部门的日常检查工作，很难针对高级管理层实施监督职能，也不能直接为高级管理层的经营决策提供服务。这种模式一般仅适合于组织规模较小、股权结构简单的组织。

（二）总经理领导模式

这种模式的内部审计机构在组织内部的地位要高于财务总监领导模式，由总经理领导，向总经理报告，除履行日常的审查职责之外，也可以直接为管理层提供日常经营决策服务，有利于发挥内部审计在提高经营管理水平方面的作用。但是这种模式的内部审计机构还难以对包括总经理在内的高级管理层受托管理责任的履行情况进行独立的监督和评价。

（三）监事会领导模式

在现代组织治理结构中，股东大会及各利益相关方作为委托人，分别将各自的资源交由董事会代为管理，并委托与董事会平行的监事会对其进行监督，内部审计机构向监事会进行报告。这种模式的内部审计机构在组织中的地位较高，具有较好的独立性，有利于履行内部审计的检查、评价和鉴证职能。同时，这种模式也可以确保监事会能够更好地利用内部审计工作成果履行其自身职能。但是，由于监事会属于组织高层制约机制的组成部分，并不参与组织的日常经营管理，致使隶属于监事会的内部审计机构很难直接服务于组织的经营决策，组织也难以通过内部审计改善经营管理、提高经济效益，内部审计为组织增加价值的职能很难实现。

（四）董事会或董事会下设的审计委员会领导模式

董事会是公司的经营决策机构，其职责是执行股东大会的决议，决定公司的生产、经营、财务决策等重大事项，在公司治理结构中地位较高。审计委员会作为董事会下设的一个专门委员会，代表董事会对管理层进行监督，同时制衡董事会的内部董事。董事会或董事会下设的审计委员会领导的内部审计机构能够保持较高的独立性、权威性和组织地位，更强调了完成董事会的责任，有利于内部审计的检查、评价、监证和咨询功能的发挥。但是，这种模式无法监督董事会的受托责任履行情况，在一定程度上限制了内部审计检查、评价功能的发挥。

审计委员会的职责主要包括以下内容：(1)负责对公司内部审计机构的业务指导工作，以保证公司对外公布的财务信息的真实性、可靠性，避免对公众产生误导；(2)选择并审核公司的首席审计执行官，审批内部审计章程，审查内部审计的范围、适用性和审计结果等，以提高内部审计工作的独立性、规范性和可操作性；(3)审查公司的财务政策、运营及控制系统的状况，保证公司监控的充分和完整；(4)负责聘请并监督外部审计机构，作为协调与沟通外部审计、内部审计和董事会的渠道；(5)参加董事会会议，对董事会的决策提出恰当的建议，以保证决策的有效性；(6)监督公司文件、财务、责任、法律方面有无违规之举，检查公司的方针、政策及审计原则，为创建良好的企业文化环境做出积极的贡献。

（五）双重领导模式

上述内部审计设置模式都很难同时平衡并充分发挥内部审计职能与保持独立性要求之间的关系，因此应运而生了一种新的内部审计机构设置模式，即双重领导模式。在双重领导模式下，内部审计机构在职能上向审计委员会报告业绩，在行政上向总经理负责并报告工作。这种双向负责、双轨报告、保持双重关系的内部审计机构设置模式符合公司治理对其履行报告受托责任的要求，能够最大限度地发挥内部审计检查、评价、鉴证和咨询的功能，而且也保证了内部审计的独立性。

目前来看，双重领导的设置模式是一种最优的设置模式，也是国际内部审计师协会最为推崇的一种设置模式。但是，在实践中，内部审计机构的设置模式会直接受到企业管理理念、企业规模、内部治理结构、人员水平和胜任能力等各方面因素的影响。尤其是针对我国企业股权结构、治理模式的不同现状，在构建内部审计机构时还要遵循科学性、适应性和可操作性原则。对于一些特殊类型或管理上有特殊要求的企业，可以根据自己的实际情况，灵活设置。无论选择何种内部审计的设置模式，都要兼顾内部审计的独立性、专业性、高效性和权威性。

二、我国对设置内部审计机构的规定和要求

国家审计署颁布的《审计署关于内部审计工作的规定》（审计署第11号令）对内部审计机构的设置提出了如下要求：(1)国家机关、事业单位、社会团体等单位的内部审计机构或者履

行内部审计职责的内设机构,应当在本单位党组织、主要负责人的直接领导下开展内部审计工作,向其负责并报告工作;(2)国有企业内部审计机构或者履行内部审计职责的内设机构应当在企业党组织、董事会(或者主要负责人)直接领导下开展内部审计工作,向其负责并报告工作;(3)国有企业应当按照有关规定建立总审计师制度,总审计师协助党组织、董事会(或者主要负责人)管理内部审计工作。

国务院国有资产管理委员会颁布的《中央企业内部审计管理暂行办法》对内部审计机构的设置提出了如下要求:(1)企业应当按照国家有关规定,建立相对独立的内部审计机构,配备相应的专职工作人员,建立健全内部审计工作规章制度,有效开展内部审计工作,强化企业内部监督和风险控制。(2)企业内部审计机构依据国家有关规定开展内部审计工作,直接对企业董事会(或主要负责人)负责;设立审计委员会的企业,内部审计机构应当接受审计委员会的监督和指导。(3)企业所属子企业应当按照有关规定设立相应的内部审计机构;尚不具备条件的应当设立专职审计人员。

中国银行监督管理委员会颁布的《银行业金融机构内部审计指引》对内部审计机构的设置提出了如下要求:(1)银行业金融机构的董事会负责建立和维护健全有效的内部审计体系;没有设立董事会的,由高级管理层负责履行有关职责。(2)董事会应下设审计委员会;审计委员会成员不少于3人,多数成员应是非执行董事;审计委员会主席应由独立董事担任。没有设立董事会的,审计委员会组成及委员会负责人由高级管理层确定。(3)银行业金融机构应建立审计全系统经营管理行为的内部审计机构,可设立一名首席审计官负责全系统的审计工作;首席审计官由董事会任命并纳入银行业金融机构高级管理人员任职资格核准范围,首席审计官岗位变动要事前向中国银监会报告。(4)银行业金融机构应建立独立垂直的内部审计管理体系;审计预算、人员薪酬、主要负责人任免由董事会或其专门委员会决定;内部审计人员薪酬不低于本机构其他部门同职级人员平均水平。(5)银行业金融机构内部审计人员原则上按员工总人数的1%配备,并建立内部岗位轮换制。

中国保险监督委员会颁布的《保险公司内部审计指引(试行)》对内部审计机构的设置提出了如下要求:(1)保险公司应该建立与其治理结构、管控模式、业务性质和规模相适应并相对独立的内部审计体系;应当设立对董事会和高管层双重负责的审计责任人职位,审计责任人的聘解应当向保监会报告。(2)保险公司应当建立独立的内部审计机构;内部审计机构的工作不受其他部门的干预或者影响;鼓励保险公司实行内部审计机构的集中化或者垂直化管理。(3)保险公司应当配备足够数量的内部审计人员,专职内部审计人员原则上应当不低于公司员工人数的千分之五;保险公司员工人数不足一百人的,至少应当有一名专职内部审计人员;专职内部审计人员应当具有大专以上学历,具备相应的专业知识和工作能力。

中国证券监督管理委员会颁布的《上市公司章程指引(2019年修订)》对内部审计机构的设置提出了如下要求:(1)公司实行内部审计制度,配备专职审计人员,对公司财务收支和经济活动进行内部审计监督;(2)公司内部审计制度和审计人员的职责,应当经董事会批准后实施,审计负责人向董事会负责并报告工作。除证监会外,深圳证券交易所对其上市的公司内部审计工作也做出了规定:要求内部审计机构对审计委员会负责,向审计委员会报告工作;内部审计机构的负责人必须专职,由审计委员会提名,董事会任免。

中国内部审计协会颁布的《内部审计基本准则》和《与董事会或最高管理层的关系》对

内部审计机构的设置提出了如下要求：(1)内部审计机构的设置应当与组织的目标、性质、规模、内部治理结构、管理水平和风险状况等相适应，并配备与审计工作相适应的具有相应资格的内部审计人员。(2)内部审计机构隶属于董事会或最高管理层，接受董事会或最高管理层的领导，协助其工作，向其报告。

财政部、证监会、审计署、银监会和保监会五部委联合发布的《企业内部控制基本规范》也要求企业加强内部审计工作，保证内部审计机构设置、人员配备和工作的独立性。内部审计机构应当结合内部审计监督，对内部控制的有效性进行监督检查；内部审计机构对监督检查中发现的内部控制缺陷，应当按照企业内部审计工作程序进行报告；对监督检查中发现的内部控制重大缺陷，有权直接向董事会及其审计委员会、监事会报告。

三、内部审计机构的职责和权限

(一)内部审计机构的职责

内部审计机构或者履行内部审计职责的内设机构应当按照国家有关规定和本单位的要求，履行下列职责：

(1)对本单位及所属单位贯彻落实国家重大政策措施情况进行审计；
(2)对本单位及所属单位发展规划、战略决策、重大措施以及年度业务计划执行情况进行审计；
(3)对本单位及所属单位财政财务收支状况进行审计；
(4)对本单位及所属单位固定资产投资项目进行审计；
(5)对本单位及所属单位的自然资源资产管理和生态环境保护责任的履行情况进行审计；
(6)对本单位及所属单位的境外机构、境外资产和境外经济活动进行审计；
(7)对本单位及所属单位经济管理和效益情况进行审计；
(8)对本单位及所属单位内部控制及风险管理情况进行审计；
(9)对本单位内部管理领导人员履行经济责任的情况进行审计；
(10)协助本单位主要负责人督促落实审计发现的问题的整改工作；
(11)对本单位所属单位的内部审计工作进行指导、监督和管理；
(12)国家有关规定和本单位要求办理的其他事项。

(二)内部审计机构的权限

内部审计机构或者履行内部审计职责的内设机构应有下列权限：

(1)要求被审计单位按时报送发展规划、战略决策、重大措施、内部控制、风险管理、财政财务收支等有关资料(含相关电子数据，下同)，以及必要的计算机技术文档；
(2)参加单位有关会议，召开与审计事项有关的会议；
(3)参与研究制定有关的规章制度，提出制定内部审计规章制度的建议；
(4)检查有关财政财务收支、经济活动、内部控制、风险管理的资料、文件和现场勘察实物；
(5)检查有关计算机系统及其电子数据和资料；
(6)就审计事项中的有关问题，向有关单位和个人开展调查和询问，取得相关证明材料；

(7) 对正在进行的严重违法违规、严重损失浪费行为及时向单位主要负责人报告,经同意做出临时制止决定;

(8) 对可能转移、隐匿、篡改、毁弃会计凭证、会计账簿、会计报表以及与经济活动有关的资料,经批准,有权予以暂时封存;

(9) 提出纠正、处理违法违规行为的意见和改进管理、提高绩效的建议;

(10) 对违法违规和造成损失浪费的被审计单位和人员,给予通报批评或者提出追究责任的建议;

(11) 对严格遵守财经法规、经济效益显著、贡献突出的被审计单位和个人,可以向单位党组织、董事会(或者主要负责人)提出表彰建议。

四、内部审计机构与组织中其他治理主体的关系

内部审计是组织内部控制机制的重要组成部分,一方面它是审计委员会、执行管理层、外部审计等其他治理主体可以依赖的有价值的资源,另一方面它也担负着对执行管理层进行监督的责任。因此,在内部审计机构的日常工作中必然要与其他治理主体发生业务合作与交流,内部审计机构离不开其他治理主体的支持,但也不可避免地会与其他治理主体发生矛盾冲突。为此,内部审计机构应树立良好的关系管理理念和意识,在确保独立性、客观性的前提下,通过建立有效的沟通机制,正确处理好与审计委员会、执行管理层及外部审计等相关治理主体的关系,以保证内部审计工作的顺利开展和高效率完成。

(一) 与治理层的关系管理

内部审计与治理层的关系管理主要是指与审计委员会的关系管理。审计委员会和内部审计有着共同的目标,建立良好的工作关系,不仅有助于审计委员会更好地完成其职责,同时审计委员会对内部审计工作的重视与支持,也能够提高内部审计的地位,有利于内部审计工作更好地开展。内部审计必须明确定位,处理好与审计委员会的关系,接受审计委员会的领导和监督,为审计委员会提供有价值的信息,共同促进内部审计在组织治理中的作用。

(二) 与执行管理层的关系管理

内部审计是组织管理控制机制的组成部分,一方面要为执行管理层提供监督与评价,帮助执行管理层发现和控制风险,保障政策和程序顺利实施,实现组织的价值增值。另一方面,在某种情况下又要为治理层提供有关执行管理层行为的信息,具有对管理部门的行为进行监督的职能。内部审计处理好与执行管理层的关系,对审计工作有效开展十分重要。组织应通过机构设置尤其是报告关系的科学设置,帮助内部审计平衡好执行管理层与治理层之间的冲突和不同需求。内部审计应与执行管理层建立有效的沟通机制,在确定审计任务、做出评价报告和提出管理建议时主动征求执行管理层意见和建议;对审计中发现的问题,与执行管理层建立整改联动机制,共同促进问题的整改。

(三) 与外部审计的关系管理

随着对组织治理问题的重视,内部审计与外部审计的关系也越来越受到关注。内部审计人员通过与外部审计人员协调审计工作,可以提高工作能力和独立性,并在一定程度上提高

审计质量和效率。内部审计在处理与外部审计的关系时,既要协助外部审计工作,也要基于自身的功能定位,注意从外部审计吸取有效经验,促进内部审计业务的提升。但需要注意,在为外部审计提供协助服务时应防止泄露商业秘密。

(四)与被审计单位的关系管理

内部审计机构与被审计单位的接触最多,需要实施的沟通和协调也最多,因此必须重点关注与被审计单位的关系管理。处理好与被审计单位的关系,首先要注意应在尊重对方的情况下开展审计工作,其次也要防止审计小组成员与被审计单位之间关系过于密切,独立性受到威胁,影响审计工作的效果。

第二节 内部审计人员

内部审计人员能力素质的高低将直接影响到内部审计职责履行的效果与价值创造的能力,进而影响到组织管理层与决策层对于内部审计机构的重视程度,影响到内部审计职能组织地位的提升,影响到社会公众对内部审计职业的信赖程度。为此,内部审计人员应当具备一定的专业胜任能力,拥有良好的专业能力、适当的知识结构、融洽的人际关系和优良的素养等。内部审计职业也应当通过对内部审计人员的后续教育、考核激励等管理活动,持续提升内部审计人员的专业胜任能力。

一、内部审计人员应当具备的专业胜任能力

胜任能力(competency)一词源自拉丁语 Competere,意思是"胜任特征""胜任力""胜任素质特征"等。胜任能力的概念最早可以追溯到古罗马时代,当时人们就曾通过构建胜任剖面图来说明"一名好的罗马战士"的属性特征。随着工业革命的到来和社会分工的细化,人们对于职业胜任资格的测验逐步产生,胜任能力的概念也应运而生。1973 年,美国哈佛大学的戴维·麦克兰德(David-McClelland)教授在经过大量的研究和调研后,在《美国心理学家》杂志上发表了一篇名为《人才测量:从智商转为胜任力》(*Testing for Competency Rather than Intelligence*)的文章,正式提出了"胜任能力"这一概念,对胜任能力的研究做出了开创性的贡献。后来,随着进一步的研究,麦克兰德教授将"胜任能力"明确界定为:"能将高绩效者与一般成绩者区分开来的,可以通过可信方式度量出来的动机、特性、自我概念、态度、价值观、知识、可识别的行为技能和个人特征。"

(一)国外组织对内部审计人员专业胜任能力的要求

国际内部审计师协会在 1999 年就发布了"内部审计师专业胜任能力框架"(The Competency Framework for Internal Auditing,CFIA)。CFIA 认为,风险导向内部审计的关注点发生了变化,直接影响了对内部审计人员胜任能力的要求,内部审计人员应当具备两方面的素质:知识技能和行为技能。知识技能方面包括技术、分析设计能力、鉴别能力;行为技能方面包括个人技能、人际技能以及组织技能。除此之外,协会还分别针对初级内部审计人员、有经验的内部审计人员以及内部审计部门负责人就这六种技能要求分别进行了详细的规范,因而 CFIA 成为一个对各层次内部审计人员专业胜任能力要求的系统和详细的规范。从 CFIA 上还可以

看出，除了对知识技能和行为技能的强调，风险导向内部审计还强调内部审计人员行为及心理方面的能力及特征。

2004年，国际内部审计师协会颁布了"内部审计实务标准"（Standards for the Professional Practice of Internal Auditing，SPPIA），其中包含了对内部审计人员职业道德的规范，就内部审计人员的专业胜任能力做出了细化的规定。

2006年，英国特许公共财务会计师公会（CIPFA）发布《优秀内部审计师——技能和胜任能力的一个良好的实践指南》，从战略焦点、胜任能力矩阵、胜任能力考核和发展培训、培训及资源等方面，提出了有针对性的、具有很好可操作性的要求。其中，战略焦点包括公司治理、保证服务、增加价值、胜任能力和培训焦点；胜任能力矩阵对实习审计人员、审计师、主任审计师、审计经理、高级审计经理、审计主管领导六种不同水平的内部审计人员的能力做出了不同的要求，并认为关键技能包括行为、技术和管理；胜任能力的考核和发展培训包括绩效和薪酬、个人发展计划以及跟进等；培训及资源包括培训战略、培训需求、培训资源选择和来源等。

2010年，比利时内部审计协会发布了《内部审计人员胜任能力框架和任务》，认为内部审计人员胜任能力由三部分组成：第一，内部审计工具、技术和方法，即内部审计过程要求的知识，包括理论、方法以及工具和技术三方面内容；第二，知识领域，即执行审计活动所需要的信息，包括商业、财务和管理会计、治理、舞弊、IT以及其他知识；第三，行为技能，即与他人有效交流的软技能，包括运营和交流两方面内容。针对以上三方面能力，框架分别对新加入的内部审计人员、有经验的内部审计人员以及内部审计管理人员提出了不同的要求，并指出三种不同水平的内部审计人员应当从事的具体任务。

2010年7月，澳大利亚内部审计协会发布了《内部审计人员胜任能力框架》，包括标准、技术技能、人际沟通技能、知识领域。其中，标准是指国际内部审计实务框架；技术技能包括研究和调查、业务流程和项目管理、风险和控制、数据收集和分析、问题解决工具和技术、计算机辅助审计技术；人际沟通技能包括影响与沟通、领导能力和团队精神、变更管理和解决冲突；知识领域包括财务和管理会计、监管、法律和经济学、质量和控制、伦理和欺诈、信息技术、治理、风险和控制。同时，针对四种不同水平的内部审计人员，即初级内部审计人员、熟练内部审计人员、内部审计管理人员以及首席审计执行官，分别对以上四个方面的能力构成要素做出了不同的要求。

2010年，知识共同体（Common Body of Knowledge，CBOK）发布了《今日内部审计人员的核心胜任能力》（Core Competencies for Today's Internal Auditor）研究报告，基于2006年全球内部审计胜任能力的调查结果，重新设计了问卷，调查了来自107个国家的13 582名国际内部审计师协会会员及非会员。该报告通过一般能力、行为技能、技术技能、知识、审计工具和技术五个层面分析了不同行业、不同地区、不同职级的内部审计人员的调查结果。从第一个层面的一般能力来看，沟通能力（包括口头交流、书面交流、撰写报告及演讲），问题识别及解决技能（包括核心、观念及分析能力），以及对行业变化及专业准则调整保持与时俱进的素质是所有层次内部审计人员应当共同具备的一般核心能力。除这些核心能力外，内部审计人员还应该具备会计框架、工具和技术的能力，以及IT/ICT框架、工具和技术的能力；内部审计管理人员还应该具备组织技能（包括项目管理和时间管理）、解决或化解冲突技能；首席审计执行官还应该具备在组织内部提升内部审计部门价值的能力、解决或化解冲突的技能。从第二个层面的行为技能来看,所有层次内部审计人员共同的核心胜任能力包括保密性和沟通技能(传递清晰信息的能力)。除这些核心能力外,内部审计人员还应该具备客观性、判断力、团队合作精神;内部审计管理人员还应该具备领导能力、员工管理能力、管理和道德敏感性;首席审计执行官还应该具备领导能力、管理和道德敏感度、影响力(如说服能力等)。从第三个层面的技术技能来看,在所有三个职业领域中最重要的共同核心胜任能力包括了解业务、风险分析和控制评估技术。除这些核心能力外,内部审计人员还应该具备数据收集和分析工具及技术、业务流程分析、识别控制类型(如预防性控制、检测性控制等);内部审计管理人员还应该具备项目管理技能、谈判技能、经营和管理研究技能;首席审计执行官还应该具备谈判技能、管理风险和控制工具技能、项目管理技能。除上述内容外,报告还从知识、审计工具和技术两个层面论述了现在审计实务中已经运用的内容,并对在未来审计实务中准备运用的内容进行了展望。

考虑到公共部门内部审计人员的特殊性,2009年国际内部审计师协会又颁布了专门针对公共部门的内部审计能力全球应用模型,即IA-CM模型。IA-CM模型是一个在原则、实践和程序方面具有相容性的通用模型,这个模型可以在全球范围内应用,以提高各国公共部门内部审计机构的有效性。公共部门可以根据其性质、复杂性及其业务相关风险确定其内部审计需求,然后对照已确定的需求,评估其现有的内部审计能力,最终确认既有需求和现有的内部审计能力间的巨大差距,并努力培养和提升内部审计人员的专业胜任能力以达到合适的水平。

(二)国内法律法规对内部审计人员专业胜任能力的要求

以国际内部审计师协会为代表的职业组织已经构建了较为严谨、细化的内部审计人员胜任能力框架。但是,IIA的研究成果毕竟是针对全球所有国家的内部审计人员提出的,在我国还需要考虑特殊的国情背景、政治因素、经济因素、公司治理结构特性等,才能构建具有中国特色的内部审计人员专业胜任能力规范。

国家审计署颁布的《审计署关于内部审计工作的规定》要求,内部审计人员应当具备必需的专业胜任能力,并通过后续教育培训加以保持和提高;内部审计人员实行从业资格和审计专业技术资格制度,具体按照国家有关规定执行。

国务院国有资产监督管理委员会颁布的《中央企业内部审计管理暂行办法》要求,企业内部审计人员应当具备审计岗位所必备的会计、审计等专业知识和业务能力;内部审计机构的负责人应当具备相应的专业技术职称资格。

中国银行监督管理委员会颁布的《银行业金融机构内部审计指引》要求,银行内部审计人员应具备相应的专业从业资格;具备大专以上学历;掌握与银行业金融机构内部审计相关的专业知识;熟悉金融相关法律法规及内部控制制度;具备两年以上金融从业经验;具有正直、客观、廉洁、公正的职业操守,且从事金融业务以来无不良记录。审计项目负责人员至少应具有3年以上审计工作经验或6年以上金融从业经验。

中国保险监督委员会颁布的《保险公司内部审计指引(试行)》要求,保险公司审计责任人应当具备以下条件:大学本科以上学历;从事审计、会计或者财务工作五年以上,熟悉金融保险业务;具有在企事业单位或者国家机关担任领导或者管理职务的任职经历。专职内部审计人员应当具有大专以上学历;具备相应的专业知识和工作能力。

2013年，中国内部审计协会修订后颁布的《内部审计基本准则》要求，内部审计人员应具备必要的学识及业务能力；熟悉本组织的经营活动和内部控制；通过不断的后续教育来保持和提高专业胜任能力；应具有较强的人际交往技能，能恰当地与他人进行有效的沟通。

综上所述，内部审计人员应具备足以胜任当前工作的专业知识和业务能力，不仅要熟悉内部审计准则、财务会计制度，还应具备风险管理、治理和控制等方面的专业能力；不仅能熟悉本组织的经营活动和内部控制，还能及时发现组织经营过程中存在的或潜在的问题，并提出解决问题的建议。为了表达专业的审计意见，内部审计人员必须遵守职业道德规范，正直、客观和有责任心。除专业能力外，内部审计人员还应具有适应能力、理解能力和决断能力，具有协商技巧和协调能力，能够处理好人际关系，这些能力对于有效开展内部审计同样是至关重要的。内部审计人员的专业胜任能力还表现在具备并保持应有的职业审慎，合理使用职业判断，以应有的谨慎态度执行内部审计业务。

二、内部审计人员专业胜任能力的获取、保持和提高

内部审计人员的专业胜任能力决定了内部审计帮助组织实现目标的成效。内部审计人员应通过接受专业教育和持续职业发展来增加专业知识、提高专业技能。内部审计职业还应该强化后续教育的培训规划和人力资源的绩效考评，以帮助内部审计人员不断提升专业胜任能力。

（一）内部审计人员的专业培训和后续教育

内部审计专业的教育和培训是内部审计人员获取、实践和更新专业知识以及进行专业能力建设的重要途径。高等院校的相关专业应当按照内部审计人员专业胜任能力的要求和注册内部审计师考试的内容设置相应的课程，同时强化内部审计的实践教学环节，使学生能够获取内部审计职业所需要的最基本的专业知识和实践技能。但是，在大学获取的优异成绩只能说明学生在内部审计领域已经掌握了一些基础的知识，为了胜任实际的内部审计工作，还需要接受持续的后续教育。

后续教育，又被称为"继续教育"，是对专业技术人员不断进行的知识、技能的更新和补充，以拓展和提高其创造能力、创新能力和专业技术水平、职业道德水平，完善其知识结构的教育。当前，接受后续教育已经成为对内部审计从业人员的强制性要求，取得内部审计人员岗位资格证书和国际注册内部审计师资格证书的人员，都必须接受后续教育。

内部审计机构应当完善岗位培训和职业培训相结合的培训制度，根据本组织的特点以及内部审计人员的基本素质制订切实可行的培训计划，为内部审计人员提供职业发展和后续教育的机会。内部审计职业团体也应当对资格证书取得、资格考试内容及后续教育的主要内容和形式做出明确的规定，以实现内部审计人员后续教育的正常化、制度化和标准化。后续教育的形式不应局限于授课，还可以采用自学课程、专业课程学习、研读专业杂志、在岗指导、参加会议和专题讨论、深造等多种方式进行。后续教育的主要内容应当包括国家颁布的有关法律法规，内部审计准则及内部审计人员职业道德规范，内部审计理论与实务，会计理论与方法，信息技术理论与应用技术，公司治理、内部控制和风险管理理论与实务，以及其他相关专业知识与技能。

(二)内部审计人员的考核与激励

为了确保内部审计人员更好地履行自身的职责,组织必须建立和健全针对内部审计人员的考核和激励机制,明确业绩评价的政策、方法和考核标准,全面评价内部审计人员的工作能力和发展潜力,制定科学合理的奖惩激励措施,物质奖励与荣誉激励相结合,榜样激励与感情激励相结合,以促进内部审计人员提升综合业务能力,充分发挥内部审计为组织增加价值的作用。组织对内部审计人员进行评估,应当考虑业绩因素和个性因素。业绩因素包括工作量、工作质量、完成审计工作的复杂程度、工作能力、书面和口头表达能力、自上次评估以来是否有进步、参加继续教育情况等内容;个性因素包括创造力、判断力、说服能力、工作态度和与他人一起工作的能力等内容。组织通过对内部审计人员进行定期评估,能够为内部审计人员提供不断改进和提高业绩的有效帮助。

我国政府部门及行业监管部门对内部审计人员的考核与激励形式已经做出了明确的规定。

国家审计署颁布的《审计署关于内部审计工作的规定》要求,对认真履行职责、忠于职守、坚持原则、做出显著成绩的内部审计人员,由所在单位给予精神或者物质奖励。对滥用职权、徇私舞弊、玩忽职守、泄露秘密的内部审计人员,由所在单位依照有关规定予以处理;构成犯罪的,移交司法机关追究刑事责任。

国务院国有资产监督管理委员会颁布的《中央企业内部审计管理暂行办法》要求,企业对于认真履行职责、忠于职守、坚持原则、做出显著成绩的内部审计人员,应当给予奖励。对于滥用职权、徇私舞弊、玩忽职守、泄露秘密的内部审计人员,由所在单位依照国家有关规定给予纪律处分;涉嫌犯罪的,依法移交司法机关处理。

中国银行监督管理委员会颁布的《银行业金融机构内部审计指引》要求,董事会应建立激励约束机制,对内部审计相关各方的尽职、履职情况进行考核评价,建立内部审计工作问责制度,明确内部审计责任追究、免责的认定标准和程序。董事会应对具有以下情节的内部审计机构负责人和直接责任人追究责任:未执行审计方案、程序和方法导致重大问题未能被发现;对审计发现问题隐瞒不报或者未如实反映;审计结论与事实严重不符;对审计发现问题查处整改工作跟踪不力;未按要求执行保密制度;其他有损银行业金融机构利益或声誉的行为。

中国保险监督委员会颁布的《保险公司内部审计指引(试行)》要求,保险公司内部审计人员应当严格遵守审计职业道德规范。滥用职权、徇私舞弊、隐瞒问题、玩忽职守、泄露秘密的,应当依照国家和公司有关规定给予处分;涉嫌犯罪的,依法移交司法机关处理。保险公司董事长、总经理和审计责任人在组织实施内部审计工作中有重大失职行为的,中国保监会将依照相关规定给予处罚。保险公司对坚持原则、忠于职守、认真履行职责并做出显著成绩的内部审计人员,应当给予奖励。

第三节 内部审计机构和人员管理

一、内部审计机构的管理

内部审计机构的管理是指内部审计机构对内部审计人员和内部审计活动实施的计划、组织、领导、控制和协调工作。内部审计机构的有效管理是内部审计工作是否能够发挥作用的重要保障，内部审计机构要想在组织治理、内部控制和风险管理中实现审计目标，就需要对内部审计机构的业务发展进行合理的规划，使其与组织发展战略保持一致，并能够覆盖组织在经营管理中的各个风险领域。

（一）内部审计机构管理的目标

1. 实现内部审计目标

审计目标是人们在特定的社会历史环境中，期望通过审计实践活动达到的最终结果。内部审计的目标是改善组织的运营，提升组织风险管理、内部控制及治理过程的效果，增加组织的价值。只有加强对内部审计机构的管理才能保障内部审计工作的实施与内部审计目标的实现得以完美的匹配。

2. 促使内部审计资源得到充分和有效的利用

组织中的内部审计资源包括人力、物力、财力和技术方法等，这些内部审计资源无疑是有限的，而需要完成的内部审计项目相对而言又是无限的，为此如何更加合理地配置内部审计资源，使有限的内部审计资源得到最有效的配置是内部审计机构管理的一个重要目标。

3. 提高内部审计质量，更好地履行内部审计职责

为确保内部审计质量符合内部审计准则的要求，内部审计机构需要进行有效的管理，通过制定和执行一系列的政策和程序来对内部审计质量进行控制和保证，使内部审计在组织中发挥更大的作用。

4. 促使内部审计活动符合内部审计准则的要求

内部审计准则是各类企业、各级政府机关以及其他单位的内部审计人员在进行内部审计工作时应当遵循的基本原则和行为规范，是衡量内部审计工作质量的尺度和准绳，对于提高内部审计工作质量和工作效率、促进内部审计理论与实务的发展具有重要的意义。通过对内部审计机构的管理能够促进内部审计工作更加遵守内部审计准则的要求，符合内部审计准则的规范，内部审计活动才能更加合规和高效地开展。

（二）内部审计章程

组织应依据国家有关法律法规、公司章程，建立健全内部审计工作制度，保证内部审计工作得以规范开展。内部审计制度的形式和内容取决于组织内部审计机构的规模、架构及其工作的复杂程度。在内部审计制度体系中最为核心的就是内部审计章程，所有的内部审计制度和规定都必须以内部审计章程为依据。为此，内部审计机构应当制定内部审计章程，对内部审计的目标、职责和权限进行规范，并报经董事会或者最高管理层批准。内部审计章程是组织治理的重要文件之一，具有广泛的约束力，是内部审计机构和人员进行内部审计活动的依据，它代表了董事会或最高管理层对审计监督和服务的授权，也是制定其他层次内部审计制度的依据和基础。组织应对内部审计章程的执行情况进行检查，并对内部审计章程及时进行必要的修订，以确保内部审计章程能够很好地指导内部审计工作。同时，对内部审计章程的修订也代表了内部审计机构向董事会或最高管理层力荐内部审计新观念和新思想的机会。内部审计机构在制定其他的内部审计制度和规定时必须遵照内部审计章程，对章程内容做出补充和细化，不得与内部审计章程相抵触。

内部审计章程包括下列内容：(1)内部审计目标，内部审计章程应当明确内部审计为组织增加价值的关键目标及实现途径。(2)内部审计机构的职责和权限，组织在确定内部审计的职责时，应与内部审计工作目标相匹配。内部审计机构在职责范围内开展工作和报告结果时，组织应该赋予其免受干预，能够完全、自由和不受限制地接触组织所有活动、记录、财产和人员的权限。(3)内部审计范围，内部审计为实现审计目标，就必须不断开拓内部审计范围，通过广泛的确认和咨询服务充分履行其职能。(4)内部审计标准，内部审计机构通过制定内部审计工作管理办法来明确内部审计工作标准，确保内部审计机构运行过程中的一般性行政管理和审计项目等业务工作得到控制和规范。

(三)内部审计机构管理的模式

内部审计机构应当建立合理、有效的组织结构，多层级组织的内部审计机构可以实行集中管理或者分级管理。实行集中管理的内部审计机构可以对下级组织实行内部审计派驻制或者委派制。实行分级管理的内部审计机构应当通过适当的组织形式和方式对下级内部审计机构进行指导和监督。

组织在选择内部审计机构的管理模式时，应当充分考虑其自身性质、规模及内部治理结构。内部审计机构在组织中的地位，应足以保证其履行审计职责。成功的内部审计应该建立在良好治理的基础上，组织在选择内部审计机构的管理模式时，一方面要以获得组织最高领导明确的认可和支持为依据，另一方面要以能够保障内部审计独立、客观地为管理层提供持续的、专门的服务为依据，两者不可分割且缺一不可。内部审计机构要保持一定的独立性，应向组织内部确保内部审计机构履行职责的层级报告。组织在确定内部审计机构人员编制时，也应当考虑组织的规模、业务量和复杂程度，并在可能的情况下配备具有信息技术、工程等其他相关专业知识的人员。

内部审计机构的管理可以分为部门管理和项目管理。部门管理主要包括内部审计机构运行过程中的一般性行政管理。项目管理主要包括内部审计机构对审计项目业务工作的管理与控制。但是，从实质上看，内部审计部门和内部审计项目二者之间并没有本质的区别，在部门管理中包含着项目管理，在项目管理中也包含着部门管理。

二、内部审计部门管理

内部审计部门是指为增加组织价值并改善组织运营而提供独立、客观的确认与咨询服务的部门、处或小组、顾问或其他从业人员。内部审计部门管理包括内部审计计划管理、人力资源管理、财务预算管理、内部审计工作手册管理，以及内部审计工作质量管理等。

(一)内部审计计划管理

内部审计计划管理就是内部审计机构通过编制年度审计计划和项目审计方案安排、协调和实施内部审计项目，并评价和报告内部审计项目计划执行情况的活动过程。它是内部审计机构对年度审计项目计划的编制、协调、调整、检查和考核等一系列相互关联的活动的总称。加强和改进内部审计计划管理，可以充分利用组织中有限的内部审计资源，实现对内部审计业务的科学管理，促进内部审计机构有效履行其监督和服务职能，同时也可以更好地完成董事会和管理层所认可的目标，发挥内部审计在组织中的作用。

内部审计机构应当根据组织的风险状况、管理需要及审计资源的配置情况,编制年度审计计划。制订好年度审计计划,认真地实施年度审计计划,并对年度审计计划的执行情况进行检查和考核,可以保证年度审计工作协调进行,有利于年度审计任务的完成和审计目标的实现,有利于合理利用审计资源,提高审计效率。面对瞬息万变的市场和变幻多端的风险,组织如何加强风险管理和内部审计职能就显得特别重要。通过风险评估来识别风险、量化风险,并以此作为编制年度审计计划的依据,可以使得内部审计工作的开展更好地与组织目标的实现紧密结合。为此,以风险评估为导向制订年度审计计划的工作就显得非常重要,通过对内部审计风险的识别有助于将审计资源分配到高风险领域,从而实现明确重点审计领域、有的放矢、提高内部审计效率和效果的目标。

(二) 内部审计人力资源管理

加强内部审计机构的人力资源管理是组织保障内部审计职能发挥的根本条件,也是保证内部审计工作质量的关键影响因素,为此组织应当高度重视内部审计人力资源管理。内部审计机构应当根据内部审计目标和管理需要,加强人力资源管理,保证人力资源利用的充分性和有效性。内部审计人力资源管理主要包括下列内容:

1. 内部审计人员的聘用

组织应当合理进行内部审计人员规模配置与岗位设计,结合组织内部审计发展战略、审计计划需求、审计工作量、人员变动、人员绩效考核等因素,对内部审计人力资源现状进行分析,制订相应的内部审计人力资源长期及短期需求规划,制订出科学有效的人员聘用计划。

2. 内部审计人员的培训

组织针对内部审计人员胜任能力框架提出的要求,编写相应的评估问卷,对内部审计人员进行技能测试及评估,并根据评估结果制订培训计划,选择相应的培训课程。考核评估结果也可以为内部审计人员的职称职务晋升提供一定的参考。

3. 内部审计人员的工作任务安排

内部审计机构应当根据内部审计管理目标和要求,科学地进行内部审计人员岗位设计,明确每个岗位的具体职责,制定明晰的岗位说明书。内部审计机构还应当考虑岗位的适度动态轮换,以激励为原则调动内部审计人员工作的积极性,保持工作新鲜感,提升工作绩效。

4. 内部审计人员专业胜任能力分析

内部审计机构应当对内部审计组织结构、岗位配置以及内部审计工作特点、内部审计业务对象进行分析,明确内部审计人员应当具备的胜任能力指标体系,建立内部审计人员专业胜任能力框架。内部审计机构在设计专业胜任能力指标体系和建立专业胜任能力框架时,应当充分考虑内部审计人员的语言能力(中文书写及表达能力)、学历水平、专业背景、审计专业知识水平和实务工作经验、内部审计工作资历证明、内部审计工作其他相关业务知识水平、文案工作能力、独立解决问题的能力、独立学习知识的能力以及关系管理能力。内部审计机构在选拔内部审计人员时应当尽可能选拔既懂审计业务知识又熟悉信息技术的复合型人才。内部审计机构建立的专业胜任能力框架应与组织的内部审计发展战略、内部审计职能、内部审计人员职业发展需求以及组织整体人力资源需求相匹配,并进行适当的动态调整。

5. 内部审计人员的业绩考核与激励机制

组织应当坚持公开、公平、公正的原则,自上而下地建立以内部审计人员为对象的、更加科学合理的内部审计评价考核体系,作为内部审计人员的业绩考核与激励机制。组织应当将考核结果与激励约束机制相结合,坚持正向激励为主的原则,充分保障内部审计人员的权益,激励内部审计人员的工作动力与热情。

(三)内部审计部门预算管理

财务预算是一系列专门反映组织在未来一定预算期间内预计财务状况、经营成果以及现金收支等价值指标的各种预算的总称。内部审计机构通过制定财务预算可以更加清楚地了解内部审计资源的配置状况,促进审计决策目标的具体化、系统化和定量化,保证内部审计工作能够按照预定的目标顺利进行,并通过对内部审计实际绩效与预算的差异分析更好地查找偏差原因,及时发现问题,适时解决问题。编制财务预算应当考虑的因素包括以下方面:

1. 内部审计人员的数量

内部审计人员的数量是内部审计机构编制财务预算的重要影响因素。内部审计机构应当准确地预测预算年度在岗在编内部审计人员的数量、薪酬级别、内部审计人员的变动情况,以及根据内部审计工作安排对其他专家或兼职内部审计人员的需求数量和需要支付的补贴费用等。

2. 内部审计工作的安排

不同类型的内部审计工作需要的审计时间、内部审计人员数量、专业人员的层级等都不尽相同。内部审计机构在编制财务预算时应当充分考虑预算年度的审计计划,准确地预测准备实施的内部审计工作对内部审计资源的具体需求。

3. 内部审计机构的行政管理活动

内部审计机构除实施年度审计计划的各项审计项目之外,还需要为其日常的行政管理活动耗费一定的资源。内部审计机构在编制财务预算时,需要合理地预测在预算年度中内部审计机构在行政管理活动上对资源的耗费水平。

4. 内部审计人员的教育及培训要求

为提高内部审计人员的专业胜任能力,提升内部审计机构的整体业务水平,内部审计机构必须定期进行各种类型的职业教育和专业培训。内部审计机构在编制财务预算时,应当根据预算年度的职业发展规划和人才培训方案合理预测教育和培训预算。

5. 内部审计工作的研究和发展

为了确保内部审计职能在组织中的长远发展,内部审计机构不能仅停留在完成年度审计计划安排的审计项目和审计工作上。内部审计机构还应当注重对内部审计工作的研究,包括对内部审计职能未来发展的展望、对全新内部审计技术和方法的探索等。为此,内部审计机构在编制财务预算时,应当充分考虑准备投入在内部审计工作研究和发展上的资源需求。

(四)编制内部审计工作手册

内部审计机构应当根据组织的性质、规模和特点,编制内部审计工作手册,以指导内部审计人员的工作。编制内部审计工作手册旨在规范组织内部审计机构执行内部审计工作的程序，规范内部审计人员的工作行为，保证内部审计工作的质量。内部审计工作手册的主要内容包括以下方面：

1. 内部审计机构的目标、权限和职责的说明

内部审计机构的目标通常应确定为通过运用系统、规范的方法，审查和评价组织的业务活动、内部控制和风险管理的适当性和有效性，以促进组织完善治理、增加价值和实现目标。为了更好地实现内部审计机构的目标，内部审计工作手册必须明确规定内部审计机构应当按照董事会、高级管理层主要负责人的要求需要履行职责，以及内部审计机构履行职责时应当享有的权限。

2. 内部审计机构的组织、管理及工作说明

内部审计工作手册应当根据组织的特点、规模和对内部审计职能的需求，详细说明内部审计机构的组织架构和管理方式，清楚界定内部审计的工作内容和范围。

3. 内部审计机构的岗位设置及岗位职责说明

内部审计工作手册应当明确说明内部审计机构的岗位设置及各个岗位的职责，这样不仅有利于组织其他部门和人员对内部审计机构岗位设置和岗位职责的充分了解，还便于内部审计人员对照岗位职责履行自身义务以及接受组织和内部审计机构对其绩效的考核。

4. 主要审计工作流程

内部审计工作手册应当详细列明内部审计项目从立项获批到编制审计工作方案，从审前调查到审计测试，从审计报告到适当沟通等各个环节的主要工作流程，以作为内部审计人员的实际操作指南。

5. 内部审计质量控制制度、程序和方法

内部审计工作手册应当包含详尽的内部审计质量控制制度、程序和方法，为内部审计机构的质量控制提供制度保障和行动指南。

6. 内部审计人员职业道德规范和奖惩措施

仅在技术层面对内部审计人员的工作进行规范是远远不够的，内部审计工作手册必须强调对内部审计人员的道德规范，同时设定必要的奖惩措施，督促和确保内部审计人员遵守职业道德规范。

7. 内部审计工作中应当注意的事项

根据组织特殊需求和内部审计机构的特殊安排，内部审计手册还需要特别指出内部审计工作中应当注意的事项。

(五)建立健全内部审计质量控制

内部审计质量是指内部审计工作及其结果的优劣程度。内部审计的质量控制是指内部审计机构为保证其审计质量符合内部审计准则的要求而制定和执行的制度、程序和方法。内部审计的质量控制是提高内部审计工作质量的重要途径，也是确保内部审计职能在组织中得以充分发挥的制度保障。内部审计机构负责人对制定并实施系统、有效的质量控制制度与程序

负主要责任。内部审计的质量控制分为内部审计机构质量控制和内部审计项目质量控制。

1. 内部审计质量控制的目标

为适应内部审计职能的扩展和提升，内部审计的质量控制应当实现的目标包括：(1)保证内部审计活动遵循内部审计准则和组织内部审计工作手册的要求；(2)保证内部审计活动的效率和效果达到既定要求；(3)保证内部审计活动能够增加组织的价值，促进组织实现目标。内部审计机构负责人和审计项目负责人通过督导、分级复核、质量评估等方式对内部审计质量进行控制。

2. 内部审计机构质量控制

内部审计机构负责人对内部审计机构质量负责。内部审计机构建立健全质量控制需要考虑下列因素：(1)内部审计机构的组织形式及授权状况；(2)内部审计人员的素质与专业结构；(3)内部审计业务的范围与特点；(4)成本效益原则的要求；(5)其他。

内部审计机构质量控制主要包括下列措施：(1)确保内部审计人员遵守职业道德规范；(2)保持并不断提升内部审计人员的专业胜任能力；(3)依据内部审计准则制定内部审计工作手册；(4)编制年度审计计划及项目审计方案；(5)合理配置内部审计资源；(6)建立审计项目督导和复核机制；(7)开展审计质量评估；(8)评估审计报告的使用效果；(9)对审计质量进行考核与评价。

3. 内部审计项目质量控制

内部审计项目负责人对审计项目质量负责。内部审计机构建立健全内部审计项目质量控制应当考虑下列因素：(1)审计项目的性质及复杂程度；(2)参与项目审计的内部审计人员的专业胜任能力；(3)其他。

内部审计项目质量控制主要包括下列措施：(1)指导内部审计人员执行项目审计方案；(2)监督审计实施过程；(3)检查已实施的审计工作。

内部审计项目负责人在指导内部审计人员开展项目审计时，应当告知项目组成员下列事项：(1)项目组成员各自的责任；(2)被审计项目或者业务的性质；(3)与风险相关的事项；(4)可能出现的问题；(5)其他。

内部审计项目负责人监督内部审计实施过程时，应当履行下列职责：(1)追踪业务的过程；(2)解决审计过程中出现的重大问题，根据需要修改原项目审计方案；(3)识别在审计过程中需要咨询的事项；(4)其他。

内部审计项目负责人在检查已实施的审计工作时，应当关注下列内容：(1)审计工作是否已按照审计准则和职业道德规范的规定执行；(2)审计证据是否相关、可靠和充分；(3)审计工作是否实现了审计目标。

4. 与组织其他机构和外部审计的协调

内部审计机构和内部审计人员应当在组织董事会或者最高管理层的支持和监督下，做好与组织其他机构和外部审计的协调工作。内部审计机构可以与为组织提供相关保证与咨询服务的其他内外部人员共享信息、相互协调，以确保工作的全面性，最大限度地减少重复工作。内部审计机构还应当接受组织董事会或者最高管理层的领导和监督，在日常工作中保持有效的沟通，向其定期提交工作报告，适时提交审计报告。

三、内部审计项目管理

项目是为完成某一独特的产品或服务所做的彼此相互关联的任务或活动的一次性过程。它具有一次性、独特性、目标确定性、活动完整性、组织临时性和开放性、实施渐近性、时间期限等特点。内部审计项目管理是指与某一具体审计项目执行有关的管理措施,包括审计人员的安排、审计工作过程的指导和监督、审计结果的复核以及审计项目的总结与评价等。内部审计机构应当根据年度审计计划确定的审计项目,编制项目审计方案并组织实施,在实施过程中做好审计项目管理与控制工作。

(一)内部审计项目管理中的职责划分

在审计项目管理过程中,内部审计机构负责人与项目负责人应当充分履行职责,以确保审计质量,提高审计效率。

内部审计机构负责人在项目管理中应当履行下列职责:(1)选派审计项目负责人并对其进行有效的授权;(2)审定项目审计方案;(3)督导审计项目的实施;(4)协调、沟通审计过程中发现的重大问题;(5)审定审计报告;(6)督促被审计单位对审计发现的问题进行整改;(7)其他有关事项。

审计项目负责人应当履行的职责包括下列方面:(1)编制项目审计方案;(2)组织审计项目实施;(3)对项目审计工作进行现场督导;(4)向内部审计机构负责人及时汇报审计进展及重大审计发现;(5)组织编制审计报告;(6)组织实施后续审计;(7)其他有关事项。

(二)内部审计项目质量控制

内部审计机构可以采取一些辅助管理工具,完善和改进项目管理工作,保证审计项目管理与控制的有效性。

1. 审计工作授权表

审计工作授权表列示了内部审计项目的基本内容,将审计项目中所有需要实施的审计工作以文件的形式正式予以确认。审计工作授权表体现和反映了内部审计机构在每个内部审计项目中对审计时间和审计资源进行分配的周密性。内部审计项目负责人也可以采用审计工作授权表来下达内部审计项目的各项工作,以保证审计过程能够得到周密、细致、高效的实施。审计工作授权表应当注明被审计单位的名称,通常要确定项目编号,标明时间分配数、工作起止日期,并指定审计组长和审计组的成员名单,列明审计的目的、需要联系的人员及专家、报告呈送对象等事项。审计工作授权表需要得到组织适当管理层的批准,并签署批准意见和时间。

2. 审计任务清单

审计任务清单是反映每一个审计项目应当完成的所有任务的细节内容的清单,一般由审计组长编制。审计组长通常使用审计任务清单来反映和规划执行审计项目所要求的各种管理细节。审计任务清单的内容包括每日工作安排、每周工作安排以及审计准备阶段、内部控制检查、实质性测试、资料汇总、审计结果、审计评价等步骤中的主要工作内容。审计组长还可以将审计任务清单分解成每个审计小组成员应当负责完成的工作清单,并分发给每个审计小组成员。审计任务清单中还会附带审计时间控制表,按照审计人员的具体工作内容分列，有助于审计组长对审计工作的进度实施监督，并确保实际审计工作时间数可以控制在预算时间之内。

3. 审计工作底稿检查表

审计工作底稿是内部审计人员记录审计程序、审计内容和审计发现的重要手段，也是用于对审计进展和审计质量进行监督的有效方法。内部审计人员应当随时编制完整、清晰的审计工作底稿，并对审计工作底稿进行编号和索引。审计组长应当在审计过程中定期对已经完成的审计工作底稿进行检查，以确保审计工作的顺利实施，并按照审计方案的要求进行。审计组长可以使用审计工作底稿检查表记录对每个审计组成员编制的审计工作底稿的检查结果，并提出是否需要修改以及是否需要追加审计程序的建议。

4. 审计文书跟踪表

内部审计人员应当编制审计文书跟踪表，用来实时查证每个审计项目的书面文件及事项。例如，审计项目方案中每项具体审计工作的分配情况记录，审计小组会议、审计进点会议、审计过程中与被审计单位相关人员召开的会议、审计总结会议、意见沟通会议以及审计出点会议的议程、议题、会议时间安排等记录，审计报告初稿的编写、修改、报送、反馈、定稿等记录等。

(三) 内部审计项目的档案管理

内部审计机构应当建立审计项目档案管理制度，加强审计工作底稿的归档、保管、查询、复制、移交和销毁等环节的管理工作，妥善保存审计档案。内部审计工作档案是审计过程中保留下来的重要文件资料。它们经过整理、归类、保存等环节形成了组织中的重要信息来源。内部审计档案能够为组织各级管理者分析组织业绩、评价内部控制系统以及甄别违纪和违规事件提供重要的依据。

内部审计机构应当将下列文件材料归入项目审计档案：立项性文件材料，如审计通知书、审计实施方案；证明性文件材料，如审计证据(含承诺书)、审计工作底稿；结论性文件材料，如审计报告、审计报告征求意见书、复核意见书、审计意见书、审计决定书、审计建议书和其他备查文件材料。

审计组确定的立卷责任人应当及时收集审计项目的文件材料。审计终结后，立卷责任人对审计项目形成的全部文件材料按立卷方法和规则进行归类整理，经审计组长或审计机构负责人复查，并经档案管理机构或者档案工作人员检查后，依照有关规定进行编目和装订。内部审计机构应当按照有关规定向档案管理部门移交审计档案。

组织的档案管理部门必须严格限制无关人员对审计档案的接触。借阅审计档案仅限定在内部审计机构内部，内部审计机构以外的部门或单位有特殊情况需要查阅审计档案或者要求出具审计档案证明的，须经内部审计机构主管领导批准。审计档案的销毁也应当遵守档案管理规定。

四、内部审计质量评估

(一) 内部审计质量评估的概念和目标

内部审计质量评估是指由具备职业胜任能力的人员，以内部审计准则、内部审计人员职业道德规范为标准，同时参考风险管理、内部控制等方面的法律法规，对组织的内部审计工作进行独立检查和客观评价的活动。

内部审计质量评估的目标是帮助组织改善内部审计环境，提升内部审计水平，防范内部审计风险，增强内部审计的有效性，促进内部审计的规范化和制度化建设。组织应当建立内部审计质量评估制度，定期开展内部审计质量评估工作。中国内部审计协会负责指导和管理全国内部审计质量评估工作。

（二）内部审计质量评估的形式

内部审计质量评估包括内部评估和外部评估两种形式，由组织根据情况选择实施。内部评估由组织内部的人员按照内部质量评估的要求实施，可以由内部审计、人力资源、内部控制、风险管理等部门的人员参与。外部评估由中国内部审计协会或者其核准的机构实施。选择实施外部评估的组织，应当向中国内部审计协会或者其核准的机构提出书面申请，由双方协商评估范围、评估时间、评估人员、评估费用等事宜。

（三）内部审计质量评估的人员

参与外部评估的人员应当具备良好的审计职业道德和一定的审计工作经历，具有被评估组织所在行业、领域的相关知识或者经验，接受过中国内部审计协会组织的内部审计质量评估培训，具备从事评估工作的专业胜任能力。

（四）内部审计质量评估的内容、程序和方法

内部审计质量评估的内容主要包括以下方面：(1)内部审计准则和内部审计人员职业道德规范的遵循情况；(2)内部审计组织结构及运行机制的合理性、健全性；(3)内部审计人员配置及专业胜任能力；(4)内部审计业务开展及项目管理的规范程度；(5)各利益相关方对内部审计的认可程度和满意程度；(6)内部审计增加组织价值、改善组织运营的情况。

内部审计质量评估的程序包括前期准备、现场实施和出具评估报告三个阶段。评估可以运用问卷调查、访谈、现场查阅文档等方法。中国内部审计协会编制的《内部审计质量评估手册》是开展质量评估的技术指南，对评估程序、评估方法和评估要求提供了具体的指引。

（五）内部审计质量评估的结论

内部审计质量评估的结论分为合格与不合格两类。对评估合格的组织还应进行评级，由高至低依次分为AAA级、AA级和A级。外部评估结果由中国内部审计协会统一公布。经中国内部审计协会核准的机构实施的外部评估结果，应报送中国内部审计协会备案。内部审计质量评估结果可以作为考核被评估组织内部审计工作质量和做出相关决策的依据。

第三章

内部审计的角色和作用

现代组织规模越来越大,组织结构越来越复杂,对信息技术的依赖程度也空前提高,它们正在朝着知识密集型和数据依赖型发展,在全球各个行业和领域从事着极度专业化和日益复杂化的经营。与此同时,超越传统组织框架的战略联盟和虚拟组织开始涌现,预示着信息时代新型组织形式的发展已经显著改变了组织对组织治理、风险管理和内部控制的需要。当下,大数据时代到来,数据的迅速膨胀决定着组织的未来发展,对人类的数据驾驭能力提出了新的挑战,也为人类获得更为深刻、全面的洞察能力提供了前所未有的空间与潜力。在这一快速变革的经营环境和组织架构中,内部审计早已经成为组织管理者、组织治理者、外部审计师以及其他各利益相关方的重要助手和合作伙伴。

第一节 三线模型

组织是一项人类的事业,其运行环境充满了不确定性,越来越复杂多变且相互关联。通常情况下,组织会有多个利益相关方,他们之间存在着复杂多样、不断变化、有时甚至相互冲突的利益关系。利益相关方将组织监督权授予组织治理机构,治理机构将资源和权力分配给管理层,再由管理层执行具体的措施,例如对风险进行管理。由于这一系列的原因,组织在加强治理和风险管理能力的同时,还要建立有效的组织结构和流程来完成组织的目标。当治理机构收到来自管理层的有关组织活动、成果和未来发展预测的报告时,治理机构和管理层都依赖内部审计部门为其提供有关上述事项的独立、客观的确认和咨询,从而推动和协助组织的创新和发展。治理机构对治理活动承担最终责任,而组织治理是治理机构、管理层和内部审计共同努力达成的结果。

国际内部审计师协会(IIA)2013年发布的三道防线模型(Three Lines of Defense Model)被看作良好组织治理和风险管理的基础性指引。该模型通过界定组织中的机构、部门和职能在风险管理中的职责,帮助组织领导者建立有助于创造和保护组织价值的结构和流程,在组织治理,特别是风险管理方面发挥了正向推动作用,因此受到广泛欢迎。2013版三道防线模型主要关注助力组织降低和控制风险,但是随着新兴风险的出现,组织面临的外部环境也越来越复杂多变,该模型在突出价值创造、各利益相关方密切协作方面仍有待完善。为此,国际内部审计师协会(IIA)牵头组建了专家工作组,由时任IIA全球理事会第一副主席、现任主席珍妮莎·约翰（Jenitha·John）担任组长，与审计从业人员、风险和合规专家、其他利益相关方及有关人员的代表共同开展研究，完成了对模型的修订，并于2020年7月正式发布了全新的"三线模型"（The IIA's Three Lines Model）。

三线模型帮助组织对结构和流程是否能够发挥最大效用、协助完成组织目标并改善组织治理和风险管理的能力进行确认。该模型适用于所有类型的组织，需要做到以下几点来确保其发挥充分的效用：第一，采用基于原则的工作方法，并根据组织的具体目标和环境对模型进行调整。第二，重点关注风险管理在完成组织目标、创造价值以及在防御风险和保护价值方面做出的贡献。第三，对模型中的各个职能、各项职责以及彼此之间的关系有清晰的理解。第四，采取措施确保活动和目标与利益相关方的首要利益保持一致。

全新的"三线模型"主要强调了履行治理和风险管理职责的各部门之间的关系，并对该模型的应用和有效性进行了深入探究，从而确保其能够适应当今组织的运营环境。与原三道防线模型相比，新模型具有以下特点。

第一，新模型强调了组织应当有意识地拓展模型的适用范围，不应将风险管理局限于防范风险，而要更全面地为组织的战略和运营提供支持，不再局限于防御功能，因此在模型命名中去掉了"防"字，改为"三线模型"。

第二，新模型鼓励组织根据自身需要和目标，灵活运用新模型。

第三，新模型对"三线"的主要组成部分的作用、职能和职责以及各部分之间关系进行了进一步的阐释。

第四，新模型强调各线职责之间的协调和统筹，使组织的风险管理形成合力。

IIA秘书长兼CEO理查德·钱伯斯（Richard·Chambers）表示："模型在组织实现良好的风险管理中能够发挥基础性作用，这一点早已得到广泛认可。风险管理不应局限于防御风险。组织需要建立有效的架构和流程来实现目标，并为实现良好的组织治理和风险管理提供支持。修订后的三线模型能够帮助组织应对现代社会存在的各种复杂的状况。"

一、三线模型的原则

（一）原则1：组织治理

组织治理需要恰当的结构和流程，需能够：(1)使利益相关方信任组织治理机构，并能够从诚信、领导能力和透明公开等方面对治理机构进行问责；(2)使管理层可以采取行动（含风险管理措施），通过基于风险的决策机制和对资源的应用来实现组织的目标；(3)使独立的内部审计职能部门可以提供确认和咨询，通过严格的询问和深度的沟通，为组织提供鉴证和树立信心，同时推动和协助组织实现不断进步。

（二）原则2：组织治理机构的职责

组织治理机构负责：(1)确保为有效的组织治理建立合理的结构和流程。(2)确保组织的目标和活动与利益相关方的首要利益保持一致。

组织治理机构应当：(1)向管理层分配职责，提供完成组织目标所需的资源，同时确保管理层遵守法律法规和道德要求。(2)建立并监督独立、客观且可靠的内部审计职能部门，使其在组织实现目标过程中针对工作流程提供明确的信息并确认可信度。

(三)原则 3：管理层和第一、二线的职责

管理层肩负实现组织目标的职责，包含第一、二线的职能要求。第一线是组织为客户提供产品和/或服务的前沿职能，包含支持性部门。第二线的职能部门负责协助开展风险管理工作。第一、二线的职责可能相互交叉，也有可能彼此独立。第二线的一些职责可能会被分配给一些能够提供补充性专业知识、发挥支持或监督作用并对第一线工作提出合理质疑的专业人员。第二线的相关职能部门可能会将工作重心放在风险管理的具体目标上，如对法律法规的遵循、可接受的职业道德行为、内部控制、信息和技术安全、业务可持续性以及质量确认。第二线的职责还可能包含更广泛的风险管理，如全面风险管理(ERM)。当然，第一线仍然需要承担风险管理的职责，并将其作为管理工作的一部分。

为了与原来的模型保持一致，新模型也采用了"第一线"(First Line)、"第二线"(Second Line)和"第三线"(Third Line)的说法。但是，"线"并非意指结构性元素，而是一项用于区分职能的标识。从逻辑上来讲，治理机构也构成了一道"线"，但是为了避免出现混淆，这一点并没有被采纳。各线的数位命名(第一、第二、第三)并不代表三者按数位顺序工作，相反，各项职能是同步运行的。一些人认为支持性职能部门(如人力资源和行政管理)应该属于第二线的职能范畴。为区分清楚，三线模型中的第一线既包括"前线职能"(Front of House)部门，也包括"幕后职能"(Back Office)部门，第二线则涵盖关注风险相关领域的补充性活动。对一些组织而言，还存在其他属于第三线的职能，如监督、监察、调查、评估和补救等，这些可能属于内部审计职能的一部分，也有可能单独运行。

(四)原则 4：第三线的职责

内部审计负责为组织治理和风险管理工作的适当性和有效性提供独立且客观的确认和咨询。内部审计部门为了履行这一职责，需要充分应用系统且规范的工作流程、专业知识和观点。内部审计将审计发现报告给管理层和组织治理机构，从而协助和推动组织实现可持续的进步。在这一过程中，内部审计可能需要将其他内部和外部的部门或机构提供的确认成果一并纳入考虑。

(五)原则 5：第三线的独立性

内部审计保持相对于管理层的独立性对确保内部审计的客观性、权威性和可信度至关重要。内部审计的独立性是通过以下方式实现的：对组织治理机构负责；在完成其工作的过程中，可以不受限制地接触相关人员，获取资源和数据；在制订计划和提供审计服务的过程中避免偏见和免遭干涉。

(六)原则 6：创造和保护价值

各项职能之间相互配合，并把利益相关方的利益放在首位，才能共同努力为组织创造价值并加以保护。只有充分沟通、配合和协作，才能实现各部门之间的协同，也只有这样才能为基于风险的决策机制提供值得信赖、相关、透明的信息。

二、三线模型中的关键职责

国际内部审计师协会(IIA)发布的"三线模型"如图 3-1 所示。

```
┌─────────────────────────────────────────────────────────┐
│              组织治理机构                                │
│       对利益相关方负责，承担监督职责                      │
│    组织治理机构的职能：诚信、领导力、透明度              │
│         ↑↓                    ↑↓                        │
│  ┌──────────────────┐   ┌──────────────────┐   ┌───┐   │
│  │     管理层       │←→ │    内部审计      │   │外 │   │
│  │ 采取行动(含风险  │   │ 独立的确认服务   │   │部 │   │
│  │ 管理)实现组织目标│   │                  │   │确 │   │
│  ├────────┬─────────┤   ├──────────────────┤   │认 │   │
│  │第一线的│第二线的 │   │ 第三线的职能：   │   │提 │   │
│  │职能：  │职能：   │   │ 对所有与实现目标 │   │供 │   │
│  │为客户  │为风险   │   │ 相关的事务提供   │   │方 │   │
│  │提供    │相关的事 │   │ 独立和客观的确认 │   │   │   │
│  │产品/服 │务提供专 │   │ 和建议           │   │   │   │
│  │务；管  │业知识、 │   │                  │   │   │   │
│  │理风险  │支持、监 │   │                  │   │   │   │
│  │        │督并提出 │   │                  │   │   │   │
│  │        │合理质疑 │   │                  │   │   │   │
│  └────────┴─────────┘   └──────────────────┘   └───┘   │
└─────────────────────────────────────────────────────────┘
    图例：  ↑ 向其负责、报告   ↓ 授权、指导、      ↔ 保持一致、沟通、
                              提供资源和监督        协调、相互协作
```

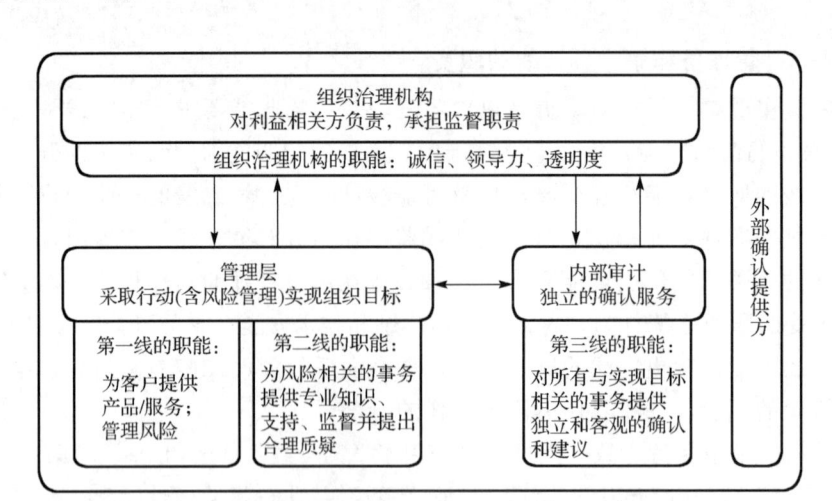

图 3-1　国际内部审计师协会(IIA)的"三线模型"

各个组织在职责分配方面可能存在较大差异。然而，按以下方式对相关职责进行划分可以满足"三线模型"各项原则的要求。

(一) 组织治理机构

组织治理机构的职责主要包括以下内容：

(1) 受利益相关方的委托，监督组织运行情况。

(2) 与利益相关方一道监督其利益，并对实现组织目标与利益相关方保持公开透明的沟通。

(3) 建立一个鼓励职业道德行为和问责的组织文化。

(4) 建立组织治理的结构和流程，其中还包含根据需要建立辅助性委员会。

(5) 将职责分配给管理层，并为其提供完成组织目标所需的各种资源。

(6) 确定组织的风险偏好，并监督组织风险管理工作(包括内部控制)。

(7) 保持对合规工作的监督，确保各项工作符合法律、法规和道德规范的要求。

(8) 建立一个独立、客观、胜任的内部审计部门，并对其进行监督。

(二) 管理层

第一线的职责主要包括以下内容：

(1) 领导并指挥各项业务(包括相关的管理风险)，运用各种资源，完成组织目标。

(2) 与组织治理机构之间保持沟通，并向其报告与实现组织目标相关的计划、实际情况和预期，以及相关风险。

(3) 为组织的运营和风险管理(含内部控制)工作搭建适当的结构和流程，并对其进行维护。

(4) 确保各项工作符合法律、法规和道德规范的要求。

第二线的职责主要包括以下内容：

(1) 提供补充性的专业知识，发挥支持或监督作用，并对风险管理相关工作提出合理质疑，

其中包括：①在工作流程、系统和整个组织层面上部署、实施并持续改进风险管理工作（含内部控制）。②实现风险管理目标，如遵循法律法规和职业道德规范的要求、内部控制、信息技术安全、可持续性以及质量确认。

(2)对风险管理（含内部控制）的准确性和有效性进行分析和报告。

（三）内部审计

内部审计应当保持主要对组织治理机构负责的状态，独立于管理层的各项职能之外。其主要职责包括以下内容：

(1)为管理层和治理机构就组织治理和风险管理工作（含内部控制）的准确性和有效性提供独立客观的确认和咨询，支持组织实现目标，推动并协助组织不断完善。

(2)将有损内部审计独立性和客观性的情况报告给治理机构，并根据要求采取保护措施。

（四）外部确认提供方

外部确认提供方的主要职责包括提供额外的确认服务：(1)满足有关保护利益相关方权益的法律和法规要求；(2)作为内部确认服务的补充，满足管理层和组织治理机构的需求。

三、核心职能之间的关系

（一）组织治理机构和管理层（第一、二线职能）的关系

一般情况下，组织治理机构会通过确定组织发展愿景、使命、价值以及风险偏好为组织明确发展方向。确定发展方向之后，治理机构会将实现组织目标的各项职责和必要的资源分配给管理层。治理机构还要接受管理层关于计划、实际情况和预期结果的报告，以及关于风险和风险管理的报告。对于不同的组织而言，治理机构和管理层之间可能会存在职能交叉或相互独立的情况，其程度也各不相同。治理机构或多或少都会"插手"组织战略和运营方面的事务。治理机构或管理层都有可能领导或共同承担组织战略规划制定工作。在一些地区，首席执行官(CEO)可能是治理机构的成员，甚至是治理机构的领导。无论在何种情况下，管理层和治理机构之间都需要保持充分的沟通。CEO一般会是两者之间沟通的聚焦点，但其他的高级管理人员也会与治理机构保持频繁的互动。组织可能会希望分管第二线职能的领导，如首席风险官(CRO)和首席合规官(CCO)，能够直接向治理机构报告，监管机构可能也会提出类似的要求，这一点与三线模型的原则是完全一致的。

（二）管理层（第一、二线职能）和内部审计的关系

内部审计相对于管理层的独立性，能够防止其在制订计划和开展工作时受到阻挠或偏听偏信，并能够根据工作需要不受限制地接触相关人员，获取资源和信息。内部审计对组织治理机构负责，但是独立性不意味着完全孤立。内部审计与管理层之间必须保持定期互动，从而确保内部审计工作的相关性，且能够与组织战略和运营需求保持一致。作为组织值得信赖的顾问和战略伙伴，内部审计通过以上所有活动来建立对组织的理解和认识，并据此提供确认和咨询服务。管理层的第一、二线职能部门和内部审计之间需要相互协作，保持沟通，从而避免不必要的职能交叉、重复和空白。

(三)内部审计和组织治理机构的关系

内部审计对组织治理机构负责,有时也被称为组织治理机构的"眼睛和耳朵"。组织治理机构负责对内部审计进行监督,这就要求治理机构履行以下职责:确保内部审计部门的独立性,包括负责首席审计执行官(CAE)(首席审计执行官是组织内负责提供内部审计服务的最高级别领导,也被称为内部审计负责人或其他类似称谓)的任免;作为首席审计执行官的主要汇报对象;审批审计计划并提供资源;接收并考量首席审计执行官的报告;保证首席审计执行官能够不受限制地接触治理机构,包括创造没有管理层出席的单独对话机会。

(四)所有职能之间的关系

组织治理机构、管理层和内部审计各自具有明确的职责,但是所有的活动都必须与组织的目标保持一致。保持一致的基础是各职能之间定期进行有效的协调、合作和沟通。

四、三线模型的应用

(一)结构、职能和职责

只有在符合组织目标和所处环境要求时,三线模型才能发挥最大的功效。管理层和组织治理机构负责确定组织结构和各项职责的分配。治理机构可以通过建立委员会来对特定领域的职责进行额外的监督,如审计、风险、财务、规划和薪酬委员会等。管理层中可能会发生具体的职责和等级分化,而且随着组织规模的扩大和复杂程度的提高,管理层也会不断向专业化方向发展。各职能部门、团队,甚至个人都可能承担第一、二线的相关职责。然而,对第二线职能的指导和监督一定程度上也是为了确保第二线不受第一线(乃至高级管理层)的过度影响,保持一定的独立性。为此,组织需要建立一个第二线职能直接向治理机构负责和汇报的通道。三线模型对管理层和治理机构之间搭建报告路径的数量没有限制,组织可以根据需求自行决定。一些组织,尤其是受监管的金融机构,会针对此类安排提出强制性的要求,从而确保具有充分的独立性。即便在这种情况下,那些属于第一线的管理部门依然要承担与其业务相关的风险管理职责。

第二线的职能可能会包含对风险管理相关的事务进行监督,提供建议、指导、测试、分析和报告。这些部门如果能够为第一线相关职能提供支持,提出合理质疑,并参与管理层的决策及其实施,那么第二线的各项职能就属于管理层职能的一部分,无论报告和负责对象是谁,都不可能完全独立于管理层之外。

第三线的显著特征就是保持相对于管理层的独立性。三线模型的各项原则对内部审计独立性的重要性和本质特征进行了描述,将内部审计与其他职责进行了区分,明确提出了内部审计具备提供确认和咨询服务的独特价值。内部审计的独立性要求内部审计不能参与管理层职能(含风险管理)的决策和具体行动,也不能为内部审计目前或近期曾经承担过的职责或工作提供确认。例如,一些组织要求首席审计执行官承担额外的职责,为一些要求具备与审计类似能力的活动(如强制性合规工作或全面风险管理)做决策。在这种情况下,内部审计无法保持相对于这些活动或者活动结果的独立性,因此当治理机构需要获得对这些领域提供独立客观的确认和咨询服务时,就有必要将这项工作交给具备相应资质的第三方机构。

(二)监督和确认

组织治理机构依靠管理层(由第一、二线职能部门组成)、内部审计和其他部门的报告来履行监督职责,并实现既定目标,从而履行对利益相关方所负的责任。管理层利用第一手的实务经验和专业知识,针对工作计划、实际情况和预计结果、风险、风险管理提供有价值的确认(也可以视为其开展工作情况的证明)。属于第二线的部门负责对风险相关的事务提供额外的确认服务。由于内部审计独立于管理层之外,因此与第一、二线部门相比,内部审计提供给治理机构的确认具有最高水平的客观性和可信度。组织可以通过外部确认提供方获得进一步的确认服务。

(三)相互配合并保持一致

高效的组织治理要求对职责进行合理的分配,并通过相互合作和沟通,保持各项活动高度一致。治理机构希望通过内部审计的确认,能够了解组织治理结构和流程的设计和运行是否符合期待。

第二节 内部审计在组织治理中的角色和作用

内部审计通过评估和改进组织的治理过程为组织治理做出贡献,树立风险管理与控制的理念,推动组织树立良好的道德观和价值观,保证各利益相关方在组织治理过程中的协调。

一、组织治理概述

"治理"一词起源于希腊文,原意为"控制",后被古希腊哲学家柏拉图最早使用了其隐喻性的观念,进而传入拉丁文和其他语言体系。联合国全球治理委员会将治理界定为"各种公共的或私人的个人和机构管理其共同事务的诸多方法的总和,是使相互冲突的或不同的利益得以调和,并采取联合行动的持续过程"。从这一定义可见,治理是一个过程,这个过程既包括有权迫使人们服从的正式制度和规则,也包括各种人们同意或符合其利益的非正式制度安排。治理作为一个过程,存在于任何规模的组织中。联合国开发计划署认为,治理的基本要素包括参与和透明、平等和诚信、法制和负责任、战略远见和成效、共识和效率。治理的目的包括社会公正、生态可持续性、政治参与、经济有效性和文化多元化。

组织治理或公司治理是被监管者、投资者、注册会计师和董事会经常使用的、含义广泛的概念。世界经济合作和发展组织将公司治理界定为"涉及公司管理层、董事会、股东和其他利益相关者之间的一系列关系。公司治理提供的这种结构贯穿于公司的目标设定之中,贯穿于确定达到这些目标的方式之中,贯穿于确定业绩监控的方式之中"。澳大利亚证券交易公司治理委员会将公司治理界定为"指导和管理公司的一种体系。这种体系影响到如何设定公司目标,如何实现公司目标,如何监控并评估风险以及如何优化业绩"。美国证券交易管理委员会的前任主席阿瑟·莱维特将公司治理界定为"公司管理层、董事会和他的财务报告系统之间的一种关系"。著名的公司治理专家罗伯特·蒙克斯将公司治理界定为"在决定公司发展方向和业绩的过程中各参与者之间的关系,主要的参与者包括股东、管理层和董事会"。

国际内部审计师协会指出,"治理"一词根据不同的环境、结构、文化背景和法律框架,可以有一系列宽泛的概念。在大多数情况下，治理是一个过程或是一种体系，是动态的进程，而不是静态的规定，进而将治理界定为"董事会实施的各种流程和架构的组合，用以了解、指导、管理和监督组织的活动，目的是促进组织实现目标"。《国际内部审计专业实务标准》界定的治理概念和治理方法特别强调了董事会在治理中的作用及其治理活动。该协会还指出，治理的框架和要求因组织类型和监管权限的不同而有所不同，例如上市公司、非营利组织、协会、政府或准政府机构、学术机构、私营公司、委员会、股票交易所等的治理框架和要求就有所差别，组织对有效治理原则的设计与实践，根据组织的规模和复杂程度、组织生命周期成熟度、组织各利益相关方的结构、法律和文化要求的不同而不同。因此，该协会要求首席审计官在组织采用不同的治理框架或模式的情况下，应当在适当的时候与董事会和高级管理层携手合作，根据审计目标的不同选择不同的治理原则。

二、内部审计在组织治理中的作用

内部审计是组织治理框架中不可或缺的一部分。内部审计在组织中的独立地位使其能够审查并正式评估组织治理结构设计和运行的有效性。一般而言，内部审计可以对组织治理过程设计和运行的有效性提供独立、客观的评估；内部审计还可以提供咨询服务，为改进治理过程的方式提出建议。在某些情况下，组织还可以要求内部审计协助董事会开展治理实务的自我评估。为此，《国际内部审计专业实务标准》要求内部审计活动必须评价并提出适当的改进建议，以改善组织为实现下列目标的治理过程：在组织内部推广适当的道德和价值观；确保整个组织开展有效的绩效管理，建立有效的问责机制；向组织内部有关方面通报风险和控制信息；协调董事会、外部审计师、内部审计师和管理层之间的工作和信息沟通。

内部审计通过维护组织各利益相关方的利益促进组织治理目标的实现，通过促进组织治理效率的提升为组织增加价值，通过优化组织治理结构来提高组织运营效率。

(一) 维护组织各利益相关方的利益，促进组织治理目标的实现

组织治理的目标之一就是协调组织各个方面的利益相关方的利益，形成一种相互制衡的机制以合理处理组织中的各种契约关系，从而促进组织在协调稳定的环境下运营和发展。在这一过程中，组织的各利益相关方都必然要关注组织的运营和发展，但是有些利益相关方可能并不直接参与组织的日常经营管理，由于获取信息的方式、渠道和时间不同，会出现信息不对称引发的代理问题，有时可能导致损害某些利益相关方的利益。有效的内部审计通过建立严密的信息质量监督保障体系，可以为组织的各利益相关方提供充分、及时、相关和可靠的信息，为其决策提供信息依据，从而消除信息不对称带来的负面影响，促进组织治理目标的实现。同时，伴随组织的革命性变革和对组织的重大监管和法律强制规定，组织管理层必须做出有效的反应，包括主动提高质量、降低管理风险、实施结构与流程再造，以及承担更大的受托责任。由于内部审计可以对这些管理战略和行动的控制进行监督，并评估这些管理和行动的实施效果，因此也被视为帮助改善组织治理、支持关键治理程序以最终实现组织治理目标的最合适的组织治理参与者。

(二) 促进组织治理效率的提升，为组织增加价值

内部审计是一项独立的确认和咨询活动，它不仅能够从组织管理的视角对组织的运营活

动进行有效的监督，揭示组织在管理决策、资金运作、成本费用等方面存在的问题并提出改进建议，还可以基于对组织运营情况的审查结果充分发挥其咨询的职能，帮助组织识别和评估经营管理风险，制定科学合理的发展战略，规划组织的日常运作，促进组织的规范管理和高效运营。同时，内部审计还可以通过对组织内各个职能部门的监督和制约减少浪费、杜绝舞弊，或者通过对所有员工的事先警示作用和事后奖惩机制使其不断改善工作绩效，从而为组织增加价值做出贡献。由此可见，内部审计已经超越其他管理手段成为向组织管理层提供关于效率、效果和节约方面的建议的重要智囊。内部审计通过系统化、规范化的方法收集、理解和评价组织运营过程中的信息，为组织的公司治理、风险管理和内部控制提供确认服务，同时通过实施内部控制培训、业务流程审核、标杆管理以及绩效测评设计为组织提供咨询服务。

（三）优化组织治理结构，提高组织运营效率

内部审计是公司治理的重要组成部分。健全的内部审计机构和有效的内部审计活动对保证良好的组织治理是至关重要的。组织是一组关系契约的结合体。在这一契约下，组织结合并拥有了各利益相关方让渡的资源，包括物质资本和非物质资本，形成组织的法人财产并据此在市场中运行。各利益相关方在组织治理的框架下承担责任的同时分享权利和利益。内部审计是一个组织内部为检查评价其经营活动和为其所在组织服务而建立的，具有独立性和权威性的内部审计就是为组织治理提供一种良好的监控手段。有效的组织治理需要良好的组织治理结构，而治理层、管理层、内部审计和外部审计是确保良好的组织治理所必需的几个基本要素。由独立的内部审计对经营和管理情况进行持续不断的评估和监控，并定期向独立于管理层的组织治理层进行报告，不仅可以优化组织治理层对管理层的监督，还可以进一步优化组织的治理结构，提高组织的运营效率。

三、提升内部审计在组织治理中地位的途径

现代内部审计在过去七十年的发展历程中已经很清楚地验证了其为组织增加价值、实现组织治理目标的基本职能，也体现出内部审计机构对组织自身及其各利益相关方都承担了更多的责任。通过对组织，特别是对董事会下属的审计委员会以及管理层提供扩展的确认和咨询服务，内部审计机构对改善组织治理产生了有效的影响。经过内部审计机构确认的信息有利于组织内部和外部的决策，从而优化了稀缺的组织资源和经济资源的合理配置及其有效果和高效率的管理和使用。

内部审计机构在制订审计计划时应当考虑组织的所有治理过程，特别是具有高风险的治理过程和风险领域，因为这些领域也是董事会和高级管理层关注的重点。内部审计计划应当界定所开展工作的性质，界定所要解决的治理过程，界定所要进行的评估的性质。例如，宏观上要考虑整个治理框架，微观上要考虑特定的风险、流程或活动，在某些时候二者都要考虑。在存在已知控制问题或治理过程不完善的情况下，内部审计机构负责人通常可以考虑用咨询服务替代正式评估，以此改进控制或治理过程。内部审计机构在对组织治理过程进行评估时，很可能要以长期以来内部审计工作中获取的信息为基础。

为确保内部审计在组织治理中的作用能够得到充分的发挥，就必须提升内部审计在组织中的地位，确保其独立性和权威性。在监管机构、职业组织和企业共同推动下实行的审计委

员会制度，已经成为确保内部审计组织地位的重要机制。审计委员会是董事会下设的专门委员会，主要由非执行董事组成，其目的在于监督组织的信息系统、财务报告、内部控制与内部审计。实践表明，审计委员会是健全组织治理结构的一种有效途径，是联结董事会与外部监管机构、内部审计与外部审计的桥梁。内部审计机构直接隶属于审计委员会，确保了内部审计在组织中的权威地位和独立性。内部审计直接向审计委员会报告审计结果，提高了内部报告流程的效率和效果。

内部审计机构还是帮助审计委员会履行其职责的一个重要工具。内部审计人员能够帮助审计委员会获得对组织的风险和控制以及组织财务信息可靠性的理解。审计委员会还可以利用内部审计人员的工作及报告对外部审计人员的工作加以补充。因此，审计委员会应该至少每年审查一次内部审计人员的审计范围和效率，以及内部审计机构实现其目标的能力。为了拥有一个有效的内部审计机构，内部审计人员必须直接与审计委员会进行交流和沟通。为了监督内部审计人员的其他行为，审计委员会还需要定期审查组织的内部审计章程，监督内部审计人员的流动情况，审查内部审计机构的预算，审查内部审计活动的计划及其随后的变更，监督内部、外部审计人员审计工作的合作，审查内部审计报告及管理层根据审计报告所做的改进。

第三节　内部审计在风险管理中的角色和作用

风险管理对组织发展的重要性已经越来越被人们所认识。全面风险管理框架具备的优势也已经被组织充分认识并日益得到普及。内部审计通过其确认和咨询作用，利用各种方式协助组织实现全面风险管理，引导组织发现潜能、优化决策和改进绩效。

一、风险管理概述

近年来频繁发生的企业失败和财务舞弊事件，日益引发了人们对企业风险和风险管理的关注。安然的倒塌、世通的丑闻、2008年的金融危机、英国石油公司在墨西哥湾的漏油事件以及欧洲的债务危机等使组织和社会有关各界受到了很大影响，成为亟须加强全面风险管理、提高风险管理有效性的有利证据。风险管理对于维持企业生产经营的稳定性、提高企业的经营效益和树立良好的企业形象具有重要意义。有效的风险管理可以使企业充分了解自己所面临的风险及其性质和严重程度，及时采取措施避免或减少风险损失，或者当风险损失发生时能够得到及时补偿，从而保证企业生存并迅速恢复正常的生产经营活动。有效的风险管理可以降低企业的费用，从而直接增加企业的经济效益；增强企业扩展业务的信心，增加领导层经营管理决策的正确性，从而降低企业现金流量的波动性；有效的风险管理还有助于创造一个安全稳定的生产经营环境，激发劳动者的积极性和创造性，为企业更好地履行社会责任创造条件，帮助企业树立良好的社会形象。

2004年9月，美国特雷德韦委员会的发起组织委员会（Committee of Sponsoring Organizations of the Treadway Commission，简称COSO委员会）发布了名为《企业风险管理——整合框架》的报告。该报告指出，企业风险管理是一个由企业的董事会、管理层和其他人员实施的，应用于战略制定并贯穿于企业之中，旨在识别可能会影响企业的潜在事项的过程。根据COSO

委员会的观点，企业风险管理是一个过程，它不是静止不动的，而是贯穿企业各种活动的持续的相互影响的过程，并渗透和潜藏于管理层经营企业的方式之中。风险管理是通过企业中的人以及他们的言行来完成的。人制定企业的使命、战略和目标，并使企业风险管理机制得以落实，同时企业风险管理机制又反过来制约和影响人的行为。企业根据其设定的使命或愿景制定战略目标，根据战略目标确定具体的战略和流程。有效风险管理要求管理层全面考虑与备选战略相关的风险以及企业各个层级的活动，对风险采取组合的观念以便确定整体风险组合是否与它的风险容量相称。风险容量是一个企业在追求价值的过程中所愿意承受的广泛意义上的风险数量，风险管理可以帮助管理层选择一个将期望的价值创造与风险容量相协调的战略。设计和运行良好的风险管理活动能够为企业实现其战略目标提供合理的保证。

COSO 委员会认为，在企业既定的使命或愿景范围内，管理层根据战略目标选择战略，并将目标在企业内自上而下进行分解和挂钩。为此，企业风险管理框架要力求实现企业的以下四类目标：(1)战略目标，即企业的高层次目标，与使命相关联并支撑其使命；(2)经营目标，即有效果和高效率地利用其资源；(3)报告目标，即报告的可靠性；(4)合规目标，即遵守适用的法律和法规。风险管理整合框架立足于企业实际经营活动，其理念和做法更容易被企业的董事会、管理层和相关人员接受和采纳。风险管理整合框架将目标体系向上延伸到战略目标，使具体目标与战略目标得到整合，并共同构成了内涵一致、逻辑清晰的金字塔式的目标体系，同时也明确了具体目标与战略目标之间的关系。企业风险管理框架代表着企业风险意识的日益增强和积极主动应对风险的管理理念，同时也体现了风险管理整合框架所强调的对风险进行组合管理的观点，即对所有风险进行综合识别、评估和应对，减少经营偏差的发生及相关成本和损失，同时抓住各种有利的机会，及时调整策略以实现战略目标。

二、内部审计在风险管理中的确认和咨询作用

建立企业风险管理框架有利于组织管理风险在实现组织目标方面做出重大的贡献，例如，为实现组织目标提供更大的可能性，向董事会层面综合报告不同的风险，提高对主要风险及其广泛影响的认识，识别和分担跨业务的风险，对重要事项集中进行管理，减少意外或危机，在组织内部更加关注用正确的方法做出正确的事情，对将要采取的行动增加变更的可能性，具备为获取更高的回报而承担更大风险的能力，以及更有依据的风险承受和决策等。

内部审计通过履行确认和咨询的职能，可以利用各种方式协助组织进行风险识别、评估和应对活动，对组织风险管理的有效性进行确认并提出各种改进建议，帮助组织风险管理目标的实现。

国际内部审计师协会在其 2003 年发布的立场公告《内部审计在企业全面风险管理中的作用》中使用图 3-2 说明了内部审计在企业全面风险管理中的作用。该图列举了企业全面风险管理活动的范围，指出有效的专业内部审计活动应当和不应当(同样重要)承担的职能。

图 3-2 的左侧列示了内部审计的所有确认活动，即与企业风险管理相关的内部审计核心作用。这些活动从一个侧面为风险管理提供了更加客观的确认。该立场公告明确指出，遵循《国际内部审计专业实务框架》的内部审计活动能够并应当至少执行其中的某些活动。

除这些内部审计核心作用之外，确定内部审计的作用时需要考虑的主要因素包括该活动是否会对内部审计机构的独立性和客观性产生任何威胁，是否可能改进组织的风险管理、控

制和治理过程。图 3-2 的中间部分列示了需要安全保障的内部审计作用。在满足某些条件时，内部审计可能拓展其对企业全面风险管理的参与。这些安全措施应当包括明确管理层对风险管理的职责，将内部审计机构和人员职责的性质写入内部审计章程并由审计委员会审批通过，内部审计机构和人员不应当代表管理层管理任何风险，内部审计机构和人员应当提供建议、挑战并支持管理层做出的决定，而不是他们自行做出风险管理的决定。内部审计机构不能同时为其所负责的风险管理框架的任何一部分提供客观的确认。这种确认服务应当由其他适当的、有资格的人员提供。确认活动之外的任何工作都应当被视为一种咨询业务，应当遵循与此业务相关的实施标准。

扇形图（从左至右）：
- 与企业风险管理相关的内部审计核心作用：为风险管理过程提供确认；为风险评估的准确性提供确认；评价风险管理过程；评价对主要风险的报告；检查主要风险的管理；评价对主要风险的识别和评估；推动风险的识别和评估
- 需要安全保障的内部审计作用：指导管理层如何应对风险；协调企业全面风险管理工作；合并风险管理报告；维护和发展风险管理框架；倡导企业风险管理的实施；指导企业风险管理中重要事项会审批
- 内部审计不应当发挥的作用：制定风险管理战略；确定风险偏好；强制实施风险管理过程；管理层对风险的确认；决定风险应对；以管理层的名义实施风险应对；问责风险管理

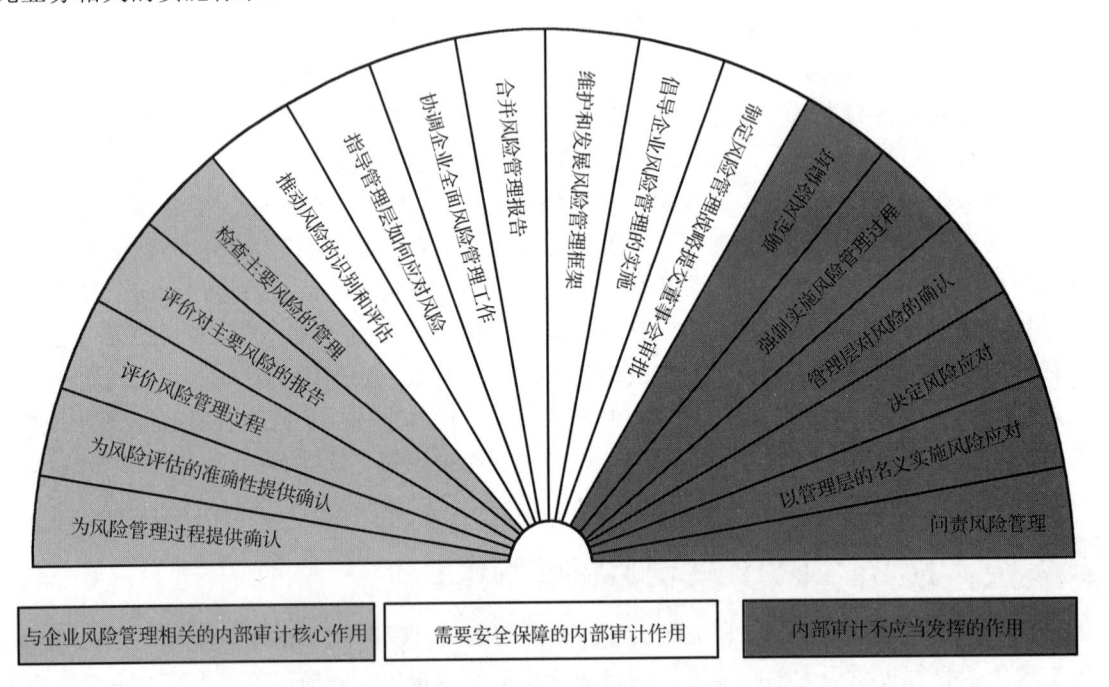

图 3-2 内部审计在企业全面风险管理中的作用[①]

图 3-2 的右侧列示了内部审计不应当发挥的作用，除非在极为特殊的情形下，如在一家非常小的组织中，确定风险偏好、强制实施风险管理过程以及决定风险应对等职能才是组织管理层的职责。

(一) 内部审计在风险管理中的确认作用

董事会或组织中同类机构的主要要求之一就是确保组织的风险管理过程有效且主要的风险能够被控制在可以接受的水平之下。对组织风险管理活动的确认源自不同的渠道，其中来自管理层的确认是最基本的，应当与客观的确认相结合，而内部审计正是客观确认的主要来源。其他来源还包括外部审计和独立的专家检查。

内部审计通常可以对以下三个方面提供确认：(1) 风险管理过程，包括其设计和运行情况；(2) 对主要风险进行管理的措施和效果，包括控制的效果和其他应对措施；(3) 可靠、适当的风险评估及对风险和控制情况的报告。

---

① 中国内部审计协会. 国际内部审计专业框架. 北京：西苑出版社，2001.

内部审计是一种独立的确认和咨询活动，其与组织风险管理相关的核心功能就是为董事会提供关于风险管理效果的客观确认。有研究表明，董事会成员和内部审计人员都认为，内部审计为组织增加价值的两种最重要的方式是为主要业务风险已经得到适当管理层的关注提供客观的确认，以及为风险管理和内部控制框架正在有效地运作提供客观的确认。与组织风险管理相关的内部审计的核心作用体现在内部审计为风险管理提供了更加客观的确认，如为风险管理过程提供确认，为风险评估的准确性提供确认，评估风险管理过程，评价对主要风险做出的报告以及检查管理层对主要风险的管理等。

内部审计人员需要获取足够和适当的证据以确认组织风险管理过程的主要目标是否都得到了实现，并依此形成关于组织风险管理过程是否适当的意见。在收集此类证据的过程中，内部审计人员应当考虑实施下列审计程序：研究、检查与组织开展的业务有关的当前情况、发展趋势、行业信息以及其他恰当的信息资源，确定是否存在可能影响组织的风险，以及用以解决、监督与再评估这些风险的相关控制程序；检查组织政策和董事会会议记录以确定组织的经营战略、风险管理理念和方法、风险偏好以及风险接受水平；检查管理层、内部审计人员、外部审计师以及其他方面以前公布的风险评估报告；与行政经理和业务部门经理交谈，确定业务部门的目标、相关的风险以及管理层开展的降低风险的活动、控制和监督活动；收集信息以独立评估风险缓解、监督、风险报告和相关控制活动的有效性；评估针对风险监督活动所建立的报告关系的恰当性；评估风险管理结果报告的适当性和及时性；评估管理层的风险分析是否全面，评估为纠正风险管理过程中发现的问题而采取的措施和提出的改进建议的完整性；确定管理层的自我评估过程的有效性，可以通过实地观察、直接测试控制和监督程序、测试监督活动所用信息的准确性以及其他恰当的技术方式来进行；评估与风险相关、可能说明风险管理实务中存在薄弱环节的问题，在适当情况下，与高级管理层和董事会进行讨论。

（二）内部审计在风险管理中的咨询作用

内部审计对组织风险管理咨询工作的深入程度取决于其他资源，包括董事会所能够获取的内部和外部的资源，还取决于组织的风险成熟度，并且可能会随时间而变化。内部审计机构和内部审计人员在关注和考虑风险、识别和了解风险、确定风险与治理之间的联系等方面具有专长，意味着内部审计机构和内部审计人员，特别是在组织引入风险管理理念的早期，完全有能力成为组织风险管理的重要推动者。随着组织风险成熟度的增加和风险管理在业务操作中的不断深入，内部审计对组织风险管理的推动作用可能会减弱。如果组织雇用了风险管理专家或专业机构提供相关服务，则内部审计更可能是通过专注于其确认职能和作用，而不是更多地开展咨询活动，为组织带来价值增值。

内部审计可以发挥其在风险管理领域的咨询职能，包括推动风险的识别和评估，指导管理层如何应对风险，协调组织的风险管理活动，合并风险管理报告，维护和发展风险管理框架，倡导组织树立风险管理的理念，以及制定风险管理战略提交董事会审批等。内部审计机构在该领域可以承担的一些具体的咨询活动主要包括：将内部审计分析风险和控制所用的工具与技术提供给管理层；作为将风险管理思想引入组织的倡导者，充分发挥其在风险管理和控制方面的专业知识及对组织的总体认知方面的优势；提供建议，推动专题讨论会，指导组织风险和控制，促使共同认知、框架和理解的建立；作为协调、监督和报告风险的中心；协助管理者确定降低风险的最佳方式。

内部审计在组织风险管理中的确认和咨询作用能否有效发挥取决于内部审计机构是否承担了管理层对组织风险管理应当承担的责任。在组织的风险管理活动中，只要内部审计没有实施管理风险的职能，只要高级管理层积极认可和支持组织的风险管理活动，内部审计机构就可以提供咨询服务，并且内部审计机构和人员无论何时都应当致力于帮助管理层建立或改进其风险管理过程。

由于不同的组织实施风险管理的方法存在很大的区别，根据业务活动的规模和复杂性，组织的风险管理过程可能是正式的，也可能是非正式的；可能是定量的，也可能是定性的；可能是分散在各个职能部门的，也可能是集中在组织整体层面的。同时，组织所建立的风险管理过程是以该组织的文化、管理风格和业务目标为依据的。例如，组织如果利用金融衍生工具或其他复杂的资本市场产品，就必须使用定量的风险管理工具；相反，规模较小、业务和管理层级不太复杂的组织可以通过非正式的风险委员会，讨论组织的风险事宜，并定期开展评估活动。

内部审计人员和组织负责风险管理的人员通常会共享某些知识、技能和价值。例如，他们都了解组织治理的要求，都具有项目管理、分析和推进的技巧，都重视良好的风险平衡而不仅仅是极端地承担或者逃避风险。然而，负责风险管理的人员只为组织的管理层服务，不必向审计委员会或组织中的类似机构提供独立和客观的确认服务。内部审计人员在介入组织风险管理活动时不应该低估负责风险管理的人员的专业知识，如风险转移、风险量化、建模技术，这些知识对于大部分内部审计人员而言可能还是陌生的。内部审计人员如果不能证明自己拥有适当的技能和知识，就不应当承担风险管理领域的相关工作。另外，如果内部审计机构没有充分的技能和知识可以利用，也无法从其他地方获取，内部审计负责人就不应当提供此领域的咨询服务。

第四节　内部审计在内部控制中的地位和作用

随着组织规模的日益扩大和管理层级的日趋复杂，内部控制对于组织良好运行的作用变得越来越不可替代。但是，内部控制毕竟只是一些具体的政策和程序，是由人制定并由人去执行的，要想让这些具体的政策和程序能够真正发挥应有的作用，对其从设计到运行的整个过程实施持续的监控至关重要。在组织的众多职能中，内部审计依靠其固有的独立性和客观性，必然要承担对内部控制进行监控的职能。

在组织内部，内部审计与内部控制的关系历来就是密不可分的，内部审计是内部控制的重要组成部分，内部控制则是内部审计的监控对象。

一、内部审计在内部控制中的地位

现代组织的内部控制已经并不仅仅是一些控制政策和程序，也不只是表现为一些控制措施和活动。内部控制是一个整合的系统、一个完整的体系。《企业内部控制基本规范》提出的内部控制构成要素包括：(1)内部环境，即企业实施内部控制的基础，一般包括治理结构、机构设置及权责分配、内部审计、人力资源政策、企业文化等。(2)风险评估，即企业及时识别、系统分析经营活动中与实现内部控制目标相关的风险，合理确定风险应对策略；风险评估又具体分为风险识别、风险分析和风险应对三个方面。(3)控制活动，即企业根据风险评估结果，采用相应的控制措施将风险控制在可承受度之内。(4)信息与沟通，即企业及时、准确地收集、传递与内部控制相关的信息，确保信息在企业内部、企业与外部之间进行有效沟通。(5)内部监督，即企业对内部控制建立与实施情况进行监督检查，评价内部控制的有效性，发现内部控制缺陷应当及时加以改进。

在内部控制的构成要素中，内部监督是不可或缺的重要组成部分。不论是组织内部控制环境的营造，还是风险评估和控制活动的规划和执行，抑或是信息与沟通系统的优化都需要在持续的有效监督下才能得到有序和高效的运行。首先，内部监督机制具有事先的警示效应，组织中各级执行内部控制的人员在知晓存在监督机制的前提下，都会更加主动和积极地贯彻内部控制具体措施；其次，内部监督机制在组织实施内部控制重要活动时可以进行实时的监控，发现问题及时解决；最后，内部监督机制还可以定期对组织内部控制的规划和运行情况进行系统性审查，在向外部监管机构和社会公众以及组织治理层和管理层进行及时报告的同时，增强对组织内部控制运行良好的信赖程度，实现对组织内部控制的持续改进。

内部审计的本质属性就是独立客观的确认和咨询，其独立与客观的组织地位和确认与咨询的功能定位决定了内部审计是承担内部控制中重要构成要素的内部监督职责的最佳角色。建立完善的内部审计机构的组织将有助于向外界展示良好的内部控制形象，在组织内部则更有利于内部控制环境的营造，内部审计机构可以不断地督促组织的治理层和高级管理层重视内部控制，并做到身体力行和以身作则，对内部控制在组织内部的有效运行发挥行动示范效应。内部审计机构通过参与组织的风险评估、控制活动和信息与沟通系统的规划和设计，充分发挥内部审计人员在这些领域的专业知识和技能，促进组织内部控制各构成要素的不断完善。内部审计机构通过实施内部控制审计，可以及时发现组织内部控制在设计和执行过程中存在的各种缺陷和问题，并向组织治理层和管理层提出切实可行的改进建议，协助相关管理层对存在缺陷的内部控制进行修复，持续保持组织内部控制的先进性和有效性。

二、内部审计在内部控制中的作用

为了使内部审计作为内部控制的重要内部监督机制的作用得以充分发挥，内部控制必须作为内部审计的主要监控和审查对象。《企业内部控制基本规范》对内部控制的评价也提出了原则性的要求，即企业应当结合内部监督情况，定期对内部控制的有效性进行自我评价，出具内部控制自我评价报告。内部控制自我评价的方式、范围、程序和频率，由企业根据经营业务调整、经营环境变化、业务发展状况、实际风险水平等自行确定。企业应当以书面或者其他适当的形式，妥善保存内部控制建立与实施过程中的相关记录或者资料，确保内部控制建立与实施过程的可验证性。除接受企业委托的从事内部控制审计的会计师事务所对企业内部控制的有效性进行审计并出具审计报告之外，内部审计机构也必须将内部控制审计作为其审计对象实施定期的审查，同时也要将内部控制运行情况作为其日常审计监督的关注点。内部审计机构开展内部控制审计，具有以下两个方面的重要作用。

(1)有利于实现内部控制目标

内部控制是为了促进组织目标的实现而营造的控制环境和采取的具体控制政策和程序。

内部控制本身并不是目的，实现组织目标才是目的，内部控制只是实现组织目标的手段。组织需要实现的目标主要包括开展经营活动或进行组织运作的战略目标，保护资产安全和完整的目标，遵循法律法规和避免违法行为的目标，确保信息的真实性和可靠性目标，以及对有限的资源进行合理配置以最大限度地提高经营效率和效果的目标等。

任何组织都会面临资源的稀有和短缺，如何有效地对资源进行合理的配置以实现对资源的高效利用更是确保组织长远发展的重要目标。组织的经营和运作目标关系到建立组织的根本。组织的各项资产是组织进行生产经营活动所必需的资源，资产的安全和完整关系到组织的生存和发展，信息的真实性和可靠性也决定着组织内外部决策者的决策准确性、科学性和合理性。遵循法律和法规是各类组织的首要义务和责任，是组织长期发展和持续经营的基础；组织内部的规章制度也是约束组织内部人员的基本规范，是组织正常稳定发展的必要条件。为了保证这些组织目标的实现，组织必须建立各种控制政策和程序，如果这些政策和程序健全、适当并能够得到持续有效执行，就能够为组织目标的实现提供合理的保证。为此，内部审计机构实施的内部控制审计就需要密切关注组织内部控制在设计和执行层面是否有效地实现了上述控制目标。

(2) 可以为组织目标实现提供一定的保证

从某种意义上说，内部机制的目标与组织的目标是一致的。内部审计机构实施的内部控制审计是对组织内部控制设计与运行的有效性进行的审查和评价活动。内部审计机构对组织的内部控制实施审计是为了保证内部控制能够促进组织目标的实现，同时内部控制审计的实施还需要有利于组织实现多项目标。这就要求内部审计机构和人员充分了解组织的内部控制，并对组织的各项内部控制要素实施充分的测试和评价，在此基础上形成对组织内部控制完善状况的整体意见，从而提出改进内部控制的具体建议，确保组织内部控制各项目标的最终实现。

综上所述，组织治理、风险管理和内部控制之间存在着密不可分、水乳交融的联系。有效的组织治理活动在设定战略时必须考虑风险，风险管理是组织治理的重要内容；良好的风险管理活动必须依赖有效的组织治理，如高层基调、风险偏好和容忍度、风险文化，以及对风险管理的监管等。与此同时，有效的治理也有赖于内部控制以及就内部控制有效性与董事会所进行的沟通；良好的内部控制同样也需要依存于有效的组织治理，如治理层和管理层对内部控制及其重要性的认识、态度和行动示范，治理结构和权责划分，以及对内部控制的监控等。风险管理与内部控制也是相互关联的，内部控制就是组织管理层、董事会及相关人员为管理风险，增加实现既定的可能性目标而采取的各种行动，对风险的控制就是内部控制的核心内容。有鉴于此，内部审计机构在规划内部审计活动时，必须充分考虑其与组织治理、风险管理和内部控制的关系。通过内部审计活动，应当确保组织的治理过程涵盖防范或发现实现组织的战略、目标和目的、运营效率和效果、财务报告或遵循适用的法律和法规等方面可能产生的负面影响的控制措施。

第四章

内部审计的规范体系

内部审计规范体系包括对内部审计人员行为的技术规范和道德规范。内部审计准则是对内部审计人员行为的技术规范，内部审计职业道德规范则是对内部审计人员行为的道德规范，它们共同构成了内部审计的规范体系。

第一节 内部审计的技术规范

内部审计准则是对内部审计机构和人员行为的技术规范。内部审计准则是内部审计职业发展的必然产物，也是推动内部审计职业规范化和职业化进程的重要力量。

一、内部审计准则概述

内部审计准则的制定、公布与实施，奠定了保证内部审计质量、指导内部审计行为、评价内部审计工作业绩的基础。对发挥内部审计为组织增加价值的职能、确保组织目标的实现、取得组织管理层与治理层的信任、巩固内部审计职业的社会地位、改善内部审计信息的沟通都发挥着重要的作用。

（一）内部审计准则的含义

内部审计准则是内部审计人员在实施内部审计工作时应当遵循的行为规范，也是评价内部审计工作质量的权威性规则。内部审计准则主要包括对内部审计人员资格条件的基本要求，对内部审计机构和人员在计划和实施内部审计工作并完成内部审计报告过程中的行为的具体要求，以及对内部审计机构内部管理的具体要求。

内部审计准则的作用机制主要表现为自律性。首先内部审计准则的形成通常是以内部审计职业界为主体的，其次内部审计准则的遵循是建立在内部审计人员充分理解、高度认知和自觉追求的前提之上的，因此内部审计准则的执行不是靠政府的强制力，而是靠内部审计职业界内部的力量。内部审计职业界对遵循技术规范的推动力在很大程度上需要依靠内部审计人员的自律，在审计人员进入内部审计职业界之前的职业教育和培训中，审计技术规范的内容和要求就应该是重要项目，审计人员必须明确技术规范的重要性，也必须学会技术规范的具体操作方法。在审计人员进入内部审计职业界之后，审计人员更应该将审计技术规范作为自身从思想和操作上都始终自觉追求的行为准则。从总体上看，内部审计准则的作用机制更多地表现为自律，但从局部上看也存在他律的作用机制。内部审计人员在学习内部审计准则时，对内部审计准则的理解过程就是一种他律的作用机制，内部审计职业界为保证审计准则的有效实施而定期进行的业务检查也是一种他律的作用机制。

(二) 内部审计准则的作用

作为内部审计行为的技术规范，内部审计准则是内部审计职业界对内部审计行为提出的技术性要求，是内部审计人员在审计工作过程中必须遵守的技术标准，也是相关利益方评价内部审计人员工作质量的重要依据。

1. 内部审计准则为规范和指导内部审计工作提供了依据

内部审计准则体现了内部审计理论的最新发展，是内部审计理论的具体化，对内部审计实务提供了可供操作的技术规范，对内部审计工作具有重要的指导作用，是内部审计人员在内部审计活动中必须遵循的执业标准。

2. 内部审计准则是衡量内部审计工作质量的尺度

内部审计是一项特殊的专业服务，具有无形、同步、易逝等特点，服务质量的高低取决于每一个被审计单位的感受，因此，很难对具体审计结果进行直接的质量测定。对内部审计质量进行社会评价主要依靠对内部审计人员和内部审计过程中的专业行为进行的评价，这无疑对内部审计准则提供了评价的尺度。

3. 内部审计准则是确定和解脱内部审计责任的标准

内部审计准则规定了内部审计职业责任的最低要求，一方面，内部审计人员若违背了内部审计准则，说明其未能切实履行应尽的职责，应对所造成的后果承担必要的责任；另一方面，内部审计的职业责任体现在对审计结果所提供的合理保证上，内部审计准则明确界定了内部审计人员的责任界限，成为保护内部审计人员免受不公正指责的重要保证。

4. 内部审计准则有助于内部审计职业与各利益相关方的良好沟通

很多内部审计活动涉及复杂的专业行为，借助内部审计准则，各利益相关方可以了解内部审计工作的基本内容和内部审计工作质量的基本水准。同时，通过让各利益相关方参与内部审计准则的制定，内部审计职业界也可以了解其对内部审计的需求及变化。内部审计职业与各利益相关方的这种沟通，可以促进内部审计更好地满足各利益相关方的需要。

5. 内部审计准则是完善内部审计机构内部管理的基础

内部审计机构要不断加强和完善内部管理，改善内部审计的质量与效率，必须以科学、合理、明确的内部审计准则为基础。内部审计准则是内部审计人员行为的指南，是评价内部审计人员业绩的标准，是进行内部审计职业教育的根据。内部审计机构以内部审计准则为依据制定出各种内部管理和质量控制制度，以此保证内部审计规范化的先进性和合理性。

另外，内部审计准则的颁布也为解决内部审计的争议提供了仲裁标准，内部审计准则还为内部审计教育明确了方向，为内部审计职业发展和后续教育确定了努力目标。综上所述，内部审计准则的作用已远远超出了内部审计业务工作的范围，客观上起到了促进整个内部审计事业发展的作用。内部审计准则在很大程度上反映了内部审计专业的水平,内部审计准则的建立和完善已经成为内部审计职业发展的强大推动力。

二、内部审计准则的框架结构

随着内部审计实务与理论的不断发展,内部审计的技术和方法也在日臻完善,在这一过程中内部审计准则的框架得以构建,并在内部审计准则中得以充分体现。内部审计技术更加倾向于内部审计实务,因此目标导向的内部审计就成为内部审计准则的逻辑起点,所有的内部审计工作都要围绕审计目标展开,并为实现审计目标服务。确定什么样的审计目标,就应该设计与之相适合的审计程序,收集能够实现审计目标的审计证据,得出针对审计目标的审计结论。内部审计准则就是按照这样的技术框架设计规范结构和内容的,形成了由审计目标、审计证据、审计程序和审计结论组成的内在逻辑结构。

内部审计作为复杂的专业行为,很多工作内容难以实现绝对的规范化,必须依赖特定环境下内部审计人员的职业判断。根据内部审计的这一特点,我们可以将内部审计行为分为两大类:一类是结构化行为,另一类是非结构化行为。结构化行为是指在特定环境因素下,不同内部审计人员应当完成同样的工作或得出同样的结论,如内部审计总体计划的制订、内部审计报告的基本要素等。而非结构化行为则是指随着被审计对象环境的变化和不同项目的要求而需要相应调整的内部审计要求,如内部审计抽样数量和抽取具体项目的确定、内部审计风险的评定、重要性初步判断金额的分配等。适应对内部审计行为的这种分类,对内部审计行为进行技术规范的内部审计准则就应当将规范要求分为内部审计准则和内部审计指南,内部审计准则又应当分为内部审计基本准则和内部审计具体准则,而内部审计指南则应该分为内部审计具体指南和行业内部审计指南。

三、内部审计准则的内容

内部审计准则是总结内部审计人员的实践经验,适应时代需要,为保障内部审计的职业声誉而产生的。考察世界范围内内部审计准则发展的历史和现状,可以发现各国的内部审计准则正在不断趋向国际统一,国际化已经成为内部审计准则发展的历史趋势。内部审计准则国际化的发展趋势源于社会需求的国际化、内部审计准则的技术特性以及国际内部审计组织的积极贡献。

(一)《国际内部审计专业实务框架》

国际内部审计师协会于1941年在美国成立,1947年协会颁布了《内部审计职责说明书》,1978年又颁布了《内部审计实务标准》,经过多年不断修订和完善,该实务标准已经成为具有国际权威性的、代表世界各国内部审计先进经验的、具有普遍指导意义的内部审计准则体系。

1.《国际内部审计专业实务框架》的结构和内容

国际内部审计师协会定期对《国际内部审计专业实务框架》进行修订,它是整合国际内部审计师协会发布的权威性指南的概念框架,并由强制性的指南和强力推荐的指南两部分构成。遵循强制性指南建立的原则对于内部审计专业实务而言是必须的也是重要的,强制性指南是依据既定的"应有的勤勉过程"形成的,包括向社会公众广泛的意见征求。强制性指南包括三个组成部分:内部审计的概念界定、职业道德规范和国际内部审计专业实务标准。强力推荐的指南是通过正式的批准程序取得国际内部审计师协会认可的,它具体说明了在实务中对内部审计的概念界定、职业道德规范和国际内部审计专业实务标准的具体执行。强力推荐的指南包括立场公告、实务公告和实务指南三个部分。表4-1 具体说明了《国际内部审计专业实务框架》的结构和主要内容。

表4-1 《国际内部审计专业实务框架》的结构和主要内容

框架结构		内	容
强制性指南	内部审计的概念界定	阐明了内部审计的基本宗旨、性质和工作范围	参见本书第二章
	职业道德规范	阐明了开展内部审计活动的个人或机构需要遵循的原则和行为规范,表明了对执业行为规范的最低要求,而不是具体活动	参见本书第四章第二节
	国际内部审计专业实务标准	内部审计在目标、规模、复杂程度和组织架构各异的组织内部开展工作,其所涉及的法律和文化环境丰富多彩,而其从业人员既可以来自组织内部,亦可以来自组织外部。虽然这些差异可能会影响各种不同环境下开展的具体内部审计实务,但是遵守标准是内部审计师和内部审计机构履行职责的基本要求。在法律或法规禁止其遵守标准的某些内容时,内部审计师或内部审计机构应当遵守标准的其他所有内容,并对无法遵守其中部分内容的情况予以披露 标准的宗旨包括: • 描述反映内部审计实务的基本原则; • 为开展和推动各类具有增值效应的内部审计业务提供框架; • 建立评估内部审计业绩的依据; • 促进组织流程和运营的改善。 标准是原则导向的强制性要求,为内部审计的实施和推动提供了框架。标准包括: • 对内部审计专业实务基本要求及评价其工作成果的效果的说明。这些要求普遍适用于全球范围内的组织和个人。 • 解释,对说明中涉及的术语和概念进行释义。 • 词汇表。 有必要将说明以及对它们的解释一起考虑,以正确地理解和应用标准。标准所使用术语的特定含义在词汇表中给出了具体的说明,因此也是标准的组成部分。 标准的审视和发展是一个持续的过程	属性标准:说明开展内部审计活动的组织和个人的特征 1000——宗旨、权力和职责 1010——在内部审计章程中确认内部审计的概念界定、职业道德规范和国际内部审计专业实务标准 1100——独立性与客观性 1110——组织上的独立性 1111——与董事会的直接互动 1120——个人的客观性 1130——对独立性或客观性的损害 1200——专业能力与应有的职业审慎 1210——专业能力 1220——应有的职业审慎 1230——持续职业发展 1300——质量保证与改进程序 1310——质量保证与改进程序的要求 1311——内部评估 1312——外部评估 1320——对质量保证与改进程序的报告 1321——对遵循标准的应用 1322——对未遵循情况的披露 工作标准:描述内部审计活动的性质,并提供了衡量内部审计活动实施质量的准绳 2000——内部审计活动的管理 2010——计划 2020——沟通与批准 2030——资源管理 2040——政策与程序 2050——协调 2060——向高级管理层和董事会报告 2070——外部服务提供者与组织对内部审计的责任 2100——工作性质 2110——治理 2120——风险管理

续表

框架结构		内　容	
强制性指南	国际内部审计专业实务标准		2130——控制
			2200——业务计划
			2201——制订计划时的考虑因素
			2210——业务目标
			2220——业务范围
			2230——业务资源的分配
			2240——业务工作方案
			2300——业务的实施
			2310——识别信息
			2320——分析与评价
			2330——记录信息
			2340——业务的督导
			2400——结果的报告
			2410——报告标准
			2420——报告的质量
			2421——错误与遗漏
			2430——对"遵循标准"的应用
			2431——对未遵循情况的披露
			2440——结果的发送
			2450——总体意见
			2500——监督进展
			2600——就风险的接受进行沟通（改）
强力推荐的指南	立场公告	立场公告有助于各个感兴趣的方面，包括那些并未在内部审计职业工作的人们了解重大的质量、风险或控制问题，以及界定内部审计在其中扮演的角色和所承担的责任	2013年1月发布的《在有效的风险管理和控制中的三道防线》。
			2009年1月发布的《内部审计在企业全面风险管理中的作用》。
			2009年1月发布的《内部审计在内部审计活动的资源配置中的作用》
	实务公告	实务公告帮助内部审计师应用内部审计的概念界定、职业道德规范和国际内部审计专业实务标准，并倡导对最佳实务的推动。实务公告主要涉及内部审计的方式、方法和需要考虑的因素，但是不包括详细的过程或程序。它们包括与国际、国内或者所处行业特定问题、特定类型的业务以及法律或监管问题相关的实务	属性标准：
			1000-1 内部审计章程
			1110-1 组织上的独立性
			1111-1 与董事会的直接互动
			1120-1 个人的客观性
			1130-1 对独立性或客观性的损害
			1130.A1-1 评价内部审计师以前负责的运营
			1130.A2-1 内部审计对其他(非审计)职能的责任
			1200-1 专业能力与应有的职业审慎
			1210-1 专业能力
			1210.A1-1 获取外部服务提供者为内部审计部门提供的支持或补充
			1220-1 应有的职业审慎
			1230-1 持续职业发展
			1300-1 质量保证与改进程序
			1310-1 质量保证与改进程序的要求
			1311-1 内部评估
			1312-1 外部评估
			1312-2 外部评估：独立审定的自我评估
			1312-3 私营部门外部评估团队的独立性(新)
			1312-4 公营部门外部评估团队的独立性(新)

续表

框 架 结 构			内　　容
强力推荐的指南	实务公告		1321-1 对"遵循标准"的应用 工作标准： 2010-1 审计计划对风险和风险暴露的关注 2010-2 风险管理流程在内部审计计划制订中的运用 2020-1 沟通与批准 2030-1 资源管理 2040-1 政策与程序 2050-1 协调 2050-2 确认图谱 2050-3 依赖其他确认提供方的工作 2060-1 向高级管理层和董事会报告 2110-1 治理：定义 2110-2 治理：与风险和控制的关系 2110-3 治理：评估 2120-1 评估风险管理过程的适当性 2120-2 对内部审计活动的风险进行管理 2130-1 评估控制程序的适当性 2130.A1-1 信息的可靠性和完整性 2130.A1-2 评估组织的隐私制度 2200-1 业务计划 2200-2 运用自上而下、以风险为导向的方法确定内部审计业务评价的控制环节 2210-1 业务目标 2210.A1-1 业务计划中的风险评估 2230-1 业务资源的分配 2240-1 业务工作方案 2300-1 开展业务过程中对个人信息的使用 2320-1 分析程序 2320-2 根本原因分析（新） 2330-1 记录信息 2330.A1-1 对业务记录的控制 2330.A1-2 准予接触业务记录 2330.A2-1 保存记录 2340-1 业务的督导 2400-1 报告结果的法律因素 2410-1 报告标准 2420-1 报告的质量 2440.A2-1 对外通报 2440-1 结果的发送 2440-2 在报告渠道内外通报敏感信息 2500-1 监督进展 2500.A1-1 后续程序
	实务指南	实务指南提供开展内部审计活动的详细指南。它们包括过程和程序、工具和技术、方案和逐步实施的方法，以及可交付成果的范例	20 项一般指南。 2 项针对公营部门的指南（即将发布）。 17 项全球技术审计指南。 3 项信息技术风险的评估指南。

2. 最新修订的《国际内部审计专业实务框架》的主要变化

国际内部审计师协会对《国际内部审计专业实务框架》中的《国际内部审计专业实务标准》进行修订的主要目的包括：(1)确保标准能够以最及时、最相关的方式体现职业的最新发展；(2)确保达到《国际内部审计专业实务框架》对标准进行至少三年一次的审核要求；(3)确保对《国际内部审计专业实务框架》的持续改进，成为其持续发展的关键组成部分。

国际内部审计师协会对《国际内部审计专业实务框架》的修订主要体现在以下方面。

(1) 进一步澄清遵循准则的责任

为了进一步澄清遵循准则的责任，协会在标准的引言中增加了下列措辞："标准适用于内部审计师个人和内部审计活动。所有的内部审计师都有责任遵循与个人的客观性、专业胜任能力和应有的职业审慎相关的标准。另外，内部审计师也负有遵循与他们的工作责任的履行相关的责任。首席审计官负有遵循准则的完全责任。"

(2) 增加了对质量保证和改进的重视

修订后的准则增加了对质量保证和改进的重视，主要体现在：强调主动的内部质量评估和改进方法，全面包含了外部质量标准的精神和措辞，建立了允许质量工作的执行和成果报送的实务，通过在审计报告中包括对遵循性的声明以支持外部质量评估从而改善内部审计等。

(3) 澄清首席审计官就不能接受的风险进行沟通的职责

修订后的标准将第 2600 号标准改成了《就风险的接受进行沟通》，规定如果首席审计官得出管理层已经接受了对于组织而言不能接受的风险的结论，他必须与高级管理层进行讨论。如果首席审计官确定事情仍然没有得到解决，首席审计官必须将此事项与董事会进行沟通。对于管理层已经接受的风险的识别可以通过确认或咨询项目、作为以前项目的结果对管理层采取行动的监督过程或者其他方式注意到。但是，首席审计官并不负责解决风险。

(4) 明确对审计计划进行及时的调整的要求

标准要求首席审计官必须建立一个风险导向的计划以确定内部审计活动的当务之急，并与组织目标保持一致。为了明确对审计计划进行及时调整的要求，修订后的标准进一步强调在没有框架的情况下，首席审计官应当在考虑了高级管理层和董事会提供的信息之后运用他或她的判断。在必要的情况下，首席审计官必须复核和调整计划以应对组织业务、风险、经营、方案、系统，以及控制的变化。

(5) 强调对战略目标的风险覆盖

为了强调对战略目标的风险覆盖，修订后的标准将组织战略目标的实现情况纳入内部审计活动对与组织治理、经营和信息系统相关的控制的充分性和有效性进行评价的内容之中，并置于评价内容的首位。具体的措施包括内部审计对关键战略倡议的参与并占有一席之地，对组织关键战略风险进行应对，以及服务于信息技术开发团队等。

(6) 对部分专业术语进行了全新的界定

该修订将委员会重新界定为："负有指导和/或监督组织活动和管理的最高治理层。通常包括一个独立的董事团队(如董事会、监督委员会或者理事会)。如果这样的团队并不存在，那么委员会也可以是组织的领导。如果治理层将某些职责委托给审计委员会，那么委员会也可以是审计委员会。"

该修订将项目意见界定为："与项目的目标和范围所包含的那些方面相关的，对单个内部审计项目结果的评价、结论和/或其他说明。"

该修订将总体意见界定为："由首席审计官提供的用以在委员会层面应对组织的治理、风险管理和控制过程的对结果的总体评价、结论或其他说明。"

（二）《中国内部审计准则》

中国内部审计协会自 2000 年开始着手制定《中国内部审计准则》，首批准则已于 2003 年 6 月正式施行，随后又陆续发布了几批审计准则。中国内部审计准则体系包括基本准则、具体准则和实务指南三个层次。基本准则对内部审计机构和人员的基本资格条件、工作方式和方法以及内部管理制度进行了基础性的概括规定。为便于这些概括性的规定能够得到内部审计机构和人员的更好理解和贯彻，内部审计准则体系还设定了具体准则和实务指南。具体准则详细地对基本准则中提及的各项原则性的要求进行了具体的解释和说明，实务指南则选择了对内部审计实务中经常实施的内部审计项目类型进行更加有针对性的专项解释和说明。具体准则是根据基本准则制定的，实务指南则是根据基本准则和具体准则制定的，因此内部审计机构和人员可以通过阅读具体准则更加明确地理解基本准则的规定和要求，也可以通过阅读实务指南对各项具体的内部审计业务类型形成更加明确的操作指导。

2013 年 4 月中国内部审计协会对《中国内部审计准则》进行了全面的修订，并于同年 8 月发布了新修订的《中国内部审计准则》。下面对新修订的《中国内部审计准则》的《第 1101 号——内部审计基本准则》(简称《内部审计基本准则》)和 20 个内部审计具体准则进行介绍。

1. 《内部审计基本准则》

新修订的《内部审计基本准则》由原来的 27 条调整为 33 条，具体修订内容如下。

(1) 内部审计定义

修订后的定义力求反映国际、国内内部审计实务的最新发展变化，与国际内部审计师协会对内部审计的定义接轨。与原定义相比，主要变化体现在以下方面。

①关于内部审计的职能

相对于"监督"所体现的内部审计的查错纠弊功能，现代内部审计更强调价值增值功能。因此，借鉴国际内部审计师协会的定义，此次修订将内部审计的职能从"监督和评价"改为"确认和咨询"，拓展了原定义中内部审计的职能范围。

②关于内部审计的范围

修订后的定义将内部审计范围界定为"业务活动、内部控制和风险管理的适当性和有效性"，将原来的"经营活动"改为"业务活动"，体现了内部审计的业务范围不仅局限于以盈利为目的的组织，还包含非营利组织。定义中增加了对"风险管理的适当性和有效性"的审查和评价，以体现内部审计对组织风险的关注。

③关于内部审计的方法

修订后的定义增加了运用"系统、规范的方法"的规定，强调了内部审计的专业技术特征，体现内部审计职业的科学性和规范性，有助于内部审计人员和社会各界人士了解内部审计职业对技术方法和人员素质的要求。

④关于内部审计的目标

修订后的定义将内部审计的目标界定为"促进组织完善治理，增加价值和实现目标"，进一步明确了内部审计在提升组织治理水平,促进价值增值以及实现组织目标中的重要作用。对内部审计目标更高的定位将进一步提升内部审计在组织中的地位和影响力,提升内部审计的层次。

(2) 关于准则的适用范围

为涵盖内部审计外包的情况,准则中增加了"其他组织或者人员接受本组织委托、聘用、承办或者参与的内部审计业务,也应当遵守本准则"的规定。

(3) 调整的其他主要内容

①在一般准则中,增加了内部审计章程中应明确规定内部审计的目标、职责和权限的内容;增加了内部审计人员保密义务的内容。②在作业准则中增加了内部审计人员应当全面关注组织风险,以风险为基础实施审计业务的内容;增加了内部审计人员关注组织舞弊风险,对舞弊行为进行检查和报告的内容;增加了内部审计人员为组织提供适当咨询服务及帮助组织增加价值的内容。③在报告准则中不再保留后续审计的内容,原因是内部审计实践中,后续审计不是必需的程序,而是根据具体情况选择采用的审计程序。④在管理准则中增加了内部审计机构与董事会或最高管理层的关系、内部审计机构管理体制,以及内部审计机构对内部审计实施有效质量控制等内容。

修订后的《内部审计基本准则》包括一般准则、作业准则、报告准则和内部管理准则。一般准则对内部审计机构和人员的基本资格条件和工作方式进行了规范,是内部审计人员合理确定审计目标、设计审计程序和形成审计结论的前提保证。作业准则是内部审计准则的核心,从如何根据审计目标了解被审计单位、充分识别和评估审计风险开始,到对评估的审计风险实施应对措施,即为既定的审计目标选择适当的审计证据,设计适当的审计程序,配置适当的审计测试,再到内部审计技术方法的具体运用和审计计划方案的具体实施,实现了对整个审计证据收集过程的技术性规范。报告准则的规范重点在内部审计的结论上,规范了内部审计结论的表现形式,包括内部审计报告的编写要求和内容,也规范了内部审计人员在形成审计结论过程中的具体要求。内部管理准则是对内部审计机构构建内部管理制度和质量控制体系的具体规范,其目的也在于确保内部审计目标的更好实现。

2. 中国内部审计具体准则

针对现有具体准则中存在的内容交叉、重复,个别准则不适应内部审计最新发展等问题,此次修订对准则体系结构进行了调整,对部分准则的内容进行了整合,并根据实际情况取消了部分准则。

(1) 将原第12号、第16号、第21号具体准则与原第5号具体准则合并修订为《第2201号具体准则——内部控制审计》

原《第5号准则——内部控制审计》规范了内部控制的定义、要素、目标、内容、方法等,属于对内部控制审计的总纲式规定;原《第12号准则——遵循性审计》具体规范内部控制目标中关于遵守国家有关法律法规和组织内部标准的内容;原《第16号准则——风险管理审计》具体规范内部控制中风险评估要素的审查和评价;原《第21号准则——内部审计的控制自我评估法》规范了控制自我评估这一具体方法,以及内部审计人员如何运用该方法协助管理层对内部控制进行评估。遵循性审计、风险管理审计、内部审计的控制自我评估法三个准则从内容或逻辑上都应当属于内部控制审计的组成部分,因此此次修订将原分属四个准则的内容进行了整合和补充，并充分借鉴《企业内部控制基本规范》及配套指引的相关内容，制定了《第 2201 号具体准则——内部控制审计准则》。

(2) 将原第 25 号、第 26 号、第 27 号具体准则合并修订为《第 2202 号具体准则——绩效审计》

按照经济性、效率性和效果性等三个方面分别制定具体准则是我国准则制定工作的有益探索。然而，由于经济性、效率性和效果性均为绩效审计的目标，实践中往往需要对某一事项或项目的经济性、效率性和效果性同时做出评价，因此原准则存在内容重复、实践中不好操作等弊端。因此，此次修订将原来的三个具体准则进行了合并，修订为《第 2202 号具体准则——绩效审计》。

(3) 将原第 9 号、第 19 号具体准则合并修订为《第 2306 号具体准则——内部审计质量控制》

原《第 9 号具体准则——内部审计督导》中将督导定义为通过内部审计机构负责人和审计项目负责人对实施审计工作的审计人员所进行的监督和指导，其目的是为了保证内部审计质量。而原《第 19 号准则——内部审计质量控制》中规定的项目质量控制，主要是指审计项目负责人指导内部审计人员执行审计计划、监督内部审计过程、复核审计工作底稿及审计报告。从内容上看，内部审计项目质量控制涵盖了内部审计督导，因此，此次修订调整了原《第 19 号准则——内部审计质量控制》的结构，与原《第 9 号准则——内部审计督导》的相关内容进行整合，并做进一步修改和完善。

(4) 不再保留《第 17 号具体准则——重要性和审计风险》

与国际内部审计准则的有关内容相比，制定《第 17 号具体准则——重要性与审计风险》是我国内部审计准则体系的尝试和创新。但是，随着内部审计逐步从财务审计发展到更加关注内部控制、风险管理的阶段，原来侧重于财务报表审计的重要性、审计风险等概念及运用已经发生了变化。鉴于此，此次修订不再保留该准则，将"重要性"和"审计风险"的内容分散在其他相关基本准则以及相关具体准则中予以反映。

(5) 不再保留《第 22 号具体准则——内部审计的独立性和客观性》

独立性和客观性是内部审计的基本特质，也是内部审计人员职业道德规范的重要组成部分。因此，此次修订不再保留该具体准则，相应条款充实到《内部审计基本准则》和《内部审计人员职业道德规范》中。

(6) 不再保留《第 29 号具体准则——内部审计人员后续教育》

原《第 29 号具体准则——内部审计人员后续教育》中所指的内部审计人员包括取得内部审计人员岗位资格证书或取得 CIA 资格证书的人员。目前，国际内部审计师协会对取得 CIA 证书和 CCSA 证书人员的后续教育做出了新的规定，中国内部审计协会根据该规定出台了《国际注册内部审计师后续教育办法》和《内部控制自我评估专业资格证书后续教育办法》，对中国大陆地区持有上述资格证书人员的后续教育进行规范。鉴于第 29 号具体准则的内容和目前的实际情况已有较大出入，此次修订不再保留该准则。在《内部审计基本准则》和《内部审计人员职业道德规范》中对内部审计人员后续教育方面的要求进一步明确和强化。同时，今后将结合内部审计人员后续教育的实际情况，制定更有针对性的办法或规定。

修订后的《中国内部审计准则》中有20个内部审计具体准则、5个实务指南，分别是：
《第2101号内部审计具体准则——审计计划》；
《第2102号内部审计具体准则——审计通知书》；
《第2103号内部审计具体准则——审计证据》；
《第2104号内部审计具体准则——审计工作底稿》；
《第2105号内部审计具体准则——结果沟通》；
《第2106号内部审计具体准则——审计报告》；
《第2107号内部审计具体准则——后续审计》；
《第2108号内部审计具体准则——审计抽样》；
《第2109号内部审计具体准则——分析程序》；
《第2201号内部审计具体准则——内部控制审计》；
《第2202号内部审计具体准则——绩效审计》；
《第2203号内部审计具体准则——信息系统审计》；
《第2204号内部审计具体准则——对舞弊行为进行检查和报告》；
《第2301号内部审计具体准则——内部审计机构的管理》；
《第2302号内部审计具体准则——与董事会或最高管理层的关系》；
《第2303号内部审计具体准则——内部审计与外部审计的协调》；
《第2304号内部审计具体准则——利用外部专家服务》；
《第2305号内部审计具体准则——人际关系》；
《第2306号内部审计具体准则——内部审计质量控制》；
《第2307号内部审计具体准则——评价外部审计工作质量》；
《内部审计实务指南第1号——建设项目内部审计》；
《内部审计实务指南第2号——物资采购审计》；
《内部审计实务指南第3号——审计报告》；
《内部审计实务指南第4号——高校内部审计》；
《内部审计实务指南第5号——企业内部经济责任审计指南》。

3. 2013年以来新发布或修订的中国内部审计准则

中国内部审计协会始终致力于对审计准则体系的不断完善，自2013年以来，中国内部审计协会又在以下领域发布或修订了相应的审计准则或实务指南。

（1）《第2308号内部审计具体准则——审计档案工作》

2016年2月，为规范审计档案工作，提高审计档案质量，发挥审计档案作用，根据《中华人民共和国档案法》和《内部审计基本准则》，协会发布了《第2308号内部审计具体准则——审计档案工作》。审计档案是指内部审计机构和内部审计人员在审计项目实施过程中形成的、具有保存价值的历史记录。审计档案工作是指内部审计机构对应纳入审计档案的材料进行收集、整理、立卷、移交、保管和利用的活动。

该准则提出了审计档案质量的基本要求，包括：审计档案材料应当真实、完整、有效、规范，并做到遵循档案材料的形成规律和特点，保持档案材料之间的有机联系，区别档案材料的重要程度，便于保管和利用。该准则还就审计档案的范围与排列，纸质审计档案的编目、装订与移交，电子审计档案的建立、移交与接收，审计档案的保管和利用等进行了具体的规范。

(2)《第2309号内部审计具体准则——内部审计业务外包管理》

2019年5月，为规范内部审计业务外包管理行为，保证内部审计质量，根据《内部审计基本准则》协会发布了《第2309号内部审计具体准则——内部审计业务外包管理》。内部审计业务外包管理是指组织及其内部审计机构将业务委托给本组织外部具有一定资质的中介机构而实施的相关管理活动。

该准则提出内部审计机构需要将内部审计业务外包给中介机构实施的，应当确定外包的具体项目，并经过组织批准。该准则还就选择中介机构，签订业务外包合同(业务约定书)，审计项目外包的质量控制，评价中介机构的工作质量等内容进行了具体的规定。

(3)《第2205号内部审计具体准则——经济责任审计》

2016年3月，协会发布了《第2205号内部审计具体准则——经济责任审计》。为了与中共中央办公厅、国务院办公厅2019年7月印发的《党政主要领导干部和国有企事业单位主要领导人员经济责任审计规定》(以下简称两办《规定》)相衔接，进一步规范内部审计机构开展的经济责任审计工作，协会又发布了经修订后的《第2205号内部审计具体准则——经济责任审计》，自2021年3月1日起施行。

此次修订充分落实两办《规定》的新精神和新要求，与两办《规定》实现有效衔接，同时总结了近年来经济责任审计实践中积累的经验做法，体现内部经济责任审计的特点，在原准则框架内容的基础上做了进一步的补充和完善。

修订的主要内容包括：进一步明确了经济责任审计的指导思想和工作目标；完善了经济责任和经济责任审计的概念；扩大了经济责任审计的对象范围；规范了经济责任审计计划管理；丰富和细化了经济责任审计的内容；增强了对审计评价的要求，引入容错纠错机制，落实"三个区分开来"；调整了责任类型，同时明确了领导干部承担不同责任的具体情形；细化了审计报告的编制和报送程序；进一步明确了内部审计机构在推动审计结果运用方面的职责等。

(4)《第3101号内部审计实务指南——审计报告》

为了进一步完善内部审计准则体系，指导内部审计实践，协会修订了2009年1月开始施行的《内部审计实务指南第3号——审计报告》，新发布了《第3101号内部审计实务指南——审计报告》，自2020年1月1日起施行。审计报告是指内部审计人员根据审计计划对审计事项实施审计后，做出审计结论，提出审计意见和审计建议的书面文件。该指南详细规范了内部审计报告的编制、复核和报送，以帮助内部审计机构提高审计报告的质量。

(5)《第3205号内部审计实务指南——信息系统审计》

在大智移云的今天，随着各类组织加快上系统、上云，内部审计工作也加快由账簿、制度向信息系统转变。当前受具有IT专业背景的内部审计人员占比较少、信息系统审计的实践相对偏少、且各组织信息系统审计实践呈现参差不齐的状态等因素影响，信息系统审计需求的不断增长与有效供给显著不足的矛盾愈来愈突出，已成为阻碍内部审计职业发展的一大痛点。为了解决这一痛点，将行业标杆关于信息系统审计的最佳实践赋能内部审计人员，通过规范性的操作规程和方法，以规范信息系统审计行为，控制审计工作风险，提高审计工作效率和质量，更好地为组织的战略目标服务，更充分地发挥新时代内部审计的价值，协会发布了《第 3205 号内部审计实务指南——信息系统审计》，并自 2021 年 3 月 1 日起施行。

该指南介绍了信息系统审计的基本概念、内容体系和审计程序等基础理论，提出了关于信息系统审计的总体概念框架，并进一步规范了组织层面信息系统管理控制审计、信息系统一般控制审计、信息系统应用控制审计、信息系统相关专项审计，以及信息系统审计的质量控制。

第二节 内部审计行为的道德规范

内部审计师已经成为 21 世纪非常令人向往的职业。该职业不仅拥有令人羡慕的社会地位和薪酬，还因其在组织治理、内部控制和风险管理方面发挥着不可替代的作用，受到组织治理层、高级管理层的日益重视，同样社会公众也对内部审计职业寄予厚望。面对社会公众及其所在组织的殷切期望，内部审计职业界必须不断提升自身的道德水准，坚守职业操守，提供高品质的服务，不断满足利益相关者的要求，实现为组织增加价值的职业目标。为此，对内部审计机构和人员的行为进行严格的道德规范显然是至关重要的。

一、内部审计职业道德规范概述

内部审计人员从事内部审计活动时，应当遵守职业道德规范，认真履行职责，不得损害国家利益、组织利益和内部审计职业声誉。

（一）内部审计职业道德规范的含义

道德是社会为了调节人与人之间以及个人和社会之间的关系所提倡的行为规范的总和，它通过各种形式的教育和社会舆论的力量，使人们具有善和恶、荣誉和耻辱、正义和非正义等概念，并逐渐形成一定的习惯和传统，指导或控制自己的行为。职业道德就是某一职业组织以公约、守则等形式公布的，其会员自愿接受的职业行为标准。内部审计职业道德在本质上体现着内部审计职业界各成员之间以及每个成员与相应当事人之间的社会经济关系。内部审计职业道德就是内部审计人员职业品德、执业纪律、专业胜任能力及职业责任的总称。对内部审计行为的道德规范是内部审计职业在内部审计工作过程中形成的，具有内部审计职业特征的道德准则和行为规范。

由道德规范的自身性质所决定，对内部审计行为的道德规范应是自律和他律共同作用的规范，因此其作用机制应属于两律性规范。道德规范是一种社会意识，道德原则并非国家政府或者任何的机构组织强制建立起来的，它们是伴随人类社会的发展和进步逐渐在社会上、在人们的思想意识中潜移默化形成的。当人们接受了道德教育，并自觉将社会普遍认可的基本道德原则作为自己信奉的行为标准之后，就会在内心形成一种内在的推动力，进而转化为一种职业良心，约束、引导和评价自身的职业行为，从而实现道德规范的自律。同时，道德规范还具有明显的他律性作用机制，虽然道德原则的遵循是在自身内在动力的推动下实现的，但是道德原则并非是每个人自己认识和总结出的标准，而是在社会发展过程中被大多数人普遍认可的标准。通常情况下，每一个个人都是通过各种形式的道德教育才了解和明确这些基本道德标准的，并在强大的社会舆论的监督下按照这些社会普遍认可的道德标准指导自身的职业行为。因此，社会所倡导的道德教育和舆论监督就成为道德规范他律性作用机制的主要方式。道德教育是人们获取和理解道德原则的基本途径，也促使其成为自身信赖和自觉遵守的行为标准，而社会舆论则通过对道德行为的评价机制倡导良好的道德行为，批评和摒弃不良的道德行为。另外，内部审计职业界也会通过专门的职业道德监控机构对所有从业人员的职业道德规范的遵循情况进行检查，对确认的违反职业道德规范的机构和人员做出适当的惩戒以强化对内部审计行为道德规范的约束力。这种监督检查和惩戒机制一方面体现了事先的警示作用，内部审计机构和人员在知晓存在这样的检查和惩戒机制的情形下会促使他们自觉地遵守这些规范，形成了内部审计职业道德规范的自律性；另一方面，这一机制也体现了事后的惩戒作用，违反职业道德规范的内部审计机构和人员必然要因此而承担特定的责任，受到相应的处罚，形成了内部审计职业道德规范的他律性。在自律和他律的双重作用机制下，内部审计职业道德规范的约束力得到了有效的保证和不断的提升。

(二) 内部审计职业道德规范的作用

对内部审计行为的道德规范是内部审计规范体系的重要组成部分，是所有内部审计人员坚持高素质道德水准、提升内部审计职业水平的重要保证。保持应有的职业审慎，严格遵守职业道德规范，是内部审计人员树立良好职业形象、保持良好职业信誉的重要措施，也是充分发挥内部审计职能的必要条件。

1. 实现对内部审计职业的严格道德约束

当今的内部审计职业已经不只是为所在的组织提供服务，它作为组织治理、风险管理和内部控制中的重要监控机制也越来越受到组织外部利益相关者甚至社会公众的普遍关注。其所承担的职业责任也已经超越了仅为组织增加价值的微观层面，而是越来越多地向为社会公众利益提供服务的宏观层面拓展。同时，内部审计职业又是一项专业性较强的职业活动，内部审计活动的实施过程中充满纷繁复杂的风险，也需要运用各种各样的复杂技术和手段。为此，对内部审计职业进行严格的道德约束是非常重要的，只有确立严格的职业道德规范并保证其有效实施，才能对内部审计人员在工作中的操守和品质进行规范，促使从业人员认真勤勉地完成工作，实现内部审计职业对其所在组织和社会公众所承担的职业责任。

2. 增强利益相关者对内部审计职业的信赖

在对内部审计机构和人员的行为进行道德规范的同时，职业道德规范还是内部审计职业界获取利益相关者，包括其所在组织治理层、高级管理层、被审计单位，甚至社会公众信赖的重要保证。相对被审计单位而言，内部审计扮演着客观公正的检查者和良师益友般的建议者的双重身份，获取被审计单位的理解和支持是其履行职责的重要保证。同样，获取组织治理层和高级管理层的理解和支持也是内部审计机构提升其在组织内部的地位、获取更多组织资源和组织各方配合的有利保障。获取社会公众的认可和信任更是关系到内部审计职业的生存和未来发展。但是，没有任何人会轻易相信一个没有任何道德规范约束、可以无序运作，甚至存在败德行为的职业。良好的职业道德规范向利益相关者昭示了可以值得信赖的职业形象，这不仅维护了内部审计职业的权威性，还增强了利益相关者对内部审计职业的信赖程度。

二、内部审计职业道德规范的框架结构

我们已经明确了对内部审计行为进行道德规范的重要意义，那么这些规范中应当包括哪些具体内容就是我们下一步必须探讨的问题。如果内部审计职业道德规范缺乏清晰的层次和合理的结构，所规定的内容也不适合内部审计职业特点的话，那么不仅无法起到指导和约束内部审计机构和人员的道德行为的作用，反而会给内部审计职业以及各利益相关方造成混乱和误解。内部审计行为的道德规范既要体现对内部审计人员道德观念和道德行为的基本指导思想，又要明确道德规则的具体操作指南，因此内部审计行为的道德规范就必须结构分明、层次清晰。但是，内部审计道德规范的内容也不宜过于详细和具体，从而形成机械性的操作规程，使内部审计人员的职业判断受到限制和禁锢，因此内部审计行为的道德规范应当详略得当、伸缩自如。内部审计职业道德规范是对内部审计人员在从事内部审计工作时应当遵循的道德标准的总括，虽然各个国家由于历史、文化、思想观念和道德水准上的差异，对内部审计人员道德标准的要求可能会存在不同，但是从总体上看，内部审计的职业道德规范可以包括职业道德的基本原则、具体的行为规则、对行为规则的解释，以及对实际问题的裁决等内容。

对内部审计行为的道德规范应该比技术规范和法律规范更加广泛和全面，因此道德规范的逻辑结构中就不仅应该包括所有的具体道德行为准则，还必须从更高的层面上提出与职业理想、职业责任等相关的高标准道德原则。道德规范对职业理想的渲染是为了在社会上形成良好的职业形象，同时也是为了要求内部审计职业的全体从业人员树立崇高的职业理想、坚定的职业信念和美好的职业追求。道德规范对职业责任的强调是为了使内部审计职业的全体从业人员热爱自己的职业，信赖和尊重自己的职业，树立与自己的职业荣辱与共的思想信念，努力履行自己的职业责任，竭诚为组织和社会公众的利益服务。为更好地实现职业理想，更有效地履行职业责任，内部审计人员必须具备丰富和广博的职业知识和技能，这不仅是对内部审计人员的技术性要求，更是对内部审计人员的道德要求，是其从事内部审计工作的最基本资格条件，因此道德规范中就必须明确内部审计人员应该具备的基本资格条件以及获取和提高的方式。为此，内部审计行为的道德规范应当至少由理想标准的道德原则和具体标准的道德行为准则两个部分构成，坚定的职业信念加上高标准的道德准则才能确保内部审计职业的整体道德水平。

内部审计职业道德规范应当明确内部审计的职业责任，对职业责任的规定是根据内部审计职业的本质属性和职业道德的理想标准派生出来的，它倡导内部审计职业的所有从业人员树立高度负责的态度。在此基础上，具体的行为准则才能得以合理的建立和有效的执行，每一项具体的内部审计工作才能得到认真负责的执行，从而实现内部审计行为的科学化、规范化和内部审计结果的合理化。对此，国际内部审计师协会职业道德规范中就要求："内部审计师应当诚实、勤奋并负责任地完成工作。内部审计师应当持续地提高其服务的熟练程度、效率和质量。"

内部审计职业道德规范的行为规则具体规定了内部审计人员可以做的行为和不可以做的行为，是对内部审计人员道德行为的最低要求，是从事内部审计工作的所有人员都必须严格遵守的基本标准。只有将这些具体规定落实到内部审计工作的全过程中去才能确保其工作的高质量。为便于内部审计人员更好地理解内部审计的行为规则并在内部审计实务中合理地遵

循这些规则，内部审计职业道德行为规则的制定机构还可以就这些行为规则的性质及其具体运用做出进一步的详细解释。

由于内部审计工作具有很强的实务操作性，同时也需要面对千差万别的实际状况，因此内部审计人员在具体完成各项内部审计工作时往往会遇到一些十分具体的问题，这些具体问题可能在职业道德规范中并没有明确的规定，或者按照规范执行之后可能造成不良的后果，即出现所谓的道德两难。此时，从事一线内部审计实际工作的内部审计人员就迫切希望能够得到权威人士或者职业团体就这些问题给予的有益帮助，以指导他们做出正确的职业判断。所以，职业道德规范的制定机构应当充分考虑内部审计人员的实际需求，设置适当的咨询渠道，方便他们提出问题，并同时给予适当的解释，以解决内部审计人员的实际问题。同时，为便于其他内部审计人员在遇到类似问题时也能够得到及时的指导，职业道德规范的制定机构可以将这些问题和解释定期汇编成册予以分发，这样既可以提供参考又可以开展进一步的讨论。这些问题和解释的汇编是对内部审计职业道德规范中行为准则的必要补充，也应视为职业道德规范体系的重要组成部分。虽然通常情况下这些问题和解释是非强制性的，但是如果内部审计人员违背其中的规定也要说明充分的理由。

三、内部审计职业道德的基本原则

道德规范属于社会意识形态，是调节人与人之间、个人与社会之间关系的行为规范。它是在社会上逐渐形成的理想、信念、习惯、传统等在人们思想和行动中的集中体现，并通过道德教育和舆论监督发挥应有的作用。对内部审计行为的道德规范正是社会道德规范在内部审计职业中的具体运用和特殊体现，其核心内容就是与独立性、客观公正以及与此密切相关的认真负责、清正廉洁的工作作风和诚实谨慎的职业态度。职业道德的这一核心内容就是职业道德的理想标准，它们在内部审计职业道德规范中处于基础地位，起着核心的作用。它倡导内部审计职业的所有从业人员热爱内部审计事业，尊重内部审计职业，以自己的职业为荣，并努力向职业道德的理想标准不断迈进。职业道德的理想标准是内部审计职业希望从业人员能够达到的最高标准，它们往往是一些原则性的、非强制性的规定。职业道德的理想标准在职业道德规范中是以基本道德原则的形式进行界定的。

(一)国际内部审计师协会职业道德基本原则

国际内部审计师协会职业道德规范要求内部审计师应当运用并信守以下原则。

1. 诚信

内部审计师的诚信将确立其本人的信用，从而为其做出可靠的判断提供基础。

2. 客观

内部审计师在收集、评价和沟通有关被检查活动或过程的信息时，要显示出最高程度的职业客观性。在做出判断时，内部审计师不受其个人喜好或他人的不适当影响，对所有相关环境做出公正的评价。

3. 保密

内部审计师尊重所获信息的价值和所有权，没有适当授权不得披露信息，除非是在有法律或职业义务的情况下。

4. 胜任

内部审计师在执行内部审计业务时能够使用所需要的知识、技能和经验。

(二)中国内部审计职业道德基本原则

中国内部审计职业道德的基本原则具体包括以下内容。

1. 对法律和法规的遵循

内部审计人员应当严格遵守相关的法律法规、职业管理规范、内部审计准则及中国内部审计协会制定的其他规定。在法律和法规、准则和规范的框架内实施内部审计活动是履行内部审计职业责任所必需的,也是确保内部审计工作效果和效率的基本保证。

2. 良好的职业形象

内部审计人员应当忠于国家、忠于组织、维护职业荣誉,不得从事损害国家利益、组织利益和内部审计职业声誉的活动。

3. 诚信、正直和勤勉

内部审计人员应当诚实守信,具备明辨是非的能力,坚持正确的行为和观点,不屈从于任何的压力,严格遵循职业规范。内部审计人员应当勤勉尽责,尽可能减少由于过失或疏忽而带来的错误和遗漏,降低审计风险,减少对组织资源的耗费,努力为组织提供优质服务。

4. 廉洁

内部审计人员应当保持廉洁,不得从被审计单位获取任何可能有损职业判断的利益,保持对被审计单位进行客观公正的审查和评价。

5. 独立、客观和公正

独立、客观和公正是对内部审计人员必须具备的职业品质的基本要求。内部审计人员应当保持应有的独立性,避免与被审计单位之间的任何实际存在的或潜在的利益冲突,也不能代行被审计单位经营活动和内部控制的决策权。内部审计人员不能受到任何外部压力的干扰或外部因素的影响,必须根据客观事实客观公正、不偏不倚地做出判断和评价。独立、客观和公正是内部审计人员在进行内部审计活动时必须始终坚持的一种精神态度。只有保持独立、客观和公正,内部审计的工作成果才能得到各利益相关方的信赖,内部审计的职业价值也才能得以体现。

6. 专业胜任能力

内部审计活动涉及大量的专业知识。内部审计人员不仅需要具备会计、审计等方面的知识,还需要掌握经营、管理、信息技术、风险管理和法律等方面的知识,并需要灵活运用所掌握知识的技能和经验。为此,内部审计人员应当保持并提高专业胜任能力,接受必要的专业教育、通过权威性的职业资格认证,并按照规定参加后续教育及岗位培训。

7. 保密

由于内部审计活动的职业性质使内部审计人员在开展内部审计活动的过程中会接触到一些机密的内部信息和资料,内部审计人员应当遵循保密性原则,按照规定使用其在履行职责时所获取的资料或信息。

四、内部审计职业道德规范的具体内容

基于内部审计职业道德规范的基本原则,内部审计职业道德规范进一步明确了内部审计机构和人员必须遵守的内部审计职业道德规范的具体内容。如果说内部审计职业道德规范的基本原则是内部审计职业道德的理想标准,倡导内部审计机构和人员尽可能向理想标准努力,那么内部审计职业道德的具体内容就是最低标准,是内部审计机构和人员必须遵循的。

(一)国际内部审计师协会职业道德规范

国际内部审计师协会指出制定职业道德规范的目的在于促进内部审计职业领域内的道德文化的发展。职业道德规范明确了对从事内部审计的个人和组织进行控制的原则和期望。规范描述了对职业行为所期望的最低道德要求,而不是具体的活动。该规范共分为简介、适用性与执行、道德原则和行为规则四个部分。

1. 简介

内部审计是一种独立、客观的确认与咨询活动,它的目的是为组织增加价值并提高组织的运作效率。它采取一种系统化、规范化的方法来对风险管理、控制及监管过程进行评价进而提高它们的效率,帮助组织实现它的目标。

职业道德规范的建立对于内部审计职业必要而又适用,它是建立在风险管理、控制和治理目标保证内的信用。协会的职业道德规范延展了内部审计的定义,包括两个基本部分:(1)与内部审计职业和实务相关的原则;(2)描述内部审计师预期行为规范的行为规则,这些规则有助于将这些原则运用于实践中,目的在于指导内部审计师的行为。

职业道德规范与协会的实务框架和其他相关的协会公告一起,为向其他行业提供服务的内部审计师提供指导。"内部审计师"是指协会会员,国际内部审计师协会职业资格的接受者或参加者,以及那些在内部审计定义范围内提供内部审计服务的人。

2. 适用性与执行

职业道德规范既适用于提供内部审计服务的个人,也适用于提供内部审计服务的团体。

协会会员、国际内部审计师协会职业资格的接受者或参加者对职业道德规范的违背,将根据协会的规章和行政指南予以评价和管理。在行为规则中没有提及的特殊行为,不妨碍其无法接受或丧失信誉。因此,会员、资格所有者或参加者对于有纪律的行为具有责任。

3. 道德原则

内部审计师应使用和信守以下道德原则:诚信、客观、保密和胜任。

4. 行为规则

内部审计机构和人员的道德行为规则包括:诚信、客观、保密和胜任。

(1)诚信

内部审计师:①应当诚实、勤奋并负责任地完成工作;②应当按照法律及其职业要求,遵守法律和做出披露;③不得故意参与非法活动,或参加有损于内部审计职业或其机构的行为;④应当遵守并贡献于机构的合法道德目标。

(2) 客观

内部审计师：①不应参与可能妨碍或被认为妨碍其公正评价的一些活动或关系；②不接受可能妨碍或被认为妨碍其职业判断的任何东西；③应当揭示其知道的所有重要事实，如果不予解释，那么可能歪曲对所复核活动的报告。

(3) 保密

内部审计师：①应当谨慎利用和保护在其职责中获取的信息；②不应当为个人目的，或者以任何有悖于法律或有害于机构的合法道德目标而利用信息。

(4) 胜任

内部审计师：①应当只从事它们具备必要的技能和经验的服务活动；②应当根据《内部审计实务标准》完成内部审计；③应当持续地提高其服务的熟练程度、效率和质量。

(二) 中国内部审计人员职业道德规范

为了规范内部审计人员的职业道德行为，维护内部审计人员的职业声誉，根据《审计署关于内部审计工作的规定》，中国内部审计协会于 2013 年 5 月对已有的《内部审计人员职业道德规范》进行了修订，发布了《第 1201 号——内部审计人员职业道德规范》(简称《内部审计人员职业道德规范》)，并作为 2013 年最新颁布的《中国内部审计准则》的重要组成部分。

原《内部审计人员职业道德规范》共 11 条，基本涵盖了内部审计人员应当具备的职业道德素质，但规定过于原则，只是对内部审计人员职业道德提供了方向性指引，弹性过大，适用性不强。此次修订以原《内部审计人员职业道德规范》为基础，吸收了《内部审计的独立性和客观性准则》和《内部审计人员后续教育准则》的部分内容，同时充分借鉴了国际内部审计师协会《职业道德规范》的有关内容，并参考其他行业的职业道德要求，对内部审计人员的职业道德进行充实和完善。体例结构上也与其他准则一致，采用分章表述，分为总则、基本原则、客观性、专业胜任能力、保密等几个部分，对职业道德要求进行了较为详细的规定。

1. 对职业道德的概念界定

《内部审计人员职业道德规范》指出职业道德是指内部审计人员职业品德、职业纪律、专业胜任能力及职业责任等的总称。内部审计人员是指取得内部审计人员岗位资格证书的人员和其他从事内部审计活动的人员。

内部审计人员从事内部审计活动时，应当遵守《内部审计人员职业道德规范》，恪尽职守，认真履行职责。内部审计人员违反职业道德规范要求的，组织应当根据有关规定给予批评教育、行政处分或者纪律处分。

2. 职业道德基本原则

《内部审计人员职业道德规范》提出了对法律和法规的遵循、良好的职业形象、诚信、正直和勤勉、廉洁、独立、客观和公正、专业胜任能力，以及保密等职业道德的基本原则。

3. 独立性与客观性

独立性与客观性是审计的本质属性，也是对审计机构和审计人员从事审计活动的基本要求。内部审计需要对经营活动和内部控制进行监督和客观评价，因此保持独立性与客观性对于内部审计机构和内部审计人员也是同样重要的。但是，在内部审计积极参与到组织的内部控制、风险管理和治理程序建设的过程中，内部审计的独立性又不同于外部审计的独立性，内部审计与组织的特殊关系决定了内部审计的独立性不可能是外部审计的超然独立，基于为组织增加价值的目标，内部审计的独立性和客观性具有其自身独有的特点。

(1) 独立性与客观性的概念界定

内部审计的独立性是指内部审计机构和人员执行内部审计业务时，应当独立于审计对象之外，不存在影响内部审计客观性的状态。独立性一般指内部审计机构的独立性，是对其所处环境状态的要求。内部审计的独立性要求内部审计机构在确定审计范围、实施审计程序、报告审计结果时必须保持独立，不能受到任何他人的干扰，因此独立性实际上关系到内部审计机构在组织中的地位、报告关系以及管理体制等方面的问题。保持内部审计机构的独立性，其目的在于为内部审计活动的开展创造良好的环境，使内部审计的工作环境中不存在任何破坏内部审计人员秉承客观态度履行职责的利益冲突。

内部审计的客观性是指内部审计人员执行内部审计业务时，应当以事实为依据，保持公正、不偏不倚的态度。客观性一般指内部审计人员的客观性，客观性是发自内心的，是内部审计人员在从事内部审计活动时要保持的精神态度。不论内部审计旨在查找组织经营活动或内部控制中的差异或缺陷，从而发挥监督的功能，还是旨在对经营活动或内部控制进行评价，或者希望借助自身的专业素质和技能为组织增加价值而服务，客观性都是针对内部审计人员的最基本要求。

综上所述，就内部审计而言，不可能要求内部审计人员保持绝对的超然独立，始终游离于所审查的经营管理活动之外，因为这是不现实的，也是背离内部审计为组织服务的宗旨的。但是，内部审计人员在履行职责时必须保持客观的态度，这却是贯穿内部审计工作全过程的基本要求。为了使内部审计人员保持客观性，内部审计机构独立的组织地位是很重要的，因为客观性是独立性的目的，独立性则是保持客观性的必要条件。

(2) 影响独立性的因素

内部审计的独立性主要受内部审计机构在组织中的地位以及其与董事会或最高管理层关系的影响，其影响因素主要包括以下方面。

①董事会或最高管理层的支持程度

在不同类型的组织中，内部审计机构的设置方式是有所不同的。有的组织中的内部审计机构是完全自主的，并直接向组织的审计委员会或其他类似机构进行报告；有的组织可能尚未达到建立独立的内部审计机构所需要的规模。介于这两类组织之间，还存在很多不同设置方式的内部审计机构，它们有着不同的组织结构、管理体制、权责范围、报告层次。但是，不论内部审计机构采用何种设置方式，是否能够得到董事会或最高管理层的支持无疑都是影响内部审计机构独立性的重要因素。如果内部审计机构能够得到董事会或最高管理层的支持，内部审计机构不仅可以得到组织的更多资源支持，还可以在内部审计工作过程中减少很多人为的障碍，排除不必要的干扰，降低利益冲突的影响。

②内部审计机构的管理体制

内部审计机构在组织内部的地位是由其管理体制所决定的，但是毋庸置疑内部审计的组织地位越高，对内部审计机构行使领导权力的管理层越高，内部审计机构的独立性和权威性就越高，对内部审计工作范围的潜在限制就越少，内部审计职能发挥的效果就越好。目前在世界范围内较为流行的内部审计机构的最佳管理体制是建立审计委员会,并由审计委员会对内部审计机构进行直接的领导。

③内部审计机构负责人的权责范围

内部审计机构负责人的权责范围也会影响内部审计的独立性。权责范围较大时意味着内部审计机构可以在较大范围中自主决定审计范围、审计程序并报告审计结果,因此独立性也就能够得到更大程度上的保证。

④内部审计活动受到的外在压力

在任何一个组织中,内部审计机构都会受到来自外在的各种压力的影响,并接受相应管理层的领导。正常的压力和指导不会影响内部审计的独立性,但是如果内部审计机构受到的压力已经对其开展内部审计活动的自主性造成了影响,并对其工作形成干扰,内部审计就必然面临对其独立性产生影响的利益冲突。

(3)保证独立性的措施

为了保证内部审计的独立性,组织应当营造良好的内部环境:①内部审计机构应当隶属于组织的董事会或最高管理层,接受其指导和监督,并取得其支持;②内部审计机构负责人的任免,应当由董事会或最高管理层经过适当程序确定,内部审计机构负责人应当直接对董事会或最高管理层负责;③内部审计机构应当通过制定内部审计章程,明确其职责和权限范围,并报经董事会或最高管理层批准;④内部审计机构应当向董事会或最高管理层提交审计报告及工作报告,并在日常工作中与其保持有效的沟通;⑤内部审计机构负责人有权出席或参加由董事会或最高管理层举行的与审计、财务报告、内部控制、风险管理和治理程序等有关的会议。

(4)对客观性的评估和保证客观性的措施

内部审计人员执行内部审计业务前,应当主动对客观性进行评估,一般可以采取以下步骤。

①识别可能损害客观性的因素

内部审计人员在开展内部审计活动之前,必须对可能损害客观性的各种不利影响进行主动的识别。例如,内部审计人员是否保持了应有的职业道德水准及专业胜任能力;是否存在内部审计人员需要审查和评价自己以前负责的经营活动和内部控制的情形;内部审计人员与被审计单位之间是否存在直接的经济利益;内部审计人员与被审计单位管理层之间是否存在密切的私人或亲属关系;内部审计人员是否与被审计单位存在长期的合作关系;内部审计人员对于被审计单位或其管理层是否存在文化、种族或性别上的歧视;内部审计人员对于审计项目是否存有认知上的偏见;内部审计人员是否遭受来自机构内部和外部的压力,以及内部审计范围是否受到限制等情形。

②评估可能损害客观性因素影响的严重性

在内部审计人员识别出一些可能损害客观性的因素之后,必须对这些可能影响的严重程度和发生的概率进行评估。在评估可能损害客观性的因素时,内部审计人员既要考虑当前的环境,也要考虑在整个审计过程中可能会出现的环境变化。有些因素可能在审计计划阶段对客观性的影响并不是非常严重,但是随着审计的进展可能会变得非常严重。例如,内部审计人员在审计计划阶段和审计的初步实施阶段并没有受到较大的外在压力,但是随着被审计单位的一些问题的被发现,内部审计人员开始受到来自各方面的强大的压力,甚至可能通过一些手段限制审计程序的进行,此时内部审计的客观性将受到巨大的不利影响。

③应对可能损害客观性的因素

内部审计机构负责人应当采取各种积极有效的措施应对可能损害客观性的因素,以保障内部审计的客观性。这些措施主要包括:提高内部审计人员的职业道德水准及专业胜任能力;派遣适量的内部审计人员参加审计项目,并进行适当分工;采用工作轮换的方式,安排审计项目及审计小组;建立适当、有效的激励机制;制定并实施系统、有效的内部审计质量控制政策和程序;停止执行有关业务,并及时向董事会或最高管理层报告。

④就客观性受损的情况向董事会或最高管理层进行报告

内部审计的独立性受到实质或形式上的严重损害时,内部审计机构负责人应当向组织董事会或最高管理层报告,披露独立性受损的具体情况及造成的影响。

4. 专业胜任能力

内部审计人员应当保持并提高专业胜任能力,按照规定参加后续教育。同时,内部审计人员在实施内部审计业务时,应当保持职业谨慎,合理运用职业判断。

(1) 专业胜任能力的获取与保持

专业胜任能力是指内部审计人员为履行职责所应具备的专业知识、职业技能和实践经验。作为21世纪对复合型内部审计人员的要求,内部审计人员必须适应内部审计领域不断扩展的发展趋势,掌握全方位的、多层次的专业知识和技能,不仅要掌握内部审计的相关理论和技能,还必须掌握一定的管理、信息技术,以及法律等方面的知识。同时,内部审计人员还需要具备分析、设计、鉴别能力、处理人际关系的表达能力和沟通能力,以及组织管理能力等。

内部审计人员的专业胜任能力是通过教育、培训和执业实践等各种途经获得的,并通过在整个职业生涯中的持续学习不断地加以保持和拓展。为此,内部审计人员应当持续了解、学习和掌握法律、技术和实务的发展变化,保持和提升自身专业知识与职业技能水平。内部审计职业和机构应当建立必要的职业发展和继续教育的系统课程和考核机制,确保对不同层次的内部审计人员进行有针对性的教育和培训,全面提升整个职业界的综合素质和专业水平。

(2) 保持应有的职业谨慎

内部审计人员在运用专业知识与职业技能执行业务时,应当保持应有的职业谨慎,合理运用职业判断。应有的职业谨慎要求内部审计人员应当运用人们所期望的谨慎优秀的内部审计人员在相同或类似情况下应该具备的谨慎态度和技能。内部审计人员在实施内部审计活动时,应当秉承应有的职业谨慎,根据所审查项目的复杂程度,合理使用职业判断,运用必需的审计程序,警惕可能出现的错误、遗漏、消极怠工、浪费、效率低下和利益冲突等情况,还应当小心避免可能发生的违法乱纪的情形等。对于审查中发现的控制不够充分的环节,应当提出合理可行的改进措施。当然,应有的职业谨慎只是合理的谨慎,而不是意味着永远正确、毫无差错,内部审计人员只能是在合理的程度上开展审查和核实的工作,而不可能进行详细的检查,内部审计工作并不能保证发现所有存在的问题。

5. 保密

内部审计人员应当对执行内部审计业务所获取的信息保密,非因有效授权、法律规定或其他合法事由不得披露。内部审计人员履行的保密义务,并不限于其在组织内的工作期限。

内部审计人员不得利用信息牟取不正当利益，或者以任何有悖于法律规定、组织规定以及违反道德规范要求的方式使用信息。内部审计人员在社会交往中，应当履行保密义务，警惕无意中泄密的可能性。

综上所述，内部审计在组织治理、风险管理和内部控制中的作用日益凸显，内部审计职业也越来越得到社会公众的认可和信赖。为了确保内部审计职业的规范化发展，对内部审计职业进行严格的规范是至关重要的。内部审计准则和内部审计职业道德规范就是内部审计职业规范体系的重要组成部分。内部审计职业的所有从业机构和人员都应当严格遵循内部审计职业道德规范和内部审计准则，内部审计职业也必须建立确保内部审计规范体系得以有效遵循的各项监控和惩戒机制，并不断完善和修正内部审计职业道德规范和内部审计准则，以确保内部审计职业的规范化和良性化发展。

第五章

内部审计的过程与方法

内部审计需要采用系统化、规范化的方法来对风险、控制及治理程序进行评价，以提高它们的效率，从而帮助实现组织目标。这一系统化和规范化的内部审计过程和方法是内部审计独有特权的核心和灵魂，也是内部审计职业成功的根本。内部审计机构应当在内部审计的计划阶段集中规划内部审计的年度审计事项，在内部审计的实施阶段通过编制和执行项目审计方案收集充分适当的审计证据，并最终在内部审计的报告阶段形成对被审计对象的客观公正、全面公允的审计结论和审计报告。对于在内部审计报告中提出的整改要求或进一步完善的建议更需要在后续审计阶段进行必要的追踪检查。

第一节 内部审计的过程

合理、科学的内部审计过程的设计和实施是确保收集到充分、适当的审计证据对审计事项进行审计评价，从而保证实现内部审计目标的主要手段。

一、规划内部审计过程的风险关注

内部审计与组织关系的特殊性以及内部审计业务范围的多样性决定了内部审计所面临的风险种类和风险程度相比传统的财务审计还要更多更高。为此，内部审计在规划内部审计过程时应当全面关注组织风险以及所可能导致的审计风险，对各种风险因素进行充分的考虑和科学的评估，并采取全方位的和有针对性的风险应对措施，努力将审计风险控制在可以接受的低水平。这就要求内部审计人员在内部审计过程的规划中全面实施风险导向审计，全面综合地识别各项内部审计风险、科学合理地评估内部审计风险可能造成的不利影响及其可能性，并在此基础上采取有效的和契合的措施以应对内部审计风险。依据风险导向的审计思路，内部审计机构和人员可以将有限的审计资源配置在最需要进行审计的领域，即存在较为严重的内部审计风险的领域，从而实现有限的内部审计资源的最有效和最高效的配置。

按照风险导向审计的思路对内部审计过程进行规划，内部审计的计划阶段将集中进行内部审计风险的识别和评估，内部审计的实施阶段将集中进行对内部审计计划阶段识别并评估为重大和特别的风险采取适当的应对措施，并最终在内部审计的报告阶段形成对被审计对象的客观公正、全面公允的审计结论和审计报告。对于在内部审计报告中提出的整改要求或进一步完善的建议更需要在后续审计阶段进行必要的追踪检查，并对各项组织风险进行重新的评估，从而进入下一个组织风险管理的又一轮新的流程。

二、内部审计的计划阶段

任何的内部审计活动都必须在严密规范的计划框架下实施，缺乏良好计划的内部审计工作很难实现其为组织增加价值的职能定位。内部审计计划是指内部审计机构及其内部审计人员为完成审计业务，达到预期的审计目的，对审计工作或具体审计项目做出的安排。内部审计人员应当根据组织的风险状况、管理需要及审计资源的配置情况，编制年度审计计划，在开展具体业务时应当编制项目审计方案。

内部审计计划工作是通过内部审计机构编制内部审计计划得以实现的。按其编制层次进行划分，内部审计计划一般可以分为年度审计计划和项目审计方案。内部审计机构可以根据组织的性质、规模、审计业务的复杂程度等因素决定审计计划层次的繁简。

（一）年度审计计划的编制

年度审计计划是对年度预期要完成的审计任务所做的工作安排，是组织年度工作计划的重要组成部分。内部审计机构负责人负责年度审计计划的编制工作。编制年度审计计划应当结合内部审计中长期规划，以风险评估为基础，根据组织的风险状况、管理需要和审计资源的配置情况，确定具体审计项目及其时间安排。

年度审计计划的基本内容应当包括：(1)年度审计工作目标；(2)具体审计项目及其优先顺序；(3)各审计项目所安排的审计资源；(4)对后续审计所做出的必要安排。

内部审计机构负责人应当根据各具体审计项目的性质、复杂程度及时间要求合理安排审计资源。内部审计机构在编制年度审计计划前，应当重点调查了解下列情况，以评价具体审计项目的风险程度：(1)组织的战略发展目标、年度目标及业务活动重点；(2)对相关业务活动有重大影响的法律、法规、政策、计划和合同；(3)相关内部控制的有效性和风险管理的水平；(4)相关业务活动的复杂性及其近期变化；(5)相关人员的能力及其岗位的近期变动；(6)其他与项目有关的重要情况。

（二）规划内部审计计划事项的考虑因素

内部审计机构和人员可以将有限的审计资源配置在最需要进行审计的领域，即存在较为严重的内部审计风险的领域，从而实现有限的内部审计资源的最有效和最高效的配置。为此，内部审计机构的负责人必须以风险为基础制订审计计划，并在制订审计计划时充分考虑组织的风险管理框架，包括管理层针对不同的业务或部门确定的风险偏好水平。如果组织尚未建立风险管理框架，内部审计机构负责人应当与组织的高级管理层和董事会进行沟通并自行做出风险判断。

任何组织都将面临各种各样会对其带来不利或有利影响的不确定性和风险。风险可以通过很多方式进行管理，包括接受、避免、转嫁或者控制。内部控制就是降低风险和不确定性所导致潜在不利影响的通常方法。内部审计机构的审计计划应当基于对可能影响组织的各种风险的评估予以设计。最根本的关键审计目标就是向管理层提供信息以减少与实现组织目标相关的不利后果，同时也是对管理层风险管理活动有效性的评价。

内部审计的计划领域应当涵盖组织战略计划的各个方面。通过将内部审计计划与组织战略计划的各个方面进行整合，内部审计的计划领域将考虑和反映组织的整体经营目标。战略计划还可以反映组织对风险的态度以及实现计划目标的困难程度。

三、内部审计的实施阶段

在内部审计的实施阶段，内部审计人员应当依据年度审计计划编制项目审计方案，并采取适当的审计方法，获取充分适当的审计证据，揭示审计发现的事实、原因和后果，为形成审计结论和意见以及提出有价值的审计建议创造必要的条件和基础。

（一）项目审计方案的编制

项目审计方案是对实施具体审计项目所需要的审计程序、人员分工及其时间等做出的安排。内部审计机构应当根据年度审计计划确定的审计项目和时间安排，选派内部审计人员开展审计工作。

审计项目负责人应当根据被审计单位的下列情况，编制项目审计方案：(1)业务活动概况；(2)内部控制、风险管理体系的设计及运行情况；(3)财务、会计资料；(4)重要的合同、协议及会议记录；(5)上次审计结论、建议及后续审计情况；(6)上次外部审计的审计意见；(7)其他与项目审计方案有关的重要情况。

项目审计方案应当包括下列基本内容：(1)被审计单位名称、项目的名称；(2)审计目标和范围；(3)审计内容和重点；(4)审计程序和方法；(5)审计组成员的组成和分工；(6)审计起止日期；(7)对专家和外部审计工作结果的利用；(8)其他有关内容。

（二）内部审计通知书的编制与发送

内部审计通知书是指内部审计机构在实施审计之前，通知被审计单位或人员接受审计的书面文件。

内部审计通知书的内容主要包括：(1)被审计单位或人员及审计项目的名称；(2)审计目标和审计范围；(3)审计时间；(4)需要被审计单位准备提供的资料及其他必要的协助；(5)审计组组长及其他成员名单；(6)内部审计机构的印章和签发日期。

内部审计机构应当根据经过批准后的项目审计计划编制审计通知书。内部审计机构应当在实施审计前，向被审计单位或者个人送达审计通知书。特殊审计业务可在实施审计时送达。

审计通知书主送被审计单位，必要时可抄送组织内部相关部门。涉及有关负责人经济责任的审计项目，应当抄送被审计者本人。

（三）内部审计审前准备

为了更好地实施项目审计计划和审计方案，内部审计机构和人员需要在进驻审计现场之前做好充分的审前准备。

1. 审前会议

审前会议是在内部审计项目的现场工作开始之前，审计组进行的项目初次会议，包括审计组全体成员和外部专家将在审前会议上围绕即将开展的内部审计项目进行必要的沟通。审前会议的主要目的在于让审计组全体成员知晓本次审计项目的所有相关事宜，明确计划阶段应当完成的主要工作，确定具体审计工作的分工和协调，以确保整个内部审计工作能够以讲求效率和效果的方式顺利实施。

在审前会议上，内部审计经理和审计项目组长应当首先说明与完成本次审计任务相关的所有重要事项，包括介绍被审计单位或活动的基本情况，上一次或以前年度审计的结果，组织管理层的特殊要求等。与此同时，在审前会议上，审计组长还需要说明审计目标、范围和流程，就完成现场审计工作所需要的时间和预算进行必要的沟通，确定是否需要外部专家的帮助以及是否需要被审计单位给予的配合，例如委派专门的联络员、提供审计所需要的资料、协助某些审计程序的实施，以及安排会议、会见或会谈等。

2. 审前资料收集

为了更好地开展内部审计的现场审计工作，收集充分的、全面的资料也是审前的一项重要工作。资料收集得越充分、越完整，审计的现场工作越能够得到有效的进行。为此，审计组在实施项目审计计划和具体的审计方案之前，应当以各种可能的方式通过各种可能的渠道收集与被审计单位所处行业和经营性质相关的资料和信息，充分了解被审计单位的情况和特点，并对获取的各种资料和了解到的各种情况进行必要的分析和研究，识别和评估风险点，确定审计重点领域，进一步完善项目审计计划和审计方案。

（四）召开审计进点会

审计进点会是审计组在进驻被审计单位之后与其管理层和相关人员的初次正式沟通。通过召开审计进点会可以促使被审计单位积极主动地配合审计工作，可以明确双方的职责，并实现信息的共享和误解的消除。

在审计进点会上，审计组应当向被审计单位管理层了解各方面与审计相关的情况，应当说明审计目标、工作范围、时间安排，要求提供的资料和协助。双方还可以对审计具有重大影响的经营战略、经营情况、法律法规、管理状况、内部控制、信息系统等情况的变化进行共同的讨论。

（五）现场观察与走访

审计进点会结束之后，审计组可以要求被审计单位管理层安排人员和时间带领审计组成员对被审计单位的经营场所，如办公地点、厂房车间、存货的存放地点等进行走访。审计组应当充分利用走访的机会观察被审计单位的经营活动、内部控制和资产状况等。

（六）对内部控制的了解和测试

内部审计人员需要对被审计单位的内部控制获得初步的了解，以便充分合理的计划审计工作。内部审计人员在对内部控制进行了解时可以向被审计单位询问内部控制的政策和程序，并检查会计手册和会计制度的流程图；还可以观察被审计单位有关活动及其运作情况，以了解被审计单位内部控制发挥作用的方式。审计人员对内部控制进行初步了解的主要目的在于摸清被审计单位内部控制是否存在以及是否得到执行，而设计是否合理、运行是否有效则是控制测试的主要关注。

内部审计人员在获得对内部控制的初步了解之后，应根据内部控制的可信赖程度确定控制风险的初步水平，如果将控制风险的初步水平定为低于最高水平就需要执行控制测试。控制测试是为证实被审计单位内部控制政策和程序设计的适当性及其运行的有效性而执行的测试。审计人员可以采用检查凭证或文件、向被审计单位员工询问或观察控制程序的执行情况、重新执行某项控制程序等控制测试的具体程序。

(七)实施分析程序

分析程序是内部审计人员对被审计单位重要的比率或趋势进行的分析,包括调查异常变动以及这些重要比率或趋势与预期数额和相关信息的差异。一旦内部审计人员发现异常的差异或不正常的关系就预示着存在错报的可能性,因此内部审计人员执行分析程序的主要目的就是为寻找审计线索,确定重点审计领域。

(八)实施实质性程序

实质性程序是直接针对审计目标而实施的程序,如针对交易类别的管理层认定和针对期末余额的管理层认定所执行的实质性测试。在各种审计程序中,实质性程序是内部审计人员获取直接的审计证据的测试类型,因此也是在每个审计项目中必须执行的程序。但是,因为实质性程序的成本是最高的,所以为了降低整体的审计成本,内部审计人员就必须寻求能够合理缩减实质性程序范围的方法,但是这种缩减应该是建立在保证审计质量的前提下的。

内部审计人员针对内部控制的测试可以发现内部控制不完善的环节,分析程序可以发现存在异常关系的领域,这些地方都是存在重大缺陷或问题可能性较大的地方。因此,内部审计人员通过执行对内部控制的测试、分析程序就可以找到审计线索、发现问题存在的迹象、确定重点审计领域,进而设计最合理的实质性程序的性质、时间和范围。这样内部审计人员就可以通过对各种审计程序的合理配置,达到在保证审计质量的同时降低审计成本和提高审计效率的总体目标。

四、内部审计的报告阶段

内部审计报告是内部审计机构和人员进行沟通的主要方式,它的成功有赖于顺应法律环境、商业环境以及组织环境的变化与要求,要相应地调整报告的撰写过程与方法。

(一)内部审计的结果沟通

内部审计机构应当与被审计单位、组织的适当管理层进行认真、充分的沟通,听取其意见,促进其工作的改进。

1. 结果沟通的要求

内部审计人员编制审计报告前,应当就审计概况、审计中所发现的问题和审计意见、建议等事项与被审计单位进行沟通。内部审计的结果沟通是指内部审计机构与被审计单位、组织适当管理层就审计概况、依据、审计发现的问题、审计结论、审计意见或建议进行讨论和交流的过程。

进行内部审计结果沟通的目的是为了保证审计结果的客观性、公正性,并取得被审计单位、组织适当管理层的理解和认同。为此,内部审计机构应当建立审计结果沟通制度,明确各级人员的责任,进行积极而有效的沟通。内部审计机构应当与被审计单位、组织适当管理层进行认真、充分的沟通,并听取其意见。

内部审计结果沟通一般采取书面或口头方式。对于诸如最终的审计结果等重要的审计事项，通常需要采取书面沟通的方式。书面沟通更利于明确各方的责任，复杂的内容和较大量的信息以书面的形式进行沟通可以获得更加清晰和明确的表达，也便于阅读者有充分的时间对沟通的内容进行研究和思考，书面沟通的方式还便于资料的归档保管。对于诸如阶段性的审计结果或者需要被沟通方做出及时回复的审计事项，则通常可以采取口头沟通的方式。口头沟通可以得到快速的反馈，更便于内部审计人员及时澄清某些事实、弄清某些问题，从而有利于下一步审计工作的开展。

内部审计机构与人员应当在审计报告正式提交之前，进行审计结果的沟通工作，并将结果沟通的有关书面材料作为审计工作底稿归档保存。

2. 结果沟通的内容和方法

内部审计结果沟通的内容主要围绕内部审计报告的内容进行，包括：(1)审计概况；(2)审计依据；(3)审计发现；(4)审计结论；(5)审计意见；(6)审计建议。

内部审计机构应当与被审计单位进行审计结果沟通，听取被审计单位对审计发现问题的解释，并了解他们对于审计结论和审计意见的看法。如果被审计单位对审计结果持有异议，那么审计项目负责人及相关人员应当进行核实和答复。如果能够得到被审计单位的理解和支持，那么也就能够更加有助于审计结论和建议的最终落实和贯彻。与此同时，内部审计机构负责人应当与组织适当管理层就审计过程中发现的重大问题及时进行沟通。由于组织适当管理层通常能够对审计中发现的问题采取纠正措施或者确保纠正措施得到执行，因此，取得组织适当管理层的理解和支持是促进内部审计工作有效开展的保证。

内部审计机构与被审计单位进行结果沟通时，应当注意沟通技巧，进行平等、诚恳、恰当、充分的交流。沟通包括双向的交流，即表达的技巧和倾听的技巧。进行结果沟通的内部审计人员应当能够清晰、完全地表达自己的想法，能够让对方充分理解自己所要表达的信息。同时，也应当认真听取对方的想法和意见，充分接受对方所传达的信息。在沟通之前，内部审计人员应当做好充分的准备，确定所要表达的信息内容，并考虑需要从对方获取哪些信息。同时，还应当选择适当的时间和地点，并根据沟通对象的特点，采取适当的沟通方式，才能保证良好的沟通效果。

(二)内部审计的报告

内部审计的报告是内部审计机构和人员进行结果沟通的最常见和最通用形式。是否能够编制内容翔实、条理清晰、结论明确和建议切实可行的内部审计报告是内部审计工作成败的重要衡量标志。

内部审计人员应当在实施必要的审计程序，并完成审计结果的沟通工作后，编制内部审计报告。内部审计报告应当以经过核实的审计证据为依据，报告形成的审计结论、意见与建议。如有必要，内部审计人员还可以在审计过程中提交期中报告，以便及时采取有效的纠正措施以改善组织的业务活动及其内部控制和风险管理。

内部审计报告是指内部审计人员根据内部审计计划对被审计单位实施必要的审计程序后，就被审计事项做出审计结论，提出审计意见和审计建议所出具的书面文件。审计报告应当包括说明审计概况、审计依据以及审计中发现的问题，并提出审计意见和建议。

作为内部审计活动的最终成果,内部审计报告对被审计单位的经营活动和内部控制进行了评价,并且提出了改进建议。内部审计报告是内部审计活动成果的体现,是内部审计人员与被审计单位、组织管理层和其他相关各方进行沟通和交流的媒介,也是内部审计活动为组织增加价值、促进组织目标实现的重要手段。

五、内部审计的后续追踪阶段

为使内部审计对组织的建设性作用得到更加充分的发挥,内部审计的后续追踪是内部审计过程中不可或缺的重要阶段。

(一)后续审计的概念和作用

后续审计是指内部审计机构为跟踪检查被审计单位针对审计发现的问题所采取的纠正措施及其改进效果而进行的审查和评价活动。内部审计人员应当进行后续审计,促进被审计单位对审计发现的问题及时采取合理、有效的纠正措施。

后续审计阶段是内部审计在审计过程上有别于外部审计的一个重要特征,内部审计是为了促进组织目标实现而实施的确认和咨询活动,进行结果沟通和出具审计报告并不是审计过程的完结,关注审计报告中所提问题是否得到有效解决、改善实务的建议是否得到贯彻执行才是更加重要的,也是内部审计为组织增加价值的职能发挥的关键所在。

(二)后续审计中的责任划分

被审计单位管理层的责任是对审计中发现的问题采取纠正措施。内部审计人员的责任是评价被审计单位管理层所采取的纠正措施是否及时、合理、有效。

内部审计机构应当在规定的期限内,或与被审计单位约定的期限内执行后续审计。内部审计机构负责人应当适时安排后续审计工作,并把它作为年度审计计划的一部分。内部审计机构负责人如果初步认定被审计单位管理层对审计所发现的问题已采取了有效的纠正措施,后续审计可以作为下次审计工作的一部分。

当被审计单位基于成本或其他方面考虑,决定对审计发现的问题不采取纠正措施,并做出书面承诺时,内部审计机构负责人应当向组织的适当管理层报告。

(三)后续审计程序

根据后续审计的实际情况和具体要求,内部审计机构和人员应当设计适当的后续审计程序。

1. 根据反馈意见确定后续审计方案

内部审计机构负责人应当根据被审计单位的反馈意见,确定后续审计时间和人员安排,审计项目负责人应编制后续审计方案。内部审计人员应当对被审计单位所采取的改进行动进行直接的询问、观察、测试或检查相关的文件以对其及时性和有效性进行评价。

编制后续审计方案时应当考虑的因素主要包括:(1)审计意见和审计建议的重要性;(2)纠正措施的复杂性;(3)落实纠正措施所需要的期限和成本;(4)纠正措施失败可能产生的影响;(5)被审计单位的业务安排和时间要求。

2. 原有审计建议的修订

内部审计人员在确定后续审计范围时,应当分析原有审计意见和审计建议是否仍然可行。

如果被审计单位的内部控制、风险管理或其他因素发生了变化,使原有的审计意见和审计建议不再适用时,应当对其进行必要的修订。

3. 对是否还需执行单独的后续审计的考虑

对于已经采取纠正措施的事项,内部审计人员应当依据问题的重要性程度、已经获取的有关纠正措施执行情况的证据判断是否需要深入检查,必要时可以指出在下次审计中对其予以充分关注,以作为制订下次审计项目计划时需要考虑的因素。

4. 对后续审计进行报告

内部审计人员应当根据后续审计的执行过程和结果,向被审计单位及组织适当管理层提交后续审计报告。后续审计报告可以简单地回顾审计发现的问题以及原来的审计结论和审计建议,重点说明被审计单位针对问题所采取的纠正措施的及时性和有效性,所存在的问题是否已经得到解决,或者尚未解决的原因及其对组织的影响等。

第二节 内部审计的方法

由于内部审计是一项综合性的审计工作,单一的审计技术和方法是无法满足其目标要求的。内部审计人员需要综合运用多种审计技术与方法,并将具体审计方法同特定审计环境完美结合,将所运用审计方法的效能充分体现出来,才能为实现内部审计目标发挥事半功倍的作用。

一、内部审计的取证方法

内部审计结论的得出取决于内部审计证据的收集。只有采取适当的审计取证方法收集充分适当的审计证据,才能形成客观公正的审计结论。

(一)**内部审计证据的类型和质量特征**

内部审计证据是指内部审计人员通过实施审计程序所获取的,用以证实审计事项,支持审计结论、意见和建议的各种事实依据。

1. 内部审计证据的类型

内部审计人员应当依据不同的审计事项及其审计目标,获取不同种类的审计证据。内部审计证据的种类主要包括书面证据、实物证据、视听证据、电子证据、口头证据和环境证据。

(1)书面证据

书面证据是内部审计人员获取的各种以书面文件为形式的证据类型,包括各种会议记录、章程协议、经济业务凭证、会计记录、报告和往来函件等。书面证据按照其获取的来源可以分为内部证据和外部证据。凡是经过被审计单位之外的独立第三方认可的书面证据都是外部证据,而由被审计单位自己编制和使用的书面证据就是内部证据。由于外部证据具有独立的来源,因此具有较高的可靠性;而内部证据的可靠性则取决于被审计单位内部控制的完善程度。

(2)实物证据

实物证据是内部审计人员通过观察或盘点等方法获取的用以证明各种以实物形态存在的资产是否真实存在的证据类型。实物证据是验证被审计单位以实物形态存在的各种资产是否真实存在的最具有证明力的证据,如针对库存现金、有价证券、存货和固定资产等。同时,实物证据也有助于内部审计人员了解实物资产的状况以判断其计价的合理性,但是实物证据通常不能证明实物资产的所有权状况。

(3) 视听证据

视听证据是内部审计人员获取的以录音、录像等影音形态存在的能够证明被审计对象真实情况的证据类型。内部审计人员在收集视听证据时应当关注视听证据的制作方法、制造时间、制作人、制作环境和存放方式与地点等情况。

(4) 电子证据

电子证据是以数字的形式保存在计算机存储器或外部存储介质中,能够证明被审计对象真实情况的数据或信息的证据类型。随着信息技术的飞速发展,以电子形式存在的审计证据越来越多,以往的很多书面证据已经不再采用纸质的文件,而是开始大量使用计算机和网络技术进行信息的沟通。这些都使内部审计人员收集审计证据的形式发生了根本上的改变,也要求内部审计人员加强对信息技术的充分了解,对不同形式电子证据的可靠性做出恰当的判断。

(5) 口头证据

口头证据是被审计单位人员或相关人员对内部审计人员的提问进行口头答复所形成的证据类型。口头证据的证明力相对较差,因为它们受到被询问人主观偏好的较大影响,通常不能作为内部审计人员形成最终结论的直接证据。但是,口头证据具有成本较低、了解情况便捷和迅速等优点,有助于内部审计人员发现进一步审查的线索。由于内部审计人员的特殊位置,因此在运用口头证据时需要特别注意询问和沟通的方式和方法。

(6) 环境证据

环境证据是反映对被审计单位产生影响的各种环境事实的证据类型。获取环境证据虽然是内部审计人员充分了解被审计单位基本情况的重要手段,但是环境证据属于间接证据,通常不能作为内部审计人员形成最终结论的证据类型。环境证据包括被审计单位内部控制的完善程度、管理人员的素质、管理条件和管理水平等。

2. 内部审计证据的质量特征

内部审计人员获取的审计证据应当具有充分性、相关性和可靠性。充分性是指证据数量足以支持做出审计结论和建议的需要;相关性是指证据与审计事项及其审计目标相关联,其所反映的内容能够支持审计结论和建议;可靠性是指证据能够反映审计事项的客观事实。内部审计项目的各级复核人应当在各自责任范围内对审计证据的充分性、相关性和可靠性予以复核。

3. 影响审计证据获取的因素

影响审计证据获取的因素包括审计事项的重要性、可以接受的审计风险水平、成本与效益的合理程度,以及适当的抽样方法。

(1) 审计事项的重要性

内部审计人员应当从数量和性质两个方面判断审计事项的重要性,以做出获取审计证据的决策。

(2) 可以接受的审计风险水平

审计证据的充分性与审计风险水平密切相关。可以接受的审计风险水平越低，所需证据的数量就越多。

(3) 成本与效益的合理程度

获取审计证据应当考虑取证成本与证据效益的对比。但对于重要的审计事项，不应当将审计成本的高低作为减少必要审计程序的理由。

(4) 适当的抽样方法

不同的抽样方法适用于不同的审计目标和被审计事项，内部审计人员在实施审计程序时要根据审计目标和被审计事项选择适当的抽样方法，以获取充分、相关、可靠的审计证据。

(二) 内部审计证据的获取方法

内部审计的取证方法是审计人员获取审计证据的具体手续，是收集和评价与审计目标相关的审计证据的具体手段。审计取证方法的发展水平是衡量审计工作水平的重要尺度。内部审计人员向有关单位和个人获取审计证据，可以采用(但不限于)的取证方法包括审核、观察、监盘、访谈、调查、函证、计算和分析程序。

1. 审核

审核是对书面资料的审阅和复核。在内部审计的具体环境下，内部审计人员对书面资料的审核肯定不会仅限于会计资料，其涵盖的范围将十分广泛，如经济合同、计划预算、统计资料等。内部审计人员通过对书面资料的审核不仅可以获取直接证据，同时还可以获取间接证据，即通过审核寻找可能存在的问题和疑点，作为审计线索以确定进一步审计的对象和方法，从而获取直接证据。

内部审计人员审核书面资料时应当注意书面资料的真实性、完整性以及合法性。如有无涂改或伪造的现象、是否符合国家有关的法律和规定、书面文件记载的经济事项是否真实合理，以及书面文件之间是否相互印证。

2. 观察

观察是内部审计人员对被审计单位的经营场所、实物资产和有关的经营活动或内部控制的执行情况进行的实地查看。通过观察，内部审计人员可以取得环境证据，以帮助其对被审计对象进行合理的判断。

3. 监盘

监盘是内部审计人员在盘点现场监督和观察被审计单位相关人员的盘点过程。在内部审计实务中，内部审计人员针对绝大多数的实物资产都是通过监督盘存来获取审计证据的。监督盘存要求内部审计人员必须亲临现场，由被审计单位的人员实施盘点，内部审计人员只对盘点的过程进行监督以判断清点结果的可靠性。在发现疑点或内部审计人员认为必要时应有计划地进行抽查复点。

4. 访谈

访谈是内部审计人员以口头询问的方式面对面地向被审计单位内部有关人员询问有关的情况。在审计过程中，内部审计人员如果对某些情况了解不够清楚，或者对某些事项存在疑点，或者发现不正常情况需要进一步查实时，都可以与被审计单位有关人员进行访谈。内部审计人员在进行访谈之前，最好能事先拟出访谈提纲，并恰当地选择访谈对象。在进行访谈时，应该注意方式方法，态度要和缓，以取得对方人员的理解和支持。由于被访谈人员在回答问题时可能带有很大的主观倾向性，或存在不实事求是和有意隐瞒等行为，内部审计人员对访谈的结果应认真进行甄别，并做好充分的记录。

5. 调查

调查是内部审计人员对被审计事项有关情况的了解。在内部审计的实施过程中，除审核书面资料和证实客观事物外，还需要对被审计单位的经济活动及其活动资料以内或以外的某些客观事实进行内查外调，以判断真相、查找线索或取得证据，这就需要内部审计人员深入实际进行审计调查。

6. 函证

函证是内部审计人员通过发函给有关的单位或个人来证实与被审计单位有关的书面资料和经济活动的真实性。函证分为积极式函证和消极式函证两种形式。积极式函证要求被函证的对象对函证中的事项必须给予明确地回函答复。内部审计人员可以在函证信中载明要函证事项的具体情况，也可不载明具体事项而要求对方提供该事项的细节。载明细节时，核对工作是由被函证的对方进行的，内部审计人员无法控制；要求对方提供细节时，核对工作是由内部审计人员完成的，可以对核对工作进行控制。内部审计人员对于重要的事项应该采用积极式的函证。消极式的函证只要求被函证对象在对函证中事项有异议时才予以回函答复。内部审计人员在消极式的函证中应注明在某一期限之内未予复函即表示被函证单位对函询事项没有异议。由于在规定时间内没有回函的原因很多，比如并未收到函证信、收到但并未阅读、阅读但并未核对等等，所以消极式函证的可靠性要大大低于积极式函证。为降低审计成本，内部审计人员对于一般事项可以采用消极式函证。

内部审计人员应恰当地设计函证信，并对函证过程进行严密的控制。函证信一般应以被审计单位的名义发出，但函证的回函必须要求直接寄送内部审计人员。内部审计人员在发出函证信后要做好函证记录，在收到函证回函后也要立即记录函证结果，对于函证回函表明的重大差异应进行进一步的调查以确定原因，对于重要的事项而未收到回函的应再次发函，或采取其他的替代审计程序。

7. 计算

计算是为核实数字的正确性而对被审计单位经济业务凭证或会计记录中的数据进行验算或重新计算的过程。由于计算所获取的证据属于内部审计人员亲自获取的证据，因此通常被认为具有较高的可靠性。

8. 分析程序

分析程序是内部审计人员通过分析和比较信息之间的关系或计算相关的比率，以确定审计重点、获取审计证据和支持审计结论的一种审计方法。内部审计人员执行分析程序有助于实现以下目标：(1)确认业务活动的完成程度；(2)发现意外差异；(3)分析潜在的差异和漏洞；(4)发现不合法和不合规行为的线索。

分析程序按其所分析信息的存在形式划分，主要包括：(1)财务信息和非财务信息；

(2)实物量信息与货币量信息;(3)电子数据信息与非电子数据信息;(4)绝对数信息与相对数信息。执行分析程序时,应当考虑信息之间的相关性,以免得出不恰当的审计结论。

分析程序的内容主要包括:(1)将当期信息与历史信息相比较并分析其波动情况及发展趋势;(2)将当期信息与预测、计划或预算信息相比较并作差异分析;(3)将当期信息与内部审计人员预期信息相比较并作差异分析;(4)将被审计单位信息与组织其他部门类似信息相比较并做差异分析;(5)将被审计单位信息与行业相关信息相比较并作差异分析;(6)对财务信息与非财务信息之间的关系、比率的计算与分析;(7)对重要信息内部组成因素的关系、比率的计算与分析。

内部审计人员运用分析程序可以采取的方法包括比较分析法、比率分析法、结构分析法、趋势分析法、回归分析法等技术方法。内部审计人员可以单独或综合运用以上方法。内部审计人员执行分析程序发现意外差异时,对其进行调查和评价的方法主要包括:(1)询问管理层获取其解释和答复;(2)实施必要的审计程序,确认管理层解释和答复的合理性与可靠性;(3)如果管理层没有做出恰当的解释,应当扩大审计测试,执行其他审计程序,实施进一步的审查,以便得出审计结论。

内部审计人员通过执行分析程序,能够获取与以下事项相关的证据:(1)被审计单位的持续经营能力;(2)被审计事项的总体合理性;(3)业务活动及其内部控制、风险管理中差异和漏洞的严重程度;(4)业务活动的经济性、效率性与效果性;(5)计划、预算的完成情况;(6)其他事项。分析程序所获取的审计证据主要为间接证据,内部审计人员不能仅依赖分析程序结果得出审计结论。内部审计人员应当保持应有的职业谨慎,在确定对分析程序结果的依赖程度时,需要考虑以下因素:(1)分析程序的目标;(2)被审计单位的性质;(3)已收集信息资料的充分性、相关性和可靠性;(4)以往审计中对被审计单位内部控制、风险管理的评价结果;(5)以往审计中所发现的差异与漏洞。内部审计人员还应当充分考虑影响分析程序效率和效果的因素,主要包括:(1)被审计事项的重要性;(2)内部控制、风险管理的适当性、合法性和有效性;(3)获取信息的便捷性和可靠性;(4)分析程序执行人员的专业素质;(5)分析程序操作的规范性。

内部审计人员应当合理运用职业判断,根据需要在审计过程中执行分析程序。内部审计人员需要在审计准备阶段执行分析程序,以了解被审计事项的基本情况,确定审计重点,帮助编制项目审计计划和审计方案。内部审计人员需要在审计实施阶段执行分析程序,对业务活动和内部控制、风险管理进行测试,以获取审计证据。内部审计人员需要在审计终结阶段执行分析程序,验证其他审计程序所得结论的合理性,以保证审计质量。

二、内部审计的抽样方法

当内部审计机构的人员和时间资源有限却又需要面临较大数量的被审计事项时,内部审计工作可以在目标允许的前提下采取抽样方法。

(一)审计抽样的概念和方法

审计抽样是指内部审计人员在审计业务执行过程中,从被审查和评价的审计总体中抽取一定数量具有代表性的样本进行测试,以样本审查结果推断总体特征,并做出审计结论的一种审计方法。内部审计人员应当根据审计目标的要求,以及审计对象的特征选择不同的审计抽样方法。审计抽样分为统计抽样和非统计抽样两种。

统计抽样是指以数理统计方法为基础,按照随机原则从总体中选取样本进行审查,并对总体特征进行推断的审计抽样方法。统计抽样主要包括发现抽样、连续抽样等属性抽样方法,以及单位均值抽样、差异估计抽样和货币单位抽样等变量抽样方法。非统计抽样是指内部审计人员根据自己的专业判断和经验抽取样本进行审查,并对总体特征进行推断的审计抽样方法。统计抽样和非统计抽样审计方法相互结合使用,可以提高推断总体的精确度和可靠程度。

(二)制定审计抽样方案

内部审计人员应当依据审计目标制定审计抽样方案,审计抽样方案主要包括下列内容。

1. 审计总体

审计总体是指由审计对象总体的各个单位组成的整体,抽样总体的确定应当遵循相关性、完整性和经济性原则。

(1)相关性

相关性是指抽样总体与审计对象及其审计目标必须相关,这样抽取审计总体中的项目进行审计才能实现审计目标。如果审计总体中并不包含为实现审计目标必须对其实施审计程序的被审计项目的话,那么抽样就无法实现审计目标。例如,如果审计目标是确定针对每次的发货是否开具了销售发票,那么审计总体就应当选择所有的发货凭证,从发货凭证中选取样本追查有没有相应的销售发票;如果审计目标是确定是否存在将并未发货的商品计入销售收入的错报,那么审计总体就应当是所有的销售发票副本,从销售发票副本中抽取样本并追查有没有相应的发货凭证以确定商品是否已经发出。

(2)完整性

完整性是指抽样总体能够全面地反映审计项目的实际情况。审计抽样的运用是从总体中抽取部分的样本进行检查,如果总体不够完整,那么必然导致样本量的确定可能不够充分,从而直接影响审计结论的质量。例如,在针对应付账款的完整性目标实施函证程序时,总体就不应当仅包括应付账款期末有余额的项目,低估的错误更容易发生在期末余额为零的项目上,因此,此时的总体应当包括所有曾经有过业务往来的供货商。

(3)经济性

经济性是指抽样总体的确定应当符合成本效益原则。如果总体的数量较少,且每个组成的金额很大或者性质很重要,就应当对总体进行全部的测试而节省进行抽样决策的成本。

2. 抽样单位

抽样总体中的项目应具备明显的、共同的可辨识标志,以利于抽样方法的实施。抽样单位是指从审计总体中所抽取并代表总体的各个单位项目,可以是实物项目,如一张凭证或者一个明细账户;也可以是货币单位,即每一元金额为一个抽样单位。

3. 样本

样本是指在抽样过程中从审计总体中抽取的部分单位组成的整体。抽取的样本应当具有代表性,具有与审计总体相似的特征,只有这样才能确保从样本特征推断总体特征的抽样误差被控制在可以接受的范围内。

4. 误差

误差是指业务活动及内部控制、风险管理中所存在的差异或缺陷。在审计抽样方案中必须对误差进行定义，定义误差的目的在于确定执行审计程序时识别误差的标准，并确保在推断误差时将且仅将所有与审计目标相关的条件包括在内。例如，在控制测试中，误差的表现形式是控制偏差，如没有授权签字或签字的人员在该领域没有权限；在实质性测试中，误差的表现形式是金额错报，如高估资产或收入的金额。

5. 可容忍误差

可容忍误差是指内部审计人员所愿意接受的差异或缺陷的最大程度。例如，在控制测试中，可容忍误差是指可容忍偏差率，即内部审计人员设定的偏离规定的内部控制程序的比率；而在实质性测试中，可容忍误差是指可容忍错报，即内部审计人员设定的表明错报的货币金额。在保证程度既定时，内部审计人员确定的可容忍误差越小，所需要的样本量就越大。

6. 预计总体误差

预计总体误差是指内部审计人员预先估计的审计总体中差异或缺陷发生的概率。预计总体误差越大，可容忍误差也应当越大，但预计总体误差不应超过可容忍误差。在既定的可容忍误差下，当预计总体误差越大时，所需的样本量就越大。

7. 可靠程度

可靠程度是指预计抽样结果能够代表审计总体质量特征的概率。内部审计人员可以使用百分比表示可靠程度，可靠程度与样本量呈正比关系，样本量越大，可靠程度越高。

内部审计人员应当根据审计重要性标准，合理确定预计总体误差、可容忍误差和可靠程度的水平。

8. 抽样风险和非抽样风险

抽样风险是指内部审计人员依据抽样结果得出的结论与总体特征不相符合的可能性。内部审计人员在选取样本时，应当对业务活动中存在的重大差异或缺陷风险，以及审计过程中的检查风险进行评估，并充分考虑因抽样引起的抽样风险及其他因素引起的非抽样风险，以防止对审计总体做出不恰当的审计结论。

(1)抽样风险的类型及控制

抽样风险主要包括错误接受风险和错误拒绝风险。错误接受风险是指样本结果表明审计项目不存在重大差异或缺陷，而实际上却存在着重大差异或缺陷的可能性；错误拒绝风险是指样本结果表明审计项目存在重大差异或缺陷，而实际上并没有存在重大差异或缺陷的可能性。

错误接受风险与审计效果有关，它将直接导致错误的和不可靠的审计结论，使审计工作质量下降。对此类风险最为有效的控制方法就是改进抽样方法，因为所选用的抽样方法越科学，其对抽样过程的精度限度就越高，抽样结果的可靠性程度也越高。

错误拒绝风险与审计效率有关，它将直接导致测试范围扩大，样本容量增加，使审计效率下降。对此类风险最为有效的控制方法就是扩大审查的样本规模，因为增大样本容量，可以提高样本对审计总体特征的代表性，从而使抽样结果更为有效。

(2)非抽样风险的成因及控制

非抽样风险是指由抽样之外的其他因素造成的风险，一般包括以下原因：(1)审计程序设计及执行不恰当;(2)抽样过程没有按照规范程序执行;(3)样本审查结果解释错误;(4)审计人员业务能力低下;(5)其他原因。

非抽样风险一般难以量化,可以通过审计程序和审计方法的科学周密设计以及审计工作的适当监督指导将其消除或减少。

9. 样本量

样本量是指为了能使内部审计人员对审计总体做出审计结论所抽取样本单位的数量。内部审计人员确定样本量的因素主要包括以下几点。(1)审计总体。审计总体的规模越大,所需要的样本量越大。(2)可容忍误差。可容忍误差增大,样本量将减少。(3)预计总体误差。预计总体误差增大,样本量将增大。(4)抽样风险。抽样风险越小,样本量越大。(5)可靠程度。可靠程度增大,样本量将增大。

(三)选取样本

选取样本的方法直接影响选出样本的代表性。由于抽样就是根据样本特征推断总体特征,因此样本的代表性对于抽样结论的可靠性至关重要。不管使用统计抽样还是非统计抽样,在选取样本时都应当使总体中的每个抽样单元都有被选取的机会。统计抽样按照随机原则选样,总体中每个项目具有同等被选中的概率;非统计抽样按照职业判断选样,总体中某些项目可能具有比其他项目更高被选中的概率。

1. 随机数表选样法

随机数表选样法是利用随机数表选取样本项目的一种随机选样方法。随机数列也称乱数表,它是由随机生成的从 0 到 9 十个数字所组成的数表,每个数字在表中出现的次数是大致相同的,它们出现在表上的顺序是随机的。从随机数表中任选一行或任何一栏开始,按照一定的方向(上下左右均可)依次查找,符合总体项目编号要求的数字,即为选中的号码,与此号码相对应的总体项目即为样本项目,一直到选足所需的样本量为止。

2. 系统选样法

系统选样法又称等距选样法。使用系统选样法时,内部审计人员首先计算抽样间距,然后从第一个间距中选择一个随机起点,以随机起点作为开端,按照计算的抽样间距等距离地选取样本,在每个抽样间距中选取一个样本。抽样间距等于总体规模除以样本规模。

系统选样法具有简便易行的特点,但只有在总体特征随机分布于总体中时,选择的样本才具有代表性。如果测试的特征在总体内的分布具有某种规律性,则选择样本的代表性就可能较差。为克服系统选样法的这一缺点,可采用的办法一是增加随机起点的个数;二是在确定选样方法之前对总体特征的分布进行观察。如发现总体特征的分布呈随机分布,则采用系统选样法;否则,可考虑使用其他选样方法。

3. 分层选样法

抽样总体中的项目应具备相同或相类似的性质,如果完全不同质的项目存在于一个总体中,那么将影响抽样结果的可靠性。如果总体项目存在较大的变异性,那么内部审计人员可以考虑分层,将具有相同特征的项目分在一层,并在每个子总体中分别确定样本规模,分别推断总体,再综合考虑每层的推断错报对总体的影响。

4. 整群选样法

整群选样是将总体中各单位归并成若干个互不交叉、互不重复的集合，称之为群；然后以群为抽样单位抽取样本的一种选样方法。应用整群选样时，要求各群有较好的代表性，即群内各单位的差异要大，群间差异要小。整群选样实施方便、节省经费，但是由于不同群之间的差异较大，可能由此引起较大的抽样误差。

5. 任意选样法

在这种方法中，内部审计人员在选取样本时不采用结构化的方法，但也要避免任何有意识的偏向或可预见性，如回避难以找到的项目或总是选择或回避每页的第一个或最后一个项目，从而试图保证总体中的所有项目都有被选中的机会。

（四）对样本执行审计测试

内部审计人员在选取样本之后，应当按照审计方案实施必要的审计程序，获取充分、适当的审计证据。

（五）评价样本

内部审计人员应当调查识别出所有偏差或错报的性质和原因，并评价其对审计目标和其他方面可能产生的影响。

（六）根据样本评价结果推断总体特征

内部审计人员应当根据样本误差，采用适当的方法，推断审计总体误差。内部审计人员应当根据抽样结果的评价，确定审计证据是否足以证实某一审计总体特征。如果推断的总体误差超过可容忍误差，应当增加样本量或执行替代审计程序。

（七）形成审计结论

内部审计人员应当评价样本结果以确定对总体相关特征的评估是否得到证实或需要修正，即判断总体是否可以接受。内部审计人员在上述评价的基础上还应当考虑误差性质、误差产生的原因、误差对其他审计项目可能产生的影响等。

第三节　内部审计工作底稿

一、内部审计工作底稿的概念和作用

（一）内部审计工作底稿的概念

内部审计工作底稿是指内部审计人员在审计过程中所形成的工作记录，即内部审计人员将在审计工作过程中通过采用一定的方法和步骤收集到的用以证明被审计事项真实情况的经济事实和资料，按照一定的格式所编制的档案性的原始文件。

（二）内部审计工作底稿的作用

1. 为编制审计报告提供依据

内部审计工作底稿是内部审计人员对所做工作的文字记录，其中包含了用以说明审计范

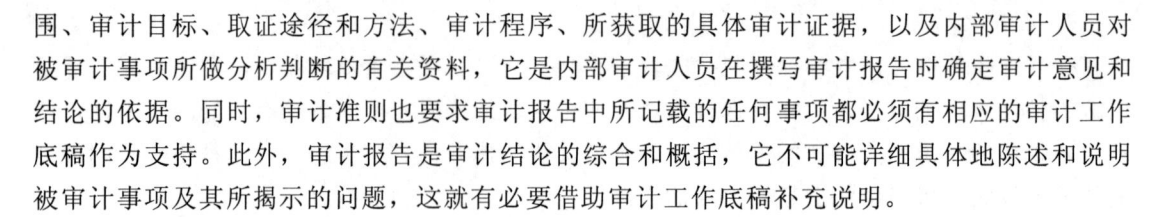

围、审计目标、取证途径和方法、审计程序、所获取的具体审计证据，以及内部审计人员对被审计事项所做分析判断的有关资料，它是内部审计人员在撰写审计报告时确定审计意见和结论的依据。同时，审计准则也要求审计报告中所记载的任何事项都必须有相应的审计工作底稿作为支持。此外，审计报告是审计结论的综合和概括，它不可能详细具体地陈述和说明被审计事项及其所揭示的问题，这就有必要借助审计工作底稿补充说明。

2. 证明审计目标的实现程度

任何的内部审计项目都需要实现特定的审计目标，审计目标的实现程度是衡量内部审计项目实施优劣和实施效果的重要标准。由于内部审计工作底稿详细记录了内部审计项目实施的整个过程，包括总体审计目标的设定、具体审计目标的分解、实施的审计程序、获取的审计证据以及得出的审计结论，这些必然成为证明审计目标实现程度的重要证据。通过将内部审计人员为得出审计结论而实施的审计程序和获取的审计证据与特定审计目标的相关性进行分析就可以判断审计项目实现既定审计目标的程度。

3. 为检查和评价内部审计工作质量提供依据

每位内部审计人员在项目审计过程中所编制的审计工作底稿，均反映了该内部审计人员都做了哪些工作，怎样进行的工作，以及工作成绩如何。内部审计项目负责人通过对审计工作底稿的检查和复核，不仅可以及时了解和考核内部审计人员的工作业绩，还可以及时指导内部审计工作，以达到协调一致，更快更顺利地完成审计工作。同时，内部审计机构的工作业绩也需要必要的检查和评价机制，而检查和评价机制有效运行的依据和基础就是内部审计机构和人员编制的内部审计工作底稿。

4. 证明内部审计机构和内部审计人员是否遵循内部审计准则

为确保内部审计的工作质量，严格遵循内部审计准则是对内部审计机构和人员的最基本要求。内部审计工作底稿记录了内部审计机构和人员遵循内部审计准则计划和实施内部审计项目的详细过程，是证明内部审计机构和人员遵循内部审计准则的重要证据。在接受内部审计行业监管机构的审查或在法庭上解脱自身职业责任时，内部审计机构和人员都可以将内部审计工作底稿提交给监管机构或法庭作为证明自身严格遵循内部审计准则实施审计工作的重要证据。

5. 为以后的审计工作提供参考

由于内部审计工作底稿中记录了被审计单位的概况、经济指标的完成情况、审查出的问题以及内部审计人员所做的分析和结论等，并附有相应的证据，因此，内部审计工作底稿是内部审计人员计划和实施后续审计时的重要参考资料。内部审计工作底稿中还包含着丰富的审计内容，记录了各项审计和各类审计的工作方案、审计手续、审计程序、审计方法等，汇集了内部审计人员的工作经验，将这些资料积累起来进行比较研究，有助于改进和规范内部审计工作，总结和发展内部审计理论。

由此可见，内部审计工作底稿是内部审计人员形成审计结论、发表审计意见、出具审计报告的直接依据，也是评价和考核内部审计人员的专业能力、工作业绩、知识水平和行业监管机构检查业务质量、明确内部审计人员审计责任的重要依据。内部审计工作底稿形成于整个审计过程，也反映整个审计过程。因此，内部审计工作底稿是联结整个审计工作的纽带，也对未来的审计业务具有重要的参考备查价值。

二、内部审计工作底稿的类型

对内部审计工作底稿进行恰当分类，是规范内部审计工作底稿的编制、复核、使用及管理工作的前提和基础。通常可以对内部审计工作底稿做如下分类。

(一)按照内部审计工作底稿记录的内容分类

1. 综合类工作底稿

综合类工作底稿是指内部审计人员在审计计划和审计完成阶段，为规划、控制和总结整个审计工作，并发表审计意见和形成审计结论所形成的审计工作底稿。这类工作底稿主要包括审计计划、审计报告书未定稿、审计总结等综合性的审计工作记录。

2. 业务类工作底稿

业务类工作底稿是指内部审计人员在审计实施阶段执行具体审计程序所形成的审计工作底稿。其中，按其内容不同又可进一步分为调查类工作底稿、查账类工作底稿和盘点类工作底稿；按其编制顺序又可分为分项目工作底稿和汇总工作底稿。

(1)调查类工作底稿

此类工作底稿是指内部审计人员为了了解被审计单位有关情况或被审计事项的实际情况，以及为了收集审计证据所做的各种审计记录。

(2)查账类工作底稿

此类工作底稿是指内部审计人员在审查会计凭证、账簿和报表过程中所编写的各种工作记录。因为审查的项目不同，记录的具体内容不同，所以很难有统一的格式。在进行财务报表审计时常用的查账工作底稿有试算表、汇总表、分析表、计算表、账项调整表等。

(3)盘点类工作底稿

此类工作底稿是指审计人员对库存现金、有价证券、存货、固定资产等实物资产进行清查盘点后所做的记录。

(4)分项目工作底稿

此类工作底稿是指根据审计计划确定的项目内容，按照逐个项目编制形成的一项一稿或一事一稿的审计工作底稿，如某项目的调查记录表、某账户的审查记录等。

(5)汇总工作底稿

此类工作底稿是指在分项目审计工作底稿编制完成的基础上，按分项目工作底稿的性质、内容加以分类归集，综合编制的审计工作底稿，如账项调整表等。

3. 备查类工作底稿

备查类工作底稿是指内部审计人员在审计过程中形成的，对审计工作仅具有备查作用的审计工作底稿。这类工作底稿主要包括与审计约定事项有关的重要法律性文件、重要会议记录与纪要、重要经济合同与协议、企业营业执照、公司章程等原始资料的副本或复印件等。

(二)按审计工作底稿的格式分类

1. 专用审计工作底稿

专用审计工作底稿是指具有某种特定用途的审计事项记录。它们往往是在审计工作开始之前就已设计好具体的格式，供内部审计人员在实施某项审计时使用。这种审计工作底稿在设计时力求简明实用，便于内部审计人员编制。它有利于提高审计工作效率和审计规范化。能使用专用审计工作底稿的事项，应尽量采用。

2. 通用审计工作底稿

通用审计工作底稿是指不预先设计好特定的格式，内部审计人员或用文字记录，或临时设计表格，或以图表反映。使用通用审计工作底稿时，一般按一事一单的原则编制，以便于归类整理。

在实际工作中，可同时使用这两类工作底稿。对于那些必须执行的工作程序，通常都预先设计了统一的表格，内部审计人员在取证后，只需按照规定填写专用的表格即可。对于一些没有预先设计专用底稿的特殊事项，可使用通用底稿进行记录。

必须指出，内部审计工作底稿通常不包括已被取代的审计工作底稿的草稿或财务报表的草稿，对不全面或初步思考的记录、存在印刷错误或其他错误而作废的文本，以及重复的文件记录等。

三、内部审计工作底稿的编制与复核

（一）内部审计工作底稿的编制

1. 内部审计工作底稿的主要要素

(1) 被审计单位的名称。

(2) 审计事项及其期间或者截止日期。

(3) 审计程序的执行过程及结果记录。

内部审计工作底稿应当记录：实施具体审计程序的记录及资料；审计计划及其调整变更情况的记录；对审计过程中发现问题的记录和审查评价结果；审计组讨论的记录和审计复核记录；审计组核实与采纳被审计单位对审计报告反馈意见的情况说明；其他与审计事项有关的记录和证明材料。

在记录实施审计程序的性质、时间和范围时，应当记录测试的特定项目或事项的识别特征。识别特征因审计程序的性质和所测试的项目或事项的不同而不同。如在对被审计单位生成的订购单进行细节测试时，可以将订购单的日期或编号作为测试订购单的识别特征。就具体审计项目或事项而言，其识别特征具有唯一性，这种特性可以使其他人员根据识别特征在总体中识别该项目或事项并重新执行该测试。

(4) 审计结论、意见及建议。

(5) 审计人员姓名和审计日期。

(6) 复核人员姓名、复核日期和复核意见。

(7) 索引号及页次。

内部审计工作底稿应当注明索引编号和顺序编号。相关审计工作底稿之间如存在钩稽关系，应当予以清晰反映，相互引用时应当交叉注明索引编号。

(8) 审计标识与其他符号及其说明等。

内部审计工作底稿中可以使用各种审计标识，但应当注明含义并保持前后一致。

2. 内部审计工作底稿的编制要求

内部审计工作底稿应当内容完整、记录清晰、结论明确，客观地反映项目审计方案的编制及实施情况，以及与形成审计结论、意见和建议有关的所有重要事项。项目审计方案的编制及调整情况应当编制审计工作底稿。为此，内部审计人员在编制审计工作底稿时应当注意以下事项。

(1) 必须真实、准确、完整地记载所有的有关审计业务的重要事项。与审计事项无关的内容，一律不能写入审计工作底稿，只有真实、准确、完整的资料才能满足编写审计报告的需要，才能有力地证明和说明审计结论。出具的审计意见，必须由审计工作底稿加以补充和证明。

(2) 一切资料都必须注明来源出处，以便今后复查。否则，可能会使审计工作底稿中所列的资料无效。

(3) 审计工作底稿中所列的问题，必须表明审查结果，以表示内部审计人员对每项审查工作的结论；如果不表明意见，说明问题尚待查明，那么就不能作为审计结论的依据。

(4) 审计工作底稿的文字必须简明扼要，数字必须准确无误。因为审计工作底稿不仅供编写者自己阅读，还供其他人员阅读使用。简明扼要、准确无误的审计工作底稿，不但能使其他阅读者容易看懂，而且能正确理解审计人员执行审计业务的情况。

(5) 编制审计工作底稿的手续要完备，并符合技术规范。具体做法是：每张审计工作底稿应冠以适当的标题并标明审计项目；不同的审计事项不能写在一张底稿上；每张审计工作底稿应由编写人员、复核人员、主审人员签名，并注明编写、复核日期，以示责任；审计工作底稿不能重抄，不能复印，以防错漏，如有特殊需要，必须经过有关人员审核同意后，方可复制。

(二) 内部审计工作底稿的复核

由于内部审计工作底稿是形成审计结论、出具审计意见的重要依据，因此，应对审计业务执行过程中形成的审计工作底稿及时实施复核，以使任何重大事项在出具审计报告前能够得到满意解决。内部审计准则要求内部审计机构应当建立审计工作底稿的分级复核制度，明确规定各级复核人员的要求和责任。

内部审计工作底稿的复核工作应当由比审计工作底稿编制人员职位更高或者经验更丰富的人员承担。如果发现审计工作底稿存在问题，复核人员应当在复核意见中加以说明，并要求相关人员补充或者修改审计工作底稿。在审计业务执行过程中，内部审计项目负责人应当加强对审计工作底稿的现场复核。

四、内部审计工作底稿的归档和保管

(一) 内部审计工作底稿的归档

内部审计人员在审计项目完成后，应当及时对审计工作底稿进行分类整理，按照审计工作底稿相关规定进行归档、保管和使用。

(二) 内部审计工作底稿的保管

内部审计工作底稿归组织所有，由内部审计机构或者组织内部有关部门具体负责保管。

内部审计机构应当建立审计工作底稿保管制度。如果内部审计机构以外的组织或者个人要求查阅审计工作底稿，那么必须经内部审计机构负责人或者其主管领导批准，但国家有关部门依法进行查阅的除外。

第六章

内部审计报告

内部审计报告是内部审计机构和人员进行结果沟通的最常见和最通用形式，是否能够编制内容翔实、条理清晰、结论明确和建议切实可行的内部审计报告是内部审计工作成败的重要衡量标志。而作为重要沟通方式的审计报告的成功有赖于内部审计人员顺应法律环境、商业环境以及组织环境的变化与要求，相应调整报告的撰写过程与方法。

第一节 内部审计报告概述

一、内部审计报告的概念

内部审计报告是指内部审计人员根据内部审计计划对被审计单位实施必要的审计程序后，就被审计单位经营活动和内部控制的适当性、合法性和有效性出具的书面文件。内部审计报告应当以经过核实的审计证据为依据，对据此形成的审计结论、意见与建议做出报告。内部审计报告应当说明审计概况、审计依据以及审计中发现的问题，并提出审计意见和建议。如有必要，内部审计人员还可以在审计过程中提交期中报告，以便及时采取有效的纠正措施以改善组织的业务活动及其内部控制和风险管理。

内部审计报告应当体现内部审计项目目标的要求，并有助于组织增加价值。内部审计项目目标的要求主要包括但不限于对以下方面的评价：(1)经营活动的合法性；(2)经营活动的经济性、效果性和效率性；(3)组织内部控制的健全性和有效性；(4)组织负责人的经济责任履行状况；(5)组织财务状况与会计核算状况；(6)组织的风险管理状况。

正式立项的审计项目应当在终结审计后编制审计报告，如果存在下述情况之一时，应当根据组织适当管理层的要求和内部审计工作的需要编制并报送中期审计报告：(1)审计周期过长；(2)被审计项目内容特别庞杂；(3)被审计期间比较长；(4)突发事件引起特殊要求；(5)组织适当管理层需要审计项目进展情况的信息；(6)其他需要提供中期审计报告的情况。中期审计报告不能取代终结审计报告，但中期审计报告能够作为终结审计报告的编制依据，中期审计报告不具有终结审计报告的效力。

二、内部审计报告的作用

内部审计人员应当在实施必要的审计程序并完成审计结果的沟通工作后,编制内部审计报告。作为内部审计活动的最终成果,内部审计报告对被审计单位的经营活动和内部控制进行了评价,并且提出了改进建议。内部审计报告作为内部审计活动成果的体现,是内部审计人员与被审计单位、组织管理层和其他相关各方进行沟通和交流的媒介,也是内部审计活动为组织增加价值、促进组织目标实现的重要手段。被审计单位管理层借助内部审计报告可以了解经营和管理活动中存在的问题与漏洞,并获取改进管理效率与效益的具有建设性的意见和建议。内部审计报告还是内部审计质量的综合反映,也是衡量内部审计工作质量的有效尺度,是内部审计机构衡量和考核其审计人员业绩的基本依据。另外,内部审计报告也可为国家审计人员和注册会计师的审计工作提供重要的参考资料。

第二节 内部审计报告的质量要求

内部审计报告的质量是内部审计活动能否正常发挥作用的关键,也是内部审计价值的集中体现。因此,编制内部审计报告应当做到客观、完整、清晰、及时,并体现重要性和建设性原则。

一、衡量内部审计报告质量的标准

(一)客观性

内部审计报告的编制应当坚持实事求是的基本原则,不偏不倚地反映被审计事项的事实,对被审计对象形成客观、公正的审计结论。内部审计报告中的审计结论、审计意见和审计建议的形成都不能受到任何偏见的干扰,应当力求还原事实的本来面目。只有客观的内部审计报告才能得到被审计单位的信赖,也才能更有利于审计建议的有效贯彻和审计目标的切实实现。

(二)完整性

内部审计报告应当按照规定的格式及内容编制,做到要素齐全、格式规范,并全面完整地反映审计中所发现的重要问题,使阅读者对审计过程和结论形成完整的认识。

(三)明晰性

内部审计报告应当表述清晰、用词准确、简明扼要、突出重点、易于理解。在内部审计报告中应尽可能避免不必要的过于专业性、技术性的复杂语言,只有使用简单明了的语言才能使内部审计报告更易于阅读者的理解和贯彻执行。

(四)及时性

内部审计报告应当及时提交,以使相关各方适时采取有效的纠正措施。为此,内部审计人员在执行审计程序时应当提高效率,及时完成审计项目并尽快撰写和提交审计报告,使审计中发现的问题能够及时得到解决,审计建议能够尽快得到落实。内部审计报告的目的就是在于告知组织的管理层或治理层被审计对象存在的问题以及对解决问题提出的建议,以便管理层或治理层及时采取措施控制风险和解决问题。如果内部审计报告缺乏时效性,必然影响内部审计目标的实现。

(五)实用性

内部审计报告所提供的信息,应当有利于解决被审计单位在经营管理中存在的重要问题,并有助于组织实现预定的目标。因此,内部审计报告的内容应当围绕被审计单位经营管理实际中存在的较为严重的、亟待解决的关键性问题展开,强调为被审计单位揭示和解决最为现实的问题。

(六)建设性

内部审计报告不能仅简单地罗列审计中发现的问题,更应当针对被审计单位业务活动及其内部控制、风险管理的主要问题及缺陷提出切实可行的改进建议,以帮助纠正错误、改善治理和控制,从而促进组织实现目标。

(七)重要性

在内部审计报告中报告的事项应当充分考虑审计项目的重要性和风险水平,对于被审计单位经营活动和内部控制中存在的严重问题和重大缺陷以及存在较高风险的领域等重要事项必须在审计报告中重点、详细的予以说明。

二、编制内部审计报告应注意的事项

内部审计机构应当在对特定审计业务进行广泛深入的审计和调查之后撰写内部审计报告。内部审计报告应当反映事实、揭露问题并提出建议。内部审计报告并没有固定的编制格式,不同组织的内部审计人员可以根据实际情况采用不同的编制方式,但是编制内部审计报告通常需要注意以下事项。

(一)条理清晰

一份内部审计报告中可能会包含很多的信息和内容,内部审计报告的编制者应当对这些信息和内容进行合理的安排,做到条理清晰、主次分明。因为组织的高级管理层通常不会关注一些较小的或者风险不是很大的问题,所以内部审计报告的编制应当始终遵循重要事项优先的原则。在编制内部审计报告时应当首先说明审计的目的和依据,执行的具体审计程序,审查的主要资料和内容,经过汇总、核对与分析发现的主要问题,事项的严重程度,包括涉及的金额数量和违反的法规、制度及工作程序,当事人及主管领导的解释,对当前管理与控制状况的归纳,以及对存在的问题提出的改进建议等。

(二)表达简明

为了更好地说明问题,编制内部审计报告时可以尽可能使用图表、图形或表格,以将复杂的数据及文档一目了然地展示给报告的使用者,同时相关的文字叙述也要尽可能简洁明确。

(三)分析详尽

内部审计报告必须以事实和数据说话,通过对发现问题的汇总与分析揭示问题,以寻找原因和界定事实。为此,内部审计报告中应当具体说明已经执行的具体审计程序以及收集到的具体数据和资料,例如,可以注明抽查的数量及发现问题的数量和金额。数据和资料越具体,后期的分析和对比就越容易,结论也就越准确。内部审计报告的分析思路要开阔,不要仅局限在被审项目之内,也不要仅限于组织内部,应当将审计数据放在更大的深度与广度中进行分析,通过多方位和多维度的对比分析可以获取更全面、更具有针对性的结论。

(四)归类合理

如果在内部审计项目中发现了较多的问题,在编制内部审计报告时应当对这些问题进行统一和归纳,避免简单地罗列问题,从而造成内部审计报告在内容上的杂乱无章,更加无法集中深入地揭示问题和剖析问题形成的原因,自然也就无法提出好的对策和建议,报告的阅读者也无法掌握审计问题的重点和类别,更加难以归纳问题的要点,也不便于执行相关的整改措施。

(五)建议可行

内部审计报告的重点在于针对审计中发现的问题提出合理的、切实可行的整改意见和建议。如果说审计是为了发现问题,那么整改建议就是为了解决问题。整改意见和建议的优劣直接影响到组织管理层对问题的整改速度和效果。编制内部审计报告提出改进建议时切忌针对性不强,分析问题及成因部分与整改建议之间缺乏相关性,整改建议泛泛而论,流于形式,缺少切实可行的和便于操作的整改方案和具体措施。

第三节 内部审计报告的内容和格式

一、内部审计报告的基本要素

内部审计报告的基本要素应当包括标题、收件人、正文、附件、签章和报告日期等。

(一)标题

内部审计报告的标题应当能够反映审计项目的性质,力求言简意赅并有利于归档和检索。标题中通常包括被审计单位的名称、审计事项(类别)、审计期间和审计报告字样。

(二)收件人

内部审计报告的收件人应当是与审计项目有管理和监督责任的机构或人员。收件人可能是被审计单位的适当管理层、董事会或其下设的审计委员会或者组织中的主要负责人、组织最高管理层、上级主管部门等。内部审计人员应当考虑组织的法人治理结构、管理方式的差异,根据具体情况确定适当的审计报告的收件人。

(三)正文

内部审计报告的正文是审计报告的核心内容,主要包括审计概况、审计依据、审计发现的问题、审计结论、审计意见和审计建议等。

(四)附件

内部审计报告的附件是对审计报告正文进行补充说明的文字和数字资料。附件应当包括针对审计过程、审计中发现的问题所做出的具体说明，被审计单位的反馈意见等内容。例如，审计过程中相关问题的计算及分析程序；审计发现的问题的详细说明；被审计单位及被审计责任人的反馈意见；记录审计人员修改意见、明确审计责任、体现审计报告版本的审计清单；需要提供解释和说明的其他内容等。

（五）签章

内部审计报告应当由主管的内部审计机构盖章，并由审计机构负责人、审计项目负责人以及其他经授权的人员签字。

（六）报告日期

内部审计报告的日期一般采用内部审计机构负责人批准送出日，但是在下列情形下则需要使用相关的日期：因采纳组织主管负责人的某些修改意见，内部审计人员在本机构负责人审批之后又发现被审计单位存在新的重大问题或者内部审计报告存在重大疏忽等。

（七）其他事项

内部审计报告应当声明内部审计是按照内部审计准则的规定实施的，若存在未遵循该准则的情形，应当做出解释和说明。内部审计报告中应当说明报告是针对被审计单位业务活动及其内部控制、风险管理的适当性、合法性和有效性所做出的合理保证。

二、内部审计报告的主要内容

内部审计报告的主要内容包括审计概况、审计依据、审计发现问题、审计结论、审计意见和审计建议。

（一）审计概况

审计概况是对内部审计项目总体情况的介绍和说明，一般应当包括立项依据、背景介绍、整改情况、审计目标、审计范围、审计重点、审计标准等。

1. 立项依据

在内部审计报告中应当根据实际情况说明审计项目的来源。例如，审计计划安排的项目；有关机构（外部审计机构、组织有关部门）委托的项目；根据工作需要临时安排的项目；其他项目。

2. 背景介绍

在审计报告中，应当对有助于理解审计项目立项以及审计评价的以下情况进行简要的描述：(1)选择审计项目的目的和理由；(2)被审计单位的规模、业务性质与特点、组织机构、管理方式、员工数量、主要管理人员等；(3)上次同类审计的评价情况；(4)与审计项目相关的环境情况；(5)与被审计事项有关的技术性文件；(6)其他情况。

3. 整改情况

如有必要，应当将上次审计后的整改情况在内部审计报告中加以说明。

4. 审计目标与审计范围

内部审计报告中应当明确地陈述本次审计的目标，并应与审计计划中提出的目标相一致；

还应当指出本次审计的活动内容和所包含的期间。如果存在未进行审计的领域，应当在报告中指出，特别是某些受到限制无法进行检查的项目，应说明受限制无法审查的原因。

5. 审计重点

内部审计报告应当对本次审计项目的重点、难点进行详细说明，并指出针对这些方面采取了何种措施及其所产生的效果，也可以对审计中所发现的重点问题做出简短的叙述及评论。

6. 审计标准

财务审计的标准主要是国家有关部门所颁布的会计准则、会计制度以及其他相关规范制度。管理审计的标准主要是组织管理层已制定或已认可的各项标准。

(二) 审计依据

审计依据是实施内部审计所依据的相关法律、法规、内部审计准则等规定。内部审计报告应当声明内部审计是按照内部审计准则的规定实施的，若存在未遵循该准则规定的情形，应当做出解释或说明。如陈述未予遵循的理由，并对由此可能导致的对审计结论和整个审计项目质量的影响做出必要的说明。

(三) 审计发现问题

审计发现问题是对被审计单位的业务活动、内部控制和风险管理实施审计过程中所发现的主要问题的事实、定性、原因、后果或影响等。

1. 审计发现问题的事实

审计发现问题的事实主要是指业务活动、内部控制和风险管理在适当性和有效性等方面存在的违规、缺陷或损害的主要问题和具体情节。如经济活动存在违反法律法规和内部管理制度、造假和舞弊等行为；财政财务收支及其会计记录、财务报告存在不合规、不真实或不完整的情形；内部控制、风险管理或信息系统存在的缺陷、漏洞；绩效方面存在的问题等。

2. 审计发现问题的定性

审计发现问题的定性主要是指审计发现问题的定性依据、定性标准、定性结论。必要时可包括责任认定。

3. 审计发现问题的原因

审计发现问题的原因是指针对审计发现的事实真相，分析研究导致其产生的内部原因和外部原因。

4. 审计发现问题的后果或影响

审计发现问题的后果或影响是指从定量和定性两方面评估审计发现问题已经或可能造成的后果或影响。

(四) 审计结论

审计结论是根据已查明的事实，对被审计单位业务活动、内部控制和风险管理的适当性和有效性做出的评价。应当围绕审计事项作总体及有重点的评价，既包括正面评价，概述取得的主要业绩和经验做法等，也包括对审计发现的主要问题的简要概括。

1. 业务活动评价

业务活动评价是内部审计人员根据已审计的业务查明的事实,运用恰当的标准,对其适当性和有效性进行评价。主要包括对财政财务收支和有关经济活动进行的评价。

2. 内部控制评价

内部控制评价是对内部控制设计的合理性和运行的有效性进行评价。既包括对组织层面的内部环境、风险评估、控制活动、信息与沟通、内部监督五个要素进行的评价,也包括根据管理需求和业务活动的特点对某项业务活动内部控制进行的评价。

3. 风险管理评价

风险管理评价是对风险管理的适当性和有效性进行评价。主要包括:对风险管理机制进行评价;对风险识别过程是否遵循了重要性原则进行评价;对风险评估方法的适当性进行评价;对风险应对措施的适当性及有效性进行评价等。

(五)审计意见

审计意见是针对审计发现的主要问题,根据情况提出的处理及处罚意见。审计意见的权威性取决于组织适当管理层对内部审计机构的授权。

(六)审计建议

审计建议是内部审计人员针对审计发现提出的方案、措施和办法。审计建议可以是对被审计单位经营活动和内部控制存在的缺陷和问题提出的改善和纠正的建议,也可以是对显著经济效益和有效内部控制提出的表彰和奖励的建议。内部审计人员应该依据审计发现和审计证据,结合组织的实际情况和审计结论的性质,提出审计建议。对于现有系统运行良好的情况,内部审计人员可以提出无须改变的审计建议。对于现有系统需要全部或局部改变的情况,内部审计人员在审计建议中应该提出改进的方案设计、方案实施的要求、方案实施效果的预计以及未实施此方案的后果分析。

三、内部审计报告的基本格式

(一)内部审计报告的一般格式要求

1. 标题

在版头分一行或多行居中排布,回行时,要词意完整、排列对称、长短适宜、间距恰当,标题排列可以使用梯形或菱形。有文头的审计报告,标题编排在红色分隔线下空两行位置;没有文头的审计报告,标题编排在分隔线上空两行位置。

2. 发文字号

由发文组织代字、发文年份和文件顺序号三个部分组成。年份、发文顺序号用阿拉伯数字标注;年份应当标全称,用六角括号"〔〕"括入;发文顺序号不加"第"字,不编虚位(即1不编为01),在阿拉伯数字后加"号"字。例如,×审〔20××〕×号。有文头的审计报告,发文字号在文头标志下空两行、红色分隔线上居中排布;没有文头的审计报告,发文字号在分隔线下右角排布。

3. 密级和保密期限

如需标注密级和保密期限，顶格编排在版心左上角第二行，保密期限中的数字用阿拉伯数字标注，自标明的制发日算起。密级一般分为绝密、机密、秘密三级。保密期限在一年以上的，以年计，如秘密 5 年；在一年以内的，以月计，如秘密 6 个月。

4. 收件人

有文头的审计报告，收件人编排于标题下空一行位置；没有文头的审计报告，收件人编排于发文字号下空一行位置。收件人居左顶格，回行时仍顶格，最后一个收件人名称后标全角冒号。

5. 正文

编排于收件人名称下一行，每个自然段左空二字，回行顶格。文中结构层次序数依次可以用"一、""（一）""1.""（1）"标注，一般第一层用黑体字、第二层用楷体字、第三层和第四层用仿宋体字标注。

6. 附件

如有附件，在正文下空一行，左空二字编排"附件"二字，后标全角冒号和附件名称。如有多个附件，使用阿拉伯数字标注附件顺序号，如"附件：1.×××××"，附件名称后不加标点符号。附件名称较长需回行时，应当与上一行附件名称的首字对齐。

7. 内部审计机构署名或盖章

一般在报告日期之上，以报告日期为准居中编排内部审计机构署名。如使用机构印章，加盖印章应当端正、居中下压内部审计机构署名和报告日期，使内部审计机构署名和报告日期居印章中心偏下位置，印章顶端应当上距正文或附件一行之内。如不使用机构印章，一般在正文之下空一行编排内部审计机构署名及其负责人签名（主要用于征求意见阶段的审计报告），并以报告日期为准居中编排。

8. 报告日期

使用阿拉伯数字将年、月、日标全，年份应当标全称，月、日不编虚位（即 1 不编为 01）。报告日期一般右空四个字编排。

（二）内部审计报告的参考格式

内部审计报告的参考格式如图 6-1 所示。

关于****[被审计单位]****
[审计事项]审计的报告
_____

　　　　　　　　　　　　　　　　　　　　　　　审报〔20〕**号

****[收件人]：
　　根据****年度审计计划安排[项目来源]，我部[内部审计机构自称]派出审计组，自****年**月**日至**月**日[实施审计的起止时间]，对****[被审计单位全称。写单位全称时还应注明"以下简称****"]****[审计事项]进行了审计。现将审计情况报告如下：

图 6-1　内部审计报告的参考格式

一、审计概况
(一)被审计单位基本情况
**。
　　[说明：(1)被审计单位的基本情况。主要包括被审计单位(或项目)的背景信息，如被审计单位(或项目)的规模、性质、组织结构、职责范围或经营范围、业务活动及其目标，相关财政财务管理体制和业务管理体制、内部控制及信息系统情况、财政财务收支情况，以及适用的绩效评价标准等；以往接受内外部审计及其他监督检查情况及其整改情况。(2)表述的内容应当与审计目标密切相关。(3)一般不得引用未经审计核实的数据，如引用，应当注明来源。]
(二)实施审计的情况
**。
　　本项目的审计目标是****，审计范围包括****[概括表述审计涉及的单位、时间和事项范围]，审计的主要内容和重点是****[可简要列明审计主要事项及重点]，对重要事项进行了必要的延伸和追溯[可列明延伸的单位和追溯的时间]。****[被审计单位简称]对其提供的财务会计资料以及其他相关资料的真实性和完整性负责[如被审计单位做出书面承诺，应当注明]。我部[内部审计机构自称]的责任是按照《中国内部审计准则》的要求实施审计并出具审计报告。
　　[说明：如有必要，可增加选择审计项目的目的和理由，针对审计重点、难点采取的审计方法、审计程序及其产生的效果等情况。]
二、审计依据
本次审计是依据**************************实施的。
　　[说明：(1)应声明本次审计是依据相关法律法规、《中国内部审计准则》的规定、组织的规章制度实施的。(2)当确实无法按照《中国内部审计准则》的要求实施审计时，应当陈述理由，并就可能导致的对审计结论、意见和建议以及审计项目质量的影响做出必要的说明。]
三、审计结论
审计结果表明，********************************。
　　[说明：(1)围绕项目审计目标，依照有关法律法规、政策、程序及其他标准，对审计事项应当作总体及有重点的评价。(2)既包括对良好业绩和先进经验的正面评价，也包括对审计发现主要问题的简要概括。(3)只对所审计的事项发表审计评价意见，对审计过程中未涉及、审计证据不充分、评价依据或者标准不明确以及超越审计职责范围的事项，不发表审计评价意见。(4)审计评价意见不能与审计发现的问题相互矛盾。(5)审计评价用语要准确、适当，以写实为主。]
四、审计发现
(一)****************。[概述问题性质金额等的标题]***。
(二)****************。[概述问题性质金额等的标题]**。
……
　　[说明：(1)违反国家或组织规定的财政财务收支问题，一般应当表述违法违规事实、定性及依据。(2)影响绩效的突出问题，一般应当表述事实、标准、原因和后果。(3)内部控制重大缺陷，一般应当表述有关缺陷情况及后果。(4)如审计期间被审计单位对审计发现的重要问题已经整改的，应当说明有关整改情况。(5)如发现上次审计处理未执行的问题，一般列示在本次查出的问题之后。(6)引用作为定性依据或者评判标准的法律法规时，一般应当列明文件名称、具体条款号及条款内容；引用规章和规范性文件时，一般还应列明发文单位、发文字号。]
五、审计意见
　　针对审计发现的问题，根据*****[审计处理授权规定]的规定，现提出如下处理意见：[适用于组织授权内部审计机构做出审计处理的情形]
　　建议组织适当管理层或有关部门[可列出具体管理层或部门名称]做出如下处理：[适用于内部审计机构无权做出审计处理的情形]
(一)**。
(二)**。
……
　　[说明：(1)依据组织内部有关规定授予内部审计机构的处理权限，提出对审计发现问题的处理意见；或者建议组织适当管理层及相关部门对审计发现问题做出处理、追究有关人员责任。针对审计发现问题也可以在提出处理意见的基础上，再建议组织适当管理层及相关部门进一步做出处理(如追究有关人员责任等)。(2)提出审计意见的顺序应当与审计发现问题的顺序基本一致。(3)审计意见应当实事求是、公平、公正，并充分考虑可执行性。]

图 6-1　内部审计报告的参考格式(续)

六、审计建议

针对审计发现的****问题[高度概括审计发现的问题,或标明"四、审计发现"中第几个问题],建议**。[适用于针对审计发现问题提出建议的情形]

审计中了解到********************************[详细描述提出建议所针对的相关事由],建议*******************************。[适用于针对审计发现问题之外的其他事由提出建议的情形]

[说明:(1)审计建议可以分为两种情况:一是针对审计发现的问题,提出进一步改进的建议;二是针对其他需要进一步完善提高的事项(不能认定为违规、差错、缺陷或损害的问题),提出建议。审计建议应当做到有的放矢。(2)审计建议应当具有针对性、建设性和可操作性,避免过于空泛,便于整改落实。]

附件: 1. ****************
    2. ****************

内部审计机构(盖章)
****年**月**日

图 6-1　内部审计报告的参考格式(续)

第四节　内部审计报告的编制

一、内部审计报告的编制程序

审计组在实施必要的审计程序后,应当及时编制内部审计报告。特殊情况需要延长的,应当报请内部审计机构负责人批准。

审计组应当按照以下程序编制内部审计报告:

(1)做好相关准备工作;

(2)编制审计报告初稿;

(3)征求被审计单位的意见;

(4)复核、修订审计报告并定稿。

二、内部审计报告的编制要求

(一)进行内部审计报告准备工作的要求

审计组在进行内部审计报告的准备工作时,需要讨论确定下列事项:(1)审计目标的实现情况;(2)审计事项完成情况;(3)内部审计证据的相关性、可靠性和充分性;(4)审计结论的适当性;(5)审计发现问题的重要性;(6)审计意见的合理性与合规性;(7)审计建议的针对性、建设性和可操作性;(8)其他有关事项。

(二)做出审计结论时的要求

审计组应当根据不同的审计目标,以审计认定的事实为基础,合理运用重要性原则并评估审计风险,对审计事项做出审计结论。做出审计结论时,需要注意下列事项:(1)围绕审计目标,依照相关法律法规、政策、程序及其他标准,对审计事项进行评价,评价应当客观公正,并与审计发现问题有密切的相关性;(2)审计评价应当坚持全面性和重要性相结合,定性与定量相结合的原则;(3)只对已审计的事项发表审计评价意见,对未经审计的事项、审计证据不充分、评价依据或者标准不明确以及超越审计职责范围的事项,不发表审计评价意见。

(三)针对审计发现提出处理意见的要求

审计组应当根据审计发现的问题及其发生的原因和审计报告的使用对象,从性质和金额两个方面评估审计发现问题的重要性,合理归类并按照重要性原则排序,如实在审计报告中予以反映。

审计组对审计发现的主要问题提出处理意见时,需要关注下列因素:(1)适用的法律法规以及组织内部的规章制度;(2)审计的职权范围(在组织授权处理范围内的,内部审计机构直接提出审计处理意见;超出组织授权范围的,可以建议组织适当管理层或相关部门做出处理);(3)审计发现问题的性质、金额、情节、原因和后果;(4)对同类问题处理处罚的一致性;(5)需要关注的其他因素。

审计组应当针对审计发现的被审计单位业务活动、内部控制和风险管理中存在的主要问题、缺陷和漏洞,以及需要进一步完善提高的事项等,分别提出纠正和改善建议。

(四)就审计报告事项进行沟通的要求

审计组应当就审计报告的主要内容与被审计单位及其相关人员进行及时、充分的沟通。

审计组应当根据沟通内容的要求,选择会议形式或面谈形式与被审计单位及其相关人员进行沟通,应当注意沟通技巧,进行平等、诚恳、恰当、充分的交流。

审计报告初稿由审计项目负责人或者其授权的审计组其他成员起草。如其他人员起草时,应当由审计项目负责人进行复核。审计报告初稿应当在审计组内部进行讨论,并根据讨论结果进行适当的修改。

审计组提出的审计报告在按照规定程序审批后,应当以内部审计机构的名义征求被审计单位的意见。也可以经内部审计机构授权,以审计组的名义征求意见。被审计单位应在规定时间内以书面形式对审计报告提出意见,否则,视同无异议。

审计报告中涉及重大案件调查等特殊事项,经过规定程序批准,可不征求被审计单位的意见。

被审计单位对征求意见的审计报告有异议的,审计组应当进一步核实,并根据核实情况对审计报告做出必要的修改。

审计组应当对采纳被审计单位意见的情况和原因,或者被审计单位未在规定时间内提出书面意见的情况做出书面说明。

第五节 内部审计报告的复核、报送和归档

一、内部审计报告的复核

内部审计机构应当建立审计报告的分级复核制度,加强审计报告的质量控制。重点对下列事项进行复核:

(1)是否按照项目审计方案确定的审计范围和审计目标实施审计;

(2)与审计事项有关的事实是否清楚、数据是否准确;

(3)审计结论、审计发现问题的定性、处理意见是否适当,适用的法律法规和标准是否准确,所依据的审计证据是否相关、可靠和充分;

(4)审计发现的重要问题是否在审计报告中反映;
(5)审计建议是否具有针对性、建设性和可操作性;
(6)被审计单位反馈的合理意见是否被采纳;
(7)其他需要复核的事项。

内部审计机构负责人复核审计报告时,应当审核被审计单位对审计报告的书面意见及审计组采纳情况的书面说明,以及其他有关材料。

内部审计机构负责人对审计组报送的材料复核后,可根据情况采取下列措施:
(1)要求审计组补充重要审计证据;
(2)对审计报告进行修改。

复核过程中遇有复杂问题的,可以邀请有关专家进行论证。邀请的专家可以从组织外部聘请,也可以在组织内部指派。

内部审计报告经复核和修改后,由总审计师或内部审计机构负责人按照规定程序审定、签发。

二、内部审计报告的报送

内部审计报告的报送一般限于组织内部,通常根据组织要求、审计类型和形式确定报送对象。需要将审计报告的全部或部分内容发送给组织外部单位或人员的,应当按照规定程序批准。

内部审计报告按照规定程序批准后,可以在组织内部适当范围公开。

已经出具的内部审计报告如果存在重要错误或者遗漏,内部审计机构应当及时更正,并将更正后的审计报告提交给原审计报告接收者。

三、内部审计报告的归档

内部审计机构应当按照中国内部审计协会发布的《第2308号内部审计具体准则——审计档案工作》,以及组织的档案管理制度要求,将审计报告及其他业务文档及时归入审计档案,妥善保存。

实务篇

第七章

内部控制审计

现代组织的规模日益扩大，组织的管理层级更是日趋复杂，良好的内部控制对组织高效运行的作用变得越来越不可替代。但是，从表面上看，内部控制毕竟只是一些具体的政策和程序，是由人制定并由人去执行的，要想让这些具体的政策和程序能够真正发挥应有的作用，对其从设计到运行的整个过程实施持续的监控是至关重要的。在组织的众多职能中，内部审计依靠固有的独立性和客观性的本质属性，必然成为对内部控制进行监控的最适当职能。

第一节　内部控制概述

内部控制是组织管理现代化的产物，它是伴随加强组织经济管理的需要而产生的，也必然伴随组织经济管理的发展而发展。随着社会经济的发展和组织经营管理的日益完善，人们对内部控制的认识也在不断地丰富和发展。

一、内部控制的概念界定

内部控制思想的出现有着十分久远的历史。内部控制最早出现的标志可以追溯到苏美尔文化早期的内部牵制制度。实际上只要有人类群体的活动就会有控制系统的存在，只是形态的繁简和运用的策略或技术各不相同而已。我们现在熟知的"control"一词直至17世纪才被正式提出。1600年左右，一本英文词典第一次列出了"control"一词，并将其定义为"一本账的副本，具有与原本相同的品质和内容"。该词是从拉丁语"contrarotulus"派生而来的，其中contra意为"对比"，rotula意为"宗卷"。著名学者塞缪尔·约翰逊将这一最初的意思定义为由另一个职员保管的登记簿或账册，可由他人逐项检查。这是因为自15世纪开始，资本主义得到了初步发展，复式簿记方法的出现推动了企业管理的发展，以账目间的相互核对为主要内容、实施职能分离的内部牵制制度开始得到广泛的应用。对"control"一词的最初解释就是对内部牵制制度雏形的最好描述。继内部牵制制度之后，内部控制又经历了内部控制制度和内部控制结构的发展阶段。

随着社会经济环境的发展和企业经营管理的变化，人们对内部控制的认知在逐步深化，对内部控制的定位必然是一个不断完善和不断发展的过程。1992年，COSO委员会发布了名为《内部控制——整合框架》的报告，通称 COSO 报告。该报告提出了"内部控制整合框架"的概念，不仅进一步延续和完善了内部控制的结构化和体系化，还试图整合人们对内部控制的不同理解，力图构造一个具有共识性的内部控制概念平台和框架。COSO 委员会的内部控制整合框架对内部控制的定位是："内部控制是一个过程，是企业经营管理活动的一部分，与经营过程结合在一起使经营达到预期的效果，并监督企业经营活动的持续进行。"

在此基础上，COSO 委员会又于 2004 年发布了新的 COSO 报告，进一步扩展了内部控制的范围，并寻求到一个更广阔的视角，提出了一个内容更宽泛的、层次更高的、建立在风险管理层面上的内部控制框架，这也标志着内部控制的发展已经进入风险管理整合框架阶段。COSO 委员会的风险管理整合框架对内部控制的定位是："内部控制是企业风险管理的一个组成部分，企业风险管理是企业管理过程的一个组成部分，整个企业风险管理框架更像是一个把控制中心放在风险上的、扩大化的内部控制过程。"由此可见，COSO 委员会将内部控制定位为一种管理工具，它是不能取代管理本身的。

2013 年 5 月，COSO 委员会发布了再次修订的 COSO 报告，保留了内部控制和内部控制五要素的核心概念界定以及原来报告中已经被证明非常实用的内容。2017 年 9 月，COSO 委员会再次发布全新的 COSO 报告《企业风险管理——与战略和绩效的整合》，新的 COSO 报告继续强调了在评价内部控制系统有效性时考虑五项内部控制要素的要求，也继续强调了在设计、运行和实施内部控制以及评价内部控制系统有效性中管理层判断的重要性。与此同时，新的 COSO 报告还包括了一些有助于其应用的改进和说明。最重要的改进之一是将原框架中引进的一些与内部控制五要素相关的关键性概念正式列为基本原则，以为使用者在设计和运行内部控制系统和理解有效内部控制要求方面提供便利。新的内部控制框架的另一大改进，还体现在将目标中的财务报告类型扩展至如非财务和内部报告等其他重要报告形式。同时，新的框架反映了对组织以及其所面临的经营环境的众多变化的考虑，包括对政府监管的期望、市场和经营的全球化、经营的变化和更明显的复杂性、对法律法规以及标准准则的要求和复杂化、对胜任能力和受托责任的期望、对飞速发展的技术的运用和依赖，以及与防范和发现舞弊相关的期望等。

COSO 报告和 2002 年美国颁布的《萨班斯-奥克斯利法案》对世界范围内许多国家的企业内部控制都产生了巨大的影响，我国内部控制的发展也以此为契机进入了创新发展的崭新阶段。2006 年 6 月，国资委发布了《中央企业全面风险管理指引》，7 月 15 日，由财政部发起成立了企业内部控制标准委员会，上交所和深交所分别在 7 月和 9 月发布了证券交易所上市公司内部控制指引。2007 年 3 月，财政部内部控制标准委员会发布了《企业内部控制——基本规范》和 17 项《企业内部控制——具体规范》的征求意见稿。2008 年 6 月，财政部、证监会、审计署、银监会、保监会五部委在北京联合召开企业内部控制基本规范发布会暨首届企业内部控制高层论坛，发布了《企业内部控制基本规范》。2010 年 4 月，五部委又发布了《企业内部控制应用指引第 1 号——组织架构》等 18 项应用指引、《企业内部控制评价指引》和《企业内部控制审计指引》。企业内部控制基本规范和配套指引共同构成了我国的内部控制规范体系，这是全面提升上市公司和非上市大中型企业经营管理水平的重要举措，也是我国应对国际金融危机的重要制度安排。

企业内部控制标准委员会成立的目标是建立一套以防范风险和控制舞弊为中心、以控制标准和评价标准为主体，结构合理、内容完整、方法科学的内部控制标准体系，推动企业完善治理结构和内部约束机制。企业内部控制标准委员会制定的企业内部控制规范在总体结构上选择了"1+X"模式，即在内部控制基本规范的基础上按照主要经济业务类型分别制定内部控制应用指引。《企业内部控制基本规范》将内部控制界定为："由企业董事会、监事会、经理层和全体员工实施的、旨在实现控制目标的过程。"内部控制这一内涵的界定基本上是以COSO委员会的内部控制整合框架为主体，也借鉴和吸收了COSO委员会企业风险管理整合框架对内部控制内涵的界定。

二、内部控制的目标

COSO委员会在其对内部控制的定义中，将内部控制的目标界定为合理保证经营活动的有效性、财务报告的可靠性、经营的效率和效果以及对法律法规的遵守。中国注册会计师协会在《中国注册会计师审计准则第1211号——了解被审计单位及其环境并评估重大错报风险》中，将内部控制的目标界定为合理保证财务报告的可靠性、经营的效率和效果以及对法律法规的遵守。财政部在其颁布的《企业内部控制基本规范》中，将内部控制的目标界定为维护企业经营活动的合法与合规性、保证资产安全、确保财务报告及相关信息的真实和完整、提高经营活动的效率和效果、促进组织实现发展战略。《企业内部控制基本规范》确定的这五个层层递进的内部控制目标是对COSO委员会内部控制框架和企业风险管理框架目标体系进行整合的结果，提出了一个较为全面的内部控制目标体系。

（一）促进组织实现发展战略

促进组织实现发展战略是组织设计和运行内部控制的核心目标。任何一个组织，都会有其自身的发展战略和期望实现的目标。组织设计、运行与维护内部控制的根本目标就是为了确保其发展战略和目标的实现。

（二）提高经营活动的效率和效果

任何组织都有自己的经营目标，这些经营目标都会围绕追求经营活动的效益、效率和效果而制定。组织为实现既定的经营目标，就必须制订相应的计划，并付诸实施。然而，由于组织经营活动的复杂性，往往会受到多种因素的综合影响，在计划的执行过程中，难免会发生偏离目标、偏离计划的情况。为此，组织需要采取必要的控制政策和程序，控制执行计划的人员的行为，来及时发现计划执行中存在的问题和偏差，并进行必要的调整，从而保证经营活动的效率和效果。

（三）确保财务报告及相关信息的真实和完整

设计、实施和维护与编制财务报告相关的内部控制，以使财务报告不存在由于舞弊或错误而导致的重大错报是组织治理层和管理层的责任，也是治理层和管理层建立、健全内部控制的重要目标。财务报告及其相关信息作为向社会公众提供组织会计信息的重要载体，关系到各利益相关方的经济决策，作为负责编制和提供财务报告的管理层以及对财务报告生成过程承担监督责任的治理层，理所当然地应当保证其对外提供的财务报告及其相关信息是真实、完整的。为了保证这一目标的实现，组织必须制定相应的制度和方法，以保证财务报告的可靠性。这些制度和方法就包括必要的控制措施和程序，以保证所有的交易和事项均得到正确和及时的入账,确保财务报告的编制符合适用的会计准则和相关会计制度的规定、保证对资产和账簿记录以及其他记录的接触和处理经过适当的授权、保证账面资产与实存资产定期核对相符等。

(四)保证资产的安全

资产是保证组织从事正常的生产经营活动的物质基础,也是对组织所有者和债权人权益的保障。如果组织资产的安全性受到威胁,组织所有者和债权人的权益也必将受到损害。保护组织所有者和债权人的利益是组织管理层应当履行的基本责任和义务,为此,组织必须建立完善的内部控制以保护组织资产的安全性。

(五)维护组织经营活动的合法性与合规性

大多数组织都是以追求利润最大化为首要目标的,但是这一目标的实现必须建立在遵守国家的各项法律、法规、规章制度的前提之上。《中华人民共和国公司法》(简称《公司法》)就明确规定,组织从事经营活动必须遵守法律、行政法规,遵守社会公德、商业道德、诚实守信,接受政府和社会公众的监督,承担社会责任。因此,组织的管理层必须守法经营,并采取必要的控制措施,如进行明确的职责分工,明确不同岗位的职责和权限,从而保证所有的业务活动在适当的授权下进行,以保证组织的各项经营活动都是合法和合规的。

三、内部控制的基本要素

按照COSO委员会发布的内部控制框架,内部控制的基本要素包括控制环境、风险评估过程、信息系统与沟通、控制活动,以及对控制的监督。COSO委员会对内部控制基本要素的分类并不是唯一的,选择五要素的分类方式只是为内部审计人员提供一个理解被审计单位内部控制基本框架的方式,被审计单位可能并不一定采用这种分类方式来设计和执行内部控制。但是,无论对内部控制要素如何进行分类,内部审计人员都应当重点考虑被审计单位的某项控制是否能够以及如何防止或发现并纠正各类交易、账户余额、列报存在的重大错报。也就是说,在了解和评价内部控制时,采用的具体分析框架及控制要素的分类可能并不唯一,重要的是控制能否实现控制目标。内部审计人员可以使用不同的框架和术语描述内部控制的不同方面,但必须涵盖上述内部控制五个要素所涉及的各个方面。

(一)控制环境

控制环境是组织内部控制的核心要素之一,组织的行为和活动构成了组织的控制环境,反过来控制环境又限制着组织的行为和活动,两者相辅相成。控制环境影响并制约着组织内部控制建立和运行的有效性,控制环境是组织构建内部控制体系的基础条件,也是组织各种内部影响因素的集合体。控制环境主要包括治理结构、组织机构设置与权责分配、组织文化、人力资源政策、内部审计机构设置、反舞弊机制等。

(二)风险评估过程

风险管理是组织为达到其目标而确认和分析相关风险,并在此基础上对风险进行管理的过程。风险就是组织目标无法实现的可能性,任何一个组织在发展过程中都会面临来自组织内外部的多重风险因素的影响。组织的风险可能来自多个方面,例如,国家政策风险、行业风险、市场风险和财务风险等。风险管理的先决条件是制定目标，各个不同层次的目标必须保持一致性。风险管理的首要工作就是辨别影响组织目标实现的各类风险因素，在此基础上建立风险管理机制。

(三)信息系统与沟通

为了确保员工能够更好地履行自身的职责，组织必须对内部以及外部信息进行识别、采集并进行适当的交流和沟通。信息系统与沟通就是及时、准确、完整地采集与组织经营管理密切相关的各种信息，并使这些信息以适当的方式在组织有关层级之间、组织与外部相关方之间进行及时传递、有效沟通和正确使用的过程。信息系统与沟通主要包括信息的收集机制，以及在组织内部和与组织外部有关方面的沟通机制等，信息系统与沟通是组织确保内部控制有效实施的重要条件。

(四)控制活动

组织管理层在对组织面临的各种经营风险进行评估之后，需要对所评估的各项风险采取必要的控制措施，从而保证组织目标的顺利实现。控制活动就是组织通过将风险评估的结果与风险应对相结合所安排的具体应对措施，以及用以确保能够实现组织目标所采取的控制方法。控制活动作为内部控制的具体实施方法，主要包括职责分工控制、授权控制、审核批准控制、预算控制、财产保护控制、会计系统控制、内部报告控制、经济活动分析控制、绩效考评控制、信息技术控制，等等。

(五)对控制的监督

监督是对内部控制运行质量不断进行评估的过程，即对内部控制的设计和运行情况的评价。从监督的方式看，监督有持续监督、个别评估及综合监督等。持续监督是指在经营过程中的监督，包括例行管理和监督活动，以及职工为履行其职责所采取的行为。个别评估的范围及频率，应当根据评估风险的大小及持续监督程序的有效性而定。将持续监督和个别评估一起进行，则称之为综合监督。各种监督方式中发现的内部控制缺陷必须向上级呈报，在发现严重问题时，则必须向最高管理层和董事会呈报。从监督的执行主体来看，监督包括内部审计机构实施的独立监督和管理层对内部控制的自我评估。在很多组织中，特别是规模较大的组织中，内部审计机构在有效监督方面的作用是非常关键的。为了能使内部审计监督内部控制的职能得以有效发挥，内部审计人员必须独立于经营管理部门和会计部门之外，并直接向高层权力机构报告工作。

四、内部控制的局限性

内部控制存在固有局限性，无论如何设计和执行，只能对财务报告的可靠性、经营的效率性和效果性，以及对法律法规的遵循性提供合理的保证。内部控制存在的固有局限性包括以下内容：

(1)在决策时人为判断可能会出现错误，由于人为失误也可能导致内部控制失效。例如，被审计单位的信息技术工作人员没有完全理解系统如何处理销售交易，为使系统能够处理新型产品的销售，可能错误地对系统进行更改；或者对系统的更改是正确的，但是程序员没能把更改转化为正确的程序代码。

(2)内部控制可能由于两个或更多的人员进行串通或管理层凌驾于内部控制之上而被规避。例如，管理层可能与客户签订背后协议，对标准的销售合同做出变动，从而导致确认收入发生错误。再如，软件中的编辑控制旨在发现和报告超过赊销信用额度的交易，但这一控制可能被逾越或规避。

小型被审计的单位拥有的员工通常较少，限制了其职责分离的程度，业主凌驾于内部控制之上的可能性也较大。内部审计人员应当考虑一些关键领域是否存在有效的内部控制，包括考虑小型被审计单位总体的控制环境，特别是业主对于内部控制及其重要性的态度、认识。

第二节　内部控制审计概述

顾名思义，内部控制审计就是对被审计单位内部控制设计的合理性和运行的有效性所实施的审计。但是，由于内部控制审计的实施主体不同，在审计方向的侧重、审计方式的设计、审计内容的确定、审计方法的选择、审计报告的撰写等方面还是存在一定的差别的。由注册会计师所实施的内部控制审计更侧重于对被审计单位与财务报告相关内部控制的审查和评价，而由内部审计机构所实施的内部控制审计则更侧重于对组织全面的内部控制设计和运行的审查和评价。

一、以内部审计机构为实施主体的内部控制审计的概念界定

以内部审计机构为实施主体的内部控制审计是指内部审计机构对组织内部控制设计和运行的有效性进行的审查和评价活动。内部控制是组织提高经营管理水平和风险防范能力、保障可持续发展的基础。内部审计机构对组织内部控制进行审计监督是优化内部控制自我监督机制的一项重要制度安排，是健全有效的内部控制的重要组成部分，也是内部审计更好地发挥其在风险管理和组织治理中的作用、实现其自身价值和在组织中的职能定位的需要。

内部控制审计是伴随着组织和内部审计对内部控制认识的逐步深化而发展起来的。最初，内部审计关注的主要是与会计事项相关的内部控制，内部审计的着眼点集中在内部会计牵制上，其目的是对财务活动进行日常监督，帮助组织建立健全内部会计控制，同时也帮助外部审计师在内部控制评价的基础上进行审计抽样，降低审计风险和审计成本。20世纪50年代前后，内部审计实务界开始关注组织的管理活动，将审计重点从财务账簿转向业务活动和管理控制，以提高组织的经营管理效率。相应地，内部控制评价的目标也从服务于财务审计扩展到为提高组织的业务活动和控制的效率服务。20世纪70年代以后，内部审计的服务对象由为管理层提供帮助扩展到为组织提供确认和咨询服务，这就要求内部审计机构站在整个组织的立场上评价和分析问题，对组织内部控制的整体系统进行检查和评价。20世纪90年代以后，内部控制整合框架和相关规范的提出，极大地改变了实施内部控制审计的内外部环境，内部审计要关注与组织目标实现相关的所有风险，因此内部控制审计发展到以风险评估为基础，根据风险发生的可能性和对组织单个或者整体控制目标造成的影响程度，确定审计的范围和重点。

二、内部控制审计与内部控制评价、内部控制审计及内部控制评审的联系和区别

组织内部控制的有效运行离不开对其的持续监督，现阶段对组织内部控制进行审查评价

的主体既包括组织内部的有关部门、内部审计机构，也包括组织外部的注册会计师。同时，组织内外部的审计机构和人员在实施财务报表审计等其他类型的审计过程中也会采用内部控制评审技术。上述这些针对组织内部控制的审查评价工作都是对内部控制进行监督的方式，必然存在相互的联系和相同之处，但是在实施主体、工作目标、监督内容和方式方法等方面仍然各有不同。

(一) 与内部控制评价的联系和区别

内部控制评价又被称为内部控制自我评价，由财政部等五部委联合颁布的《企业内部控制评价指引》将内部控制评价界定为："组织董事会或类似权力机构对内部控制的有效性进行全面评价、形成评价结论、出具评价报告的过程"。在组织的内部控制实务中，内部控制评价是极为重要的一个环节。内部控制审计与内部控制评价既存在联系又存在区别。

1. 与内部控制评价的联系

内部控制审计与内部控制评价的联系主要体现在两者的工作目标均是审查和评价组织内部控制的设计和运行的有效性。与此同时，两者都是围绕着控制环境、风险评估、控制活动、信息与沟通、监督等内部控制要素来确定具体审查和评价的内容的，且两者的工作程序也基本一致。如果组织的董事会或者类似权力机构授权内部审计机构和人员负责内部控制评价的具体组织和实施工作，此时两者的工作主体也是一致的。

2. 与内部控制评价的区别

(1) 责任主体不同

内部控制审计是由组织的内部审计机构和人员实施的一项内部审计活动，是根据组织对内部审计的总体计划实施的，其责任主体无疑是内部审计机构；内部控制评价则是在组织内部实施的一项管理活动，其责任主体是组织的董事会，是组织董事会或者类似权力机构实施的内部控制自我评价，不属于审计行为。当然，在很多情况下，董事会或其下属的审计委员会可能将内部控制自我评价的工作委托给组织的内部审计机构，即便在这样的情况下，内部控制评价工作的最终责任主体依然是组织的董事会，而不是组织的内部审计机构，即组织的董事会对内部控制评价报告的真实性承担最终的责任。

(2) 实施的强制性不同

外部监管机构对组织内部审计机构实施内部控制审计并无强制性要求，内部控制审计往往是根据组织内部治理层和管理层的要求，结合内部审计机构的工作重点和任务安排实施的。但是，对于公众利益实体，例如上市公司而言，实施内部控制评价则是一项外部监管机构的强制性要求。无论是美国的《萨班斯-奥克斯利法案》，还是我国的《企业内部控制基本规范》《企业内部控制配套指引》都对上市公司管理层应当对内部控制有效性进行自我评估提出了明确的要求。

(3) 遵循的规则不同

组织实施内部控制评价应当遵循《企业内部控制基本规范》《企业内部控制评价指引》。2008年，财政部等五部委联合发布的《企业内部控制基本规范》要求组织应当结合内部监督的实际情况，定期对内部控制的有效性进行自我评价，并出具内部控制自我评价报告。2010年，财政部等五部委又联合发布了《企业内部控制评价指引》，对内部控制评价应遵循的原则、评价内容、评价程序、缺陷认定等进行了详细规定，为组织开展内部控制自我评价提供了一个可以共同遵循的标准，也为参与国际竞争的中国企业在内部控制建设方面提供了自律性规范。

内部审计机构和人员实施内部控制审计应当遵循《中国内部审计准则》，财政部等五部委《企业内部控制基本规范》及配套指引的出台，对内部控制审计工作提出了明确要求。2013年，中国内部审计协会对内部审计准则进行了修订，在对内部控制审计相关准则的修订中借鉴了《企业内部控制基本规范》《企业内部控制评价指引》的相关规定。同时，考虑到目前大多数组织内部对内部控制评价主体较为模糊的实际情况，以及内部控制审计和内部控制评价在实务中无论从实施主体还是报告方式等方面都存在一定差别的事实，为突出内部审计机构在内部控制评价中的特殊性和职能作用，此次修订进一步明确了内部控制审计的定义、定位和主体，突出了内部审计机构在内部控制审计中发挥的作用和优势，进一步丰富了内部控制审计的相关内容。

首先，在内部控制审计的内容方面，此次修订将内部控制审计按照审计范围分为全面内部控制审计和专项内部控制审计，并从组织层面和业务层面对内部控制审计的内容做了较为细致的规定。其中组织层面内部控制审计的内容主要按照内部控制五要素进行规范，同时借鉴、吸收了《企业内部控制评价指引》中有关内部控制评价内容的规定，力求与《企业内部控制基本规范》及配套指引相衔接。其次，在内部控制审计的程序和方法方面，强调了内部审计人员在实施现场审查前，可以要求被审计单位提交最近一次的内部控制自我评估报告。内部审计人员应当结合内部控制自我评估报告，确定审计内容及重点，实施内部控制审计。再次，在内部控制缺陷的认定方面，专章规定了内部控制缺陷的认定，对缺陷认定的方法、缺陷的种类和缺陷的报告等内容进行了规定。最后，在内部控制审计报告方面，专章规定了内部控制审计报告的内容，要求全面内部控制审计报告一般应当报送组织董事会或者最高管理层，包含有重大缺陷认定的专项内部控制审计报告应当报送董事会或者最高管理层，经董事会或者最高管理层批准，内部控制审计报告可以作为《企业内部控制评价指引》中要求的内部控制评价报告对外披露。

(4) 工作成果的体现不同

由内部审计机构和人员实施的内部控制审计的工作成果体现在内部控制审计报告之中，该报告属于组织内部文件，通常是由内部审计机构提交给组织的适当治理层或管理层。组织所进行的内部控制评价的工作成果则体现在内部控制评价报告之中，该报告需报经董事会或类似权力机构批准后，对外披露或者报送相关监管部门。《企业内部控制评价指引》就规定企业应当以每年的 12 月 31 日作为年度内部控制评价报告的基准日，内部控制评价报告应当在基准日后 4 个月内报出。

(二) 与以注册会计师为实施主体的内部控制审计的联系和区别

财政部等五部委颁布的《企业内部控制审计指引》将以注册会计师为实施主体的内部控制审计界定为："会计师事务所接受委托，对特定基准日内部控制设计与运行的有效性进行审计。"注册会计师执行内部控制审计工作，应当获取充分、适当的证据，为发表内部控制审计意见提供合理保证。注册会计师应当对财务报告内部控制的有效性发表审计意见，并对内部控制审计过程中注意到的非财务报告内部控制的重大缺陷，在内部控制审计报告中增加"非财务报告内部控制重大缺陷"描述段予以披露。

1. 与注册会计师内部控制审计的联系

不论是由内部审计机构实施的内部控制审计,还是由注册会计师实施的内部控制审计,都是针对组织内部控制开展的审计活动,都是为了提升组织内部控制在设计和运行上的有效性,促进组织内部控制目标的实现。内部控制审计的对象均为组织的内部控制,审计工作都要以内部控制设计和运行的实际情况为基础实施,都需要围绕控制环境、风险评估、控制活动、信息与沟通、内部监督等内部控制要素来确定具体的审查和评价内容。两者的主要联系体现在注册会计师在实施内部控制审计的过程中,可以利用内部审计机构对内部控制的审计结果来寻求缩减注册会计师审计工作量的可能性,组织也可以通过加强内部审计机构所实施的内部控制审计工作,以降低注册会计师实施内部控制审计的成本。

2. 与注册会计师内部控制审计的区别

(1) 性质不同

由于内部审计机构和注册会计师实施的内部控制审计具有不同的实施主体,也就形成了不同性质的业务。由内部审计机构实施的内部控制审计,其本质就是组织对内部控制实施的内部监督行为。由注册会计师实施的内部控制审计在本质上是对组织内部控制的外部监督行为,属于由注册会计师提供的具有独立性和客观性的鉴证业务。

(2) 强制性不同

外部监管机构对组织的内部审计机构是否实施内部控制审计并无强制性要求。但是,对于公众利益实体,如上市公司而言,聘请注册会计师实施内部控制审计则是一项强制性要求。财政部等五部委颁布的《企业内部控制配套指引》明确规定:"执行《企业内部控制基本规范》及企业内部控制配套指引的上市公司和非上市大中型企业,应当对内部控制的有效性进行自我评价,披露年度自我评价报告,同时应当聘请会计师事务所对财务报告内部控制的有效性进行审计并出具审计报告。上市公司聘请的会计师事务所应当具有证券、期货业务资格;非上市大中型企业聘请的会计师事务所可以是不具有证券、期货业务资格的大中型会计师事务所。"

(3) 遵循的规则不同

内部审计机构实施内部控制审计应当遵循《中国内部审计准则》,注册会计师实施内部控制审计应当遵循《企业内部控制审计指引》《中国注册会计师鉴证业务基本准则》和《中国注册会计师审计准则》等规范。

(4) 审计侧重点不同

虽然内部审计机构和注册会计师在实施内部控制审计时,都是针对组织内部控制在设计和运行上的有效性进行的,但是注册会计师在实施内部控制审计时,会将发现的内部控制缺陷区分为财务报告内部控制缺陷和非财务报告内部控制缺陷,对不同的内部控制缺陷也会采取不同的处理方式。内部审计机构实施的内部控制审计应当在对内部控制全面评价的基础上,关注重要业务单位、重大业务事项和高风险领域的内部控制,不会对内部控制缺陷进行上述的划分。

(5) 实施的频率不同

内部审计机构实施内部控制审计,并没有每年进行一次的强制性要求,也不需要针对某个特定的基准日,通常是根据组织管理层的需要和内部审计的年度工作计划实施的。注册会计师实施的内部控制审计则是对被审计单位特定基准日内部控制设计与运行的有效性进行的审计，通常每年需要进行一次，并由会计师事务所出具内部控制审计报告并将审计结果对外披露。

(6) 工作成果的体现不同

内部审计机构实施内部控制审计之后，应当向组织的适当治理层或管理层报告审计结果。审计报告应当说明审查和评价内部控制的目的、范围、审计结论、审计决定及对改善内部控制的建议，以及被审计单位的反馈意见。注册会计师在完成内部控制审计工作之后，应当出具内部控制审计报告。审计报告应当对被审计单位是否按照《企业内部控制基本规范》《企业内部控制应用指引》《企业内部控制评价指引》以及被审计单位自身内部控制制度的要求，在所有重大方面保持了有效的内部控制发表审计意见。注册会计师出具的内部控制审计报告包括四种类型，即标准内部控制审计报告、带强调事项段的无保留意见内部控制审计报告、否定意见内部控制审计报告和无法表示意见内部控制审计报告。对于发现的非财务报告内部控制的重大缺陷，注册会计师还应当在审计报告中提示投资者、债权人和其他利益相关者予以关注。

(三) 与财务报表审计过程中内部控制评审的联系和区别

内部控制评审是指审计人员调查了解被审计单位内部控制的设计和运行情况，通过对内部控制实施必要的控制测试，对内部控制的健全性、合理性和有效性做出评价，以确定是否依赖内部控制寻求缩减实质性测试范围的可能性。内部控制评审并非一项独立的审计业务类型，而是审计人员在具体的审计项目中可能采取的一种审计技术方法。

1. 与审计过程中内部控制评审的联系

内部审计机构实施的内部控制审计与审计人员在审计过程中进行的内部控制评审都是针对被审计单位内部控制的设计和运行情况而实施的，审计人员也会采用基本相同的审计方法，如询问、穿行测试、实地观察、检查、重复执行等。在某些情况下，内部审计机构出于提高效率、整合资源的考虑，会将内部控制审计与财务报表审计整合在一起实施，通过审计人员对内部控制进行的测试，能够同时实现双重目标：一是获取充分适当的审计证据以支持内部控制审计中对内部控制有效性的审计结论，二是获取充分适当的审计证据以支持财务报表审计中对控制风险的评估结果。

2. 与审计过程中内部控制评审的区别

(1) 工作目标不同

内部控制审计的工作目标在于评价内部控制设计和运行的有效性，从而为组织实现战略目标提供服务；在审计过程中进行内部控制评审的工作目标在于确定相关内部控制是否完善，是否值得依赖，以评估控制风险水平，从而确定实质性测试的性质、范围、时间和审计重点。

(2) 工作结果不同

内部审计机构实施了内部控制审计之后，应当向适当管理层报告审计结果。审计人员在审计过程中实施的内部控制评审只是一项审计业务的一个组成部分，审计人员在实施了内部控制评审之后，并不需要单独针对评审结果出具审计报告。

三、内部控制审计的责任划分

我国内部审计具体准则第 2201 号明确规定："董事会及管理层的责任是建立健全内部控

制并使之有效运行。内部审计的责任是对内部控制设计和运行的有效性进行审查和评价，出具客观、公正的审计报告，促进组织改善内部控制及风险管理。"

早在 1971 年，国际内部审计师协会在其第 3 号"内部审计师责任说明书"中就已经将内部控制评价确定为内部审计的主要职责。在最新修订的《国际内部审计专业实务框架》中，国际内部审计师协会进一步明确指出，内部审计机构和人员应当通过评价内部控制的效率和效果、促进其持续改善等工作，帮助组织维持有效的控制系统。在内部审计机构和人员实施内部控制审计的过程中，必须明确内部审计机构和人员与组织治理层和管理层的责任划分。组织的管理层负责建立健全组织的内部控制并使之有效运行，组织的治理层负责监督组织管理层建立健全内部控制并保证其有效运行的责任的履行情况。内部审计的责任是对内部控制设计和运行的有效性进行审查和评价，出具客观、公正的审计报告，促进组织改善内部控制及风险管理。

第三节 内部控制审计的内容

内部审计机构实施内部控制审计，其目标在于通过健全、完善组织的内部控制以及督促组织内部控制的有效执行以促进组织改善内部控制及风险管理，促进组织目标的实现，进而为组织增加价值。通常情况下，组织层面的内部控制是否有效将直接影响重要业务流程层面内部控制的有效性，进而影响内部审计机构和人员对组织内部控制所做出的评价结论和所提出的改进建议。因此，内部审计机构和人员在实施内部控制审计时，可以首先审查和评价组织层面的内部控制，进而在此基础上进一步审查和评价业务层面的内部控制。

一、组织层面内部控制审计的内容

组织层面内部控制审计的基本内容主要是审查和评价内部控制在设计层面的合理性和健全性以及在执行层面的有效性。内部审计机构和人员对内部控制合理性的审查主要关注组织的内部控制在设计层面是否能够实现控制目标以及是否存在缺陷。内部审计机构和人员对内部控制的健全性的审查主要关注内部控制在设计层面上是否全面、完整，为实现控制目标而应当设置的内部控制是否已经设置并已经得到执行。内部审计机构和人员对内部控制的有效性的审查则主要关注已经建立的内部控制是否得到了一贯的有效执行，并最终实现了控制的目标。内部审计机构可以参考《企业内部控制基本规范》及配套指引的相关规定，根据组织的实际情况和需要，通过审查内部环境、风险评估、控制活动、信息与沟通、内部监督等要素，对组织层面内部控制的设计与运行情况进行审查和评价。

（一）审查与评价内部环境

内部控制环境设定了组织内部控制的基调，代表着组织治理层和高级管理层对内部控制的重视程度，影响着组织内所有层级的员工对内部控制的认识和态度。良好的内部控制环境是组织实施有效内部控制的基础，只有在良好的内部控制环境下，组织才能建立完备的内部控制，已经建立起来的内部控制也才能得到有效的执行。内部控制环境包括治理职能和管理职能，以及组织治理层和管理层对内部控制及其重要性的态度、认识和措施。内部控制环境是由多方面的要素组成的，例如，管理层倡导的组织文化和经营理念；组织的经济性质和类型；法人治理结构；权责分配；对胜任能力的重视；人力资源政策与实务等。内部审计人员开展内部控制环境要素的审计时，应当以《企业内部控制基本规范》和各项应用指引中有关内部环境要素的规定为依据，关注组织架构、发展战略、人力资源、组织文化、社会责任等，结合组织的内部控制，对内部环境进行审查和评价。

1. 组织架构

组织架构是指组织按照国家有关法律、法规、股东(大)会决议、组织章程，结合组织实际情况，明确董事会、监事会、经理层和组织内部各层级机构设置、职责权限、人员编制、工作程序和相关要求的制度安排。组织架构可以分为治理架构和内部机构，内部审计人员应当关注组织架构在设计与运行中的各项风险。例如，治理结构形同虚设，缺乏科学决策、良性运行机制和执行力，可能导致组织经营失败或难以实现发展战略；内部机构设计不科学，权责分配不合理，可能导致机构重叠、职能交叉或缺失、推诿扯皮、运行效率低下。内部审计人员在审查和评价组织架构时应当重点关注以下内容：

(1)组织架构的设计是否符合国家有关法律法规的规定，是否明确了董事会、监事会和经理层的职责权限、任职条件、议事规则和工作程序，是否能够确保决策、执行和监督相互分离，形成制衡。

(2)组织架构是否形成了重大决策、重大事项、重大人事任免以及大额资金支付业务等的集体决策或联签制度。

(3)组织架构是否按照科学、精简、高效、透明、制衡的原则，合理设置了内部职能机构，并明确体现了不相容职务分离的要求。

(4)组织架构是否对其治理结构和内部机构的设置进行了梳理，是否能够保证其运行的合理性和有效性。

(5)组织架构中是否建立了科学的投资管控制度。

(6)组织是否定期对组织架构设计及运行的效率和效果进行评估，对存在的缺陷是否已经进行了优化调整。

2. 发展战略

发展战略是指组织在对现实状况和未来趋势进行综合分析和科学预测的基础上，制定并实施的长远发展目标与战略规划。内部审计人员应当关注组织在制定与实施发展战略中的各项风险。例如，缺乏明确的发展战略或发展战略实施不到位，可能导致组织盲目发展，难以形成竞争优势，丧失发展机遇和动力；发展战略过于激进，脱离组织实际能力或偏离主业，可能导致组织过度扩张，甚至经营失败；发展战略因主观原因频繁变动，可能导致资源浪费，甚至危及组织的生存和持续发展。内部审计人员在审查和评价发展战略时应当重点关注以下内容：

(1)组织在制定发展目标时是否进行了充分的调查研究、科学分析预测和广泛征求意见。

(2)组织是否依据发展目标制定了战略规划。

(3)董事会是否下设战略委员会或指定相关机构负责发展战略管理工作，其职责和议事原则是否明确。

(4)组织是否根据发展战略制订了年度工作计划、并编制了全面预算。

(5) 组织是否对发展战略的实施情况进行了监控和定期分析。

3. 人力资源

人力资源是指组织进行生产经营活动而录(任)用的各种人员,包括董事、监事、高级管理人员和全体员工。组织内各层级员工的能力和诚信是内部控制环境中不可缺少的因素,组织任何的政策和程序的有效执行都取决于人力资源。内部审计人员应当关注人力资源管理领域的各项风险。例如,人力资源缺乏或过剩、结构不合理、开发机制不健全,可能导致组织发展战略难以实现;人力资源激励约束制度不合理、关键岗位人员管理不完善,可能导致人才流失、经营效率低下或关键技术、商业秘密和国家机密泄露;人力资源退出机制不当,可能导致法律诉讼或组织声誉受损。内部审计人员在审查和评价人力资源时应当重点关注以下内容:

(1) 组织是否根据人力资源总体规划,结合生产经营实际需要,制订了年度人力资源需求计划,完善人力资源引进制度。

(2) 人力资源选聘程序是否符合职位要求、公开、公平。

(3) 组织是否依法与员工签订了劳动合同。

(4) 组织是否建立了培训等人才培养的长效机制。

(5) 组织是否建立了人力资源的激励约束机制和绩效考核制度。

(6) 组织是否制定了定期轮岗制度。

(7) 组织是否建立健全了员工退出制度。

4. 组织文化

组织文化是指组织在生产经营实践中逐步形成的、为整体团队所认同并遵守的价值观、经营理念和组织精神,以及在此基础上形成的行为规范。内部审计人员应当关注组织在加强组织文化建设中的各项风险。例如,缺乏积极向上的组织文化,可能导致员工丧失对组织的信心和认同感,组织缺乏凝聚力和竞争力;缺乏开拓创新、团队协作和风险意识,可能导致组织发展目标难以实现,影响可持续发展;缺乏诚实守信的经营理念,可能导致舞弊事件的发生,造成组织损失,影响组织信誉;忽视组织间的文化差异和理念冲突,可能导致并购重组失败。内部审计人员在审查和评价组织文化时应当重点关注以下内容:

(1) 组织是否根据自身发展战略和实际情况培育了具有自身特点的组织文化。

(2) 董事、监事、经理和其他高级管理人员是否发挥了主导和模范作用。

(3) 组织文化是否渗透到组织的生产经营全过程,并得到了全员的遵守。

(4) 组织是否定期对组织文化进行评估,并对存在的问题采取措施加以改进。

5. 社会责任

社会责任是指组织在经营发展过程中应当履行的社会职责和义务,主要包括安全生产、产品质量(含服务,下同)、环境保护、资源节约、促进就业、员工权益保护等。内部审计人员应当关注组织在履行社会责任方面的各项风险。例如,安全生产措施不到位,责任不落实,可能导致组织发生安全事故;产品质量低劣,侵害消费者利益,可能导致组织巨额赔偿、形象受损,甚至破产;环境保护投入不足,资源耗费大,造成环境污染或资源枯竭,可能导致组织巨额赔偿、缺乏发展后劲,甚至停业;促进就业和员工权益保护不够,可能导致员工积

极性受挫,影响组织发展和社会稳定。内部审计人员在审查和评价组织在履行社会责任的情况时应当重点关注以下内容:

(1)组织是否建立了严格的安全生产管理体系、操作规范和应急预案,是否强化安全生产责任追究制度。

(2)组织的安全生产措施是否到位、责任是否落实。

(3)组织是否建立了严格的产品质量控制、检验制度及售后服务制度。

(4)组织是否建立了环境保护与资源节约制度,是否认真落实节能减排责任,是否积极开发和使用节能产品,是否发展循环经济,是否降低污染物排放,是否提高资源综合利用效率。

(5)组织是否依法保护员工的合法权益。

(二)审查与评价风险评估

任何组织在经营活动中都会面临各种各样的风险,并对其生存和竞争能力产生影响。很多风险的产生并不是组织所能控制的,但是组织的管理层应当确定可以承受的风险水平,识别组织可能面临的这些风险,评估其严重程度并采取一定的应对措施。组织进行的风险评估过程就是识别、评估和管理影响其运营目标实现能力的各种风险。内部审计人员开展风险评估要素审计时,应当以《企业内部控制基本规范》有关风险评估的要求,以及各项应用指引中所列主要风险为依据,结合组织的内部控制,对日常经营管理过程中的风险识别、风险分析、应对策略等进行审查和评价。

1. 组织战略和目标的沟通

组织只有确立了既定的战略和目标,才能实施有效的控制。组织的战略和目标是由组织的理念及其所追求的价值所决定的。组织的风险评估就是对组织战略目标实现中出现的风险进行评估,而对组织战略和目标的有效沟通保证了风险评估在组织内部的贯彻。内部审计人员在审查和评价组织战略和目标的沟通时应当重点关注以下内容:

(1)组织目标是否适当,是否与组织的战略、组织所处的内外部环境相适应,组织目标是否已经传达到组织的各个相关层次。

(2)组织在具体策略和业务流程层面的目标与组织整体目标是否保持协调。

(3)组织是否已经明确影响整体战略实施的关键因素。

(4)组织的各级管理人员是否能够参与组织目标的制定,是否明确了相关的责任。

2. 风险评估过程

风险评估过程是组织实施风险评估的过程,包括风险识别、评估风险的严重程度、评估风险发生的可能性以及确定需要采取的风险应对措施。内部审计人员在审查和评价组织的风险评估过程时应当重点关注以下内容:

(1)组织是否已经建立了完备的风险识别机制。

(2)组织是否已经建立了有效的风险评估方法。

(3)组织的风险分析是否是通过正式的分析程序进行的。

3. 对风险的管理

组织始终处于不断变化的风险环境之中,组织的运营和控制必须不断适应变化中的风险环境。因此,组织的风险评估并不是一个静态的过程,而是一个持续的、及时识别风险及其变化并不断应对变化中的风险的动态过程。内部审计人员在审查和评价组织对风险的管理时应当重点关注以下内容：

(1) 组织是否建立了识别和应对可能对组织产生重大且普遍影响的风险的完备机制。

(2) 组织风险管理部门是否建立了必要的流程以识别、评估和应对运营环境中出现的各种风险以及可能发生的重大变化。

(3) 组织是否建立了对风险管理效果进行定期监督和评价的机制。

(三) 审查与评价控制活动

控制活动是内部控制的重要要素，也是内部控制实现控制目标的关键。内部控制的成败在很大程度上取决于控制活动的设计和执行效果。即便是组织已经具备了一定的风险和危机意识，也营造了良好的内部控制环境，但是，如果没有设置有效的控制活动或者已经设置的控制活动并没有得到有效的执行的话，内部控制也不会达到预期的控制目标。

内部审计人员开展控制活动要素审计时，应当以《企业内部控制基本规范》和各项应用指引中关于控制活动的规定为依据，结合组织的内部控制，对相关控制活动的设计和运行情况进行审查和评价。控制活动包括适当的授权和职责分离，会计系统控制，财产保护控制，以及预算控制，运营分析控制，绩效考评控制以及合同管理控制等。内部审计人员应当审查和评价组织是否建立了必要的控制活动，已经建立的控制活动是否在组织内部得到了一贯的执行，控制活动的实施对控制目标的实现产生的影响，以及控制活动能否识别和规避风险等。

1. 授权审批控制

授权审批控制要求组织按照授权审批的相关规定，明确各岗位办理业务和事项的权限范围、审批程序和相应职责。组织内部各级管理人员必须在授权范围内行使职权和承担责任，业务经办人员必须在授权范围内办理业务。完善的授权审批控制有助于明确各级管理层级的权利和义务，层层落实责任、层层把关，最大限度地避免风险的发生。内部审计人员在审查和评价组织的授权审批控制时应当重点关注以下内容：

(1) 组织对一般授权和特别授权的界定是否清晰。

(2) 组织设置的授权审批控制是否具有充分的依据，是否做到了依事不依人，授权者对下级的授权是否在自己的权限范围内，是否建立了针对授权的监督保障机制。

(3) 组织是否存在越权审批、随意审批的情况。

(4) 组织的授权和审批是否采取了适当的书面形式。

2. 不相容职责分离控制

不相容职责分离控制要求组织全面系统地分析、设立业务流程中所涉及的不相容职务，实施相应的职责分离措施，形成各司其职、各负其责、相互制约的工作机制。内部审计人员在审查和评价组织的职责分离控制时应当重点关注以下内容：(1) 可行性研究与决策审批是否相分离；(2) 业务执行与决策审批是否相分离；(3) 业务执行与审核监督是否相分离；(4) 会计记录与业务执行是否相分离；(5) 业务执行与财产保管是否相分离；(6) 财产保管与会计记录是否相分离。

3. 会计系统控制

会计系统控制是指利用记账、核对、岗位职责落实和职责分离、档案管理、工作交接程序等会计控制方法，确保组织会计信息真实、准确、完整。健全有效的会计系统控制要求组织严格执行国家统一的会计准则和财务制度，加强会计基础工作，明确会计凭证、会计账簿和财务会计报告的处理程序，保证会计资料的真实完整。内部审计人员在审查和评价组织的会计系统控制时应当重点关注以下内容：

(1)组织管理层是否依据具体情况选择了适当的会计准则和相关的会计制度。

(2)会计政策的选择是否适当，变更会计政策是否有合理的理由。

(3)会计估计的确定是否合理。

(4)文件和凭证控制措施是否健全，是否对经济业务进行适当记录并且对相关凭证进行连续编号。

(5)会计档案的保管是否妥当。

(6)组织是否依法设置了会计机构，配备了合格的会计人员。

(7)组织是否建立了适当的会计岗位制度。

4. 财产保护控制

财产保护控制要求组织建立财产日常管理制度和定期清查制度，采取财产记录、实物保管、定期盘点、账实核对等措施，确保财产的安全和完整。内部审计人员在审查和评价组织财产保护控制时应当重点关注以下内容：

(1)组织是否建立了财产档案，全面及时地反映财产的增减变动。

(2)组织是否建立了对财产的实物保管制度，严格限制未经授权人员接触资产。

(3)组织是否建立了定期或者不定期的财产盘点清查制度。

5. 预算控制

预算控制要求组织实施全面预算管理制度，明确各责任单位在预算管理中的职责权限，规范预算的编制、审定、下达和执行程序，强化预算约束。内部审计人员应当关注组织在预算管理中的各项风险。例如，不编制预算或预算不健全，可能导致组织经营缺乏约束或盲目经营；预算目标不合理、编制不科学，可能导致组织资源浪费或发展战略难以实现；预算缺乏刚性、执行不力、考核不严，可能导致预算管理流于形式。内部审计人员在审查和评价组织的预算控制时应当重点关注以下内容：

(1)组织是否建立和完善了预算编制工作制度，明确编制依据、编制程序、编制方法等内容，确保预算编制依据合理、程序适当、方法科学，全面预算是否按照相关法律法规及组织章程的规定报经审议批准，并以文件形式下达执行。

(2)组织的预算执行是否严格，确需调整预算的，是否履行严格的审批程序。

(3)组织是否建立了严格的预算执行考核制度，对各预算执行单位和个人进行考核，切实做到有奖有惩、奖惩分明。

6. 运营分析控制

运营分析控制要求组织建立运营情况分析制度，经理层综合运用生产、购销、投资、筹资、财务等方面的信息，通过对比分析、比率分析、趋势分析、因素分析、综合分析等办法，定期开展运营情况分析，发现存在的问题，及时查明原因并加以改进。内部审计人员在审查和评价组织运营分析控制时应当重点关注以下内容：(1)组织采用的运营分析方法是否恰当；

(2)组织是否根据发现的问题查找了原因；(3)组织是否在分析问题并查找原因的基础上，提出了改进的措施。

7. 绩效考评控制

绩效考评控制要求组织建立和实施绩效考评制度，科学设置考核指标体系，对组织内部各责任单位和全体员工的业绩进行定期考核和客观评价，将考评结果作为确定员工薪酬以及职务晋升、评优、降级、调离、辞退等的依据。内部审计人员在审查和评价组织绩效考评控制时应当重点关注以下内容：(1)考核主体与客体是否恰当；(2)考核评价的目标是否明确；(3)考核评价指标是否科学合理；(4)考核评价标准是否适当；(5)考核评价方法是否科学合理；(6)考核结果是否公正。

8. 合同管理控制

合同管理控制是指组织通过梳理合同管理的整个流程，分析关键风险点，采取有效措施，将合同风险控制在组织可以接受的范围内。内部审计人员应当关注合同管理控制中的各项风险。例如，未订立合同、未经授权对外订立合同、合同对方主体资格未达要求、合同内容存在重大疏漏和欺诈，可能导致组织合法权益受到侵害；合同未全面履行或监控不当，可能导致组织诉讼失败、经济利益受损；合同纠纷处理不当，可能损害组织利益、信誉和形象。内部审计人员在审查和评价组织的合同管理控制时应当重点关注以下内容：(1)组织是否建立了分级授权的合同管理制度；(2)组织是否实行统一归口管理；(3)各业务部门作为合同的承办部门是否进行了明确的职责分工；(4)组织是否建立健全了合同管理考核与责任追究制度，并开展了合同后评估。

(四)审查与评价信息与沟通

处于高速发展的信息时代的任何组织对信息与沟通系统都具有越来越严重的依赖，信息的真实与沟通的及时对组织的运营具有至关重要的作用。良好的信息与沟通系统能够保证组织在充满风险和瞬息万变的环境中灵活应对。这就要求组织的信息与沟通系统应当能够及时、准确地记录所有的信息，并确保安全地、有序地使用所有的信息。

内部审计人员在对信息与沟通要素进行审查时，应当分别考虑信息与沟通两个方面的内容。内部审计人员开展信息与沟通要素审计时，应当以《企业内部控制基本规范》和各项应用指引中有关内部信息传递、财务报告、信息系统等规定为依据，结合组织的内部控制，对信息收集处理和传递的及时性、反舞弊机制的健全性、财务报告的真实性、信息系统的安全性，以及利用信息系统实施内部控制的有效性进行审查和评价。

1. 内部信息传递

沟通的目的在于确保组织所有层级的员工了解其职责，通过有效的沟通，组织所有层级的员工能够充分了解其在会计系统中的工作任务，与他人的联系方式，向上级报告例外情况的途径。组织内部信息传递的方式主要有组织规章制度、财务制度、备忘录以及口头交流和流程示范等。内部审计人员在审查和评价组织的内部信息传递时应当重点关注以下内容：

(1)内部信息传递系统是否功能安全、内容完整。

(2)内部信息传递系统向适当人员提供的信息是否充分、具体和及时，使之能够有效履行其职责。

(3)内部信息传递系统是否明确规定了内部信息传递的内容、保密要求及密级分类、传递方式、传递范围以及各管理层级的职责权限。

(4)内部信息传递系统对不恰当事项和行为是否建立了沟通渠道。

2. 财务报告

由于组织编制财务报告的过程涉及重大会计估计和披露,编制财务报告的程序就应当同时确保适用的会计准则和相关会计制度要求,需要披露的信息能够得到适当的收集、记录、处理和汇总,并在财务报告中进行适当的披露。内部审计人员在审查和评价组织的财务报告时应当重点关注以下内容:

(1)组织是否按照国家统一的会计准则和制度规定进行会计记录和财务报告的编制。

(2)财务报告是否内容完整、数字真实、计算准确、没有漏报。

(3)组织是否定期进行收入、费用、成本、资产、负债、现金流量等的财务分析,并传达给有关管理层。

3. 信息系统

信息包括内部信息和外部信息。内部信息包括组织管理层建立的记录及报告经营业务与事项,维护资产、负债和所有者权益的办法与记录。外部信息包括市场占有率、法律法规和顾客反馈等信息。信息产生于组织的信息系统,信息系统产生包含有关运营、财务和合规性的信息,帮助管理层对组织进行运营和控制。内部审计人员在审查和评价组织的信息系统时应当重点关注以下内容:

(1)组织信息系统的开发及其变更是否与组织战略计划相适应。

(2)管理层是否提供适当的人力和财力以开发必需的信息系统。

(3)组织信息系统是否建立了严格的用户管理制度。

(4)组织信息系统是否建立了系统数据定期备份制度。

(5)组织是否对信息系统进行了安全策略的保护。

(五)审查与评价内部监督

监督和检查是内部控制实施过程中必不可少的环节,通过对内部控制实施过程的监督和检查,组织可以发现内部控制实施过程中可能存在的问题,并及时进行修正,以确保内部控制系统持续有效地运行。例如,管理层是否对定期编制的银行存款余额调节表进行复核,内部审计人员评价销售人员是否遵守公司关于销售合同条款的政策,法律部门定期监控公司的道德规范和商务行为准则是否得以遵循等。监督和检查对控制的持续有效运行是十分重要的。例如,如果没有对银行存款余额调节表是否得到及时和准确的编制进行监督,该项控制可能无法得到持续的执行。组织通常通过持续的监督活动、专门的评价活动或两者相结合,来实现对控制的监督。持续的监督活动通常贯穿于组织的日常经营活动与常规管理工作中。例如,销售经理、采购经理和车间主任对经营活动十分了解,会对有重大差异的报告提出疑问,并作必要的追踪调查和处理。组织也可能利用与外部有关各方沟通或交流所获取的信息监督相关的控制活动。在某些情况下,外部信息可能显示内部控制存在的问题和需要改进之处。例如,客户通过付款来表示其同意发票金额,或者认为发票金额有误而不付款。监管机构,比如银行监管机构可能会对影响内部控制运行的问题与组织进行沟通。

内部审计人员开展内部监督要素审计时,应当以《企业内部控制基本规范》有关内部监督的要求,以及各项应用指引中有关日常管控的规定为依据,结合组织的内部控制,对内部监督机制的有效性进行审查和评价,重点关注监事会、审计委员会、内部审计机构等是否在内部控制设计和运行中有效发挥监督作用。内部审计人员在审查和评价组织的内部监督时应当重点关注以下内容:(1)组织对经营业绩以及变化趋势是否进行定期的监督;(2)组织是否进行定期的内部控制评价,评价是否取得了良好的效果;(3)组织管理层是否会采纳监督人员的建议,及时纠正内部控制运行中的偏差;(4)组织是否建立了协助管理层进行监督的职能部门(如监事会、审计委员会或者内部审计机构),这些机构的工作职责和工作效果等。

二、业务层面内部控制审计

内部审计人员在对组织层面的内部控制进行审查和评价之后,应当根据管理需求和业务活动的特点,针对采购业务、资产管理、销售业务、研究与开发、工程项目、担保业务、业务外包、财务报告、全面预算、合同管理、信息系统等,对业务层面内部控制的设计和运行情况进行审查和评价。

(一)确定重要业务流程和重要交易类别

组织在业务层面的内部控制主要是针对重要业务流程和重要交易类别设计和实施的,因此,内部审计人员首先需要确定组织所有的重要业务流程和重要的交易类别,并对围绕业务流程和交易类别设计的内部控制进行深入的了解。例如,对于一般的制造业企业而言,销售业务和采购业务就是最重要的交易类别。

(二)了解重要交易流程

重要交易流程是指每一类重要交易在信息技术或人工系统中生成、记录、处理及在财务报表中报告的程序,这是确定在哪个环节或哪些环节需要建立内部控制的基础。交易流程通常包括一系列工作:输入数据的核准与修订,数据的分类与合并,进行计算、更新账簿资料和客户信息记录,生成新的交易,归集数据,列报数据等。例如,在销售交易中,交易流程通常包括输入销售订购单、编制货运单据和发票、更新应收账款信息记录等。相关的处理程序包括通过编制调整分录,修改并再次处理以前被拒绝的交易,以及修改被错误记录的交易。

(三)确定需要设置内部控制的环节

内部审计人员需要确定组织应当在哪些环节设置内部控制,以保证对重要交易流程和重要交易类别的处理不会发生错误和舞弊,这些内部控制应当是可以保证每个流程中业务活动的具体流程能够顺利运转的人工或自动化控制程序。组织针对业务流程设置的内部控制分为预防性控制和检查性控制。预防性控制通常用于正常业务流程的每一项交易,以防止错误或舞弊的发生。例如,在发运货物开具发票时对销售发票进行人工复核以确定发票采用了正确的价格和折扣。检查性控制的建立是为了发现流程中可能发生的错误或者舞弊,是管理层监督实现流程目标的内部控制。例如,财务总监会复核月度毛利率的合理性,信用管理部经理记录每月到期的应收账款,并追查收款情况等。

(四)评价内部控制

设置内部控制的目的就是为了实现控制目标,为此对于每一个重要的业务流程,内部审计人员都需要评价已经设计的内部控制是否实现了与该业务流程相关的特定的控制目标。评价内部控制是否实现了控制目标的重要标志就是评价内部控制是否防止了错误或者舞弊的发生,或者发现并纠正了错误或者舞弊,然后重新提交到业务流程处理程序中进行处理。

第四节 内部控制审计的组织方式和程序

一、内部控制审计的组织方式

内部控制审计应当以风险评估为基础,根据风险发生的可能性和对组织单个或者整体控制目标造成的影响程度,确定审计的范围和重点。内部控制审计应当在对内部控制全面评价的基础上,关注重要业务单位、重大业务事项和高风险领域的内部控制。内部控制审计应当真实、客观地揭示经营管理的风险状况,如实反映内部控制设计和运行的情况。内部控制审计按其范围划分,可以分为全面内部控制审计和专项内部控制审计。

全面内部控制审计是针对组织所有业务活动的内部控制,包括对内部环境、风险评估、控制活动、信息与沟通、内部监督五个要素所进行的全面审计。专项内部控制审计是针对组织内部控制的某个要素、某项业务活动或者业务活动某些环节的内部控制所进行的审计。全面内部控制审计和专项内部控制审计的实施主体都是组织的内部审计机构,审计对象也都是组织的内部控制。两者的主要区别体现在审计范围、审计作用、审计方法、审计方式和审计结果之上。

(一)审计范围

从审计范围上看,全面内部控制审计涉及组织经营管理的所有环节,属于全面审计,具有审计内容全面、范围广泛、综合性强等特点;专项内部控制审计则只针对组织经营管理环节中的某一个方面、某一个问题或者某一个层次,属于专门审计,具有针对性强、适应性好、纠正问题更快、审计内容较为单一等特点。

(二)审计作用

从审计作用上看,全面内部控制审计能够较为全面地、综合地评价被审计单位的经营管理和内部控制状况,可以全面揭示组织在经营管理和内部控制中存在的弊端和缺陷,可以对被审计单位的经营管理和内部控制形成综合的评价结论,也属于组织对自身的经营管理和内部控制进行定期"保健"性检查的重要方式;专项内部控制审计则能够较好地解决组织在某一方面存在的内部控制问题,对已经存在的问题的解决更加及时和迅速,提出的改善方案也更具有针对性。

(三)审计方法

从审计方法上看,全面内部控制审计由于涉及的工作量较大,审计的范围也较为广泛,通常必须采取"抽样检查"的审计方法;专项内部控制审计主要关注的是内部控制的某一个方面,其目的在于迅速抓住具体的问题以及将问题的严重程度揭示出来,因此在审计方法上通常会采取"详细检查"。

(四)审计方式

从审计方式上看,全面内部控制审计工作量大、审计时间长、人力分散,审计成本较高,对内部审计人员的综合素质也具有较高的要求;专项内部控制审计的针对性强,人力集中,审计成本相对较低,但是也要求内部审计人员具有更"精深"的知识与技能,拥有更丰富的实践经验,能够将问题查深查透。

(五)审计结果

从审计结果上看,全面内部控制审计的审计结果主要集中在对被审计单位经营管理和内部控制的全方位评价之上,属于对组织的经营管理和内部控制的"横切面"剖析;专项内部控制审计则能够更加深刻地揭示被审计单位在经营管理和内部控制中存在的问题及其严重程度,且能够对问题存在的原因进行深层次的剖析,分清责任人,提出解决方案和完善措施,属于对组织的经营管理和内部控制某一方面或某一环节的"纵切面"剖析。

二、内部控制审计的程序

了解内部控制审计的程序,有利于内部审计人员有效地解决内部控制审计工作中出现的一系列问题。只有内部审计人员熟悉内部控制审计程序的各个步骤,才能更好地完成内部控制审计的工作任务,及时发现组织在内部控制的设计和运行方面的各种问题,并提出切实可行的改进建议和完善对策。内部控制审计主要包括下列程序:(1)编制项目审计方案;(2)组成审计组;(3)实施现场审查;(4)认定控制缺陷;(5)汇总审计结果;(6)编制审计报告。

(一)编制项目审计方案

1. 对组织的内部控制进行了解

顺利开展内部控制审计工作的前提条件就是了解组织内部控制的基本情况,这对于合理地规划整个审计过程都是有着重要影响的。内部审计人员应当获取有关内部控制的足够信息,以使其能够识别组织已经设立的各项控制,了解各项控制如何执行,由谁执行,以及执行中所使用的数据报告、文件和其他材料。在了解组织内部控制基本情况时,内部审计人员可以通过询问相关岗位的员工,审阅与内部控制相关的文件资料以获取组织内部控制的信息。内部审计人员在判断对内部控制的了解是否足以制定一个有效的审计策略时,应当考虑的因素包括:重要交易类别的复杂性、信息技术应用环境的复杂性和一体化程度、错报发生的可能性和在业务流程中未被发现的可能性,以及该重要交易影响重大账户的程度等。

2. 制订审计计划

为了对整个的内部控制审计过程进行有效的规划,内部审计人员就需要制订一个总体审计计划和具体的项目审计方案,并在审计的实施过程中不断根据实际情况的发展变化对具体项目审计方案进行适当的调整与修改。内部审计人员应当在项目审计方案中确定内部控制审计的目标、范围、内容,审计的重点和难点,审计中准备采取的主要审计程序和方法,审计组的构成和分工,以及审计的时间进度和预算等。

3. 下达审计通知

内部控制审计工作组应当在实施现场审计前 2~3 日向被审计单位下达内部控制审计通

知书，通知书中应当明确被审计单位需要准备的资料、参加审计的人员，同时要求被审计单位安排一名审计工作协调员，负责审计联络工作及有关事项。

（二）组成审计组

内部审计机构在确定了内部控制审计项目的性质、业务量、难度及时间进度之后，应当根据组织治理层和管理层对内部控制审计任务的特殊要求，安排对内部控制审计具有经验的内部审计人员组建内部控制审计工作组。同时，内部审计机构还可以适当吸收组织内部相关部门熟悉内部控制情况的业务人员参加内部控制审计的具体工作。组成审计组之后，内部审计机构应当向工作组成员说明内部控制审计的任务性质、工作量、完成时间、注意事项等要求，同时进行审计前的法律法规和主要业务培训，为现场审计工作打好基础。

内部审计机构在确定了内部控制审计的具体项目审计方案之后，审计组长应当根据项目审计方案，科学合理地安排审计事项，确定审计范围、内容、重点、方法和步骤，以及审计起止时间。同时，内部审计机构应当根据所有参加审计工作的内部审计人员的个人特点、专业、特长等对其进行适当的分工，相互配合，明确职责，以确保内部控制审计工作紧密围绕审计目标，进行统筹安排，综合分析，及时解决审计中的疑难问题。

（三）实施现场审查

1. 对内部控制进行了解

为了确定组织控制政策和程序在设计上是否完整以及是否得到了执行，内部审计人员必须对组织的内部控制进行充分的了解。内部审计人员可以就组织的内部控制设计和执行情况向有关工作人员进行询问或采用问卷调查的方式对内部控制的情况进行了解，同时还可以对组织的内部控制政策和制度手册、会计凭证和相关原始记录进行审阅，并采用适当的方法将对内部控制的了解记录下来。在此基础上，内部审计人员应当对组织的内部控制系统做出初步评估，并根据评估的控制风险确定在内部控制薄弱的领域扩展审计程序以降低审计风险的具体审计策略。

2. 对内部控制进行测试

内部审计人员对内部控制的了解重在关注内部控制在设计上是否完整以及是否得到了执行，而内部控制设计和执行的有效性则需要内部审计人员进行充分的控制测试。内部审计人员可以从以下方面获取关于组织内部控制有效性的审计证据：(1)控制在所审计期间的相关时点是如何运行的；(2)控制是否得到一贯地执行；(3)控制由谁或以何种方式执行。

3. 详细记录内部控制审计工作底稿

内部审计人员应当真实、完整地记录审计工作底稿，不得遗漏、虚构、隐匿、毁弃，其他人不得随意删改审计工作底稿。内部审计人员编制审计工作底稿应当做到要素齐全、内容完整、简明扼要。审计工作底稿不能流于形式，应当始终围绕内部控制审计实施过程中的具体查证过程和结果，以便分清审计责任，防范审计风险。内部审计人员编制审计工作底稿应当详细记录实施内部控制审计的内容，包括审查和评价的要素、主要风险点、采取的控制措施、有关证据资料，以及内部控制缺陷认定结果等。

(四)认定控制缺陷

对内部控制缺陷的认定是对内部控制缺陷的重要程度进行识别和确认的过程,也是判断一项内部控制缺陷属于重大缺陷、重要缺陷还是一般缺陷的过程。内部控制的缺陷,尤其是重大缺陷,代表着内部控制的薄弱环节,是组织健全完善内部控制的重点。对于这些缺陷,内部审计人员应当在内部控制审计报告中加以反映,并提出改善相关内部控制的建议。在内部审计人员实施后续审计时,应当对已经认定为重大缺陷的控制的改进情况进行重点关注。

1. 内部控制缺陷的定义和分类

内部控制缺陷是指内部控制的设计存在漏洞,不能有效防范错误与舞弊,或者内部控制的运行存在弱点和偏差,不能及时发现并纠正错误与舞弊的情形。内部控制缺陷是组织在设计和执行内部控制过程中已经出现的或暗藏的缺点或不足,已经出现的或者暗藏的缺点或不足的严重程度达到了将会导致组织内部控制有效性减弱甚至丧失的程度,以至于无法为控制目标的实现提供合理的保证。COSO委员会也将内部控制缺陷界定为已经察觉的、潜在的或实际的内部控制缺点,抑或通过强化措施能够带来实现目标更大可能性的机会。

按照内部控制缺陷的成因,可以将内部控制缺陷分为设计缺陷和运行缺陷。设计缺陷是指组织缺少为实现控制目标所必需的控制措施,或者已经建立的控制在设计上存在不当之处,即使得到正常的运行也难以实现控制目标。运行缺陷是指设计有效(合理而适当)的内部控制由于运行不当,包括由不恰当的人执行、未按设计的方式运行、运行的时间或频率不当、没有得到一贯有效运行等,而影响控制目标的实现所形成的内部控制缺陷。组织的内部控制体系,不论是存在设计缺陷还是存在运行缺陷,都会影响内部控制的有效性。

按照内部控制缺陷的严重程度,可以将内部控制缺陷分为重大缺陷、重要缺陷和一般缺陷。重大缺陷是指一个或多个内部控制缺陷的组合,可能导致组织严重偏离内部控制目标。重要缺陷是指一个或多个内部控制缺陷的组合,其严重程度和经济后果低于重大缺陷,但仍有可能导致组织偏离内部控制的目标。一般缺陷是指除重大缺陷、重要缺陷以外的其他缺陷。

此外,按照缺陷影响的内部控制目标分类,还可以将内部控制缺陷分为财务报告内部控制缺陷和非财务报告内部控制缺陷。财务报告内部控制缺陷是指内部控制缺陷可能导致内部控制无法及时预防、发现或者纠正财务报表的错报,即可能影响组织财务报告相关的内部控制目标的实现。非财务报告内部控制缺陷是指内部控制缺陷可能导致内部控制无法及时预防、发现或者纠正除财务报表错报之外的其他业务经营错误,即可能影响组织非财务报告相关的内部控制目标的实现。这类缺陷包括战略内部控制缺陷、经营内部控制缺陷、合规内部控制缺陷、资产内部控制缺陷等。

2. 内部控制缺陷的识别

无论是国内还是国外对内部控制缺陷的定义都将内部控制缺陷的存在形式分为已经出现的和潜在的两种缺陷。这两种缺陷的表现形式并不相同,一种表现为组织内部控制过程有可能导致控制目标的偏离,只是目前还没有造成危害;另一种则表现为组织内部控制体系已经发生偏离,控制目标的实现已经受到威胁或干扰。这两种缺陷在表现形式上的不同可以为内部审计人员识别内部控制缺陷打开突破口,针对内部控制缺陷的不同表现形式可以分别采用测试识别和迹象识别两种方法。

(1) 测试识别

测试识别是指通过对控制过程的技术分析以及控制测试等手段甄别组织内部控制的设计缺陷与运行缺陷。设计缺陷是组织内部控制在设计层面本就存在的缺陷,对组织运行中的某一过程缺乏必要的控制设计或者控制设计不科学存在漏洞,即使控制得到正常运行,控制目标也难以实现。组织的内部控制在计算机自动控制和手工控制领域都有可能存在设计缺陷。运行缺陷是组织已经建立的内部控制在设计上是完整有效的,但是在实际运行中却没有按设计意图进行,或者控制的执行者没有获得必要的授权,或者缺乏胜任能力,使得内部控制实施效果没有达到设计的目的和预期。内部审计人员对于内部控制运行缺陷的识别必须通过对特定内部控制执行的全过程实施测试才能发现。

(2) 迹象识别

迹象识别是指通过将已经发现的背离内部控制目标的各种迹象作为判断依据来甄别内部控制的设计缺陷与运行缺陷。这种内部控制缺陷识别方法的本质是以内部控制实际运行结果为基础,并以此对控制的有效性做出判断。各种背离内部控制目标的迹象一旦出现,在很大程度上就意味着组织目前的内部控制存在缺陷,控制目标的实现很可能已经受到威胁。能够反映组织内部控制缺陷的迹象很多,例如,管理层处于内部控制系统的真空地带,管理层凌驾于内部控制之上,现有的内部控制不能发现管理层的舞弊行为,或即使已经发现却不能有效地制止;组织出现贪污、挪用等事件;组织的违规、违法行为受到相关监管部门的行政处罚、通报批评或被要求责令整改;组织的财务报表被发现存在错报或存在报表重述情况;组织的一系列重大诉讼案件频繁地出现在同一经营领域。通过识别内部控制存在缺陷的种种迹象,内部审计人员就能够对内部控制缺陷的严重程度做出一个直接的判断,并能够以此作为突破口进行内部控制缺陷的认定。

3. 内部控制缺陷的认定标准

内部审计机构和人员对组织内部控制进行审计和评价的关键就是找出组织内部控制的缺陷并提出改进措施,以不断完善组织的内部控制,提高组织内部控制的有效性,为组织控制目标的实现提供合理保证。为此,内部审计人员应当根据获取的证据,对内部控制缺陷进行初步认定,并按照其性质和影响程度将其分为重大缺陷、重要缺陷和一般缺陷。

(1) 财务报告内部控制缺陷的认定标准

财务报告内部控制缺陷的认定标准直接取决于由于该内部控制缺陷的存在,可能导致的财务报告错报的重要程度。这种重要程度主要取决于两个方面的因素:一是该缺陷是否具备合理可能性导致内部控制不能及时预防、发现并纠正财务报告错报;二是该缺陷单独或连同其他缺陷可能导致的潜在错报的金额大小。基于上述考虑,如果一项内部控制缺陷单独或者连同其他缺陷具备合理可能性,导致不能及时预防、发现或者纠正财务报告中的重大错报,就应当将其认定为重大缺陷。如果一项内部控制缺陷单独或连同其他缺陷具备合理可能性,导致不能及时预防、发现或者纠正财务报告中错报的金额虽然未达到和超过重要性水平,但仍应引起董事会和管理层的重视,就应当将该项缺陷认定为重要缺陷。除了上述缺陷外的内部控制缺陷,其他应认定为一般缺陷。需要说明的是,内部控制缺陷的严重程度并不取决于是否实际发生了错报,而是取决于该项控制不能及时预防、发现或纠正潜在错报的可能性。也就是说,只要存在这种合理可能性,不论组织财务报告是否发生了错报,都应认定财务报告内部控制存在缺陷。

(2) 非财务报告内部控制缺陷的认定标准

非财务报告内部控制缺陷的认定具有涉及面广、认定难度较大的特点，因此很难形成统一的认定标准。组织可以根据自身的实际情况，参照财务报告内部控制缺陷的认定标准，合理确定非财务报告内部控制缺陷的定量和定性认定标准。定量标准（即涉及金额的大小）既可以根据缺陷造成的直接财产损失的绝对金额制定，也可以根据缺陷的直接损失占组织资产、销售收入或利润等的比率确定。定性标准（即涉及业务性质的严重程度）则可以根据其直接或潜在负面影响的性质、范围等因素确定。

(3) 内部控制缺陷严重程度的认定标准

内部控制的重大缺陷是指一个或多个控制缺陷的组合，可能导致组织严重偏离控制目标。内部控制重大缺陷的定量认定标准是指财务报表的错报金额落在如下区间：①错报≥利润总额的5%；②错报≥资产总额的3%；③错报≥经营收入总额的1%；④错报≥所有者权益总额的1%。内部控制重大缺陷的定性认定标准包括：①缺乏民主决策程序；②决策程序导致重大失误；③违反国家法律法规并受到监管机构的处罚；④中高级管理人员和高级技术人员流失严重；⑤媒体频现负面新闻，涉及面广；⑥重要业务缺乏制度控制或制度体系失效；⑦内部控制重大或重要缺陷未得到整改。

内部控制的重要缺陷是指一个或多个控制缺陷的组合，其严重程度和经济后果低于重大缺陷，但是仍有可能导致组织偏离控制目标。内部控制重要缺陷的定量认定标准是指财务报表的错报金额落在如下区间：①利润总额的3%≤错报<利润总额的5%；②资产总额的0.5%≤错报<资产总额的3%；③经营收入总额的0.5%≤错报<经营收入总额的1%；④所有者权益总额的0.5%≤错报<所有者权益总额的1%。内部控制重要缺陷的定性认定标准包括：①民主决策程序存在但不够完善；②决策程序导致出现一般失误；③违反组织内部规章，形成损失；④关键岗位业务人员流失严重；⑤媒体出现负面新闻，波及局部区域；⑥重要业务制度或系统存在缺陷；⑦内部控制重要或一般缺陷未得到整改。

内部控制的一般缺陷是指除重大缺陷、重要缺陷之外的其他控制缺陷。内部控制一般缺陷的定量认定标准是指财务报表的错报金额落在如下区间：①错报<利润总额的3%；②错报<资产总额的0.5%；③错报<经营收入总额的0.5%；④错报<所有者权益总额的0.5%。内部控制一般缺陷的定性认定标准包括：①决策程序效率不高；②违反内部规章，但未形成损失；③一般岗位业务人员流失严重；④媒体出现负面新闻，但影响不大；⑤一般业务制度或系统存在缺陷；⑥一般缺陷未得到整改。

4. 内部控制缺陷的认定程序

内部审计人员对内部控制缺陷的认定是一个持续的职业判断过程，以下程序可供内部审计人员借鉴：(1) 分析某一审计发现是属于偶然孤立事件还是系统性重复发生事件，如果是后者，那么初步判断该审计发现是否属于内部控制缺陷；(2) 判断某项内部控制缺陷属于财务报告内部控制缺陷还是非财务报告内部控制缺陷；(3) 如果属于财务报告内部控制缺陷，那么判断该项缺陷是否存在合理的可能性导致财务报告错报，并运用重要性水平判断该项缺陷（或者缺陷的汇总）可能导致的错报是否对财务报告造成重大影响；(4) 无论财务报告内部控制缺陷还是非财务报告内部控制缺陷，都要判断是否存在有效运行的可以预防或发现重大错报或者重大错误的补偿性措施，如果存在，那么不能认定为重大或重要缺陷；(5) 如果不存在补偿性措施，那么要综合各种定性和定量的认定标准，判断缺陷(或汇总缺陷)的重要程度是否足以引起管理层和治理层的重视，从而认定为重大缺陷或重要缺陷。

(五)汇总审计结果

内部审计人员应当根据内部控制审计结果，结合相关管理层对内部控制的自我评估，综合分析后提出内部控制缺陷认定意见，并按照规定的权限和程序进行审核后予以认定。在此基础上，内部审计人员应当编制内部控制缺陷认定汇总表，对内部控制缺陷及其成因、表现形式和影响程度进行综合分析和全面复核。

(六)编制审计报告

内部审计人员应当对内部控制缺陷及其成因、表现形式和影响程度进行综合分析和全面复核，提出认定意见，并以适当的形式向组织适当管理层报告。内部控制审计报告的内容，应当包括审计目标、依据、范围、程序与方法、内部控制缺陷认定及整改情况，以及内部控制设计和运行有效性的审计结论、意见、建议等相关内容。

内部审计机构应当向组织适当管理层报告内部控制审计结果。一般情况下，全面内部控制审计报告应当报送组织董事会或者最高管理层。包含有重大缺陷认定的专项内部控制审计报告在报送组织适当管理层的同时，也应当报送董事会或者最高管理层。

经董事会或者最高管理层批准，内部控制审计报告可以作为《企业内部控制评价指引》中要求的内部控制评价报告对外披露。

第五节 内部控制审计的方法

内部审计人员在实施内部控制审计时，可以结合实际情况，综合采用个别访谈、调查问卷、专题讨论、穿行测试、实地查验、抽样和比较分析等各种方法，充分收集能够证实内部控制设计和运行有效性的审计证据。

一、个别访谈法

个别访谈法是指内部审计人员与被审计单位某管理人员或者其他相关人员单独面对面地直接进行交谈，以获取有用信息的方法。个别访谈法主要用于了解组织内部控制的设计和运行现状，在调查了解组织整体层面和具体业务层面内部控制过程中被广泛运用。

个别访谈法具有很好的灵活性和适应性，对内部审计人员获取广泛信息，发现重要业务事项、高风险领域、内部控制薄弱环节等都是非常有效的审计方法。运用这一方法时应当注意：第一，确定适当的访谈对象，选择的访谈对象应包括管理人员与非管理人员，尤其是那些管理者想极力掩盖问题的单位，更应重视对非管理人员的询问；第二，设计好访谈提纲，内部审计人员应当围绕访谈目标和已经掌握的情况，提前设计好访谈提纲，询问的内容应该明确、具体，让访谈对象易于理解、便于回答；第三，把握访谈技巧，包括注意访谈对象的行为举止、先询问经验性问题、不要表明内部审计人员的观点等，内部审计人员可以向多个访谈对象询问同一个问题，获取相互印证的证据，从而提升证据的可靠性；第四，做好访谈记录，内部审计人员应对访谈内容认真做好记录，简明准确，并取得访谈对象的确认。

二、调查问卷法

调查问卷法是指内部审计人员按照内部控制设计和运行的一般要求，考虑理想的控制模式，将需要调查的全部内容以提问的方式列出并制成固定式样的表格，然后交由被审计单位回答，以此来了解和测试内部控制的一种方法。调查问卷法适用于从总体上了解组织的内部控制，不太适合具体业务层面的内部控制调查，也难以单独通过调查问卷结果形成审计评价结论。

调查问卷法的优点是调查范围明确，问题突出，容易发现被审计单位内部控制中存在的缺陷和薄弱环节；设计合理的标准调查问卷表，可广泛适用于同类型单位，从而减少内部控制审计的工作量；调查问卷可由若干人分别同时回答，有助于保证调查效果。该方法的缺点是反映问题不够全面，仅限于被调查事项的范围；调查问卷如果仅要求做出"是"或"否"的回答，那么难以反映被评价事项的具体情况和存在问题的程度；标准格式的调查问卷缺乏弹性，难以适用于各类型的被审计单位，有时往往会因"不适用"的回答太多而影响调查效果。

内部审计人员在运用调查问卷法时应当注意：第一，合理确定调查对象和范围。调查结果的可靠性与调查对象数量和回收到的问卷多少正相关。因此，在项目资源可行和必要的情况下，应抽取尽可能多的能够代表总体的样本进行调查。如果将样本分层，那么结果会更好。调查对象应尽可能包括被审计单位不同层级的员工（从高层管理者到底层员工）。第二，科学设计调查问卷。调查问卷设计得是否得当是该方法运用得当的关键。调查问卷要有明确的主题，重点突出、结构合理、逻辑性强，问题通常采用先易后难、先简后繁、先具体后抽象的排列顺序，题目尽量通俗易懂、简单易答，并将问卷长度控制在一定范围内。第三，确定调查的时间和频率。调查问卷法可能花费大量时间。调查对象需要时间回答问题，如果他们不作答，那么有必要采取进一步行动并获取更多反馈。同样，统计调查结果，特别是包含开放式问题的答案时，也会花费很多时间。第四，考虑调查的模拟测试。通过模拟测试，再对问卷进行必要的修改，将会提高回答率并得到更可靠有效的结果。

三、专题讨论法

专题讨论法是指内部审计人员通过召集被审计单位内部或者外部的专业人员，就内部控制设计或运行中的具体问题进行分析讨论的方法。专题讨论法既可以作为内部控制审计评价的手段，也可以作为认定内部控制缺陷的途径。

专题讨论法有利于集思广益，深入研讨相关主题，找出解决问题或者评价问题的办法。某一座谈者的发言，能对其他参加者具有启发作用，对讨论主题在看法、感情、态度等方面做出连锁反应，表达出自己的想法和认知。专题讨论法一般根据事先准备好的讨论项目或讨论顺序进行。在具体操作时，除由1~2位主持人主持讨论外，还可用录音机或摄像机等记录讨论内容，以备会后分析。

内部审计人员运用专题讨论法时应注意以下几个问题：第一，选择适当的参会人员，参加讨论会的人员应当具备与所要讨论专题相关的知识和经历，能够就该专题展开讨论；第二，讨论会主持人应注意控制会场气氛、把握讨论节奏，引导参会人员按照既定程序、围绕专题发言，既不要让发言者偏离主题，又不要使他们感到受限制而不愿畅谈感想；第三，讨论会主持人要尽量使每位参会者都能发言，且每人发言次数尽可能平均。

四、穿行测试法

穿行测试法是指在内部控制系统中任意选取一笔交易作为样本,追踪该交易从最初起点一直到最终在财务报表或其他经营管理报告中反映出来的过程,即该流程从起点到终点的全过程,以此来了解整个业务流程状况,识别出其中的关键控制环节,评估相关控制设计与运行的有效性。例如,为了审查采购内部控制设计和运行的有效性,内部审计人员可以选取一笔或若干笔材料采购业务,依据"请购单→订货→验收入库→库存保管→核准发票→付款→记账"的业务流程,对整个采购程序进行详细检查,以确定材料采购各个环节内部控制的实际执行情况是否与其所了解的内部控制一致。

穿行测试法既可以帮助内部审计人员熟悉和理解业务流程,判断识别容易发生错报的关键点,也可以验证确认的控制,包括关键控制和一般控制是否得到了有效的执行,执行后能否有效防范风险。

应用穿行测试法的关键在于选取适当的样本,内部审计人员应当注意样本应由内部审计人员自己确定,样本一经确定就不能更换,样本应贯穿业务流程全过程,应针对交易的不同性质、不同审批权限抽取不同的样本。同时,结合制度规定的每种情况,在每种情况中各抽取一种进行测试,样本材料获取可以从财务资料中选取,也可以从其他业务部门取得。

五、实地查验法

实地查验法是观察法的一种具体形式,是指内部审计人员对被审计单位进行实地考察,如对财产进行盘点、清查,对存货出、入库等控制环节进行现场查验,以检查设定的控制措施是否得到严格执行的一种方法。实地查验法主要针对业务层面内部控制的审查和评价。

实地查验法适合测试实物控制、职务分离等没有留下书面痕迹的内部控制。例如,内部审计人员实地察看存货仓库,判断仓储物资是否按要求的储存条件贮存,除存货管理部门及仓储人员以外的其他部门和人员是否可以接触存货等。实地查验法也可以测试诸如材料验收、门卫检查等控制措施执行的到位程度。例如,内部审计人员实地观察材料的验收程序,检查相关人员是否按内部控制规定的程序执行。

内部审计人员最好采用突击的形式执行实地查验程序,从而取得比较理想的效果。实地查验过程中,可以由被审计单位管理人员(或审计协调人)陪同,介绍有关制度,内部审计人员结合实际来判明相关内部控制的优劣状况和有效程度。

六、抽样法

抽样法是指内部审计人员针对具体的内部控制业务流程,按照业务发生频率及固有风险的高低,从确定的抽样总体中抽取一定比例的业务样本,对业务样本的符合性进行判断,进而评价业务流程控制运行的有效性。

(一)合理确定样本对象

样本对象是审计检查的具体对象,同一事项往往留有痕迹的样本有多种选择,在检查时如何确定样本对象,需要一定的职业判断。内部审计人员在确定样本对象时应当注意:第一,样本对象应当是与检查对象最直接相关的记录；第二，应当选择比较容易检查的样本记录；第三，选择的样本对象总体应该完整，不能出现样本漏项现象；第四，样本对象应当能够反映其原始面貌及痕迹，且被审计单位难以进行修改和修饰。

(二)确定抽查的样本量

样本量的确定是一个技术难题，适当的样本量既能减少工作量，提高效率，又能规避重大审计风险，达到审计目标。确定样本量时应当遵循的原则包括：第一，简单易行，便于操作；第二，科学测算，审计风险受控；第三，统筹考虑，兼顾行业；第四，在集团层面考虑并结合行业差异确定标准样本量；第五，注意效率与效果的有机结合。

(三)确定样本抽取方法

内部审计人员应用抽样法时，应当选择适当的样本选取方法。样本选取方法包括统计抽样方法、非统计抽样方法以及二者相结合的抽样方法。统计抽样方法包括随机选样法、系统选样法等，非统计抽样方法包括判断选样法、任意选样法等。在大多数情况下，内部审计人员都可以将统计抽样与非统计抽样方法结合使用。

七、比较分析法

比较分析法是指内部审计人员通过分析、比较数据间的关系、趋势或比率来取得内部控制审计证据的方法。内部审计人员用于比较分析的数据可以是组织的历史数据、行业或组织的标准数据、行业最优数据等。比较分析法可以通过两两比较得出优劣结论，使评价结果更加客观可靠。运用比较分析法时，内部审计人员应当注意选择进行比较分析的数据口径一致。

第八章

风险管理审计

风险是指在某一特定环境下，在某一特定时间段内，某种损失发生的可能性。企业风险则是指由于企业内外环境的不确定性、生产经营活动的复杂性和企业能力的有限性而导致企业的实际收益达不到预期收益，甚至导致企业生产经营活动失败的可能性。在当前的经济和社会环境中，企业所面临的风险是广泛和复杂的，不管是在采购、生产、销售等不同的经营过程中，还是在计划、组织、决策等不同职能领域里，企业都可能遇到各类风险。加之企业集团规模的扩大、经营业务的复杂化、专业化分工的细化、管理工具信息化程度的提高等因素，更加导致由于企业管理不善引发经营失败的风险越来越高。美国的安然公司、中国的中航油等企业的经营决策失误事件都是企业管理层防范和管理风险不力造成重大经营失败的实例。在这一背景下，近年来企业全面风险管理已经成了企业资本经营的核心。与此同时，内部审计为了更好地实现为组织增加价值的职能定位，开始将企业风险管理工作及其效果纳入内部审计视野。国际内部审计师协会对内部审计的新定义就扩大了内部审计的范围，将内部审计的工作目标延伸到包括风险管理、控制与治理程序，强调了内部审计对组织的重要贡献，标志着内部审计开始进入风险管理审计阶段。

第一节 风险管理审计概述

由于内部审计机构接触企业管理流程的便利性，以及其服务于企业整体战略目标的自觉性，使内部审计机构在企业中开始关注全面风险管理的同时，就已经将风险管理审计纳入了内部审计的工作范围，并使其发展成为内部审计的特色职能。

一、风险管理审计的概念界定

风险管理是指对影响组织目标实现的各种不确定性事件进行识别与评估，并采取应对措施将其影响控制在可接受范围内的过程。风险管理旨在为组织目标的实现提供合理的保证。美国的 COSO 委员会在 2013 年 5 月 14 日出版的《内部控制整合框架》(*Internal Control-Integrated Framework*)中明确指出，每个组织都面临着来自内外部的各类风险，风险是潜在事件发生并对组织实现其目标产生负面影响的可能性。企业管理层所进行的风险评估就是根据组织要实现的目标、动态来反复地识别和评估风险的过程。将在整个组织范围内影响目标实现的风险同已经建立的风险容忍度一同考量之后，风险评估就为管理层决策如何对风险进行管理打下了基础。

由此可见，组织管理层所实施风险管理活动的优劣直接决定着组织在风险环境中求得发展的目标是否能够顺利实现。在监督和促进组织管理层更好地实施风险管理的过程中，内部审计机构可以凭借其确认和咨询职能，对组织管理层所实施的风险管理活动进行审查和评价，并对组织管理层实施风险管理活动提供有价值的咨询。为此，国际内部审计协会(The Institute of Internal Auditors，IIA)制定的《国际内部审计专业实务框架》就要求，内部审计活动必须评估组织风险管理过程的有效性，并对其改善做出贡献。《国际内部审计专业实务框架》还将风险管理审计的责权范围确定为："确定风险管理过程是否有效是内部审计师对下列事项进行评估后的判断：(1)组织目标支持组织的使命并与其保持一致；(2)重大风险得到识别和评估；(3)选定适当的风险应对方案，并符合组织的风险偏好；(4)获取相关的风险信息并在组织内部及时沟通，以便员工、管理层和董事会履行其相关职责。"通过内部审计机构和人员对组织管理层所实施风险管理活动的审查、评价和咨询，组织的风险管理过程就可以通过持续性管理活动、个别评估或两者结合的方式受到监督。

综上所述，风险管理审计就是一个组织的内部审计机构采用系统化、规范化的方法，对该组织风险管理信息系统、各业务循环以及相关职能部门的风险识别、分析、评价、管理及处理等过程进行测试，并在此基础上开展的一系列审查、评价和咨询活动。风险管理审计通过对组织的风险管理、控制及监督过程进行评价和提供咨询，进而提高组织管理层所实施的风险管理过程的效率，最终帮助组织实现其目标。

二、内部审计在企业全面风险管理中的作用

风险管理对于公司治理的重要性已经越来越为人们所认识，组织承受的压力就是识别所有面临的风险，如社会、道德、环境及财务和运营方面的风险，并解释如何管理风险以使之降低到可以接受的水平。全面风险管理框架具备的优势已经被组织充分认识而日益得到普及。与此同时，内部审计通过确认和咨询职能，利用各种方式协助组织全面风险管理目标的实现。由此可见，在企业风险管理大行其道多年之后，诸多实施企业风险管理活动的组织已经逐渐认识到，内部审计职能可以在组织的全面风险管理过程中发挥最为合适的作用。

内部审计正是通过实施风险管理审计发挥其在组织风险管理中的作用的，为组织提供超越期望的价值正是风险管理审计的灵魂。风险管理审计不是依赖于管理技术和数量技术来显示其优越于其他审计技术的方法，而是依赖把风险分析重心提升到治理层、管理层，依赖于对企业治理层、管理层、操作层提供差异分析结论以及风险管理策略选择建议，促使企业风险管理成为一个上下贯通、持续改进的企业增值机制之一，帮助企业治理层、管理层不断提升企业价值。具体而言，风险管理审计承担着协助实现企业战略目标的重大任务，企业的战略目标无论如何表述，首要的都是保证企业永续经营和资本增值，风险管理审计在完善企业风险控制体系，帮助企业避免颠覆性重大风险，消除风险点，减少跑冒滴漏，提高经济效益等方面，都发挥着不可替代的作用。

由此可见，风险管理审计已经成为内部审计未来的立足之本，它是最适合内部审计能力和作用发挥的崭新领域，在这一领域内，内部审计有着注册会计师审计组织和政府审计机关

无法企及的优势。风险管理审计也是内部审计深化发展的契机，其涉及企业经营管理的各个领域和环节。风险管理审计的实施将引导内部审计人员从对财务信息的关注中脱身出来，深入到企业各部门、各业务流程的各个节点，分析各岗位面临的信息输入与输出，寻找系统内外契合的重叠和疏漏点。在这一过程中，内部审计机构和人员将能够获取对企业经营业务的更深入了解，从而在各项内部审计业务中提出更加能够满足企业治理层和管理层需要的审计结论、意见和建议。

三、风险管理审计与风险导向审计的联系与区别

风险管理审计与风险导向审计常常被混为一谈，不仅在实务领域，甚至在一些研究文献中，也有人错误应用这两个名词。实际上，风险管理审计和风险导向审计都是在全球企业开始高度重视风险管理的大背景下形成的。风险管理审计是将内部审计机构所在组织管理层所实施的风险管理活动作为自身履行确认和咨询职能的重要对象，其目的在于强化内部审计机构所在组织的风险应对机制建设；而风险导向审计则是内部审计机构将风险管理思想应用到内部审计的各项业务活动中，通过对影响审计目标的各项风险因素的识别和评估，找到最适合的风险应对措施，其目的在于强化内部审计机构自身的风险应对能力。因此，两者既有联系，也有较大区别。

（一）风险管理审计和风险导向审计的联系

(1) 二者的审计依据都是企业的风险管理方针、策略和风险评价指标体系；

(2) 业务内容基本上都是对组织风险范围确定、风险识别、风险评价、风险管理措施和方法、风险处理等方面进行审核；

(3) 审计的总目标都是为战略决策提供信息，为实现战略目标服务，为企业增加价值。

（二）风险管理审计和风险导向审计的区别

1. 含义不同

风险管理审计是审计主体通过对组织风险识别、风险程度的评价等工作的审查，评价组织所采取风险政策的合理性、措施的适当性以及执行的有效性；而风险导向审计则是审计主体为了提高财务审计、绩效审计、内部控制审计的效率和质量，降低审计风险，测试组织的风险战略和风险管理，根据测试结果，决定其他相应审计程序的范围、性质、程度和时间。

2. 侧重点不同

风险管理审计促使内部审计人员站在组织战略管理的高度，运用系统思维，通过对风险管理措施、方法、程序的审计，结合组织内部控制、财务、绩效的审核结果，对风险管理现状及效果进行专业判断，提出审计评价意见与建议；而风险导向审计则是通过对组织风险的测试确定实质性程序的实施程度，从而提高审计效率和质量，降低审计风险。

3. 服务对象不同

风险管理审计作为一种具体审计业务，主要服务于企业管理层；而风险导向审计更多地作为一种审计方法，直接服务于审计实施主体。

第二节 风险管理审计的目标和内容

与内部审计实施的财务审计、绩效审计相比,风险管理审计的目标设定更加关注组织的战略层面,其内容的确定也更加广泛。特殊的审计目标和内容必然带来审计策略和审计方法的变化。

一、风险管理审计的目标

(一)风险管理审计的总目标

内部审计作为组织内部一种独立、客观的确认和咨询活动,应当通过运用系统、规范的程序和方法,审查和评价组织的业务活动及内部控制、风险管理的适当性和有效性,促进改善组织的治理和管理,帮助组织增加价值,实现组织目标。内部审计在实施风险管理审计时也应当将帮助组织增加价值和实现组织目标作为其总体目标,并通过对组织的风险管理活动进行监督和评价,以及通过为组织的风险管理活动提供咨询来实现审计的总体目标。

(二)风险管理审计的具体目标

较之内部审计机构所实施的财务审计、经济责任审计等常规审计项目,风险管理审计的目标设定范围更加广泛,层次也有所提升。为实现帮助组织增加价值和实现组织目标的总体目标,风险管理审计的具体目标应当细化为对组织风险管理政策设计的适当性、执行的有效性、风险损失处理的合理性进行审查和评价,提出改进和完善组织风险管理活动的意见和建议,促进组织风险管理活动的高效运行,帮助组织有效地识别和评估各项风险,并将风险控制在可以接受的范围之内。

1. 促进组织风险管理架构的建立和完善

组织治理层和高级管理层对风险管理的态度,治理层参与风险管理活动的程度,以及高级管理层对风险管理的重视程度和实施风险管理的能力是确保组织风险管理有效实施的关键保障。这就需要组织建立完善的风险管理框架,在组织内部树立风险意识,营造良好风险管控的氛围。内部审计机构可以通过实施风险管理审计来促进组织风险管理架构的建立和完善。例如,内部审计机构通过风险管理审计,积极支持和参与组织内部控制及风险管理体系的建设,或者帮助组织升级和完善现行的内部控制和风险管理体系。

2. 维护组织风险管理体系的完整性和持续运行

内部审计机构通过对组织当前运行的风险管理体系的审查和评价,确定组织在风险识别、风险评估、风险应对等各个环节的管理制度是否健全,手段是否具备,措施是否得当,运行效果是否能够达到预期,整个体系的运转是否能够持续。通过内部审计机构对组织风险管理体系所实施的一系列评估,实现查漏补缺,以维护组织风险管理体系的完整性和持续运行。

3. 评价组织风险管理工作的效果并做出报告

内部审计机构在完成对组织风险管理的审查和评价后,应当对审计结果做出及时的报告和反馈。为此,内部审计机构在对组织的财务状况、内部控制、管理绩效做出评价的同时,也应当专门对组织的风险管理活动做出评价报告。近年来,我国的国有企业根据监管部门的要求开始编制和对外公布企业年度风险管理报告，内部审计机构还应当承担对企业风险管理报告是否完整、准确和恰当的审查责任。

二、风险管理审计的主要内容

组织的风险管理活动是针对组织整体及各个职能部门两个层面展开的，为此内部审计人员既需要对组织整体的风险管理进行审查与评价，也需要对各个职能部门的风险管理进行审查与评价。同时，组织的风险管理活动又具体包含了风险识别、风险评估和风险应对三项内容，因此内部审计人员也应当分别针对这三项内容进行审查与评价。除此之外，还应当对组织的风险管理环境和风险管理机制进行审查与评价。

(一)针对风险管理环境的审查与评价

风险管理环境中最重要的因素是组织治理层和高级管理层对风险管理的态度、胜任能力及管理理念。针对风险管理环境的审查内容主要包括以下方面：

1. 组织治理层和高级管理层对风险管理的态度

内部审计人员应当审查：(1)组织治理层和高级管理层是否强调在组织内部宣传风险管理的重要性；(2)组织治理层是否积极参与组织风险管理活动；(3)组织高级管理层是否认真组织和领导风险管理制度的设计工作；(4)组织内部审计机构是否实施风险管理审计；(5)组织管理层是否组织和安排按照风险审计建议进行整改。

2. 风险管理制度执行者的态度和素质

内部审计人员应当审查：(1)执行风险管理的所有管理人员与职工是否充分认识到风险管理的重要性，实施风险管理对整个组织营运管理的意义；(2)有无胜任风险管理的专业知识和专业技能；(3)有无较强的工作责任心和诚实的态度。

3. 与组织性质、规模相适应的风险管理理念

组织的风险管理理念体现了组织是如何认知整个经营过程，包括从战略制定和实施到组织日常活动中的风险为特征的组织共有的信念和态度。内部审计人员应当关注组织是否实行稳健的风险管理理念，对于高风险投资项目是否采取谨慎介入的态度等。

4. 根据组织性质、规模确定其风险接受程度

风险接受程度是指组织在追求目标实现过程中愿意接受的风险程度。一般来讲，组织可以将风险接受程度分为三类："高""中"和"低"，当然，组织应当从定性和定量相结合的角度考虑风险接受程度。内部审计人员应当关注组织风险接受程度的确定依据和方法是否合理。

(二)针对风险管理机制的审查与评价

企业的风险管理机制是企业进行风险管理的基础，良好的风险管理机制是企业风险管理是否有效的前提。因此，内部审计机构和人员需要审查以下方面，以确定企业风险管理机制的健全性及有效性。

1. 审查风险管理组织机构的健全性

企业必须根据规模大小、管理水平、风险程度以及生产经营性质等方面的特点，在全体

员工参与合作和专业管理相结合的基础上,建立一个包括风险管理负责人、一般专业管理人员、非专业风险管理人员和外部风险管理服务等在内的规范化的风险管理组织体系。该体系应当根据风险产生的原因和阶段不断地进行动态调整,并通过健全的制度来明确相互之间的责、权、利,使企业的风险管理体系成为一个有机整体。

2. 审查风险管理程序的合理性

企业风险管理机构应当采用适当的风险管理程序,以确保风险管理的有效性。通常的风险管理程序应当包括风险的识别、风险的评估和风险的应对。

3. 审查风险预警系统的存在及有效性

企业进行风险管理的目的是避免风险、减少风险,因此,风险管理的首要工作是建立风险预警系统,即通过对风险进行科学的预测分析,预计可能发生的风险,并提醒有关部门采取有力的防范措施。企业的风险管理机构和人员应当密切注意与本企业相关的各种内外因素的变化和发展趋势,从对各因素的动态变化中分析预测企业可能面临的风险,并据此进行风险预警。

(三)针对风险识别的适当性及有效性的审查与评价

风险识别是指对组织面临的,以及潜在的风险加以判断、归类和鉴定风险性质的过程。内部审计人员应当实施必要的审计程序,对组织的风险识别过程进行审查与评价,重点关注组织面临的内、外部风险是否已经得到充分、适当的确认。

组织常见的外部风险是指外部环境中对组织目标的实现产生影响的不确定性,主要来源于以下因素:(1)国家法律、法规及政策的变化;(2)经济环境的变化;(3)科技的快速发展;(4)行业竞争、资源及市场变化;(5)自然灾害及意外损失;(6)其他因素。

组织常见的内部风险是指内部环境中对组织目标的实现产生影响的不确定性,主要来源于以下因素:(1)组织治理结构的缺陷;(2)组织经营活动的特点;(3)组织资产的性质以及资产管理的局限性;(4)组织信息系统的故障或中断;(5)组织人员的道德品质、业务素质未达到要求;(6)其他因素。

内部审计人员对风险识别过程的审计,主要是通过实施必要的审计程序,对组织风险识别过程进行审查与评价,重点关注组织面临的内、外部风险是否已得到充分、适当的确认。具体包括以下内容:

(1)组织进行风险评估以及风险控制的前提是进行风险识别和分析,风险识别是风险管理中关键性的第一步。因此,内部审计人员必须首先审查和评价组织所遵循风险识别原则的合理性。

(2)识别风险是风险管理的基础,组织的风险管理人员应当在进行了实地调查研究之后,运用各种方法对尚未发生的、潜在的及存在的各种风险进行系统的归类,并总结出组织面临的各种风险。风险识别方法所要解决的主要问题就是采取一定的方法分析风险因素、风险的性质以及潜在后果。为此,内部审计人员应当审查和评价组织风险识别方法的适当性,关注组织风险管理部门是否将各种方法相互融通、相互结合地运用。

(四)针对风险评估方法的适当性及有效性的审查与评价

内部审计人员应当实施必要的审计程序,对组织的风险评估过程进行审查与评价,并重点关注风险发生的可能性和风险对组织目标的实现产生影响的严重程度两个要素。同时，内部审计人员应当充分了解组织风险评估的方法，并对管理层所采用的风险评估方法的适当性和有效性进行审查。

内部审计人员应当对管理层所采用的风险评估方法进行审查，并重点考虑以下因素：(1)已经识别的风险的特征；(2)相关历史数据的充分性与可靠性；(3)管理层进行风险评估的技术能力；(4)成本效益的考核与衡量等。

内部审计人员在评价风险评估方法的适当性和有效性时，应当遵循以下原则：(1)定性方法的采用需要充分考虑相关部门或人员的意见，以提高评估结果的客观性；(2)在风险难以量化、定量评价所需数据难以获取时，一般应采用定性方法；(3)定量方法一般情况下会比定性方法提供更为客观的评估结果。

(五)针对风险应对措施的适当性和有效性的审查与评价

内部审计人员应当实施适当的审计程序，对风险应对措施进行审查。根据风险评估结果做出的风险应对措施主要包括以下方面：(1)回避，即采取措施避免进行可产生风险的活动；(2)接受，即由于风险已在组织可接受的范围内，因而可以不采取任何措施；(3)降低，即采取适当措施将风险降低到组织可接受的范围内；(4)分担，即采取措施将风险转移给其他组织或保险机构。

内部审计人员在评价组织风险应对措施的适当性和有效性时，应当考虑以下因素：(1)采取风险应对措施之后的剩余风险水平是否在组织可以接受的范围之内；(2)采取的风险应对措施是否适合本组织的经营和管理特点；(3)成本效益的考核与衡量等。

三、风险管理审计的主要实施领域

根据企业治理结构和所处经营环境的特点，投资、物资采购、市场营销、ERP 系统的实施和环境保护已经成为公认的高风险业务领域，也自然成为内部审计机构实施风险管理审计的重点领域。

(一)对投资业务的风险管理审计

投资业务历来都是企业最重要的高风险领域，主要原因在于投资业务需要动用大量的企业资金，对企业的资本结构、股权关系和未来发展方向也会产生根本性的影响。投资风险管理审计的内容主要包括以下方面：

1. 评估投资风险管理政策的合理性，控制政策风险

企业根据投资目的、遵照投资原则，对投资项目进行可行性研究。内部审计机构应当关注战略性投资是否由企业最高管理层提出，战术性投资项目是否由投资管理部门或开发部门提出。内部审计机构还应当关注企业的投资项目是否经财务、市场、生产、研发等方面专家论证可行后，交管理层审批，以及是否根据公司章程授权分别由总经理、董事会或股东会做出相应的投资决策。

2. 评估具体投资项目决策中的风险评估是否充分，风险取向是否符合企业战略

内部审计机构应当对投资项目的可行性研究过程开展风险管理审计，通过评估项目的可

行性研究来控制投资决策风险。在风险管理审计的实施中，内部审计人员应当关注企业投资管理部门在实施项目投资之前，是否对备选方案的未来现金净流量的现值、收益率、回收期、机会成本等方面进行测算、比较，测算所得税和折旧对投资的影响，是否选择与基准指标值要求相符的备选方案。内部审计机构还应当对投资项目可行性评价基准指标的科学性、准确性进行分析和评判。同时，通过恰当的预测手段，评估项目的运营过程，以控制营运风险。

3. 评估投资项目治理中的风险控制措施是否完备

对于股权投资，内部审计机构应当审查企业是否区别控股与非控股情况派出董事长、总经理、财务总监等管理人员参与生产经营或参与重大决策。对于债权性投资，内部审计机构应当审查投资管理部门是否适时了解投资项目情况，并及时向管理层报告。内部审计人员还应当关注企业是否分析了实际财务指标与基准指标的偏离，原因是什么，如何管理，对企业有哪些连带影响，以及投资项目税务筹划的合理性等。

（二）对物资采购业务的风险管理审计

物资采购业务是企业传统的高风险领域，主要原因在于采购必然导致企业最重要的资源现金的即期流出。物资采购风险管理审计的内容主要包括以下方面：

1. 审查企业采购业务风险控制体系是否完备

企业的一笔采购业务涉及采购、验收、保管、付款和记录等多个业务环节和岗位，为保证采购业务确为企业生产经营所需并符合企业利益，收到商品的安全完整，价款及时准确地支付供应商，内部审计人员应当重点关注采购业务的职责分工，特别是采购、验收、付款和记录是否由不同的职能部门和人员负责。同时，内部审计人员还应当关注采购业务领域一旦发生违反内部牵制制度的舞弊事件后的处理机制、程序及措施的健全性及有效性。另外，内部审计人员也应当评估企业在采购业务领域的信息传递程序，控制违规操作风险。

2. 审查采购业务中的信息传递内部控制是否能够满足消除重大风险，控制一般风险的目的

（1）授权程序是否完备

内部审计机构应当审查企业内部是否建立了分级采购批准制度；是否只有经过授权的人员才能提出采购申请；采购申请是否经独立于采购和使用部门以外的被授权人的批准，以防止采购部门购入过量或不必要的商品，或者为取得回扣等个人私利而牺牲企业利益；签发支票是否经过被授权人的签字批准，能否保证货款是以真实金额向特定债权人及时支付。

（2）文件和记录的使用是否纳入管理

内部审计机构应当审查企业在收到购货发票时，财务部门是否将发票上所记录的商品规格、数量、价格、条件及运费与订购单、验收单上的有关资料进行核对；对关键性凭证是否预先编号，并由经手人按编号归档保存；独立人员是否定期检查存档文件的连续性等。

（3）独立检查机制是否建立和正常运行

内部审计机构应当审查企业是否由独立于业务经办人员的人员对卖方发票、验收单、订购单、请购单进行独立检查，确保实际收到的商品符合订购要求。内部审计人员还应当关注企业是否对信息传递程序中发生的违规操作制定了必要的和有效的处理措施。内部审计人员也应当评估企业在采购领域的实物控制，以控制资产流失风险。另外，内部审计人员还应当注意以下方面：①企业是否限制非授权人员接近存货，退回的货物是否有经审批的合法凭证；

②企业是否限制非授权人员接近各种记录和文件，防止伪造和篡改会计资料；③企业是否对实物一旦丢失后及时进行处理，将损失减少到最小。

(三) 对市场营销业务的风险管理审计

市场营销业务的风险常常被扩大为企业的整体风险，市场营销业务风险管理审计的内容主要包括以下方面：

1. 评估市场部门制定的营销政策是否切合当前环境，控制政策失误风险

内部审计机构应该审核、分析组织营销风险管理方针和策略的制定是否与企业在同行业中的地位、自身的发展方向、产品的市场需求以及防守型、稳健型或积极性营销策略保持一致。

2. 评估主要客户信用风险的控制手段是否健全，是否运行良好，以便控制坏账风险

内部审计机构应当关注企业每年是否对客户的经营状况、经营成果进行分析，是否对比应收账款年末数与年初数的变化情况，既不能为了提高销售额而不顾客户的信用等级盲目销售，也不能一味地考虑信用等级限制销售，应当在符合企业领导风险偏好的基础上制定出科学合理的营销策略。内部审计人员还需要关注对于已经发生的坏账，企业是否制定了必要的和合理的处理措施，并评估营销人员的自身能力和素质，以控制舞弊风险。

3. 评估市场部门及其主要营销人员的风险取向是否符合企业战略，风险是否得到充分揭示

内部审计机构应当审查市场营销部门的风险取向，把握营销人员的道德和心理素质问题，因为它们极易造成营销业务中出现舞弊或错误，从而为营销活动带来风险。内部审计人员应当对营销部门和营销人员的管理、培训、考核等方面进行分析、评价，并从相关案例中发现风险因素，提出改进建议。

(四) ERP 系统实施领域的风险管理审计

1. 评估 ERP 系统风险管理体系的完整性

内部审计机构应当特别关注 ERP 系统对企业业务流程的再造可能带来的风险管理机制、控制机制不完整的风险。无论从系统实施还是从系统运行方面看，ERP 系统都是一个风险巨大的系统，企业必须建立严密的风险管理机制。内部审计机构对 ERP 环境下企业风险管理实施审计，首先必须对风险管理机制的完整性进行审计，审查企业及其下属单位在新的业务流程中是否建立了恰当可行的风险管理机制，审查风险的识别、评价和应对机制的适应性和有效性，评价其实际运行情况是否有利于企业管理的持续改善。其次在风险管理审计的实施过程中，内部审计人员还应当专门对业务流程、关键控制点、系统监控等方面的风险管理机制进行重点审计，评估业务流程的完整性，以控制信息失真风险。

2. 评估 ERP 系统相关业务流程风险控制的有效性

ERP 系统是建立在对业务流程进行优化重组基础之上的，打破了原有的权力分配模式，系统上线后能否按既定的模式运行以及运行效果如何，都关系到系统运行的成败。另外，由于上线时间紧迫，实施时设定的业务流程不一定最佳；即使当时是最佳的业务流程，也会因为上线后运行环境的变化而有进一步优化的必要。只有经常对业务流程进行审计，才能使企

业业务始终运行于相对较优的流程环境之中。内部审计机构对业务流程实施风险管理审计时应当关注以下方面：(1)应该在系统中运行的业务是否全部通过系统运行；(2)信息是否及时录入系统；(3)录入的信息是否真实、准确；(4)系统运行是否正确，有无系统错误；(5)流程是否通畅，有无缺陷或舞弊的可能，能否进一步的优化；(6)识别、评价和应对流程风险的效果如何等。

3. 对ERP系统关键控制点上主要经营风险的控制实施实质性测试

内部审计机构对ERP系统关键控制点业务流程开展实质性测试的目的是控制经营风险。ERP系统一般是由采购、仓储、生产、销售、财务、设备管理、人力资源等多个模块高度集成起来的，每一模块都有相应的关键控制点，对企业的生产经营均起着至关重要的作用。因此，对关键控制点的风险管理审计应作为审计重点，审计时内部审计人员应当关注以下问题：(1)是否对关键控制点进行了识别，识别是否全面；(2)是否建立了关键控制点的风险评价体系；(3)是否建立了关键控制点的预警机制和应对机制；(4)关键控制点的识别、评价、预警和应对机制的适应性和有效性；(5)控制方法和手段是否可进一步优化；(6)有无控制不严或失控的现象和可能。

4. 评估ERP系统是否设置自我风险监控功能，以控制重大问题风险

ERP系统采用业务流向数据流的转化，方便了对业务和绩效的动态监控，这是ERP系统对风险进行控制的手段之一。对重要环节和重大事项的动态监控能够大大降低企业整体的风险，即使偶然出现异常，也可以通过及时的动态监控发现问题并采取相应的应对措施以减少损失。因此，内部审计机构有必要对ERP系统自身的系统监控实施审计，具体包括：审查和评价企业及其下属单位是否利用ERP系统进行了业务和绩效的动态监控；监控点及其风险的识别和评价；监控的权威性及其效果；发现问题的处理方式以及应对风险的效果；有无监控盲区或监控不力的区域；监控结果的利用情况等。

5. 评估信息系统软硬件故障风险

ERP系统的软件和硬件都有产生故障的可能，软硬件功能的完备与否也是系统运行的风险之一，其中，ERP系统与其他系统的连接是影响系统运行的关键因素。要保证ERP系统正常运行，降低经营风险，对ERP系统以及与其相连接的其他信息系统的审计是必不可少的。这包括对系统的开发与设计、软件的程序、系统的控制、功能的划分、硬件的架构、备份模式及效果、故障处理方案及风险应对措施、系统风险识别与评价体系等进行审计。同时，审计时还要评估控制人员不当操作的风险，包括检查是否配备了与系统良好运行相适应的系统维护和操作人员，观察这些人员是否具有完成本岗位工作的责任心。另外，审计时更需要对关键控制点和系统监控岗位上的人员以及关键的系统维护人员进行审计，包括审查和评价系统人员是否经过培训并取得相应资格，是否有识别和应对本岗位风险的能力，在本岗位控制和风险管理的实际效果等。

(五)环境保护领域的风险管理审计

1. 评估环境保护监督管理制度体系的建设情况，控制监督"盲点"风险

内部审计人员应当检查企业是否下达环境保护考核指标和下属单位负责人目标责任制，

企业负责人是否与下级单位负责人签订环境保护责任状,将环境保护指标作为企业考核指标,层层分解,逐级检查考核,落实环境保护问责制,防止监督不到位形成的制度风险。

2. 评估企业自身建设项目的立项与审批中的环境保护风险因素,控制"源头"风险

内部审计人员应当关注建设项目是否严格执行环评、可行性研究、初步设计的环境保护会签制度;是否实行计划、基建、开发、环保等部门的分工负责制;投资的所有建设项目,是否均按照建设项目管理程序进行了"环评";是否切实把好环境保护关,杜绝污染严重和治污措施不严的项目。

第三节 风险管理审计的方法

内部审计机构和人员在实施风险管理审计项目时,应当遵循《内部审计基本准则》和各项具体准则的规定。内部审计准则中提及的各项通用审计方法,如审阅法、核对法、询问法、分析程序等,都适用于风险管理审计项目。但是,由于风险管理审计面对的审计对象具有其特殊的专业性,内部审计机构和人员在实施风险管理审计项目时,仅使用常规的内部审计方法收集审计证据,可能难以保证内部审计人员对组织层面和各职能部门的风险识别、风险评估和风险管理活动获取充分的了解,难以为最终的审计意见和审计结论的形成提供必要的证据保证。因此,内部审计人员应当将风险管理的技术方法引入风险管理审计项目中来,对各项风险评估和审计技术方法进行综合考虑,适当整合,以实现内部审计促进组织风险管理高效的和有效的最终目标。

一、传统审计方法在风险管理审计中的应用

审阅、检查、分析程序等"传统"审计方法,在风险管理审计中的应用十分广泛。反过来说,风险管理审计采用的主要方法,仍然是这些"传统"审计方法,即审阅、检查、监盘、访谈、调查、函证、计算、分析程序等。在风险管理审计中,内部审计人员需要获取足够和适当的证据以确认组织风险管理过程的主要目标是否都得到了实现,并依此形成关于组织风险管理过程是否适当的意见。在收集这些证据的过程中,内部审计人员主要采用的"传统"审计方法包括以下方面:

(一)审阅

审阅资料是运用最广泛的审计方法,内部审计人员可以收集并研究、检查与组织开展的业务有关的当前情况、发展趋势、行业信息以及其他恰当的信息资源,确定是否存在可能影响组织的风险,以及用来监督、解决与再评估这些风险的相关控制程序。

(二)检查

内部审计人员应当检查组织政策和董事会会议记录以确定组织的经营战略、风险管理理念和方法、风险偏好以及风险接受水平,检查管理层、内部审计人员、外部审计师以及其他方面以前公布的风险评估报告等。

(三)访谈

访谈是风险管理审计中经常应用的审计方法,风险管理是一个动态的过程,对其进行审

计时，内部审计人员应当更多地关注其动态的情况。内部审计人员应当与行政经理和业务部门经理进行交谈，确定业务部门的目标、相关的风险以及管理层开展的降低风险的活动等控制和监督。

（四）分析程序

分析程序在风险管理审计中起着重要的作用。内部审计人员发现风险管理中的薄弱环节，通常都是经过趋势、对比核对、钩稽关系检查等数据分析方法，发现异常状况，然后再对导致异常状况的原因进行深入分析来实现的。同时，内部审计人员也经常使用分析程序来评估管理层的风险分析是否全面，评估为纠正风险管理过程中发现的问题而采取的措施和提出的改进建议是否完整。

二、风险管理体系建立情况的审计方法

在整个风险管理审计中，了解、完善和改进企业的风险管理体系是审计的关键环节，也是内部审计为企业提供增值服务的主要方式。风险管理体系建立情况审计的主要方法和步骤一般包括以下内容：

(1) 研究一般性风险。审计人员一般从会计师事务所和咨询公司、保险顾问、行业协会、其他网站信息等来源获得一般性风险清单。

(2) 识别企业特有风险。不同的企业风险不同，虽然研究一般性风险为创建风险库提供基础，但审计人员应当采用调查问卷等方式让企业的各层次管理人员参与头脑风暴，找到企业特有的风险，修正一般性风险，建立起适合企业的风险库。

(3) 定义风险。用"原因和结果"的形式定义风险，但定义要简明，且使用公司熟悉的语言，以便形成一种通用的风险语言。

(4) 链接风险与战略。每个风险都必须被放在"它能对战略产生怎样的影响"的环境中进行讨论，找到风险与企业战略和企业经营目标的关联。如果一个风险不能够与战略目标、经营目标、财务目标或价值观联系起来的话，就说明这个风险没有被恰当地定义，甚至与公司不相关。风险与战略的链接过程具有反复性，刚开始时人们会发现风险与多个目标相关，但经过深入分析后可能会排除一些较弱的相关性，以修改或增加、删除一些风险。然而，通过深入理解这些风险的特征和相互关系，人们将在每个风险的评估过程中更加突出与战略相关的重点风险。

(5) 建立一个风险模型。风险模型的作用是根据性质把风险分类，它为一大串审计中需要用到的风险识别和评估方法看起来异质的风险制定了结构，这个结构可以使人们更容易地理解风险，以及更便利地进行企业风险管理和相关的培训。理论和实务中人们探讨不同的企业风险模型，但审计人员应当记住：没有一个模型是最优的，人们应该参照多个模型来帮助企业建立起每个企业特有的风险模型。

三、常见的风险评估方法

常见的风险评估方法及具体说明和特点如表 8-1 所示。

表 8-1 常见风险评估方法表[①]

风险评估方法及技术	说明	影响因素			能否提供定量结果
		资源与能力	不确定性的性质与程度	复杂性	
头脑风暴法及结构化访谈	一种收集各种观点及评价并将其在团队内进行评级的方法。头脑风暴法可由提示、一对一以及一对多的访谈技术所激发	低	低	低	否
德尔菲法	一种综合各类专家观点并促其一致的方法,这些观点有利于支持风险源及影响的识别、可能性与后果分析以及风险评价。需要独立分析和专家投票	中	中	中	否
情景分析	在想象和推测的基础上,对可能发生的未来情景加以描述。可以通过正式或非正式的、定性或定量的手段进行情景分析	中	高	中	否
检查表	一种简单的风险识别技术,提供了一系列典型的、需要考虑的不确定性因素。使用者可参照以前的风险清单、规定或标准	低	低	低	否
预先危险分析(PHA)	PHA 是一种简单的归纳分析方法,其目标是识别风险以及可能危害特定活动、设备或系统的危险性情况及事项	低	高	中	否
失效模式和效应分析(FMEA)	FMEA 是一种识别失效模式、机制及其影响的技术。有几类 FMEA:设计(或产品)FMEA,用于部件及产品;系统 FMEA;过程 FMEA,用于加工及组装过程;还有服务 FMEA 及软件 FMEA	中	中	中	是
危险与可操作性分析(HAZOP)	HAZOP 是一种综合性的风险识别过程,用于明确可能偏离预期绩效的偏差,并可评估偏离的危害度。它使用一种基于引导词的系统	中	高	高	否
危险分析与关键控制点(HACCP)	HACCP 是一种系统的、前瞻及预防性的技术,通过测量并监控那些应处于规定限值内的具体特征来确保产品质量、可靠性以及过程的安全性	中	中	中	否
保护层分析法	保护层分析,也被称作障碍分析,它可以对控制及其效果进行评价	中	中	中	是
结构化假设分析(SWIFT)	一种激发团队识别风险的技术,通常在引导式研讨班上使用,并可用于风险分析及评价	中	中	任何	否
风险矩阵	风险矩阵(Risk Matrix)是一种将后果分级与风险可能性相结合的方式	中	中	中	是
人因可靠性分析	人因可靠性分析(HRA)主要关注系统绩效中人为因素的作用,可用于评价人为错误对系统的影响	中	中	中	是
以可靠性为中心的维修	以可靠性为中心的维修(RCM))是一种基于可靠性分析方法实现维修策略优化的技术,其目标是在满足安全性、环境技术要求和使用工作要求的同时,获得产品的最少维修资源消耗。通过这项工作,用户可以找出系统组成中对系统性能影响最大的零部件及其维修工作方式	中	中	中	是
业务影响分析	分析重要风险影响组织运营的方式,同时明确如何对这些风险进行管理	中	中	中	否

[①] 摘自国家标准《风险管理——风险评估技术》(GB/T 27921—2011)

续表

风险评估方法及技术	说明	影响因素			能否提供定量结果
		资源与能力	不确定性的性质与程度	复杂性	
根原因分析	对发生的单项损失进行分析,以理解造成损失的原因以及如何改进系统或过程以避免未来出现类似的损失。分析应考虑发生损失时可使用的风险控制方法以及怎样改进风险控制方法	中	低	中	否
潜在通路分析	潜在分析(SA)是一种用于识别设计错误的技术。潜在通路是指能够导致出现非期望的功能或抑制望功能的状态,这些不良状态的特点具有随意性,在最严格的标准化系统检查中也不一定检测到	中	中	中	否
因果分析	综合运用故障树分析和事件树分析,并允许时间延误。初始事件的原因和后果都要予以考虑。	高	中	高	是
风险指数	风险指数可以提供一种有效的划分风险等级的工具	中	低	中	是
故障树分析	始于不良事项(顶事件)的分析并确定该事件可能发生的所有方式,并以逻辑树形图的形式进行展示。在建立起故障树后,就应考虑如何减轻或消除潜在的风险源	高	高	中	是
事件树分析	运用归纳推理方法将各类初始事件的可能性转化成可能发生的结果	中	中	中	是
决策树分析	对于决策问题的细节提供了一种清楚的图解说明	高	中	中	是
Bow-tie 法	一种简单的图形描述方式,分析了风险从危险发展到后果的各类路径,并可审核风险控制措施。可将其视为分析事项起因(由蝶形图的代表)的故障树和分析后果的事件树这两种方法的结合体	中	高	中	是
层次分析法(AHP)	定性与定量分析相结合,适合于多目标、多层次、多因素的复杂系统的决策	中	任何	任何	是
风险价值(VaR)模型法	基于统计分析基础上的风险度量技术,可有效描述资产组合的整体市场风险状况	中	低	高	是
均值—方差模型	将收益和风险相平衡,可应用于投资和资产组合选择	中	低	中	是
资本资产定价模型	清晰地阐明了资本市场中风险与收益的关系	高	低	高	是
FN 曲线	FN 曲线通过区域块来表示风险,并可进行风险比较,可用于系统或过程设计以及现有系统的管理	高	中	中	是
马尔可夫分析法	马尔可夫分析通常用于对那些存在多种状态(包括各种降级使用状态)的可维修复杂系统进行分析	高	低	高	是
蒙特卡罗模拟法	蒙特卡罗模拟用于确定系统内的综合变化,该变化产生于多个输入数据的变化,其中每个输入数据都有确定的分布,而且输入数据与输出结果有着明确的关系。该方法能用于那些可将不同输入数据之间相互作用计算确定的具体模型。根据输入数据所代表的不确定性的特征,输入数据可以基于各种分布类型。风险评估中常用的是三角或贝塔分布	高	低	高	是
贝叶斯分析	贝叶斯分析是一种统计程序,利用先验分布数据来评估结果的可能性,其推断的准确程度依赖于先验分布的准确性。贝叶斯信念网通过捕捉那些产生一定结果的各种输入数据之间的概率关系来对原因及效果进行模拟	高	低	高	是

第九章

对舞弊行为进行检查和报告

从国外的安然公司、世通公司、帕玛拉特公司，到中国的琼民源、郑百文、银广夏等一系列上市公司舞弊案中，我们不难看到，国内外舞弊风气之盛、金额之大及带来的后果之严重。舞弊严重制约和阻碍了社会经济的发展，同时也损害了组织的形象和内部控制。鉴于内部审计范围的广度和深度以及内部审计工作的经常性，使内部审计人员对组织的业务活动和内部控制都比较熟悉，相对外部审计人员在防范和发现组织的舞弊行为方面更有优势。内部审计人员能够掌握更多的舞弊线索或较早察觉容易引发舞弊的制度缺陷，更容易发现各种舞弊问题。因此，在预防、检查和报告舞弊行为的工作中，内部审计机构和人员发挥着举足轻重的作用。在国外，组织管理层十分重视内部审计人员在组织内部开展的舞弊审计工作。例如，世通公司的重大舞弊行为，既不是由人才济济、经费充裕的美国证券监督委员会发现的，也不是由经验丰富、技术精湛的会计师事务所安达信发现的，更不是由薪酬丰厚、权高位重的公司董事会成员发现的，而是由三位内部审计人员发现的。可见，内部审计机构和人员在预防、检查和发现组织舞弊方面，发挥着至关重要的作用。

第一节 舞弊的概念界定和表现方式

一、舞弊的概念界定

尽管很多人对舞弊有着大致的了解，也可以指出一个或多个舞弊行为的实例，但对舞弊进行概念界定并不是一件容易的事情。代表审计师以及舞弊检查师的职业组织都在尝试对舞弊进行概念界定，并试图明确在各自领域内检查和发现舞弊的角色和责任。

（一）国际内部审计师协会对舞弊的概念界定

国际内部审计师协会对舞弊的概念界定是使用较为广泛的。协会将舞弊定义为："任何以欺骗、隐瞒或违背信用为特征的非法行为。这些行为不依靠暴力或胁迫。个人或组织为获取金钱、财产或服务，为避免付款或提供服务，为获得个人或组织私利等目的都有可能舞弊。"协会对舞弊的这一概念界定与内部审计机构在组织中的广泛作用是保持一致的。

(二)美国注册公共会计师协会对舞弊的概念界定

美国注册公共会计师协会关于舞弊的概念界定表现出更加狭义的视角,该定义特别强调了"编制虚假财务报告及侵占资产的舞弊行为"。这是因为注册会计师审计主要侧重于财务报表审计,目前已经扩展至与财务报告相关的内部控制审计,为此,美国注册公共会计师协会从评估舞弊对组织财务报告的相关性及影响的视角对舞弊进行概念界定是很合理的。

对财务信息做出虚假报告是指被审计单位管理层通过操纵利润误导财务报表使用者对被审计单位业绩或盈利能力的判断。如被审计单位管理层利用高估收益和资产的方式使财务报表呈现较好的财务状况和经营成果,或者通过低估收益和资产的方式隐藏应纳税所得额以减少上缴的所得税。

侵占资产是指被审计单位的管理层或员工非法占用被审计单位的资产。虽然很多侵占资产的金额对于财务报表而言并不重要,但其所导致的资产损失必须引起被审计单位的重视。侵占资产的舞弊行为多发生在被审计单位的员工层中,但高层管理人员涉嫌的侵占资产舞弊也屡见不鲜。由于高层管理人员通常对组织资产具有较大的控制权,其所参与的侵占资产舞弊往往涉及更大的金额。

(三)美国注册舞弊检查师协会对舞弊的概念界定

美国注册舞弊检查师协会对舞弊的概念界定特别强调了职业舞弊,也就是发生在工作岗位上的舞弊行为。职业舞弊包括大范围内的员工、管理者和经理层的欺诈行为。简单的职业舞弊可以是小金额的现金偷窃,复杂的职业舞弊可以是编制虚假财务报表。职业舞弊通常包括四个因素:(1)舞弊行为是在私下秘密进行的;(2)舞弊者违反了其在组织中的责任;(3)舞弊者实施舞弊行为的直接或间接的目的是为了获得财务利益;(4)舞弊者的舞弊行为消耗了组织的资产、收入或者储备。

(四)联合发布的舞弊定义

2008年,美国注册舞弊检查师协会(ACFE)、美国注册公共会计师协会(AICPA)以及国际内部审计师协会(IIA)共同发布了《管理企业舞弊风险:实务指南》,该指南将舞弊定义为:"舞弊是任何旨在欺骗别人的故意行为或者遗漏,造成了受害人的损失并/或使肇事者实现其目的。"

(五)我国内部审计准则对舞弊的定义

我国内部审计具体准则第2204号明确规定:"舞弊是指组织内、外人员采用欺骗等违法违规手段,损害或者谋取组织利益,同时可能为个人带来不正当利益的行为。"

我国内部审计准则制定对舞弊行为进行检查和报告的具体准则的主要目的在于规范内部审计机构和人员协助组织预防、检查和报告舞弊的行为,更好地发挥内部审计机构和人员在预防、检查和报告舞弊工作中的优势,提高审计效率和效果,协助组织管理层更加有效地遏制舞弊,同时也可以进一步明确内部审计机构和人员以及组织管理层在预防、发现及纠正舞弊行为中的各自责任,降低组织的舞弊风险。

舞弊行为的存在常常是由于组织的内部控制存在薄弱环节,如果不加以纠正,可能会更严重地损害组织的利益。因此,无论舞弊行为涉及的金额有多大,其性质都是严重的。

(六)对舞弊概念的综合分析

正确理解舞弊的概念,必须把握舞弊的以下特征。

(1) 舞弊是一种违反法律法规的行为，即行为人的行为是不符合国家法律法规或违反组织规章制度的。

(2) 舞弊是一种故意的行为，这是区分错误和舞弊的根本特征之一。错误通常是由于行为人不精通财务会计知识，不了解相应法律法规或在操作过程中不细心、不谨慎、不规范等原因所造成的，动机上是非故意的，手段上具有偶然性，是一种过失行为；舞弊则是指行为人故意采用非法手段，如涂改凭证，伪造单据或规避规章制度等，对事实进行篡改、歪曲，以达到占有或挪用公共财产的不良企图。

(3) 舞弊行为是通过不正当的手段谋取或损害组织利益，但无论其行为的动机对组织是否有利，当该行为曝光后，最终都会给组织带来伤害。

(4) 舞弊行为可能给舞弊者带来不正当利益，包括直接或间接的非法获利。

(5) 舞弊的实施者可能是组织内部人员，也可能是组织外部人员，通常外部人员实施的舞弊也会损害组织的利益。

二、舞弊的表现方式

内部审计人员期望发现组织内部的舞弊行为，必须了解和把握组织内部的舞弊行为的各种表现方式。尽管不同组织内舞弊者的舞弊动机和舞弊行为的表现方式不尽相同，但是概括起来主要表现为损害组织经济利益的舞弊行为和谋取组织经济利益的舞弊行为。

(一) 损害组织经济利益的舞弊行为

损害组织经济利益的舞弊行为是指组织内、外人员为谋取自身利益，采用欺骗等违法违规手段使组织经济利益遭受损害的不正当行为。

损害组织经济利益的舞弊行为可能使舞弊者获得不正当个人利益，但这并非是必然的现象，具体的表现情形主要包括：(1)收受贿赂或者回扣；(2)将正常情况下可以使组织获利的交易事项转移给他人；(3)贪污、挪用、盗窃组织资产；(4)使组织为虚假的交易事项支付款项；(5)故意隐瞒、错报交易事项；(6)泄露组织的商业秘密；(7)其他损害组织经济利益的舞弊行为。当然，由于组织的运营环境不同，可能还存在其他未列举的损害组织经济利益的舞弊行为，需要内部审计人员运用职业判断来确定哪些行为可能损害组织的经济利益。

(二) 谋取组织经济利益的舞弊行为

谋取组织经济利益的舞弊行为，是指组织内部人员为使本组织获得不当经济利益而其自身也可能获得相关利益，采用欺骗等违法违规手段，损害国家和其他组织或者个人利益的不正当行为。

某些舞弊行为可以使组织的经济利益增加，从局部和短期看，这种舞弊行为给组织带来了利益，其防范工作不像前一种舞弊行为被管理层所重视，甚至在内部审计机构和人员发现该类型舞弊时，管理层可能还会给予舞弊者某种程度的保护。但是，这种舞弊行为会损害国家或其他组织、个人的经济利益，从长远看，这类舞弊行为一旦被揭露，组织的经济利益还是会受到损害的，如失去资本市场的信任、组织形象受损、支付违法违规的罚款等。这种损害行为也可能使舞弊者获得不正当的个人利益。内部审计机构应当向适当的管理层说明该类型舞弊对组织长远发展带来的负面影响，并争取高级管理层支持其对该类型舞弊的预防和检查。

谋取组织经济利益的舞弊行为具体的表现情形主要包括：（1）支付贿赂或者回扣；（2）出售不存在或者不真实的资产；（3）故意错报交易事项、记录虚假的交易事项，使财务报表使用者误解而做出不适当的投融资决策；（4）隐瞒或者删除应当对外披露的重要信息；（5）从事违法违规的经营活动；（6）偷逃税款；（7）其他谋取组织经济利益的舞弊行为。当然，由于组织的运营环境不同，可能还存在其他未列举的谋取组织经济利益的舞弊行为，需要内部审计人员运用职业判断来确定哪些行为可能属于谋取组织经济利益的舞弊。

第二节　舞弊审计的理论基础和责任划分

一、舞弊三角理论

舞弊三角理论是由美国注册舞弊检查师协会的创始人、美国会计学会会长的史蒂文·阿伯雷齐特提出的。他认为，组织中舞弊行为的产生必须具备三个条件要素，即压力、机会和借口，这就像燃烧必须同时具备一定的热度、燃料、氧气三要素一样。这三个条件要素相互联系，相互作用，共同导致了组织内舞弊的发生。

（一）舞弊三角理论的构成要素

1. 实施舞弊的动机或压力

理性的人必然知晓舞弊是违背法律或道德的行为，如果没有特殊的动机或压力，舞弊是不会发生的。例如，侵吞、挪用资产等损害组织经济利益的舞弊行为的动机可能是个人生活的入不敷出，或是为了满足对奢华物质生活的贪欲；谋取组织经济利益的舞弊行为可能是因为管理层出于组织外部或内部实现特定利润目标的压力，特别是当没有实现特定的财务目标将会对管理层产生重大不利后果时，如影响到管理层个人的经济利益或职务升迁时。

2. 实施舞弊的机会

只有舞弊的动机或压力尚不能导致舞弊的发生，舞弊者还必须具有实施舞弊行为的机会。例如，如果内部控制可以被处于关键管理职位或熟知内部控制的某个薄弱环节的人员所凌驾或规避，那么就存在着损害或谋取组织经济利益的机会。

3. 合理化态度

即便实施舞弊的前两个条件都已经具备也并不意味着舞弊必然会发生，舞弊者还需要为舞弊行为寻找貌似合理的借口，使舞弊行为看上去、听上去或在舞弊者内心感受上显得合理，以求得其内心的平衡或解脱。例如，当某人侵占资产时，其内心可能认为其所在的组织未能向其提供应有的待遇或补偿。这些貌似合理的借口，往往与舞弊者特定的性格特征和价值取向有关。

（二）基于舞弊三角理论的舞弊检查思路

了解舞弊存在的条件，并进行层层递进的剖析为内部审计人员在审计实务工作中识别与评估舞弊导致的审计风险提供了多个思考维度和审查视角，更加有助于舞弊审计的实务操作。由于舞弊通常存在一定的隐蔽性，舞弊的审查也会存在一定的困难。根据舞弊三角理论，内部审计人员在了解被审计单位及其环境时应当考虑所获取的信息是否表明存在舞弊风险因素，为舞弊的发现和进一步的审查提供合理的依据。舞弊风险因素是内部审计人员在了解被审计单位及其环境时识别的、可能表明存在舞弊动机或压力、机会的事项或情况，以及被审计单位对可能存在的舞弊行为的合理化解释。舞弊风险因素的存在虽然并不一定表明发生了舞弊，但在舞弊发生时通常存在舞弊风险因素，因此舞弊风险因素的识别就为内部审计人员发现舞弊提供了便利的条件。虽然表明损害和谋取组织经济利益的舞弊行为存在的三个条件是相同的，但两类舞弊行为的舞弊风险因素却是不同的。

1. 损害组织经济利益的舞弊行为的舞弊风险因素

(1) 与动机或压力有关的舞弊风险因素

损害组织经济利益的舞弊行为更多地与非法占用组织资产的舞弊者个人的动机或压力有关。与损害组织经济利益的舞弊行为的动机或压力有关的舞弊风险因素有以下方面：

①财务问题或还款压力是造成侵占资产舞弊行为的主要原因；

②管理层与员工之间的矛盾与冲突，如在解聘、晋升、报酬、补偿、奖励等方面存在的矛盾冲突严重到一定程度时，可能升级为员工通过侵占资产而进行的报复行为。

(2) 与机会有关的舞弊风险因素

一般组织内部都会存在一些侵占资产的舞弊机会，特别是对于易于接触的现金、价值较高又便于携带的资产更是如此。如果组织内部不能对这些较为敏感的资产设置完善的内部控制，如充分的职责分工、独立的复核、接触资产的授权以及相关资产管理人员的强制性休假制度等，侵占资产的舞弊机会将更加明显。与侵占资产的机会有关的舞弊风险因素有以下方面。

①贪污收入款项，如侵占收回的货款、将汇入已注销账户的收款转移至个人银行账户等。

②盗取货币资金、实物资产或无形资产，如窃取存货自用或售卖、通过向公司竞争者泄露技术资料以获取回报等。

③组织对虚构的商品或劳务付款，如向虚构的供应商支付款项、收受供应商提供的回扣并提高采购价格、虚构员工名单并支取工资等。

④将组织资产挪为私用，如将公司资产作为个人贷款或关联方贷款的抵押等。

⑤缺乏充分的职责分工，如管理存货实物的员工又负责存货的账务记录等。

前已述及，对财务信息做出虚假报告的动机可能是掩盖侵占资产的事实。实际上，侵占资产通常伴随着虚假或误导性的文件记录，其目的是隐瞒资产缺失或未经适当授权使用资产的事实。

(3) 与合理化态度有关的舞弊风险因素

管理层对内部控制和道德行为的态度可能会为侵占资产的舞弊行为创造合理化借口，与侵占资产的合理化态度有关的舞弊风险因素有以下方面：

①管理层缺乏对内部控制的重视，经常随意超越内部控制，对内部控制的缺陷也视而不见、听之任之；

②管理层本身就倡导或执行一些违反法律法规或道德规范的行为，如欺骗顾客的行为、采取以高额奖励激励销售人员的政策等，都会使员工认为侵占资产的行为是可以接受的。

2. 谋取组织经济利益的舞弊行为的舞弊风险因素

(1) 与动机或压力有关的舞弊风险因素

谋取组织经济利益的舞弊行为的动机或压力往往来源于管理层希望误导财务报表使用者对组织业绩或盈利能力的判断。因为管理层需要履行受托资产保值增值的经管责任，而财务业绩，特别是盈利能力指标往往被视为受托经管责任履行情况的衡量指标，当这些指标的实际情况无法达到管理层的期望时，管理层就存在了对其进行虚假报告的动机或压力。与谋取组织经济利益的舞弊行为的动机或压力有关的舞弊风险因素有以下方面。

①迎合市场预期或特定监管要求。例如，迎合资本市场上财务分析师对公司业绩的预期，或者迎合监管机构所设定的作为特定行为先决条件的"门槛"指标。

②牟取以财务业绩为基础的私人报酬最大化。例如，在管理层的私人报酬与组织的财务业绩直接挂钩的情况下，往往会导致管理层出于追求私人报酬最大化的动机而歪曲财务业绩数据和指标。

③偷逃或骗取税款。例如，组织通过故意少记、漏记作为计税依据的业务收入、当期利润等财务信息，以达到少交或不交税金的目的；或者通过伪造业务和财务信息，达到骗取出口退税或不当享受税收优惠政策的目的。

④骗取外部资金。例如，组织不符合相应条件或资质要求，但为了达到增资扩股、取得银行贷款或商业信用等融资目的，通过粉饰财务信息的方式，来掩盖事实真相，骗取投资者、债权人的资金。

⑤掩盖侵占资产的事实。例如，通过进行虚假的账务记录隐藏或掩盖盗用、贪污或挪用资产的事实。

(2) 与机会有关的舞弊风险因素

组织管理层谋取组织经济利益的机会包括对会计记录或相关文件记录的操纵、伪造或篡改，对交易、事项或其他重要信息在财务报表中的不真实表达或故意遗漏，以及对会计政策和会计估计的故意误用。谋取组织经济利益的舞弊行为往往是受到组织管理层的授意和掌控的，因此管理层凌驾于内部控制之上，超越内部控制就为舞弊的发生提供了机会。与谋取组织经济利益的舞弊行为的机会有关的舞弊风险因素有以下方面：

①编制虚假的会计分录，特别是在临近会计期末时；

②滥用或随意变更会计政策；

③不恰当地调整会计估计所依据的假设及改变原先做出的判断；

④故意漏记、提前确认或推迟确认报告期内发生的交易或事项；

⑤隐瞒可能影响财务报表金额的事实；

⑥构造复杂的交易以歪曲财务状况或经营成果；

⑦篡改与重大或异常交易相关的会计记录和交易条款。

虽然这些舞弊手段的实施时间不一定具有固定的规律，但内部审计人员应当特别警惕会计期末，这时组织管理层往往会集中突击实施各类谋取组织经济利益的舞弊行为。

(3) 与合理化态度有关的舞弊风险因素

组织管理层在实施谋取组织经济利益的舞弊行为前会设想一些使这些舞弊行为合理化的态度、取向或道德价值，或者提出迫于环境和压力不得已而为之的理由。与谋取组织经济利益的舞弊行为的合理化态度有关的舞弊风险因素有以下方面：

①对组织价值的不恰当理解、沟通和支持；

②了解到的曾经违反法律法规的情况；

③管理层的过度野心或不现实的预测。

二、组织管理层与内部审计机构和人员在防范舞弊行为中的不同责任

(一)组织管理层的责任

组织管理层对舞弊行为的发生承担责任，因此，预防、发现和纠正舞弊行为是组织管理层的责任。建立健全并有效实施内部控制，是预防、发现或遏制舞弊行为发生的有效途径。组织的管理层有责任建立健全有效的内部控制，并且应当根据内部审计人员的报告和建议，对已发生的舞弊行为进行制止和纠正，对可能的舞弊行为进行追查和预防，进一步完善组织内部控制。

(二)内部审计机构和人员的责任

内部审计机构和内部审计人员应当保持应有的职业谨慎，在实施的审计活动中关注可能发生的舞弊行为，并对舞弊行为进行检查和报告。

内部审计机构是组织内部控制的重要组成部分，内部审计机构和人员的责任就是通过审查和评价组织内部控制的适当性、合法性和有效性来协助组织管理层遏制舞弊行为，发现组织内部控制的重大缺陷。即使是在不以揭露舞弊行为为主要目标的常规内部审计过程中，内部审计人员也要以应有的职业谨慎态度，合理关注组织内部可能发生的各种舞弊行为，以协助组织管理层预防、检查和报告舞弊行为。

针对上述的舞弊三角理论，对组织内部的舞弊行为最有效的解决方法就是建立健全组织的内部控制，而内部审计机构及人员的职责就是保证内部控制在设计和执行上的恰当性和有效性。

1. 审查和评价组织规章制度的可行性

根据舞弊三角理论，过大的压力会诱导员工的舞弊行为。例如，在制度缺乏可操作性的情况下对制度的执行程序进行频繁检查，员工可能会弄虚作假以蒙混过关。将对员工的大额奖励和不切实际的业务考核指标挂钩，员工也会为获取大额奖励而实施舞弊。因此，在发现组织制定的内部制度存在不合理的方面时，内部审计人员应及时与管理层沟通并改进制度安排，以防止由于制度的欠缺而产生的舞弊行为。

2. 审查和评价管理层态度的科学性

根据舞弊三角理论，如果管理层对员工人为操纵的错误和记录行为态度模糊不清，没有严厉的惩罚措施，舞弊者被发现后所付出的代价很低，就可能诱导舞弊者为自己的行为找到借口，从而纵容舞弊行为的不断发生。因此，内部审计人员应当定期审查和评价组织对舞弊行为是否采取了严肃的态度，并对所发现的行为进行严厉的惩罚，以杜绝员工因此为自己的不当行为找到借口。

3. 审查和评价员工行为的规范性

根据舞弊三角理论，如果员工的道德素质较低，组织又没有制定合理的行为准则以规范员工行为的话，员工在借口和压力的刺激下也可能会舞弊。因此，内部审计人员应当审查和评价组织是否针对员工建立了充分的道德和行为规范，并促进管理层不断完善各项规范。

4. 审查和评价经营活动授权制度的合理性

根据舞弊三角理论，如果舞弊者没有机会，就不可能产生舞弊行为。显然合理的授权和内部牵制制度能够防止权力过分集中，避免职权滥用和职务舞弊。因此，内部审计人员应当审查和评价组织内部控制中是否设置了充分的不相容职务分离和适当的授权审批制度，以杜绝舞弊发生的机会。

5. 审查和评价风险管理机制的有效性

有效的风险管理能够弥补内部控制的漏洞，同样也可以减少舞弊的机会。当内部审计人员对内部控制进行检查时，需要关注风险管理中是否存在可能诱发舞弊的漏洞，包括管理层是否正确识别和分析对经营、财务状况有影响的内部或外部风险；是否对外部风险因素和内部风险因素，如员工素质、组织活动性质、信息系统处理的特点进行了检查。

6. 审查和评价管理信息系统的有效性

为了使员工能够履行自身的职责，组织需要对内外部信息进行识别、捕捉和交流。外部信息包括市场份额、法规要求和客户投诉等。内部信息包括会计核算制度，即由管理层建立的记录和报告经济业务和事项、资产、负债和所有者权益的方法和制度。由于完善的管理信息系统能够有效地预防舞弊行为的产生，因此，内部审计人员也必须定期地审查和评价组织设计和运行管理信息系统的有效性。

(三) 应有的职业谨慎

应有的职业谨慎是内部审计人员应当具备的合理谨慎态度和技能。组织内部舞弊行为的发生是与组织内部控制存在缺陷和漏洞直接相关的，这些缺陷和漏洞总会留下一些迹象。如果内部审计人员保持合理的职业谨慎，就能够对这些漏洞或迹象保持警觉，进而可以提醒管理层采取措施预防或发现舞弊行为。为此，内部审计机构和内部审计人员在检查和报告舞弊行为时，应当从下列方面保持应有的职业谨慎。

1. 具有识别、检查舞弊的基本知识和技能，在实施审计项目时警惕相关方面可能存在的舞弊风险

对舞弊风险的警觉和识别要求内部审计人员不仅要具有财务知识，还需要对管理学和组织运营方面知识具有相当程度的了解，有足够的工作经验及对任何异常现象都不会轻易放过的职业怀疑态度。

2. 根据被审计事项的重要性、复杂性以及审计成本效益，合理关注和检查可能存在的舞弊行为

内部审计人员所开展的日常审计工作并不是专门用来预防、发现和报告舞弊的。只依靠日常工作程序不能保证发现所有的可能引发舞弊的内部控制漏洞或发现所有已经存在的舞弊行为，还需要延伸采取其他必要的程序。另外，由于检查和发现舞弊所需要的成本比日常审计工作大得多，组织不可能针对舞弊行为测试每一项交易业务。同时，舞弊的揭示也不能运用推理作为依据，需要具有明确的证据，这也势必增加了揭示舞弊的审计成本。因此，不可能要求审计人员对所有可能存在舞弊的疑点都保持同等的关注程度，而只能根据其可能对组织造成危害的影响程度和揭示舞弊成本等因素综合考虑，保持合理的关注和警觉。

3. 运用适当的审计职业判断，确定审计范围和审计程序，以检查、发现和报告舞弊行为

在内部审计工作中，内部审计人员如果发现组织存在控制薄弱环节，就需要进一步追查，以便发现可能存在的舞弊行为。在确定延伸审计程序的范围、程度等事项时，内部审计人员需要考虑被审计事项的重要性、复杂性和审计的成本效益等因素，并运用职业判断决定对发现、检查和报告舞弊所采取的审计范围与程序。

4. 发现舞弊迹象时，应当及时向适当管理层报告，提出进一步检查的建议

适当的管理层是指有权进行相应决策，对舞弊行为进行制止、纠正或者完善相关的内部控制以预防舞弊行为的管理层。内部审计人员应当在发现舞弊迹象时，及时向适当的管理层报告，并提出相应的调查、纠正和完善制度等相关建议，以供管理层参考。

内部审计人员在检查和报告舞弊行为时，除应保持合理的关注和谨慎态度之外，还应当特别注意做好保密工作。通常，舞弊的检查工作由组织适当的管理层进行统筹安排和协调，内部审计机构和人员只参与组织对于舞弊行为进行的检查工作。由于内部审计人员了解组织的内部控制，且不少舞弊行为都能从资金上进行追踪，内部审计人员恰好是这方面的专业人士，因此，内部审计人员往往是参与舞弊行为检查的主要人员。但是，内部审计人员只是承担舞弊检查的部分工作，还需要组织的相关层次管理层负责协调与指挥检查工作的进展。由于舞弊事项的敏感性，需要组织的相关人员对舞弊检查过程及发现的问题予以保密，否则可能造成舞弊者掩盖或销毁舞弊的痕迹，或对内部审计人员的工作设置障碍。

(四) 内部审计在履行检查和报告舞弊行为责任中的局限性

由于内部审计并非专为检查舞弊而进行，即使内部审计人员以应有的职业谨慎执行了必要的审计程序，也不能保证发现所有的舞弊行为。防范和遏止舞弊要依靠组织所建立的内部控制。

内部审计的日常工作对象是组织的经营活动和内部控制，其工作程序并非专门用来发现和检查舞弊。在对内部控制的日常审计过程中，内部审计人员通过对内部控制设计和运行有效性的检查来协助预防、发现和报告舞弊。由于舞弊者可能刻意掩饰舞弊行为，内部审计人员需要对审计证据的可靠性予以特别关注，防止被舞弊者误导。虽然在检查舞弊过程中，内部审计人员也会注意到内部控制的薄弱环节和效率问题，但其注意力更多地集中在实际已经发生的事件上，寻找可以证明舞弊存在的具体细节。这种工作重心与工作程序、方法的不同，使内部审计人员难以保证通过日常工作发现所有的舞弊行为。内部控制具有固有的局限性，由于时间、环境或执行人等原因，可能使组织的内部控制失效，使舞弊可能发生。这种局限性使内部审计人员即使以应有的职业谨慎执行了审计程序，也无法保证发现所有的舞弊行为。

第三节　舞弊审计的程序

一、评估舞弊发生的可能性

(一) 对舞弊发生的可能性进行评估

内部审计人员在审查和评价业务活动、内部控制和风险管理时，应当对舞弊发生的可能性进行评估。风险的识别是指内部审计人员认识组织存在哪些方面的舞弊风险的过程，其实

质就是对组织可能存在的舞弊风险、舞弊行为以及风险管理和内部控制状况进行分析的过程。对于舞弊风险的识别与评估是认知和感知风险，并对风险进一步分析和度量的过程。感知风险是风险识别的基础，包括分析存在哪些风险、哪些风险需要特别关注；分析风险是风险识别的关键，包括分析引起风险的主要原因、风险事故的后果、确定风险识别的方法等。

内部审计人员在审查和评价业务活动、内部控制和风险管理时，应当从以下方面对舞弊发生的可能性进行评估。

1. 组织目标的可行性

组织目标设置不当，超越执行人的能力范围，就会对执行人产生不当的压力，使执行人为了达到目标而采取各种手段，甚至是舞弊的手段。为此，内部审计人员在对舞弊发生的可能性进行评估时，应当充分考虑组织的客观环境与实际情况，评价组织目标设置的适当性和可行性，确保执行者通过合理的努力就可以达到，以杜绝导致舞弊的压力。

2. 控制意识和态度的科学性

组织控制意识和态度是否正确、科学决定了组织能否设计出符合组织实际情况的、有效的内部控制。为此，内部审计人员在对舞弊发生的可能性进行评估时，应当评价组织控制意识和态度的科学性，特别是负责建立并保证组织控制有效运行的高级管理层对控制的重视程度。

3. 员工行为规范的合理性和有效性

组织制定的各种针对员工的规章制度是对员工行为的直接指导和规范，员工行为是否合理、有效决定着员工的行为是否能够与组织目标保持一致。为此，内部审计人员在对舞弊发生的可能性进行评估时，应当评价组织针对员工行为制定的各种规章制度的合理性和可行性。

4. 业务活动授权审批制度的有效性

组织对业务活动设置的授权审批制度是对各种舞弊行为最为直接的监控手段，各种职责的分离、授权审批等控制措施确保了各个层次的执行人难以滥用职权，做出超越权限的指令，从而限制了舞弊行为的发生，同时也限制了舞弊行为确实发生时的损失程度。为此，内部审计人员在对舞弊发生的可能性进行评估时，应当评价组织在各项业务活动环节设置的授权审批制度在设计和执行上的有效性。

5. 内部控制和风险管理机制的有效性

风险管理机制是组织用于应对、消除面临的各种风险的解决方法和策略，其有效性对于最大限度地消除风险，降低风险带来的损失程度具有重要的影响。为此，内部审计人员在对舞弊发生的可能性进行评估时，应当评价组织内部控制和风险管理机制的有效性。

6. 信息系统运行的有效性

组织的管理信息系统不仅要处理组织内部的信息，同时也要处理组织外部的信息。信息在组织内部的交流与沟通，可以使员工更好地履行其职责。同时，管理信息系统对信息的收集与整理也使员工的工作得到了一定的监督和约束，可以有效地降低舞弊行为发生的机会。为此，内部审计人员在对舞弊行为发生的可能性进行评估时，应当评价组织信息系统运行的有效性。

(二)对可能导致舞弊发生的情况的考虑

内部审计人员除了考虑内部控制的固有局限性,还应当考虑下列可能导致舞弊发生的情况:(1)管理人员品质不佳;(2)管理人员遭受异常压力;(3)业务活动中存在异常交易事项;(4)组织内部个人利益、局部利益和整体利益存在较大冲突。

在对舞弊发生的可能性进行评估的基础上,内部审计人员需要考虑可能导致舞弊发生的情况,并评估其影响程度和发生的可能性。尽管组织已经建立并运行了内部控制,但是内部控制也存在固有的局限性。例如,出于成本效益的考虑,内部控制在某些环节可能存在缺失的情况;在决策时人为判断可能出现错误和因人为失误而导致内部控制失效;行使控制职能的人员素质不适应岗位要求也会影响内部控制功能的正常发挥;内部控制一般都是针对经常而重复发生的业务而设置的,如果出现不经常发生或未预计到的业务,原有控制就可能不适用;在设置了职责分离的环境下仍然可能存在串通舞弊的情况;高级管理层利用职权超越内部控制等。内部控制的固有局限性使舞弊者能够利用内部控制的固有局限,绕开内部控制实施舞弊行为。在管理人员品质不佳,管理人员遭受异常压力,经营活动中存在异常交易事项,组织内部个人利益、局部利益和整体利益存在较大冲突,内部审计机构在审计中难以获取充分、相关、可靠的证据等情形下,舞弊行为发生的可能性会更大。

(三)对评估结果的报告

内部审计人员应当根据可能发生的舞弊行为的性质,向组织适当管理层报告,同时对需要实施的舞弊检查提出建议。

内部审计人员应当在日常工作中对可能存在的舞弊保持警惕,当内部审计人员发现舞弊的迹象时,就应当向适当的管理层进行报告,并督促适当管理层尽快采取措施,遏制舞弊造成的影响。报告的形式可以是口头报告,也可以是书面报告。不论内部审计人员的报告结果如何,其在做出报告时都应有合理的证据支持。

二、舞弊的检查

舞弊的检查是指实施必要的检查程序,以确定舞弊迹象所显示的舞弊行为是否已经发生。

内部审计人员进行舞弊检查时,应当根据下列要求进行:(1)评估舞弊涉及的范围及复杂程度,避免向可能涉及舞弊的人员提供信息或者被其所提供的信息误导;(2)设计适当的舞弊检查程序,以确定舞弊者、舞弊程度、舞弊手段及舞弊原因;(3)在舞弊检查过程中,与组织适当管理层、专业舞弊调查人员、法律顾问及其他专家保持必要的沟通;(4)保持应有的职业谨慎,以避免损害相关组织或者人员的合法权益。

预防、发现及纠正舞弊行为是组织管理层的主要责任,决定是否进行舞弊的检查及如何进行舞弊检查同样也是组织管理层的责任。内部审计机构和人员只是协助管理层完成这一职责。在某些情况下,由内部审计人员负责检查舞弊可能更为有效,但针对舞弊的检查与内部审计人员日常工作内容毕竟不相同,因此往往还需要内部审计人员与其他专业人士共同努力,才能完成检查舞弊的工作。

(一)评估舞弊涉及的范围及复杂程度

内部审计机构和人员应当评估舞弊涉及的范围及复杂程度,并避免对可能涉及舞弊的人员提供信息或被其所提供的信息误导。由于舞弊者通常会消除舞弊痕迹，或者破坏、篡改记录，提供虚假的信息，内部控制也可能受到破坏或者被超越。因此，在常规审计中可以信赖的审计证据或同样条件下取得的可靠审计证据，在舞弊检查中就可能不足以信赖或表现为不可靠。为此，内部审计人员应当对舞弊者消除舞弊痕迹或者篡改记录、提供虚假信息以及破坏相关内部控制的行为保持警觉，以获取客观、真实、可靠的审计证据。

（二）设计适当的舞弊检查程序

内部审计机构和人员应当设计适当的舞弊检查程序，以确定舞弊者、舞弊程度、舞弊手段及舞弊原因。舞弊检查的工作程序与常规审计的不同处之一就是其属于发现性工作，需要专门技术与专业人员的支持，针对已经发现的舞弊线索采取特殊的审计程序与方法。在日常审计工作中，内部审计人员可能更注重审计整体的合理性和有效性。但在舞弊检查中，除了从整体的分析中寻求线索，内部审计人员更需要侧重于微观的、细节的合理性，如对经济利益流出和流入组织的环节就需要重点关注。

（三）与相关各方保持必要的沟通

内部审计机构和人员应当在舞弊检查过程中与组织适当管理层、专业舞弊调查人员、法律顾问及其他专家保持必要的沟通。在舞弊检查过程中，随着检查所发现的问题不同，所涉及的人员与专业领域也不尽相同。因此，内部审计人员应当与参与检查舞弊的各个方面人员都保持有效沟通，利用其他专业人士的经验与能力，使检查工作达到预期的效率和效果。

（四）保持职业谨慎

内部审计机构和人员应当保持应有的职业谨慎，以避免损害相关组织或人员的合法权益。内部审计人员应当了解相关的法律法规，以避免由于采取了不恰当的审计程序和方法，使组织和人员的合法权益受到损失，也使自己处于不利的地位。

三、舞弊的报告

舞弊的报告是指内部审计人员以书面或者口头形式向组织适当管理层或者董事会报告舞弊检查情况及结果。

（一）舞弊报告的形式

由于舞弊检查具有机密性，因此舞弊报告的提交对象应是适当的管理层，通常向组织的高级管理层或董事会进行报告。舞弊的报告形式可以是口头的，也可以是书面的。报告可以在检查工作结束后提交，也可以在检查工作进行过程中提交。采取口头报告和在检查过程中进行报告的目的是为了使组织管理层及时知晓所发现的情况，以决定是否采取措施和采取什么措施来遏制舞弊行为。在完成舞弊检查工作后，应提交正式的书面报告。

（二）需要向适当管理层报告的情形

在舞弊检查过程中，出现下列情况时，内部审计人员应当及时向组织适当管理层报告：(1)可以合理确信舞弊已经发生，并需要深入调查；(2)舞弊行为已经导致对外披露的财务报表严重失实；(3)发现犯罪线索，并获得了应当移送司法机关处理的证据。

内部审计机构和人员的工作是检查舞弊，其本身没有权利对如何处置舞弊行为做出决策。

因此，当内部审计机构和人员确信舞弊行为已经发生或舞弊行为已经导致对外披露的财务报表严重失实时，应及时报告组织适当的管理层，以便其决定是否需要采取进一步的措施。在发现犯罪线索，并获得了应当移送司法机关处理的证据时更需要及时向组织适当管理层进行报告以决策是否向外部权力机构通报所发现的问题。

(三)完成舞弊检查后的审计报告

内部审计人员完成必要的舞弊检查程序后，应当从舞弊行为的性质和金额两方面考虑其严重程度，并出具相应的审计报告。审计报告的内容主要包括舞弊行为的性质、涉及人员、舞弊手段及原因、检查结论、处理意见、提出的建议及纠正措施。内部审计人员在完成舞弊检查工作之后提交的报告中，应当体现内部审计人员对舞弊的检查过程及内部审计人员的职业判断，不仅要阐明舞弊的成因、责任人、性质，还应当体现改进的建议和纠正措施，后者体现了内部审计机构的建设性职能，也是为了实现组织利益的最大化。

从成本效益原则考虑，内部审计人员对不同性质和金额的舞弊行为的处理应当采取不同的方式。若发现的舞弊行为性质较轻且金额较小时，可一并纳入常规审计报告；若发现的舞弊行为性质严重或金额较大时，应出具专项审计报告。如果涉及敏感的或对公众有重大影响的问题，则应征求法律顾问的意见。需要强调说明的是，对舞弊性质和金额的判断同等重要，某些金额较小但性质严重的舞弊行为也应得到重视。决定采取何种方式报告舞弊检查结果，需要运用内部审计人员的职业判断。

第四节 计算机舞弊的控制与审计

在当今信息社会中，计算机作为一种数据处理的工具已经占有不可或缺的重要地位，给会计人员和其他需要信息处理的人员带来了极大的便利条件。但是，无论是在计算机应用十分发达的国家，还是在刚刚开始应用的国家，计算机舞弊和犯罪都频繁发生，无不造成十分巨大的损失和危害，必须对此进行严格的控制和防范。

一、计算机舞弊的类型

计算机舞弊就是对计算机系统的舞弊和利用计算机系统进行舞弊。前者是把计算机系统当成目标，对系统硬件、数据文件、程序、辅助设施和资源进行破坏或盗窃；后者则是利用计算机作为实现舞弊的基本工具，利用计算机编制程序进入其他系统进行舞弊活动。各种计算机舞弊的名目繁多，表现形式也多种多样。

(一)破坏

破坏是指从实体上销毁或破坏电子计算机资源，如破坏电子计算机设备，毁坏保存在电子计算机中的全部软件和信息。这种犯罪危害很大，通常是以报复为目的。例如，国外某公司计算机专业人员因被解雇而心怀不满，临走前给计算机输入了一个"病毒"程序，五年后该系统整个陷入混乱，花费1000万美元才得以恢复。

(二)复制和偷盗软件

根据各国的软件保护法规定，复制和偷窃软件的行为属于违法行为，但是仍然有许多人复制和偷窃软件据为己用，甚至谋取商业上的利益。

(三) 偷窃数据

偷窃数据是指非法地读取计算机系统中的数据和信息，非法接收电子计算机辐射电波和传输信号。无论是国家还是企业、个人，都有一些机密性的信息，这些信息的泄露会造成对自身、社会和他人的伤害。

(四) 通过篡改数据或伪造数据来窃取钱财或营私舞弊

舞弊者通过篡改数据或伪造数据来窃取钱财或营私舞弊。例如，1985年高考时，我国全面采用微机系统处理考生信息，某考区计算机数据录入人员将微机打印好的成绩单销毁掉，然后按预先掌握的某考生的密码，对这个考生的成绩进行更改，然后再用相同机型、相同字型，按相同格子、颜色深浅接近的色带，重新打印了一份假的成绩单。再例如，上海两名20岁的年轻人利用便携式计算机非法复制某证券公司营业部的全部信息，并随意将该证券部上万户股民的资金实施划转和存取。还有，美国长岛铁路公司计算机系统中心职员通过篡改系统中的数据，将200节车厢提前报废，然后倒卖谋取不法利益。

(五) 非法篡改程序

计算机操作人员通过篡改计算机程序盗窃公司财务或谋取私利。例如，1988年，成都市农业银行某营业部微机操作员，伙同四川电子科学技术经营部某借调人员，通过修改程序转账87万元进行贪污。再例如，湖南衡阳建设银行某支行一记账员通过修改计算机程序，转移资金18万元，从中受贿3700元。

(六) 敲诈勒索

舞弊者通过掌握计算机系统的关键性内容，如重要的程序编码或重要的密码等向相关的组织实施敲诈勒索。例如，美国佛罗里达州某保险公司财务部部长被解职后，将一个只有自己知道的密码编入程序输入该保险公司计算机。没有密码，系统内存储的大量数据以及40多万美元的存款都无法动用，这位前部长以此要挟公司，要求获得高额退职金。

(七) 挪用资金、非法经营

舞弊者利用计算机系统挪用公司资金或者实施非法经营。例如，一个在银行工作的普通职员在一个偶然的机会了解到该行转账负责人的口令，然后利用联机系统将1000多万美元转入瑞士苏黎世某银行的一个私人账户，其后他将钱提出后购买了大批钻石带回美国，准备出手后再将钱存回银行。再例如，英国某信用部门职员了解到市场上某种债券的市价在下跌，他从一个客户账户中取出一笔出售，然后再以低价买进，存回原账户，自己赚取差额。还有，中国工商银行大连市西岗办事处计算机管理员，利用熟悉计算机系统之便，截留贪污应收利息16万元。中国工商银行哈尔滨河图支行储蓄操作员，利用空存100万元，趁通兑的机会贪污了95.8万元。深圳国际投资基金部电脑部副经理通过虚设股东账户和虚增资金账户的资金，参与股票操作并提取资金2万元。

(八) 掩盖经营上的失败

舞弊者利用计算机系统篡改数据以掩盖经营上的失败。例如，1973年，美国产权基金公司利用计算机虚构保险单和投保者等手段伪造佣金收入、高估净利,从而使股票价格由每股 6 美元上升到每股 37.50 美元。后来因为开除职员引起告发事件才暴露出来。最后,该公司宣告破产,有关方面的损失达 3 亿美元。

(九)非法电子资金转账

舞弊者利用计算机系统实施非法电子资金转账。例如,国外某银行客户部主管,利用手中职权开立了一个虚假的存户,并不时地填写输入原始凭证,将其他存款户中的存款转入虚假户头,每次不超过 2000 美元,一般数额都很小,每当储户发现自己的存单数字有问题时,该主管总是说"计算机出问题了"。利用此种手法,该主管在一年半的时间里共得收入 150 万美元,后来通过警察侦破的在赌场发生的另一案件,才发现该主管经常到赌场去,并输掉了大笔款项,由此引起怀疑,进一步侦察并揭露了这种不法行为。

现有计算机系统存在的诸多薄弱之处是造成上述舞弊的主要原因。例如,计算机系统开发人员和系统领导人不够重视针对计算机系统实施内部控制,计算机系统用户正常的防护知识和专业安全知识不足;保密制度和复核制度没有得到严格的实施,缺乏经常性的审计和监督,等等。

二、计算机舞弊的控制和审计方法

计算机舞弊的泛滥已经使其成为内部审计领域特别关注的重要问题,但是计算机舞弊具有手段高明、不留痕迹、证据收集困难等重要特点。因此,从内部审计工作的角度来看,一方面是通过审计检查和发现组织存在的各种计算机舞弊行为,更为重要的是促进组织加强针对计算机系统的内部控制,以提高信息和系统的安全性。具体而言,要控制和审查计算机舞弊,就要深入了解各种计算机舞弊可能留下的各种审计线索和证据,掌握获取这些线索和证据的方法,最终达到防范计算机舞弊的目的。

(一)输入数据的篡改

对输入数据进行篡改是计算机系统中最常见和最普通的一种舞弊手段。计算机系统中的数据一般是通过业务的发生引发的记录、传递、审核或核对、转换等过程,最终确认为计算机系统的基本数据的。任何能接触到这些过程的人员都有可能对基本数据进行篡改,如在计算机系统内伪造文件替换、与开发人员勾结在输入程序上修改,或者故意输入虚假数据以达到浑水摸鱼的目的。

输入数据的保护方法,一般采用人工控制和自动校验相结合的方式。人工控制最主要的方式就是充分的职责分工,业务人员经办的业务和数据记录、审核、批准职责应该分开。输入的关键性数据要采用分批总数控制法,输入的数据应分开在两台计算机上输入以控制校验。同时,还可以采用输入的时间和其他有关鉴别符进行控制。数据输入后应及时进行备份,留下修改的审计线索,这样可使内部审计人员更容易发现舞弊的迹象。

一般在数据输入环节舞弊的可能人员、审查舞弊的方法和审计证据可进行如下的简要分类:(1)舞弊的可能人员,如参与业务处理的人员、数据准备人员、源数据提供人员、能够接触数据但不参与业务处理的人员,还有企业外部的"黑客";(2)审查舞弊的方法,如人工控制审查和计算机审计线索的打印、计算机自动校对并自动生成差异报告、计算机输出的完整性审计、分析性审查、核对数据等;(3)审计证据,如原始数据文件和业务文件中有疑义的数据记录、记载有关数据的介质、运行记录,包括修改的审计线索记录、日记记录、异常报告和错误运行记录等。

(二)在软件中暗藏非法程序块

在计算机软件中暗藏某程序块,使之能够运行没有授权的软件功能,以达到舞弊的目的,这种舞弊往往是有预谋的。舞弊者在计算机程序编写时就把秘密的程序块编入正常的软件中,如果这些舞弊者手段高明,其编制的暗藏程序就不容易被查出。比如,一个普通的商用程序有几万句,可能隐藏多处非法程序,它的运行时间非常短,舞弊时也不会留有审计的线索。但如果及时追踪这种舞弊资产流向,就可能及时揭露这种行为。

防止这种暗藏程序,一种方法是用特殊的数据进行测试,但是内部审计人员必须了解一些基本线索才可以应用;另一种方法是认真核对源程序。

消除暗藏程序舞弊的根本方法是预防,对有可能接触程序修改和开发的人员进行严格的职业道德教育;在开发、维护和使用的过程中,严格实行开发管理制度;核对源程序的基本功能和测试可疑的程序。在平时使用过程中,应当对可疑的人获取的收入进行跟踪。

暗藏程序舞弊的审计证据一般集中在运行结果异常和可疑的程序块中。

(三)利用程序计算截尾舞弊

这种舞弊是指在计算机软件中关于计算保留小数的程序按照预谋的方法截尾,将截尾的数值累计记入预先给定的账户,并在适当的时候转为己有。舞弊者在计算机程序编写时就把秘密的程序块编入正常的软件中。如果这类舞弊者高明,其编制的暗藏程序就不容易被查出。审查程序计算截尾舞弊的根本方法有两种:一是检查源程序,二是重新计算并注意截尾数据的取证。

(四)突破密钥控制的舞弊

在计算机软件中经常设置有分等级的口令或密钥来限制各个不同用户的权限,但往往存在某程序块能揭开这些控制,运行没有授权的一切软件和存取数据,这些程序可看作是总密钥。这种总密钥如果掌握在舞弊者手中,则系统将遭受破坏和损害。这种舞弊行为一般都发生在计算机系统管理员或高级程序员身上,如果作案人对数据文件的结构和其他数据的钩稽关系很熟悉,就很难查出这种高级舞弊。

审查这种舞弊的方法有几种:一是审查计算机运行的记录日记;二是对计算机的原始备份文件进行特殊的处理,核对出舞弊线索;三是用特殊的数据测试法审查。

消除突破密钥控制舞弊的根本方法是预防。对可能接触程序修改和开发的人员进行严格的职业道德教育;在使用的过程中,实行严格的计算机使用日记管理制度;对重要的原始数据要实行多种隐蔽性的备份制度。

突破密钥的审计证据一般集中在程序运行报告日记和核对出的异常数据上。

(五)报复性的舞弊

在计算机软件维护中,程序人员可编制适时和定期执行的计算机程序,根据一定的条件或时间操纵具体的破坏或舞弊活动。例如,某程序员设置一种条件检测,在工资文件中若没有他的工资时,整个系统的运行就发生混乱,同时破坏工资文件的基本数据。这种舞弊的审查方法和审计证据的取得同暗藏非法程序块的审查方法和审计证据的取得一样。

(六) 偷盗数据

在计算机系统中经常出现重要的数据被偷窃,作为商业秘密泄露给需要这种信息的商人或机构,偷窃数据者从中得到经济利益。常用偷窃数据的方法有以下几种:(1)作案人把秘密的数据暗藏在普通的报告中;(2)将秘密数据编码化,使检查者没有发现有什么可疑的秘密数据被窃取;(3)在计算机中安上无线电发射器来窃取情报。

审查这种舞弊的方法有两个:一是审查计算机运行的记录日记和复制传送数据的时间和内容,然后了解和访问数据处理人员,分析数据失窃的可能性,追踪其审计线索;二是向计算机重要数据的管理员了解原始备份文件和被复制的内容,分析特殊的数据舞弊线索。

(七) 通信盗窃

在通过微波或卫星通信传送数据给用户的过程中,窃取数据的情况经常会发生。如果舞弊者不知道他们所需要的信息何时传送,就必须一直进行跟踪窃取。

消除通信被窃取的根本方法是使用密码编译传送。一般只能通过检测加密编译系统的保密性和关注有关的重要信息是否在新闻机构披露,来审查通信是否被窃取。

(八) 仿真舞弊

计算机系统用于数据处理是一种方便的工具。同样的,计算机也可用来仿真处理和构造计算机贪污的数据模型,以保证贪污有更高的可靠性。

例如,某会计师在计算机上伪造公司会计账务系统和应收应付系统,他可先输入正确的数据,然后再修改数据,以便确定仿真作案的效果。另外,他还可以采取输入自己需要的总账数据方法,逆向仿造应收应付款的内容,然后确定应收应付款的仿真数据,这些数据最终将列入所需要的财务报表中。如某保险公司发生的一起仿真舞弊案,舞弊者仿真制作了6000份计算机可读的保单,然后输入正式的系统,再出售给分保公司。

一般来说,要进行计算机仿真舞弊,舞弊者必须有计算机程序设计专长并与熟悉仿真对象系统的专业人员配合。

审查这种舞弊的方法是审阅计算机仿真运行的记录日记,了解计算机专业人士参与仿真的情况。审计的证据包括计算机仿真程序、仿真的数据记录文件、运行输出报告和计算机使用记录。

第十章

绩效审计

自 20 个世纪 50 年代开始，伴随世界经济的迅猛发展和市场竞争的日益加剧，企业为抢占世界市场，大型跨国集团不断涌现。伴随组织规模的不断扩大，组织内部的管理层级也随之增多。为了在激烈的市场竞争中保持有利的地位，组织管理者必然将战略眼光聚焦在组织能够实现的效益之上，这就迫切需要内部审计机构和人员对组织各项资源在使用上的经济性、效率性和效果性实施审计，以确保组织运营目标的实现。内部审计人员凭借自身对组织运营过程、所处环境和组织目标的深刻理解，可以将其审计范围从传统的真实性和合规性审计延伸到组织更加广泛的运营管理领域，对组织的各项运营活动、内部控制、风险管理提出全面的评价和建议。在此大背景下，绩效审计应运而生，并发展成为当前内部审计普遍开展的审计业务类型，成为组织治理和风险管理的重要手段，对促进组织改善运营和管理，提高组织资源的利用效益发挥着至关重要的作用。

第一节 绩效审计概述

一、绩效审计的历史演进

从审计在世界范围内的发展历史来看，绩效审计出现于 20 世纪 40 年代中期，在 20 世纪 70 年代得到快速发展，并在 20 世纪 90 年代完成了由传统财务审计向绩效审计的扩展。在绩效审计的发展初期，其在全球范围内的发展并不均衡，较早开展绩效审计的国家，经济均处于世界领先行列，如加拿大、美国、英国及瑞典等国家。随着绩效审计的不断发展，目前广泛开展绩效审计的国家除前述国家和澳大利亚、德国、挪威、荷兰等西方发达国家外，也不断扩展到一些经济快速发展的亚洲国家和地区，如新加坡、日本、印度、中国香港等。世界各国尤其是欧美发达国家在绩效审计的发展中做出了广泛且深入的探索，也积累了更加丰富的实践经验。

绩效审计的产生和内部审计的发展是密不可分的。早在 19 世纪的英国，就已经产生了内部绩效审计，但是直到 20 世纪 40 年代内部绩效审计才得以发展。当时的资本主义经济经过 200 多年的自由竞争，在会计领域已经形成了一整套成熟有效的会计准则，在制度层面上大大减少了财务舞弊的可能性，导致对内部审计在传统的真实性领域的审计工作需求的减少，内部审计在财务审计方面的工作逐渐萎缩。20世纪50年代以后，资本主义经济有了新的发展，全球统一市场逐渐形成，跨国公司大量涌现，竞争日益激烈。在这样的竞争环境下，组织自身必须重视内部运营管理以提高效益、面对竞争。为了保持有利地位，取得高额利润，组织已经不能仅依靠外部审计的审计结果，更需要内部审计人员对组织内部各个环节运营的合理性实施审计，以保证组织效益目标的实现，绩效审计与内部审计得到了有效的融合。内部绩效审计的发展使审计不再仅与财产所有者相关，同时也与组织运营者密切相连，因此内部绩效审计得到了迅速发展。

美国是最早将政府审计引向绩效审计的国家。20世纪40年代中期，美国公营部门缺乏财务控制，国家资源利用效率低下，效果不佳，为了保证公共财富的合理利用，审计委员会向美国国会建议，政府公营企业应接受美国总审计署的审计监督。国会对此建议表示赞同，并于1945年通过了《联邦公司控制法案》。该法案要求，美国审计总署不仅要评价公营企业的合规性，还应对管理效率和内部控制系统的效率加以评价，并向国会报告。美国总审计署在1945年对一家公司进行审计后，首次列举了一系列有关公司效率低下的问题，在当时引起了广泛关注，绩效审计的重要性逐渐开始深入人心。进入20世纪60年代后，美国国会要求政府机构的款项使用不仅要符合法律规定和规章制度，还要在使用中符合经济性和效率性目标。于是，美国总审计署于1972年颁布了《政府组织、计划项目、活动和职责的审计标准》（亦称"黄皮书"），明确规定了实施经济性审计、效率性审计和项目效果性审计的目标、程序和报告要求。这是世界上最早关于绩效审计的审计准则，其后该准则在1981年、1988年、1994年、2003年和2007年又进行了五次修订，在世界范围内产生了广泛影响。

绩效审计在我国发展的历史相对较短，其最初的发展也是由政府审计开始推动的。1983年，我国最高审计机关国家审计署成立。1984年，审计署提出的"试审"目标中就已经考虑到了经济效益问题。1985年8月，我国颁布了第一个审计法规《国务院关于审计工作的暂行规定》，该规定要求县级以上政府部门和大中型企业组织应当建立内部经济效益审计制度，设立内部经济效益审计机构。1991年全国审计工作会议提出，在财务审计的基础上，内部审计逐步向检查内部控制制度和经济效益方面延伸。2002年全国审计工作会议则提出将财政财务收支审计和绩效审计相结合。2003年7月1日，审计署颁布实施了《2003—2007年审计工作发展规划》，该规划明确提出要开展绩效审计，争取在五年规划期内达到投入效益审计的资源占到整体审计资源的一半左右。2004年，国资委颁布了《中央企业经济责任审计管理暂行办法》，并在两年后颁布了《中央企业经济责任审计实施细则》，明确规定了绩效审计在中央企业中的具体实施。2007年，中国内部审计协会颁布了《内部审计具体准则第25号——经济性审计》《内部审计具体准则第26号——效果性审计》和《内部审计具体准则第27号——效率性审计》，从我国内部审计的发展实际出发，规范了内部经济性审计、效果性审计和效益性审计，内部绩效审计开始在我国的审计规范中初现雏形。2008年，国资委又印发了《关于加强中央企业经济责任审计工作的通知》，该通知不仅深化了经济责任审计的重要性，还使绩效审计又一次得到了制度层面的重视。2013年，中国内部审计协会对内部审计准则进行了修订，将原有的经济性审计、效果性审计、效率性审计三个准则合而为一，明确使用了"绩效审计"概念，不论是对我国的内部审计，还是绩效审计的发展，都是一次重大的突破和进步。

二、绩效审计的概念

(一)绩效审计的概念界定

绩效问题自古以来就是人类一直关注的问题,任何社会都在力求以较少的投入获得较大的产出,即追求效益的最大化。"绩效"一词在语义上可以解释为成绩和效果,而绩效审计就是对组织所做出的成绩与功效进行的审计。审计作为经济监督的一种工具,其最终的目的也是为了提高经济效益。随着科学技术的发展,经济全球化越来越明显,对组织的管理要求也越来越高,如果组织希望在竞争激烈的市场上占得一席之地,就要注重健全自身的管理体制,加强组织的内部控制,提高运营效率。但是,在很长的一段历史时期里,审计仅仅停留在了单纯的财务审计领域,即通过查错防弊实现经济效益的间接提升。然而,新的市场环境迫使组织管理者必须将内部审计工作的重心从传统的查账转移到健全和完善组织管理机制,提高组织经济效益及效率的轨道上来,由此也催生了各种以提高经济效益为目的的审计形式,如经济效益审计、管理审计、业务经营审计、综合审计等,这些审计形式都可以作为绩效审计的同义词,但其概念之间也存在某些差异。

目前,国际上对于绩效审计的定义和叫法仍然不尽相同。最高审计机关国际组织将绩效审计定义为"一种对被审计单位使用资源以及履行其职责的经济性(Economy)、效率性(Efficiency)和效果性(Effectiveness)的审计",即"3E 审计"。最高审计机关国际组织进一步指出绩效审计一般包括以下内容:一是根据良好的管理原则和实务以及管理政策对管理活动的经济性进行审计;二是对人力、财力和其他资源的使用效率进行审计,包括检查信息系统、绩效评价和监督机制以及被审计单位为纠正已发现缺陷而采取的程序;三是联系被审计单位目标的实现情况,对被审计单位绩效的有效性进行审计,并通过与预期影响进行比较,而对被审计单位的活动所产生的实际影响进行审计。

我国内部审计具体准则第 2202 号明确规定:"绩效审计,是指内部审计机构和内部审计人员对本组织经营管理活动的经济性、效率性和效果性进行的审查和评价。"

新修订的内部审计准则将绩效审计的概念界定为对组织经营管理活动的经济性、效率性和效果性进行的评价,从而涵盖了非营利组织开展绩效审计的相关工作。新修订的内部审计准则还进一步明确了绩效审计既可以根据实际情况和需要,对组织经营管理活动的经济性、效率性和效果性同时进行审查和评价,也可以只侧重某一方面进行审查和评价,并概括了绩效审计主要审查和评价的内容。从新修订的内部审计准则对绩效审计的定义来看,绩效审计的概念已经实现了与国际潮流的趋同,即都是以"3E"为审计目标。其中,经济性是指组织经营管理过程中获得一定数量和质量的产品或者服务及其他成果时所耗费的资源最少;效率性是指组织经营管理过程中投入资源与产出成果之间的对比关系;效果性是指组织经营管理目标的实现程度。例如,组织是否以最好的价格购入所需要的原料设备、实际所花费用是否与预算一致、有无浪费等强调的就是经济性目标。项目运作方式方法是否最为合理、职责分工是否存在不必要的重复、内部机构之间是否相互协调、是否存在必要的激励机制等强调的就是效率性目标。组织是否在规定的时间以合理的成本实现了既定目标、公众对提供的服务或产品的满意程度等则强调的是效果性目标。

（二）绩效审计的概念辨析

在了解绩效审计的同时，我们还要了解其与经济效益审计、管理审计等相近概念的区别，才能更深入地理解绩效审计的含义。

1. 绩效审计与经济效益审计

经济效益是经济和效益的合成词。经济是指社会物质生产和再生产活动，效益是指效果和利益，或有益的效果、有用的结果。因此，经济效益就是指经济活动中有益有用的结果，是资金占用、成本支出与有用生产成果之间的比较。经济效益好，就是资金占用少，成本支出少，有用成果多。提高经济效益有利于增强组织的市场竞争力，充分利用有限的资源创造更多的社会财富。组织的经济效益就是组织的生产总值同生产成本之间的比例关系。经济效益是衡量一切经济活动最终的综合指标，任何社会的经济活动都离不开经济效益。

经济效益审计是由得到授权或接受委托的审计人员，依据有关的法规和标准，运用审计程序和方法对被审计单位（或项目）经济活动的经济性、效率性、效果性进行监督、评价、提出改进建议，以提高经济效益为目标而实施的一种独立的经济监督活动。内部经济效益审计是由内部经济效益审计机构或审计人员依照国家法律法规和组织的管理制度规定，对组织及所属单位的经营管理活动的合理性和有效性、经济信息的真实性、内部控制的健全性和有效性、经济效益的总体水平和发展趋势进行的审查和评价，以提示经营管理风险，提出建设性意见和建议，促进改善经营管理，提高整体经济效益的独立的经济监督活动。

经济效益审计与绩效审计几乎是等同的，只是绩效审计的范围更加广泛，属于广义上的经济效益审计。首先，经济效益是"经济活动投入与产出、消耗和成果、费用和效用之间的对比关系"。因此，经济效益审计主要是从挖掘组织潜力，分析组织投入产出的角度开展的，而绩效审计则是由三个要素构成的，即经济性、效率性和效果性。对比之下，经济效益审计更符合绩效审计中的第二个要素，即效率性审计的概念。其次，绩效审计涵盖的领域更加广泛。经济效益审计的开展，最初主要是从促进组织提高经济效益开始的，侧重于经济领域，而绩效审计既适用于企业，又适用于国家机关、事业单位的绩效审计，可以涵盖经济、行政甚至是文化等各个领域。最后，使用绩效审计这一术语也更加符合国际惯例。1986年4月在悉尼召开的最高审计机关第十二届国际会议，将"绩效审计"列入了正式议题。会议建议以"绩效审计"这一术语统一各种有关绩效型审计的名称，并在最后的会议文件《关于绩效审计、公营企业审计和审计质量的总声明》中正式使用了"绩效审计"这个术语。

2. 绩效审计与管理审计

管理审计萌发于20世纪30年代，形成于20世纪50年代，在20世纪70年代后得到了较大的发展。管理审计的概念最早出现在由英国管理协会、英国机械工程师协会和生产工程师协会会员罗斯在1932年出版的《管理审计》一书中。之后，管理审计的概念得到了广泛的应用，但学术界至今对于管理审计仍然没有统一的定义。通过对各学者观点的整理和分析，可以将管理审计的定义概括为以被审计单位的管理活动为审查对象，通过综合检查改善组织的管理素质、管理水平和管理效率，促进被审计单位提高经济效益的活动。

管理审计的首要目标就是提高组织管理者的管理效率，在此基础上对财务报表以外的管理活动和管理业绩发表批判性意见。这是从本质上区分管理审计与绩效审计、经济效益审计等概念的关键点。管理审计是判定受托人履行受托管理责任的审计活动，其目的在于建立委托人与受托人之间的互信，以优化组织资源的利用。管理审计与绩效审计相同，强调的也是经济性、效率性和效果性。但是，管理审计中的经济性是在适当考虑质量的前提下，减少资源购置成本，从某种程度上来说应该是效率性的一部分，而效果性与有关方针目标，经营目标等具有直接的关系，存在许多人为因素。由此可见，管理审计中的效率性分量很重，效率是手段，效果是结果，管理审计偏重管理效率，相比而言，绩效审计更注重经营效率及生产效率，是对投入产出的衡量，没有真正反映用效率来计量管理的本质，反映的是被审计组织的总体实力，无法真正反映管理的好坏。古典管理学派代表人物法约尔认为管理的最终目的是通过组织的整体活动达到特定的经营目的。管理是为了达到特定经营目的手段，经营才是最终目的。管理审计更关注组织实现经营目的的方式，绩效审计则更注重对经营结果的评价，两者的区别实际上源于管理与经营的不同。

第二节　绩效审计的内容

　　组织各管理层根据授权承担相应的经营管理责任，对经营管理活动的经济性、效率性和效果性负责。内部审计机构开展绩效审计不能减轻或者替代管理层的责任。内部审计机构应当充分考虑实施绩效审计项目对内部审计人员专业胜任能力的需求，合理配置审计资源。

一、绩效审计的范围

　　在近代财务审计变革与发展过程中，最具影响力的变革莫过于风险导向审计思想的应用。在风险导向审计模式下，了解被审计单位外部行业环境及内部经营环境，评估其经营风险，并通过分析程序等审计程序对重大错报风险进行评估，就可以在保证审计质量的前提下有效地提高审计效率。由于有效地控制了总体风险，对于重大错报风险较低的环节，审计人员就可以减少实质性测试的范围和水平，从而直接提高审计效率，降低审计成本，并克服有限的审计资源在低风险环节和高风险环节分配不当的缺陷。

　　坚持风险导向的审计思路，不仅是保障外部审计质量和效率的要求，还是内部审计质量和效率的保障。为此，内部审计机构和内部审计人员在确定绩效审计范围的时候，可以根据实际需要选择和确定绩效审计对象，既可以针对组织的全部或者部分经营管理活动，也可以针对特定项目和业务。同时，内部审计机构和人员既可以对组织经营管理活动的经济性、效率性和效果性进行审查和评价，也可以只侧重某一方面进行审查和评价。这实际上就是内部审计机构和人员在绩效审计中采用风险导向思想和模式的具体体现。

　　随着社会经济全球化和网络化趋势的推进，现代组织的业务类型日益复杂，在现有的审计资源基础上对正常经营的组织实行全面绩效审计既不现实也不科学。绩效审计的目的在于提高组织的运营效率及管理水平，倘若将所有的经营活动都纳入审计的范围，势必会浪费大量的审计成本，影响组织的正常运营秩序，无谓的耗费组织的审计资源。因此，根据组织自身的实际情况，合理选择和确定绩效审计对象是十分必要的。对于风险较高的项目或经营环节，可以着重考核和审查，对于风险较低的领域可以降低审计力度或免于审计，一切都要以组织自身的特点和项目自身的特点为基础有所侧重地安排审计。

(一)根据审计范围确定绩效审计的类别

根据绩效审计范围的不同,我们可以将其分为全面绩效审计、局部绩效审计和项目绩效审计。

1. 全面绩效审计

全面绩效审计是以审计对象经济效益的实现全过程和全部影响因素为审查范围的绩效审计。全面绩效审计的审计范围广泛,内容全面,有利于从整体上促进被审计单位提高经济效益。但是,全面绩效审计消耗的审计资源较大,通常需要投入大量的人员、时间和经费,可能违背成本效益原则。全面绩效审计适用于长期亏损、面临破产的企业。

2. 局部绩效审计

局部绩效审计是以审计对象的部分经济活动或经济效益的部分影响因素为审计范围的绩效审计。例如,某产品的单位生产成本效益分析,流动资金周转和利用效率审查等。局部绩效审计的审计范围较小,消耗的审计资源也少,对内部审计机构和审计人员的要求较低。局部绩效审计通过解决某个环节上的问题,推动被审计单位整体效益的提高,能起到立竿见影的效果。局部绩效审计适用于对组织日常的生产经营活动和业务活动的绩效评价,是当前我国内部绩效审计中采用最多的方式。

3. 项目绩效审计

项目绩效审计是以某一特定项目,即一次性的经济活动为审计对象的绩效审计。例如,对外投资项目的绩效审计、新产品开发项目的绩效审计、固定资产建设项目的绩效审计等。项目绩效审计在审计资源消耗、产生效果的速度等方面与局部绩效审计相似,也是我国内部绩效审计中经常采用的一种方式。

(二)根据审计内容确定绩效审计的类别

绩效审计是内部审计机构和内部审计人员对组织经营管理活动的经济性、效率性和效果性进行的审查和评价。但是,这并不意味着每一项绩效审计都必须对经济性、效率性和效果性进行全面的审查和评价。根据实际情况和需要,绩效审计可以同时对组织经营管理活动的经济性、效率性和效果性进行审查和评价,也可以只侧重某一方面进行审查和评价。这就为内部绩效审计的开展提供了自主决策的空间,组织可以根据自身情况,只实施经济性审计、效率性审计、效果性审计其中的一项或两项,也可以全部实施。

1. 经济性审计

经济性审计是指内部审计机构和人员对组织经营活动的经济性进行审查和评价的活动,主要审核各项经济资源的利用是否节约、合理,以及各项经济活动是否有效率。为此,经济性审计主要关注的是资源投入和使用过程中的成本,只有以较低的价格获得同等质量的资源时才能够实现经济性。

2. 效率性审计

效率性审计是指内部审计机构和人员对组织经营活动的效率性进行审查和评价的活动,主要是通过审查和评价组织经营活动的投入、产出关系,优化业务流程,提高经营效率。为此，效率性审计主要关注的是支出的效率，当投入一定量的人、财、物、信息和技术资源取得产出最大化，或者取得一定量的产出时实现了投入最小化，才能称之为效率性。

3. 效果性审计

效果性审计是指内部审计机构和人员对组织经营活动的效果性进行审查和评价的活动，主要是协助组织管理层改善经营水平，提高经营活动的效果。为此，效果性审计主要关注的是一个项目是否实现了目标以及目标成果的有用性。

当然，上述三项审计所关注的目标有时可以单独考虑，有时又紧密联系，相互交叉，并无明显的区分界限。内部审计机构和人员在安排绩效审计时应当根据实际情况，合理计划每个具体绩效审计项目对三项审计内容的考虑。

二、绩效审计的具体内容

为了实现绩效审计的总体目标，内部审计机构和人员应当设定绩效审计的具体目标，并确定绩效审计的具体内容。具体而言，绩效审计主要审查和评价下列内容：(1)有关经营管理活动经济性、效率性和效果性的信息是否真实、可靠；(2)相关经营管理活动的人、财、物、信息、技术等资源取得、配置和使用的合法性、合理性、恰当性和节约性；(3)经营管理活动既定目标的适当性、相关性、可行性和实现程度，以及未能实现既定目标的情况及其原因；(4)研发、财务、采购、生产、销售等主要业务活动的效率；(5)计划、决策、指挥、控制及协调等主要管理活动的效率；(6)经营管理活动预期的经济效益和社会效益等的实现情况；(7)组织为评价、报告和监督特定业务或者项目的经济性、效率性和效果性所建立的内部控制及风险管理体系的健全性及其运行的有效性；(8)其他有关事项。

从绩效审计的具体内容可以看出，绩效审计的内容非常广泛，与传统的财务审计既有重合，又有延伸。内部审计准则对绩效审计的概念界定、目标设定和内容安排都渗透着"3E"的思想。例如，审计内容中包含的相关资源取得、配置和使用的合理性、恰当性和节约性就体现了绩效审计的经济性审计目标；对于研发、财务、采购、生产、销售等主要业务活动的效率及计划、决策、指挥、控制及协调等主要管理活动效率的关注体现的是效率性审计；而审查经营管理活动既定目标的实现程度、预期的经济效益和社会效益等的实现情况则完全符合效果性审计的内容。

毋庸置疑，影响组织绩效的因素不是单一的，它会受到人、财、物、技术和管理等多方面因素的共同影响。因此，绩效审计的审计对象突破了传统的财务审计和财政收支审计，不仅关注账、证、报表等会计资料及其所反映的财务、财政收支状况，还将目光置于组织的整个经营管理活动之上，超越账本的表面，深入业务的实质。但是，绩效审计并不能脱离财务审计，除必须关注的经济性、效率性和效果性目标之外，绩效审计仍然需要关注组织使用资源的合法性、合规性及组织信息的真实性、可靠性。另外，组织管理活动的目标是否适当可行也是绩效审计的重要关注点，因为这些目标也是组织获得经济效益，组织管理有效的前提和基础。

从宏观层面来看，绩效审计的内容包涵了组织的经营活动和管理活动。组织的经营与管理并不是相互独立的，经营活动的经济有效与管理活动的顺利开展往往是相辅相成、相互促进的。从表面看，经营活动的经济性、效率性和效果性体现在业务活动的过程及结果上，但是，任何经营活动都是离不开管理活动的，都是管理层和管理人员发挥其职能的过程。管理人员的素质决定了管理职能的发挥程度和管理水平、管理效率的高低，而管理水平和管理效率又直接影响着经营活动的经济性、效率性和效果性。在组织的管理活动当中，绩效审计尤其还要关注组织的内部控制体系及风险管理体系，内部控制评价与审查是内部审计的重要内容。健全的内部控制系统可以防患于未然，对内部控制系统及风险管理体系的审查和评价可以促进内部控制系统充分发挥作用，发现组织在经济性、效率性、效果性方面存在的问题，并在问题发生之前将其解决，不仅可以降低组织可能遭受的损失，还可以节约审计成本。

第三节　绩效审计的方法

绩效审计的方法是指内部审计人员为了达到绩效审计的目标，在绩效审计过程中收集和分析证据所使用的工具和手段。绩效审计方法的选择应当以获取相关、可靠和充分的审计证据为目标。内部审计机构和人员应当依据重要性、审计风险和审计成本，选择与审计对象、审计目标及审计评价标准相适应的绩效审计方法，以获取相关、可靠和充分的审计证据。例如，在选取审计方法时，应当遵循风险导向审计模式，考虑重要性水平及审计风险，重要性水平较低和审计风险较大的环节要加大审计力度。内部审计机构和人员在绩效审计的实施过程中应当贯彻多种方法相互结合的思路，以获取更充分、更相关和更可靠的审计证据。同时，选取审计方法还要遵循成本效益原则，衡量审计成本与实施该方法获得的审计证据所带来的效益，尽量选择经济合理的方法。

绩效审计中可以采用的方法是多种多样的，内部审计机构和人员应当广泛吸收管理学、计量经济学、统计学、运筹学、数学等领域的先进技术和方法。在选择绩效审计方法时，除运用常规审计方法以外，还可以运用多种特殊方法。

一、数量分析法

数量分析法是对经营管理活动相关数据进行计算分析，并运用抽样技术对抽样结果进行评价的方法。通常情况下，数量分析法是按照数学和统计学的有关原理，通过处理相关数据，建立数量模型，从而对经济现象的数量特征、数量关系和数量界限进行研究、分析和决策。数量分析法的应用是建立在审计抽样的基础之上的，它并不是一种单一的方法，而是多种评价方法的总称。数量分析方法包括回归分析法、预测法、线性规划、概率论、网络模型、马尔可夫分析、排队理论、对策论等。绩效审计中运用的数量分析法大多是指对经营管理活动相关数据进行计算分析，并运用抽样技术对抽样结果进行评价的方法。内部审计机构和人员经常使用的数量分析法主要有线性规划、投入产出法、层次分析法、回归分析法和网络计划法。

（一）线性规划

线性规划是一种求极值的数学方法，主要研究如何合理分配和利用有限的资源，以达到利润最大或成本最低。具体而言，线性规划要解决两个方面的问题：一是当计划和目标已经确定时，如何以最小的资源代价来实现计划目标；二是当各种可以利用的资源确定时，如何合理地分配和使用这些资源，来实现目标的最大化。在运用线性规划时需要满足三个条件：第一是目标函数，即一个确定的目标，这个目标用数学的线性函数来表示，它可以是求最大值，如产值最大、利润最高等，也可以是求最小值，如成本最低、费用最小等；第二是约束条件，资源的有限性构成了线性规划的约束条件，这些约束条件可以由决策变量的线性不等式或线性方程表示；第三是决策变量，线性规划的目的就是要求出一组变量的值，这些变量可以理解为目标对象待定的数量。由此可见，线性规划就是求一组变量的值，它们满足一组线性约束条件，并使目标函数达到最大或最小值。内部审计机构和人员运用线性规划可以将有限的审计资源设定为线性约束条件，将绩效审计目标设定为目标函数，通过线性规划找出对审计目标的实现影响较大的因素，以采取最具有针对性的解决方式。

(二) 投入产出法

投入产出法是根据经济系统中各部门的投入与产出的数量依存关系建立经济数学模型，并进行计算和分析的方法。这种方法可以有效地帮助组织进行经济活动分析、加强综合平衡、改进计划编制技术。在运用投入产出分析法时，首先要按照特定的要求收集大量的生产资料，并加以归纳、整理和汇总，编制投入产出统计表，然后再利用数学方法和电子计算机对投入产出表的基本数据进行科学的计算，找出部门与部门之间或产品与产品之间的数量关系，并对各类经济比例做出预测，进而完成计划。投入产出分析法能够全面系统地确定各生产环节之间的物资消耗定额，促进组织进行定额管理、编制和修改生产计划，更适用于产品相对较为单一的工业企业。在绩效审计中，内部审计机构和人员运用投入产出分析法主要是为了以最少的投入取得最多的产出，以实现有限审计资源的最合理配置。

(三) 层次分析法

层次分析法是美国运筹学专家萨泰提出的一种新的定性与定量分析相结合的系统分析方法。该方法将复杂的决策系统层次化，通过逐层比较各种关联因素的重要性为分析、决策提供定量的依据。层次分析法通常包含五个步骤：第一，明确问题，建立层次结构模型；第二，构造两两比较判断矩阵；第三，层次单排序；第四，层次总排序；第五，一致性检验。运用层次分析法不需要大量的数据和复杂的计算，只需对决策因素相对于总目标的优劣或重要程度进行两两比较并加以标定，最终求得方案层要素相对于总目标的优劣排序，从而选择最佳方案。因此，层次分析法适合不能完全用定量分析技术进行分析的多目标、多准则、多层次的复杂的公共决策问题。内部审计机构和人员所实施的绩效审计正是一个受多种因素影响的复杂的决策过程，利用层次分析法，内部审计人员可以将这一复杂的决策过程层次化，并逐层比较各种关联因素的重要性以做出科学合理的审计计划和决策。

(四) 回归分析法

回归分析法是在分析自变量和因变量关系的基础上，建立变量之间的回归方程，并将回归方程作为预测模型，根据自变量在预测期的数量变化来预测因变量变化的方法，是一种重要的定量预测方法。根据自变量的数量，可以将回归分析法分为一元回归分析、二元回归分析和多元回归分析；根据研究问题的性质，可以将回归分析法分为线性回归分析和非线性回归分析。回归分析法是一种具体的、行之有效的、实用价值很高的市场预测方法。在绩效审计中，回归分析法是内部审计人员自觉和不自觉运用的最重要的分析方法之一，经常被用于对市场预测的审查。当内部审计人员在对市场现象的未来发展状况和水平进行预测时，如果能够找到影响市场预测对象的主要因素，并且能够取得其数量资料，就可以采用回归分析预测法进行预测。当变量较少、数据较小的时候，内部审计人员可以根据自己的经验和判断来使用回归分析的基本规律；当变量比较多，数据比较大时，内部审计人员可以利用计算机等工具辅助实施回归分析。

（五）网络计划法

网络计划法也被称为统筹法，是应用网络图反映整个工作的流程及各项工作间的相互关系和进度，通过参数的计算，选择工作方案，对计划进行优化的一种科学管理方法。网络计划法的关键在于网络图的绘制，绘制网络图通常包含以下七个步骤：第一，确定目标，即应用网络计划所要达到的目标；第二，搜集编制网络计划所需要的资料；第三，任务分解，即把整个工作分成若干工序并确定它们之间的相互关系；第四，绘制网络图；第五，计划网络所需要的时间及成本；第六，确定关键路线；第七，综合分析，选出最优方案。网络计划法适用于规模较大的项目，不仅在时间进度的安排上，还在资源的分配和资金的优化等方面应用了该方法，并取得了良好的效果。绩效审计具有多样化的目标和广泛的审计范围，是一个复杂的系统工程，内部审计人员可以利用网络计划法，通过绘制网络图安排整个审计工作的流程，规划各项工作的相互关系和进度，以保证绩效审计方案的优化设置和实施。

二、比较分析法

比较分析法是通过分析、比较数据间的关系、趋势或者比率获取审计证据的方法，是内部审计机构和人员在绩效审计中最常使用的一种方法。在比较分析时，选择合适的比较标准十分关键，只有选择的标准合适，才能做出客观的评价，否则可能会得出错误的结论。内部审计机构和人员在运用比较分析法时，可以进行以下方面的比较：

(1) 本期与前期相比较，即将审计期间与上期或更早期间的数据或指标进行比较，以了解被审计单位绩效的变化情况和变化趋势；

(2) 实际与计划相比较，即将实际数据或指标与计划数据或指标进行比较，以检查被审计单位计划的完成程度；

(3) 本组织与同行业相比较，即将被审计单位的数据或指标与同行业平均水平或先进水平进行比较，检查被审计单位与行业平均水平的偏离程度，寻找与先进单位之间的差距，总结原因与经验，进而提出改进措施。

由此可见，比较分析法就是将被审计单位若干有关的可比数据进行比较，找出不同时期同一性质的若干数量差异，从而总结实绩，发现问题，评价被审计单位的活动运行状况。但是，在使用比较分析法时，需要注意的是用于比较的数据之间的可比性以保证在含义、内容、时间、计算口径和计算基础等方面保持一致，数据的可比性是运用比较分析法的前提和基础。

根据用于比较的数据或指标的表现形式，比较分析法还可以分为绝对数比较法和相对数比较法。

(1) 绝对数比较法是通过将经济数据或指标的绝对数进行直接的对比来分析衡量经济活动成果的比较分析方法。

(2)相对数比较法也被称为比率分析法，是通过计算比率来分解、剖析和评价被审计单位相关项目间的关系，以评价经济效益的方法。比率作为一种相对数，可以将一些不可比的数据转换成可比的量化指标，从而揭示指标之间的相互关系。比率分析法可以将相关的变量进行对比，也可以将部分与整体进行对比，还可以将一定时期的变化与初始状态进行对比。

三、因素分析法

因素分析法是查找产生影响的因素，并分析各个因素的影响方向和影响程度的方法。该方法运用指数原理，在分析多种影响因素的变动时，为了观察某一因素变动的影响，先假设其他因素是固定不变的，再进行逐项的分析，并进行逐项的替代。内部审计机构和人员在绩效审计中使用该方法可以对被审计单位的综合绩效指标进行分析，从多种因素中找出影响绩效的最关键或者最本质的影响因素，为进一步的审查提供评价依据。因素分析法可以进一步细分为连环替代法和差额分析法。

(一)连环替代法

连环替代法是将分析指标分解为单个的可以计量的因素，并根据各个因素之间的依存关系，顺次用各因素的比较值替代基准值(通常为标准值或计划值)，并据以测定各因素对分析指标的影响。

例如，假设某一分析指标 W 是由相互联系的 A、B、C 三个因素相乘得到的，本期(实际)指标和基期(计划)指标为：

$$本期(实际)指标\ W_1 = A_1 \times B_1 \times C_1$$

$$基期(计划)指标\ W_0 = A_0 \times B_0 \times C_0$$

在测定各因素变动指标对指标 W 影响程度时可按以下顺序进行：

基期(计划)指标：$W_0 = A_0 \times B_0 \times C_0 \cdots (1)$

第一次替代：$A_1 \times B_0 \times C_0 \cdots (2)$

第二次替代：$A_1 \times B_1 \times C_0 \cdots (3)$

第三次替代：$A_1 \times B_1 \times C_1 \cdots (4)$

进一步分析如下：

(2)-(1)可以看出 A 因素变动对 W 的影响。

(3)-(2)可以看出 B 因素变动对 W 的影响。

(4)-(3)可以看出 C 因素变动对 W 的影响。

再将各因素的变动综合起来，得出总的影响：$\Delta W = W_1 - W_0 = (4)-(3)+(3)-(2)+(2)-(1)$。

在应用连环替代法时，必须进行指标分解，并确定替代顺序。替代顺序的确定应当从经济指标组成因素之间的相互关系出发，选定适当的条件，使分析结果具有客观性、有效性。连环替代法是在每次只变动一个因素，其他因素不变的假设下进行的，在运用此方法时需要从被审计单位的实际情况出发，有目的地进行分析，同时还要注意各个影响因素、影响程度之和与分析对象的吻合。

（二）差额分析法

差额分析法是连环替代法的一种简化形式，它利用各个因素的比较值与基准值之间的差额来计算各因素对分析指标的影响。

例如，某一个指标及有关因素的关系如下：

实际指标：$P_1 = A_1 \times B_1 \times C_1$

标准指标：$P_0 = A_0 \times B_0 \times C_0$

实际指标与标准指标的总差异为 $P_1 - P_0$，这一总差异同时受到 A、B、C 三个因素的影响，它们各自的影响程度计算如下：

A 因素变动的影响：$(A_1 - A_0) \times B_0 \times C_0$

B 因素变动的影响：$A_1 \times (B_1 - B_0) \times C_0$

C 因素变动的影响：$A_1 \times B_1 \times (C_1 - C_0)$

再将以上三大因素各自的影响数相加就等于总差异 $P_1 - P_0$。

四、量本利分析法

量本利分析法是分析一定期间内的业务量、成本和利润三者之间变量关系的方法。量本利分析法是成本-数量-利润分析方法（Cost-Volume-Profit Analysis）的简称，也称为 CVP 分析法。该方法根据业务量、成本、利润的相互关系，通过计算盈亏平衡点分析项目成本与收益的关系，达到预测利润和控制成本的目的，因此又被称为盈亏平衡分析法。在利用量本利分析法时，首先要研究成本和业务量之间的关系，将全部成本划分为变动成本和固定成本，再将收入和利润加进来，并在此基础上建立数学模型，进而运用模型进行有效的管理决策。利用量本利分析法可以计算出组织的盈亏平衡点（BEP），又称保本点。盈亏平衡点有多种表达方式，既可以用产量、售价、单位产品可变成本及年固定成本总量表示，也可以用生产能力利用率来表示。具体的计算公式如下：

盈亏平衡点销售量（保本销售量）＝ 固定成本/（单价－单位变动成本）

＝ 固定成本/单位边际贡献

盈亏平衡点销售额（保本销售额）＝ 固定成本/边际贡献率

安全边际销售额＝正常销售额－盈亏平衡点销售额

安全边际销售量＝正常销售量－盈亏平衡点销售量

由此可见，盈亏平衡点越低，安全边际额（量）就越大，项目盈利的可能性也就越大。在组织的经营决策分析中，首先要考虑的是哪种方案能为组织提供更多的边际贡献，如何更好地补偿为维持现有生产能力所需支付的固定成本，使组织能够获得更多的利润。

五、专题讨论会

专题讨论会是通过召集组织相关管理人员就经营管理活动特定项目或者业务的具体问题进行讨论的方法。在绩效审计中同样可以运用这种方法，不过需要注意的是，专题讨论会的参与者必须是了解项目及业务或与之相关的管理人员。只有参与讨论的人员了解项目及业务的流程和每个环节，是项目及业务活动的参与者，才能对项目的各项控制点是否合理、是否发挥作用及业务活动完成中存在的问题提出中肯的判断，内部审计人员才能从讨论中提取有效的审计证据。

召开专题讨论会可以充分利用组织的人力资源，与最具有发言权的管理人员直接沟通省去了许多中间环节，可以获得较为真实的审计证据，同时也增进了员工之间的交流，提高了管理效率，更是组织实现民主化管理的体现。在具体操作时，选择合适的参与者及主持人是讨论会能否达到预期效果的关键。在讨论时，要围绕项目及业务的具体问题开展，不要偏离主题，主持人要控制好现场气氛和讨论时间，避免讨论过度延伸和矛盾激化。

六、标杆法

标杆法是对经营管理活动状况进行观察和检查，通过与组织内外部相同或者相似经营管理活动的最佳实务进行比较的方法。这种方法最早是由美国的施乐公司提出的，后来得到美国生产力与质量中心的规范化和系统化，进而被广泛使用。标杆法通过与内外部最佳范例的比较，寻找出被审计对象与先进水平之间的差距，进行有效分析，提出改进措施，最大化地挖掘组织或部门可以提升的潜力，有助于重塑组织的核心竞争力，提高运行效率，在一定程度上缩短了组织的摸索时间和成本，尤其适用于效益水平较低的组织及部门。

内部审计机构和人员在实施标杆法时，通常应当遵循三个阶段，即确定目标、选取参照范例和比较分析。

（一）确定目标

实施标杆法的第一个步骤就是确定目标，目标的准确确定需要对主题的深入分析。每个组织、部门或项目的运营都有着自身的优势或弱势，在进行标杆分析时，不需要逐一分析被审计对象的每一个方面，只需要选取某一个或某几个主题作为目标，这样可以提高分析的效率。被确定的主题可以是被审计对象明显存在的问题或亟待解决的问题，也可以是管理层最关心的问题或关键的竞争力决定因素，主题的选定往往要根据被审计对象的性质及组织的战略目标进行设定。

（二）选取参照范例

在确定分析目标之后，根据已选择的目标选取在该领域表现出色的个体，建立参照体系。依据主题确认需要分析的关键要素、核心作业流程或管理实践，以平衡计分卡理论为基础拟定实地调查提纲和调查问卷，收集各个参照范例在相关方面的资料及数据，确定出最佳实践。选取的范例既可以是外部先进企业，也可以是组织内部的某个先进部门，但其运营经历及特征需要与被审计对象相似或相同，因为只有在环境影响因素相同的条件下，才能寻找出经营管理活动中的差异。

（三）比较分析

在选定最佳实践之后，运用SWOT分析或模型软件，对调查所取得的资料进行分类、整理，比较研究被审计对象与最佳实践之间的差距，明确差距形成的原因和过程，找出弥补自身不足的具体途径或改进机会，设计具体的实施方案，并进行实施方案的经济效益分析。

标杆分析法并不是一次性的，而是一个连续的过程。在完成了首次标杆分析活动之后，要对实施效果进行全面的评判，并及时总结经验，针对环境变化，持续进行标杆分析活动，确保对"最佳实践"的有效跟踪。

七、调查法

调查法是凭借一定的手段和方式(如访谈、问卷),对某种或者某几种现象、事实进行考察,通过对搜集到的各种资料进行分析处理,进而得出结论的方法。

(一)问卷法

在绩效审计的实践中,调查法是使用最多的一种方法,通常以问卷调查为主(问卷法)。调查问卷是绩效审计实施过程中取得某些定性指标的重要工具。在设计调查问卷时,内部审计机构和人员可以根据被审计对象的特征及需要获取的审计证据灵活设置问卷的内容与形式。调查问卷一般有两种:一种是问题式问卷,即将调查内容设计为若干可以选择的问题;另一种是填写式问卷,即根据调查内容确定若干量化指标,由被调查人自由填写。当前,科学技术的发展使调查问卷的载体发生了很大的变化,目前广泛流行的电话调查、邮件调查、网络调查等形式都可以运用到绩效审计的实施过程中来。

问卷法可以在短期内对特定的人群发放并收回调查结果,耗费时间较短,可以节省人力和物力。问卷法不受调查范围的限制,容易取得被调查人的真实想法,形式也比较自由,可操作性强,适用于对各类组织所实施的绩效审计。但是,问卷法也存在一些劣势,如受问卷篇幅及调查时间的限制,调查深度往往不够,也可能存在被调查人员不愿配合的情形等。

(二)访谈法

访谈法是在绩效审计的实施过程中,内部审计人员当面向被审计单位的有关人员了解情况,获取审计证据的一种方法。访谈有多种方式如电话访谈、面对面访谈、信函访谈等。访谈可以一对一地进行,也可以一对多、多对多地召开座谈会进行。访谈的对象可以是被审计单位的管理人员、内部的工作人员、股东或者董事会的人员,也可以是被审计单位以外的相关人员,如人大代表,对被审计事项或被审计单位感兴趣的人员,一直非常关注或者进行研究的人员,一些研究机构、监管机构的人员,社会专家等。该方法是内部审计机构和人员最常使用的方法之一,采用这种方法可以帮助内部审计人员加强对被审计事项的了解。当面向访谈对象深入了解被审计事项的来龙去脉,既方便又灵活。

结构化访谈是绩效审计中常用的收集数据和信息的方法。内部审计人员可以利用数据采集工具(DCI)通过电话或面对面访谈的方式收集数据和信息。在进行结构化访谈时,访谈人员以准确的方式向很多个体或代表提出相同的问题,向受访者提供相同的答案选项。相比之下,非结构化访谈则包括很多开放式的问题,这些问题并不是以准确的结构化方式提出。结构化访谈方法最大的优点就是访谈结果量化方便,可以直接进行统计分析,属于统计调查的一种。结构化访谈方法的应用范围十分广泛,可以自由选择调查对象,可以问一些比较复杂的问题,并可以选择性地对某些特定问题做出深入调查。结构化访谈的缺点是要求访谈人员需要具备高度熟练的访谈技巧,并接受过专门的培训,还需要较多的人力、物力和时间。对于敏感性、尖锐性或有关个人隐私的问题,被访者受到心理因素和环境因素的影响可能不会做出正面的回答,导致访谈无结果或结果失真。因此,在进行结构化访谈时,内部审计人员需要对被访谈者进行事先的训练,通过训练使被访谈人员在接受访谈之前做好心理、技术、物质以及相关知识的准备。

在运用访谈法时，内部审计人员需要使用多种沟通技巧。在访谈之前要做好充分的准备，明确访谈目标，拟定详细的访谈提纲。在访谈过程中，内部审计人员应当正确引导，紧密围绕主题开展访谈，并做好详细的记录。内部审计人员在提出问题时可以使用不同类型的问题，如开放式、封闭式、试探式、假设式、选择式等。访谈结束后要做好总结，尽快整理访谈记录，提炼出可以写入审计报告的结论。

八、成本效益分析法

成本效益分析法是通过分析成本和效益之间的关系，以每单位效益所消耗的成本来评价项目效益的方法。内部审计机构和人员应用成本效益分析法的目的在于确定被审计单位或被审计项目的效益是否超过了成本。内部审计人员在实施绩效审计时，应当在全面考虑项目的效益和成本的基础上，计算效益与成本的比值。如果效益与成本的比值大于1，说明效益大于成本，比值越大，效益越大；如果比值小于1，说明效益低于成本，比值越小，资金使用的效益越低。

成本效益分析法中涉及的"成本"和"效益"概念并不是通常所指的狭义的含义，而是广义的含义。"成本"是指做一件事实际承担的各种代价，"效益"则是指实际取得的各种成果。具体而言，衡量一个项目所付出的成本应该是其经济成本、社会成本和环境成本的总和，并不单指会计意义上的成本。其中，经济成本包括机会成本和会计成本。相对应地，效益也可以从经济效益、社会效益和环境效益三个方面予以衡量。

成本效益分析法是将这些有形或无形的成本和效益转化为具有共同特性的事物进行比较分析。在应用成本效益分析法时，通常是将成本和效益转化成货币价值，再进行比较。因此，计算项目成本与效益的货币价值是利用成本效益分析法的难点。在进行间接成本和间接效益的转化时，可以使用货币性或非货币性的评估方法。萨缪尔森认为，在成本效益法的运用中，还应该考虑货币的时间价值，通过项目的全部预期收益和全部预期成本的贴现值来评价项目，这就使成本效益的分析结果更具有可靠性。因此，成本效益分析法的关键是如何确定项目的效益、成本和贴现率。

成本效益分析法在事前、事中和事后绩效审计中都可以应用。例如，在投资行为发生前，成本效益分析即为可行性分析，可以为决策提供依据；在项目建设期间进行成本效益分析，相当于进行投资预算和收益估算，可以及时发现问题，使投资更有准备，为项目进行提供信心；在项目完工后进行成本效益分析即为事后评价，可以寻找项目中存在的问题和隐患，为后续项目运作提出改进措施和完善建议。

九、数据包络分析法

数据包络分析法是以相对效率概念为基础，以凸分析和线性规划为工具，应用数学规划模型计算比较决策单元之间的相对效率，对评价对象做出评价的方法。数据包络分析(Data Envelopment Analysis, DEA)是由著名运筹学家 A. Charnes 和 W. W. Copper 以"相对效率"概念为基础，根据多指标投入和多指标产出对相同类型的单位(部门)进行相对有效性或效益评价的一种新的系统分析方法。决策单元的相对有效性(即决策单元的优劣)被称为 DEA 有效。可以证明，DEA 有效性与相应的多目标规划问题的帕累托有效解(或非支配解)是等价的。数据包络分析法是处理多目标决策问题的较好方法，该方法最适合处理具有多个输入(输出越小越好)和多个输出(输入越大越好)的多目标决策问题。数据包络分析法不仅可以对同一类型的各决策单元(DMU)的相对有效性进行评定、排序，还可以利用 DEA "投影原理"进一步分析各决策单元非 DEA 有效的原因及其改进方向，从而为决策者提供重要的管理决策信息。

十、目标成果法

目标成果法是根据实际产出成果评价被审计单位或者项目的目标是否实现，将产出成果与事先确定的目标和需求进行对比，确定目标实现程度的方法。内部审计机构和人员利用目标成果法可以发现产出与目标之间的差距以及偏离程度，从而锁定经营管理过程中的缺陷、失误和问题，进而分析问题的原因，挖掘提高绩效的潜力。

目标成果法与其他分析方法相比较为简单，易于理解，便于操作，但是也要求被审计对象的目标是可以量化的。在实施目标成果法时，内部审计人员应当将考核的重点放在目标的完成程度上。这就要求管理层首先根据目标管理原理和工作责任制确定各部门及个人的工作目标或项目的完成目标。一般来说，目标的内容可能是单一的，也可能是多样的。如果是多样的目标，在对各项内容与目标进行比较得出结论之后，还必须将各项内容综合起来形成最终的结论。综合的方法可以采用较主观的定性方式，也可以采用将各项得分加权平均的定量方式。

由于工作内容的各个方面并不具有同等可量化的特性，目标及完工程度的量化往往存在很大的困难，加之期初目标的制定也会影响目标成果法的效果，如果目标制定不科学，将在很大程度上导致审计结果的失真。在实际运用中，目标成果法经常用于生产环节和研发环节，但其量化标准却各有差异。对于生产目标的考核，可以按工时或件数、批次计量。而对于软件开发人员的考核，由于研发一个软件项目所需的时间较长，对软件人员的考核周期就不宜以具体时间为限，可以按完成一个项目的周期来安排。

目标成果法具有一定的局限性，在实际操作时往往要与其他方法结合使用。通过目标成果法，可以找出实际工作业绩与预定目标之间的距离。组织管理层应当分析差距产生的原因，通过调整工作方法等手段，努力缩小乃至消除实际成果与预期目标之间的差距，直至实现预期目标。

十一、公众评价法

公众评价法是通过专家评估、公众问卷及抽样调查等方式，获取具有重要参考价值的证据信息，评价目标实现程度的方法。公众评价法是对调查法和目标成果法的结合和补充，在广泛调查、吸取公众意见的基础上，对目标的完成程度做出评价。公众评价法还利用了专家的意见，弥补了内部审计人员在某些专业领域知识的不足，有利于得出科学的审计结论。通过收集公众的意见，可以反映出更多组织在管理中存在的问题，找出更符合组织发展实际的改进措施和建议。实施公众评价法，也是组织民主管理、以人为本理念的体现，有利于激发员工的积极性，培养员工的主人翁意识。

第四节 绩效审计的评价标准

世界上所有的判断都是建立在标准的基础之上的，任何的评价也都需要一个标准，绩效审计当然也不例外。绩效审计的评价标准是审计人员衡量、评价被审计对象优劣的参照物，也是提出审计意见、做出审计结论的依据。《世界审计组织绩效审计指南》将绩效审计标准定义为审计人员衡量和评价被审计活动的经济性、效率性、效果性的合理的、可以达到的业绩标准。它反映了针对被审计事项的规范化控制模式，代表了良好实务，即理性了解情况的人士对"事情应该有的标准"的期望。理解和建立绩效审计标准是开展绩效审计实务的重要前提。内部审计机构和人员应当根据绩效审计目标，确定绩效评价的标准，有了目标和标准，才能确定收集证据和综合评价的具体方法，因此，绩效审计标准是连接审计目标与审计方法的纽带。另外，绩效审计标准还是审计人员和被审计者之间建立有效沟通的基础，因为只有双方对评价标准达成一致，双方才能够更容易地接受根据该评价标准得出的结论。

一、评价标准的来源

绩效审计评价标准的来源主要包括：（1）有关法律法规、方针政策、规章制度等的规定；（2）国家部门、行业组织公布的行业指标；（3）组织制定的目标、计划、预算、定额等指标；（4）同类指标的历史数据和国际数据；（5）同行业的实践标准、经验和做法。

从绩效审计的发展历程来看，在一定的历史时期，绩效审计的评价标准通常来源于国家的施政方针、国家或行业性的标准、行业机构发布的专业信息、其他国家的经验结果以及审计人员的职业判断等。

（一）有关法律法规、方针政策、规章制度等的规定

国家的法律法规、方针政策、规章制度是一切活动必须遵守的最基本的准则，绩效审计评价标准当然也必须遵循，内部审计机构和人员所确定的任何审计标准都不能与其相违背。在我国，国家的法律法规、方针政策主要包括《中华人民共和国宪法》《中华人民共和国公司法》《中华人民共和国审计法》《中华人民共和国审计法实施条例》等。只有在遵循国家的法律法规、方针政策的前提下取得的绩效，才是真正的绩效。

（二）国家部门、行业组织公布的行业指标

除国家法律法规、方针政策、规章制度等的规定对组织经营活动及审计活动的约束之外，国家各部门及行业组织对组织绩效也设定了评价标准，这些评价标准也可以作为内部审计机构和人员实施绩效审计的标准。例如，1999年财政部、国家经贸委、人事部、国家计委联合印发的《国有资本金效绩评价规则》及《国有资本金效绩评价操作细则》提出的8项基本指标、16项修正指标和8项评议指标，从三个层次对组织效绩进行了深入分析，较为全面地反映了组织的生产经营状况和经营者的业绩。再比如，2006年国资委颁布的《中央企业综合绩效评价管理暂行办法》及《企业绩效评价标准值》，对绩效评价标准做出了更为详细的规定。2013年财政部颁布的《预算绩效评价共性指标体系框架》则为建立符合我国国情的预算绩效评价指标体系指明了方向。国家各级政府部门所颁布的组织绩效管理评价标准及指标是内部

审计机构和人员在实施绩效审计时可以使用的最为权威的评价标准。

行业标准是指以一定行业众多群体的相关指标数据为样本，运用数理统计方法计算和制定出的、适合于该行业的绩效评价标准。内部审计机构和人员在采用行业标准作为绩效审计的评价标准时，可以对各类项目的绩效水平进行历史或横向的分析。在评价被审计活动的同时，还可以通过评价结果总结出一定时期内同类项目应当达到的绩效水平，从而为整个行业的发展提供可借鉴的信息。

（三）组织制定的目标、计划、预算、定额等指标

组织制定的目标、计划、预算、定额等指标也可以为内部审计机构和人员确定绩效审计的评价标准提供依据。这类指标从组织自身的实际情况出发，具有较强的可比性。作为绩效审计的评价标准，既是组织的管理目标，又能反映出组织的实际管理水平，也比较容易得到组织管理层的认同。

（四）同类指标的历史数据和国际数据

同类指标的历史数据和国际数据是内部审计机构和人员确定绩效审计标准的重要来源。被审计部门或项目以前年度取得的绩效是正常管理环境下可以达到的管理成果，如果被审计单位的管理环境并未发生较大的改变，被审计部门或项目的绩效至少应当可以达到以前年度的相同水平。将历史数据作为评价标准可以衡量组织目标的完成程度，并为评定组织的发展速度提供参考依据。另外，参照国内外同行业的先进水平或平均水平制定绩效审计的评价标准，可以评估组织在整个行业中的地位，并对组织管理层起到激励作用。在没有找到其他较为合理的评价标准的前提下，内部审计机构和人员可以将历史数据作为组织绩效的衡量标准。但是，历史数据和国际数据所涵盖指标的时间和空间跨度较大，内部审计机构和人员在运用时应当充分考虑各种环境因素的变动对评价标准的影响。

（五）同行业的实践标准、经验和做法

在确定绩效审计的评价标准时，内部审计机构和人员还可以充分借鉴同行业的实践标准、经验和做法。具有相似性质的组织在发展道路上往往会遇到与被审计单位相同的问题。因此，虚心学习其他组织的经验，从其他组织的实践标准中寻找适合自己的标准，取其精髓去其糟粕，也不失为内部审计机构和人员选择绩效审计评价标准的一种高效且有效的办法。

二、评价标准的确定

内部审计机构和内部审计人员应当选择适当的绩效审计评价标准。从绩效审计的实践来看，绩效审计的对象千差万别，评价被审计对象经济性、效率性和效果性的标准也各不相同，甚至在同一个项目中也可能存在完全不同的评价标准，因此，建立完全统一的绩效审计评价指标是不现实的。但是，在没有适当的绩效审计评价标准的情况下，内部审计人员希望客观公正地提出评价意见也是十分困难的。为此，建立科学的绩效评价标准体系，选择适当的绩效审计评价标准，为内部审计人员提供明确的评价依据是绩效审计的重点和难点。在设置绩效审计评价标准体系时，内部审计机构和人员可以先列出主要的评价方向，再由行业协会或组织自身根据行业和组织自身的特点和性质，确立更加详细和合适的分解指标以及评价标准。

(一)绩效审计评价标准的发展

在 20 世纪 80 年代以前,基于投资者和债权人的利益,组织的绩效评价体系几乎都是将重心全部放在财务绩效的评价之上,具体内容主要包括组织的盈利能力、偿债能力和营运能力。到 20 世纪 80 年代以后,传统的绩效评价标准受到了社会公众的质疑,组织内部绩效评价标准的内容也逐渐由财务评价向非财务评价方向发展,重心也逐渐倾向于组织的战略选择、治理结构和核心竞争能力。20 世纪 90 年代以来,将财务指标和非财务的业务指标相结合构建绩效评价体系已经是非常普遍的作法,最有代表性的包括德鲁克的改革论绩效计量法、平衡计分卡、ABC 成本核算法及 EVA 衡量法等。

在我国,绩效审计的发展时间较短。1995 年,财政部发布了企业绩效评价指标体系,该指标体系从企业投资者、债权人及社会贡献等三个方面规定了十项绩效评价指标,但是,这十项绩效评价指标基本上都是财务指标,并未涉及社会、环境、生态等可持续发展指标。1999 年,财政部、国家经贸委、人事部、国家计委联合颁布了《国有资本金效绩评价规则》和《国有资本金绩效评价操作细则》,首次将非财务指标纳入企业内部绩效的评价标准之中。

(二)绩效审计评价标准的质量特征

在我国,绩效审计评价标准体系的建立与西方国家相比尚不成熟。内部审计机构和人员在确定绩效审计的评价标准时应当吸取国外先进经验,尤其应当特别关注绩效审计评价标准的质量特征。绩效审计的评价标准应当具有可靠性、客观性和可比性等质量特征。

1. 可靠性

绩效审计评价标准的可靠性是指内部审计机构和人员确定的绩效审计评价标准应当能够使不同的内部审计人员在同样的情形下运用同样的标准得出基本一致的结论。

2. 客观性

绩效审计评价标准的客观性是指内部审计机构和人员在确定和运用绩效审计评价标准时不应受到内部审计人员或管理人员偏见的影响,可以根据确定的绩效审计的评价标准对被审计对象做出公平和合理的评价。

3. 可比性

绩效审计评价标准的可比性是指内部审计机构和人员确定的绩效审计评价标准与其他相似机构所确定的标准或历史标准应当保持一致,以使被审计单位可以将其绩效与其他组织的绩效、行业水平以及历史水平进行比较。

(三)绩效审计评价标准的内涵特征

内部审计机构和人员确定的绩效审计评价标准除应具备上述三项质量特征之外,还应具有时效性、层次性、可控性和相关性等内涵特征。

1. 时效性

绩效审计评价标准的时效性是指绩效审计评价标准的选择是以特定的时间、环境和条件为基础的。绩效审计评价标准并不是一成不变的,应当是随着时间和条件的变化而改变的。当今世界经济发展日新月异,内部审计机构和人员在确定绩效审计的评价标准时尤其应该注意标准的时效性,不能用过时的评价标准来评价现在的经济活动。绩效审计评价标准还应该具有前瞻性和先进性,并在绩效审计的实践中不断地对其进行修改和完善。

2. 层次性

绩效审计评价标准的层次性是由组织经济活动的层次性所决定的。如果将组织的经济活动分为宏观经济活动、中观经济活动、微观经济活动,那么绩效审计的评价标准也可以分为宏观绩效评价标准、中观绩效评价标准和微观绩效评价标准。内部绩效审计的评价标准多与微观绩效评价标准相重合,可以具体到部门标准、车间及班组标准或者某一项目的标准等。

3. 可控性

绩效审计评价标准的可控性并不完全等同于可操作性,除了要求评价指标在操作上具有可行性,还要求评价指标涉及的因素应当是可控的。绩效审计只能针对被审计经济活动有能力控制的因素和指标进行评价,对于无法控制或不可抗力等因素是无法进行评价的。

4. 相关性

绩效审计评价标准还需要具有相关性。凡是作为绩效审计评价标准的政策规定和指标都必须与审计目标、审计内容相关,也就是应当与经济性、效率性和效果性相关。与被审计活动的经济性、效率性和效果性无关的法律法规、行业标准、计划指标等都不能作为绩效审计的评价标准。

(四)就绩效审计评价标准所进行的沟通

内部审计机构和内部审计人员在确定绩效审计评价标准时,应当与组织管理层进行沟通,在双方认可的基础上确定绩效审计评价标准。

根据世界各国绩效审计实践的惯例,内部审计机构和人员在确定绩效审计评价标准时应当与组织管理层进行充分的沟通,在双方认可的基础上最终确定绩效审计的评价标准。最高审计机关国际组织也曾指出,在制定绩效审计评价标准时争取被审计单位的合作是非常重要的,评价标准应得到被审计单位的认可。从绩效审计发展较成熟的几个国家的实践来看,美国和澳大利亚在绩效审计中都要求充分考虑被审计单位的经营管理标准;英国则主张在绩效审计中审计人员要与被审计单位保持良好的合作关系。

在绩效审计的实施过程中,被审计单位衡量或评价自身工作成果的标准及评价指标也可以作为内部审计机构和人员确定绩效审计评价标准的参考依据。内部审计人员在实施绩效审计之前应当与被审计单位进行充分的沟通与讨论,获取更多信息,收集更多的审计证据,及时得到与绩效审计评价标准相关的反馈信息,避免选择的绩效审计评价标准脱离被审计单位的实际情况,确保所选择绩效审计评价标准的客观性和可行性。因此,不论内部审计机构和人员选择什么样的绩效审计评价标准,也不论选择评价标准的途径和方法如何,在绩效审计的计划阶段都应当与被审计单位进行沟通,确保绩效审计的评价标准能够得到被审计单位的认可。只有事前得到认同,内部审计机构和人员才能最终确定绩效审计的评价标准。如果内部审计人员与被审计单位从一开始就对绩效审计的评价标准存在异议,被审计单位很可能不会很好地配合内部审计人员的工作,或者也可能不愿意接受最终的审计结论,如果是这样的话,绩效审计报告中提出的改进建议将不可能得到落实,整个绩效审计的实施也必将失去意义。

第五节 绩效审计报告

绩效审计报告是绩效审计结果的最终表现形式，是内部审计人员在绩效审计工作结束后发表审计意见、做出审计结论、提出审计意见的书面文件。内部审计人员可以在报告中对被审计事项提出客观的评价，肯定优点和长处，同时对组织管理中存在的经济性、效益性和效果性问题进行分析，并针对审计过程中发现的问题提出改进建议和完善措施。

一、绩效审计报告的要求

绩效审计报告是审计评价的载体，审计评价贯穿于绩效审计的整个过程。绩效审计评价要以审计事实为依据，不能凭空捏造。绩效审计报告应当反映绩效审计评价标准的选择、确定及沟通过程等重要信息，包括必要的局限性分析。在绩效审计报告中，内部审计人员应该以清晰、具体的语言描述绩效审计的目标、范围和评价标准。绩效审计评价标准是审计目标和审计范围的反映，绩效审计报告应当详细地分析评价标准的选择、确定、应用与评价结果，以使绩效审计报告的使用者了解内部审计人员的审计思路，形成对整个审计过程的方向性理解。由于绩效审计评价标准必须得到被审计单位的认可，内部审计人员就绩效审计的评价标准与被审计单位的沟通过程也应当列示在绩效审计报告中，以证明审计结论切合被审计单位的实际情况，具有合理性和客观性。然而，受制于绩效审计报告的篇幅及审计报告应突出重点的要求，内部审计人员在撰写绩效审计报告时不必罗列所有的情况和因素，不必对所有的审计内容进行面面俱到的描述，只需抓住重要问题进行分析，对于次要的内容可以简化或者省略，同时做出必要的局限性分析，以确保绩效审计报告清晰明了，有助于报告使用者明确关键问题之所在。

绩效审计报告中的绩效评价应当根据审计目标和审计证据做出。内部审计机构和人员在绩效审计报告中做出绩效评价可以采用总体评价和分项评价两种方式。内部审计机构和人员在选择绩效审计的评价方式时应当贯彻谨慎性与重要性原则。对于绩效审计实施过程中并未涉及的被审计事项，或者审计证据不足、评价标准不明确的事项以及超出审计范围的事项可以不予评价。对于组织已经实现的经济发展目标、健全的内部管理体制和效率效益达标的环节，内部审计人员应当在绩效审计报告中给予充分的肯定；对于证据确凿的效率、效益低下，盲目决策等问题，内部审计人员应当在绩效审计报告中做出重点说明。绩效审计的审计证据多为具有说服力的证据，一般都是通过审计抽样与统计分析获得的，定性证据较多，定量证据较少，绩效审计评价存在一定的风险性。如果难以对被审计事项整体做出评价，内部审计人员可以将被审计事项分解成可以评价的子项目进行评价，从而确保绩效审计评价的客观性和合理性，以降低审计风险。如果绩效审计评价无法做到面面俱到，那么在全面分析各种问题时，绩效审计报告就必须突出重点，以提高评价效率。

绩效审计报告中呈现的问题应该能够体现绩效审计的目标、特征及关注点，与其他内部审计报告有所区分。作为绩效审计的最终成果，绩效审计报告是组织管理层在使用绩效审计这一管理工具时的重要依据，也是促使组织管理层了解绩效审计工作，重视组织绩效问题，发展绩效审计的手段。绩效审计报告中反映的合法、合规性问题，除进行相应的审计处理外，还应当侧重从绩效的角度对问题进行定性，描述问题对组织绩效造成的影响、后果及严重程度。绩效审计关注的是组织的绩效问题，但是组织的绩效问题并不是绩效审计报告阐释的重点，内部审计人员还应当在绩效审计报告中进一步说明绩效问题所造成的影响、后果及严重程度，以使组织管理层充分了解绩效审计的全部成果。

在绩效审计报告中，报告使用者最关心的就是组织存在的绩效问题及需要做出的改进。为此，内部审计机构和人员在撰写绩效审计报告时，不应仅将关注点集中在单纯地描述和说明在绩效审计实施过程中发现的具体问题，更应当注重从体制、机制、制度上分析问题产生的根源，这样不仅可以帮助组织管理层了解组织所存在的更深层次的问题，也更容易得到被审计单位和人员的充分理解。分析问题，解决问题是绩效审计报告建设性的体现，是绩效审计的精髓所在，也是关注企业经济性、效率性和效果性的最终落脚点。内部审计人员在对绩效审计中发现的问题提出改进建议时，也应当兼顾组织的短期目标和长期目标、个体利益和组织整体利益，提出的改进建议和完善措施应当具有针对性、逻辑性，符合被审计单位的实际情况，切实可行，并能够在促进组织改善经营管理，提高经济效益，降低经营风险，最终实现组织目标方面取得实际的成效。

二、绩效审计报告的内容

与传统财务审计报告不同的是，绩效审计报告没有统一的格式。报告的格式及内容可以根据审计对象的性质及组织自身管理的要求决定，但必须采用书面或是其他可重复取得的形式，并与组织管理层预期使用目的相适应。绩效审计报告的形式是多种多样的，目前采用较多的是详式报告，即用详细的文字叙述表达内部审计人员的意见和结论。内部审计人员在对被审计事项的状况做出评估时，对于存在的问题、改进措施和建议，尤其要详细阐述，这是绩效审计报告建设性功能的体现，也是绩效审计价值的核心。但需要注意的是，绩效审计报告的结论强制性较低，仅仅是提出讨论性和说服性的建议，并不做出强制性的审计处理决定。这是因为组织绩效水平受各种因素的影响，绩效审计标准较为灵活且不统一，绩效审计人员自身能力也存在一定的局限，这些都造成了绩效审计报告自身无法避免的局限性。

（一）国外绩效审计报告内容参考

美国绩效审计报告的框架内容非常系统，主要包括：审计目标、范围和方法；审计结果；审计建议；审计遵循的准则；重大不合规现象和滥用行为；违法行为；管理控制重大缺陷；被审计项目负责人对审计发现、结论、建议及纠正措施的看法；被审计项目显著的成就；对将来需要审计的重大问题提出的建议；报告未披露资料的性质及禁止披露的依据。

加拿大绩效审计报告的框架内容包括：审计目的、审计时间、审计范围；审计准则；审计项目的概况，包括管理层的责任；审计标准及与管理层在审计标准方面存在的分歧；审计查出的主要问题；审计建议；被审计单位对审计报告的反馈意见；审计结论。

英国绩效审计手册提出绩效审计报告要全面反映审计工作的目标、工作过程与方法以及工作的成果，其内容主要包括：项目背景；被审计单位或项目的工作目标；被审计单位实现其目标的主要手段和措施；审计人员开展绩效审计情况的描述（包括审计的范围、内容和方法）；审计发现的主要问题及原因分析；提出的审计建议。

瑞典规定绩效审计报告的格式和内容因审计项目的不同而不同，但基本结构大致相同，主要包括审计情况概述、引言、审计安排、审计对象说明、审计发现问题、审计结论、审计建议和附件。

(二) 绩效审计报告的主要要素

从各国对绩效审计报告的规范中不难发现，除内容排序和详略程度不同之外，大多数国家的绩效审计报告内容都十分相似。绩效审计报告的内容基本都包括审计对象的基本情况、审计的范围及目标、审计评价标准、审计实施情况、审计发现的主要问题、审计评价及结论、审计建议、被审计部门的意见反馈等。我们可以借鉴这些国家对绩效审计报告的规定，从中总结一些好的做法和经验。综合国外的经验与我国内部审计准则的要求，内部审计机构和人员在撰写绩效审计报告时应当将下列事项列入绩效审计报告之中。

1. 被审计事项基本情况

被审计事项基本情况是指与审计目标有关的被审计单位、部门或项目的基本信息，主要包括被审计单位名称、部门的主要职责、工作范围、使用资源情况、组织构成、工作程序等，以及被审计项目的背景、目标、人员安排、实施情况及完工情况等。

2. 审计的范围及目标

在绩效审计报告中，内部审计人员应当清晰地表述审计目标，以避免对相关各方造成误解。绩效审计报告还应当说明审计工作开展的深度和广度，指明是对被审计事项进行全面审计还是部分审计，是经济性审计、效率性审计、效果性审计中的一项、两项还是全部，使报告使用者清楚地知晓绩效审计的范围和目标。

3. 审计评价标准

绩效审计的评价标准是得出审计结论的依据。内部审计人员在绩效审计报告中应该明确地列示绩效审计过程中选择的评价标准，选择评价标准的依据以及对这些评价标准的具体应用。

4. 审计实施情况

内部审计人员在绩效审计报告中应当详细说明绩效审计过程中所运用的审计方式、方法、审计工作的起讫时间，使报告使用者充分详细地了解审计目标的实现过程以及审计结论的形成过程。绩效审计报告中还要指明审计准则的遵循情况，如果没有遵循准则，应该说明理由。

5. 审计发现的主要问题

审计发现的主要问题包括被审计单位、部门违反国家法律法规或组织规定的事实、原因以及后果；组织在经济性、效率性和效果性等运营管理方面存在的重要问题的事实、原因以及后果；相关内部控制的重大缺陷等。内部审计人员在绩效审计报告中列示审计发现的主要问题是为了使报告使用者了解内部审计人员得出审计结论及审计意见的依据。

6. 审计评价及结论

内部审计人员应当根据不同的审计目标，以审计结果为基础，考虑可接受的审计风险、审计发现问题的重要性等因素，从真实性、合法性、效益性等方面在绩效审计报告中提出客观合理的评价意见和审计结论。

7. 审计建议

审计建议是审计结论和审计发现的情况及分析的逻辑关系的直接体现,是绩效审计报告的核心内容之一。内部审计人员应当针对在绩效审计实施过程中发现的问题有针对性地提出审计建议,并在内容上与绩效审计报告的其他部分相呼应。

8. 被审计单位的意见反馈

绩效审计报告提出的问题和改进建议需要得到被审计单位的认可,这是促进被审计单位采取切实的改进措施的基本前提。为此,内部审计机构和人员应当在绩效审计报告中列示被审计单位对审计报告的看法;经过沟通之后,对绩效审计报告的修改情况;被审计单位不同意审计报告的理由或对审计结论做出的解释等。当被审计单位存在不同意见时,内部审计人员需要认真地进行核对和分析,采纳合理的意见,及时调整报告内容。对于那些双方不能统一的意见,内部审计人员应当在绩效审计报告中分别反映双方的意见。

第十一章

信息系统审计

  信息系统是由计算机硬件、网络和通信设备、计算机软件、信息资源、信息用户和规章制度组成的以处理信息流为目的的人机一体化的系统。伴随信息时代的迅猛发展，人类社会和各类组织对信息系统稳定性和安全性的要求越来越高。信息系统审计就是随着信息技术在组织经营管理领域的广泛使用和会计信息系统的快速发展而发展起来的。由于组织管理信息化以及会计软件的开发和广泛使用，非信息技术证据的数量和比例相对减少，因此传统的审计方法越来越不适用。另外，由于计算机信息系统进行业务处理较手工系统进行业务处理在数据处理工具、方法、流程等方面都发生了很大的变化，审计方法和技术也相应发生了改变，因而信息系统审计已经成为当前内部审计的一个主要发展方向和工作重点。

第一节 信息系统审计概述

一、信息系统审计的概念

  信息系统审计（Information Systems Audit，ISA），简称 IS 审计，关于信息系统审计的概念到目前为止在世界范围内尚没有形成完全统一的概念界定，当前比较具有代表性的概念界定有以下几种。

  （1）"信息系统审计是一个获取并评价证据，以判断信息系统是否能够保证资产的安全、数据的完整以及有效率地利用组织的资源并有效果地实现组织目标的过程"（Ron Weber，1999）。

  （2）"为了信息系统的安全、可靠与有效，由独立于审计对象的 IT 审计师，以第三方的客观立场对以计算机为核心的信息系统进行综合的检查与评价，向 IT 审计对象的最高领导，提出问题与建议的一连串的活动"（日本通产省，1996）。

  （3）我国内部审计具体准则第 2203 号将信息系统审计界定为："内部审计机构和内部审计人员对组织的信息系统及其相关的信息技术内部控制和流程所进行的审查与评价活动。"

  （4）中国内部审计协会 2021 年 1 月发布的《第 3205 号内部审计实务指南——信息系统审计》将信息系统审计界定为："内部审计机构和内部审计人员对组织信息系统建设的合法合规性、内部控制的有效性、信息系统的安全性、业务流程的合理有效性、信息系统运行的经济性所进行的检查与评价活动。"

由此可见，在内部审计领域，信息系统审计的主体是内部审计机构和人员。信息系统审计的客体是信息系统从开发、运行到维护的整个生命周期及其业务应用，包括信息系统内部控制。信息系统审计的目标是对信息资产的安全性、数据的完整性，以及系统的可靠性、有效性和效率性进行全面的审查与评价，以确认预定的业务目标是否得以实现，确定其是否能够有效可靠地达到组织的战略目标，并为改善和健全组织对信息系统的控制提出建议。

信息系统审计包括审计计划、审计依据、审计方法、审计技术、审计人员配置、审计实施流程、审计报告及审计质量控制等内容。内部审计机构应建立信息系统审计的相应组织管理体系，对信息系统审计的流程和质量进行管控，并依照规章制度开展信息系统审计。

信息系统审计除具备传统审计的权威性、客观性、公正性等特点之外，还具备一些独有的特点，如信息系统审计可以突破物理区域限制，开展远程非现场审计；信息系统审计要求审计人员具备较高的信息化知识和技能；信息系统审计的内容更加广泛；信息系统工作难以量化，审计评价时需要定性与定量相结合等。

二、信息系统审计的目标

审计目标是人们通过审计实践活动所期望达到的最终结果。信息系统审计总体目标就是通过对信息系统的审计，揭示信息系统面临的风险、评价信息系统技术的适用性、创新性、信息系统投资的经济性、信息系统的安全性、运行的有效性等内容，合理保证信息系统安全、真实、有效、经济。具体而言，根据组织的信息技术管理目标，信息系统审计的具体目标主要包括以下方面。

（一）保证组织的信息技术战略充分反映组织的战略目标

组织的信息技术系统应当服务于组织的战略目标，以更好地推动组织的发展。在大多数组织中，信息系统是有效使用组织资源、实现组织目标的重要手段。无论是在信息系统的规划、设计还是运行、维护等过程中，信息系统都要为实现组织目标服务。因此，信息系统审计不仅要查出信息系统中出现的问题，还要帮助组织有效地使用资源，实现战略目标。

（二）提高组织所依赖的信息系统的可靠性、稳定性、安全性及数据处理的完整性和准确性

信息系统的资源通常包括硬件、软件、网络、数据文件、系统文档、消耗性材料和其他设备。硬件可能因为地震、台风等自然因素遭受损坏或者人为破坏，软件可能遭到病毒或黑客袭击，网络可能因各种原因而导致网络故障，数据资源也可能丢失或毁损。因此，检查信息系统的安全性，以保证信息系统的硬件、软件、网络和数据资源是否得到妥善保护是至关重要的。

同时，信息系统的可靠性是由硬件、软件、网络、数据资源等的可靠性综合决定的。它是信息系统的一项重要性能，通过信息系统审计以确保软件的良好运行、数据真实完整、网络通畅、能够完成预定功能也是至关重要的。因此应当提高组织所依赖的信息系统的可靠性、稳定性、安全性以及数据处理的完整性和准确性。

（三）提高信息系统运行的效果与效率，合理保证信息系统的运行符合法律法规以及相关监管要求

信息系统的效率性是指用最少系统资源的投入产出最多用户所需要的信息。信息系统的

效率体现在多个方面,如系统硬件处理能力、软件资源和数据资源的优化利用程度、数据处理的速度、查询的响应时间等。信息系统的效率并不是由单个的子系统效率所决定的,而是与整个信息系统的效率有关。即便是某个子系统的效率特别高,但是其他子系统效率低,也会使整个系统效率变慢。因此,在评价整个信息系统的效率时,应确定整个系统中的"短板"在哪里,才能有针对性地加以改进。

信息系统的有效性是指系统能否实现既定目标、系统各项业务的处理过程是否符合国家有关法律法规的要求。要评价系统的有效性,一般需要在一段时间后,对系统业务及运行有所了解后,再进行审查。同时,还应以业务的相关法律法规为依据,对系统的各项业务是否符合相关规定做出评价,并提出改进意见。同时,应合理保证信息系统的运行符合法律法规以及相关监管要求。

三、信息系统审计中的职责划分

(一)信息技术管理人员的责任

对组织的信息系统进行开发、运行和维护,同时设计、执行和监控与信息技术相关的内部控制是信息技术管理人员的职责。信息技术管理人员有责任建立健全有效的信息系统及相关的内部控制,并且应当根据内部审计人员的建议,对信息系统中已经发生的不合理行为进行制止和纠正,做好信息系统的日常维护,对可能出现的问题及时进行追查和预防,以进一步完善信息系统内部控制。

(二)信息系统审计人员的责任

信息系统审计人员的责任是实施信息系统审计工作并出具审计报告。在现代技术环境下,内部审计人员只有能够使用信息系统并理解与之相关的风险,才能在组织内部开展信息系统审计工作。因此,内部审计人员应能熟练掌握信息技术术语、概念和技能,并在实际中加以应用。通过对组织内部信息系统的审查与评价,合理关注组织内部可能发生的不正当行为,并向管理层提出建议,以协助组织管理层健全完善信息系统内部控制。然而,由于现代大型信息系统的操作复杂性以及信息技术的专业性,内部审计人员在进行信息系统审计时,可能需要利用外部专家服务,以协助信息系统审计的顺利进行。

(三)内部审计机构在组织信息系统审计中的职责和义务(包括但不限于)

内部审计机构在组织信息系统审计中的职责和义务(包括但不限于)包括以下内容。
(1)编制组织信息系统审计中长期规划。
(2)编制组织信息系统审计年度计划、预算及审计资源计划。
(3)制定组织的信息系统审计相关制度及流程等。
(4)按信息系统审计规章制度有计划地开展相关业务。
(5)承担对信息系统控制设计和执行有效性评估的责任。
(6)做好与组织内外相关机构和人员的沟通协调工作。

(四)内部审计机构在信息系统审计过程中的权力(包括但不限于)

内部审计机构在信息系统审计过程中的权力(包括但不限于)包括以下内容。

(1) 有权参加或者列席信息系统治理及管理的重要会议。

(2) 有权进行现场实物勘查，或者就与审计事项有关的问题对有关机构和个人进行调查、质询和取证。

(3) 审计过程中审计范围受到限制影响审计目标和计划的实现，有权就范围受到的限制及其潜在影响与治理主体进行沟通。

(4) 有权向治理主体提出提高信息系统绩效的改进意见和建议。

(5) 有权对审计发现的违反信息系统法律法规等规定或内部管理制度的行为予以制止，并对相关机构和人员提出责任追究或者处罚建议。

第二节 信息系统审计的程序

信息系统审计可以作为独立的审计项目组织实施，也可以作为综合性内部审计项目组成部分实施。当信息系统审计作为综合性内部审计项目的一部分时，信息系统审计人员应当及时与其他相关内部审计人员沟通信息系统审计中的发现，并考虑依据审计结果调整其他相关审计的范围、时间及性质。

一、信息系统审计计划

内部审计人员在实施信息系统审计前，需要确定审计目标并初步评估审计风险，估算完成信息系统审计或者专项审计所需的资源，确定重点审计领域及审计活动的优先次序，明确审计组成员的职责，编制信息系统审计方案。

与其他任何的审计项目一样，内部审计人员在实施信息系统审计前，也需要做好充分的审计计划，确定审计目标和范围，并初步评估审计风险。当审计任务确定以后，内部审计机构和人员应当根据任务的繁简程度估算完成信息系统审计或者专项审计所需的资源，确定重点审计领域及审计活动的优先次序。同时应当组成信息系统审计小组，明确审计组成员的职责，并详细地编制信息系统审计方案。

编制信息系统审计方案时，除遵循相关内部审计具体准则的规定之外，内部审计机构和人员还应当考虑下列因素：(1) 高度依赖信息技术、信息系统的关键业务流程及相关的组织战略目标；(2) 信息技术管理的组织架构；(3) 信息系统框架和信息系统的长期发展规划及近期发展计划；(4) 信息系统及其支持的业务流程的变更情况；(5) 信息系统的复杂程度；(6) 以前年度信息系统内、外部审计所发现的问题及后续审计情况；(7) 其他影响信息系统审计的因素。

在对信息系统进行审计之前，内部审计机构和人员应当着重了解组织信息系统的下列情况：(1) 硬件设备，包括主机的机型、所配置的外围设备、辅助设备等；(2) 系统软件，包括所选用的操作系统、数据库管理系统等；(3) 应用软件，包括软件的取得方式，是购买的商品化软件，还是组织自行开发的软件，软件的主要功能和模块结构；(4) 文档资料，包括系统的操作手册、维护手册、系统和程序流程图等。根据了解的情况，内部审计机构和人员决定哪些是需要测试的项目，是否需要聘请计算机专家参加系统的审计，准备采用哪些计算机审计技术等。当信息系统审计作为综合性内部审计项目的一部分时，内部审计人员在审计计划阶段还应当考虑项目审计目标及要求。

二、信息技术风险评估

内部审计人员应当采用以风险为基础的审计方法进行信息系统审计,风险评估应当贯穿于信息系统审计的全过程。为此,内部审计人员在进行信息系统审计时,需要对组织的信息系统风险进行评估,识别组织所面临的与信息技术相关的内外部风险,并运用适当的风险评估方法评价其发生的可能性和影响程度,以进一步确定审计目标与范围。

信息技术风险是指组织在信息处理和信息技术运用过程中产生的、可能影响组织目标实现的各种不确定因素。信息技术风险包括组织层面信息技术风险、一般性控制层面信息技术风险及业务流程层面信息技术风险等。对信息系统的风险评估可分为组织层面、一般性控制层面以及业务流程层面。

(一)组织层面、一般性控制层面信息技术风险的识别和评估

内部审计人员在识别和评估组织层面、一般性控制层面的信息技术风险时,需要关注下列内容:(1)业务关注度,即组织的信息技术战略与组织整体发展战略规划的契合度以及信息技术(包括硬件及软件环境)对业务和用户需求的支持度;(2)信息资产的重要性;(3)对信息技术的依赖程度;(4)对信息技术部门人员的依赖程度;(5)对外部信息技术服务的依赖程度;(6)信息系统及其运行环境的安全性、可靠性;(7)信息技术变更;(8)法律规范环境;(9)其他。

(二)业务流程层面信息技术风险的识别和评估

业务流程层面的信息技术风险受行业背景、业务流程的复杂程度、上述组织层面及一般性控制层面的控制有效性等因素的影响而存在差异。一般而言,内部审计人员应当了解业务流程并关注下列信息技术风险。

1. 数据输入

一个组织的信息系统,如果没有严格的输入控制措施,未经批准的、不合法的、不完整的、不正确的垃圾数据就可能被输入系统,希望系统据此提供可靠的信息是不可能的。因此,要提高组织信息系统的可靠性,必须设计有效的输入控制措施。输入控制的目的就在于保证只有经过授权批准的业务才能输入计算机信息系统;保证经批准的业务数据没有丢失、遗漏,也没有增加、重复或被做了不恰当的修改,完整、准确地输入并转换为机器可读的形式;保证被计算机拒绝的错误数据能被改正后重新向系统提交。

2. 数据处理

数据处理是计算机信息系统按程序指令实行的内部功能,包括数据验证、计算、比较、合并、排序、文件更新和维护、访问、改错等内部处理活动。数据处理是否正确,其结果是否可靠,在很大程度上依赖于输入数据的正确性和可靠性、应用程序的正确性及环境控制的完善性。在数据处理环节经常出现的问题包括程序逻辑错误、计算错误、用错文件、用错记录、处理非法数据等。因此,设置数据处理控制措施是非常必要的。处理控制就是对计算机信息系统进行的内部数据处理活动的控制措施,这些控制措施往往被写入计算机程序,属于信息系统的自动控制。处理控制措施主要包括审核处理输出、进行数据有效性检验、进行处理有效性检测、错误纠正控制、保留审计线索、断点技术等。

3. 数据输出

输入的业务和数据经系统处理后，绝大部分是以机器可读的形式存储在存储介质上的。组织的管理人员要利用这些信息时，还必须以肉眼可见的形式由系统打印输出。因此，系统不但要定期或不定期地把各种信息输出到存储介质上，而且还要打印输出各种报告、报表或其他有关资料。输出控制的目的就是要保证输出资料的准确、可靠，并能按要求及时送到指定的用户手中，而未经批准的人不能接触系统的输出资料。常用的输出控制措施包括控制总数核对、钩稽关系检验、对输出资料的核对检查与合理性检验。组织的许多资料是机密的，重要资料的泄露往往会给组织带来巨大的损失。因此，计算机信息系统的输出，无论是磁性文件还是打印资料，输出后应立即受到严格的控制，未经批准的人不能接触到这些输出文件，以防有人窃取或篡改输出资料。系统输出的磁性文件应由系统的资料保管员负责保管，没有专职资料保管员的，可由兼职的资料保管员或操作员保管。打印输出的资料应在系统的操作日志上有所记录，包括记录输出的日期、文件、页数及负责的操作员姓名。

在对业务流程层面进行风险评估时，内部审计人员不但要了解组织信息系统的业务处理规程及其执行情况，而且还应实际跟踪系统的业务流，观察数据是如何准备的、如何审批的、又是如何输入计算机的，有哪些控制能够保证只有经过审批的业务才能被系统接受处理，信息又是如何输出使用的，操作员有无记录操作日志等，以此取得证据，证实业务是否按业务处理规程进行处理。在评估系统的输入控制时，内部审计人员应检查已处理的业务是否都经过了审批，数据的准备是否合规等。同时，内部审计人员还应评估所输入信息是否都经过了恰当的处理，系统的输出资料是如何处置的，有无健全的检查、保管和分发制度等以确定系统业务流层面的风险是否重大。

三、信息系统审计测试

内部审计人员应当充分考虑风险评估的结果，以合理确定信息系统审计的内容及范围，并对组织的信息技术内部控制设计的合理性和运行的有效性进行测试。内部审计人员在对信息系统内部控制进行评估时，应当获得相关、可靠和充分的审计证据以支持审计结论完成审计目标，并应当充分考虑系统自动控制的控制效果的一致性及可靠性的特点，在选取审计样本时可以根据情况适当减少样本量。在系统未发生变更的情况下，可以考虑适当降低审计频率。内部审计人员在审计过程中应当在风险评估的基础上，依据信息系统内部控制评估的结果重新评估审计风险，并根据剩余风险设计进一步的审计程序。

四、信息系统审计报告

在完成信息系统审计的证据收集和审计程序的实施之后，内部审计人员应当运用专业判断，综合收集到的相关证据，形成审计意见，出具审计报告。审计报告中需对组织信息系统的安全性、可靠性、有效性和效率性发表审计意见，并向管理层提出有关信息系统内部控制和运行管理方面的问题及改进措施，以促进组织信息系统的健全与完善，实现信息系统审计的目标。

第三节　信息系统审计的内容

信息系统审计的内容包括对组织层面信息技术控制、信息技术一般性控制及业务流程层面相关应用控制三个方面的审计。信息系统内部控制的各个层面都包括人工控制、自动控制和人工自动相结合的控制形式，三者相互联系，相互促进，相互补充，内部审计人员应当根据不同的控制形式采取恰当的审计程序。

一、组织层面信息技术控制的审计

组织层面信息技术控制，是指董事会或者最高管理层对信息技术治理职能及内部控制的重要性的态度、认识和措施。组织层面信息技术控制一方面可以以规章制度的形式明确每个部门及人员的职责；另一方面，也要在软件中采用密码控制技术，通过设置严格的用户密码，来防止越权行为的发生。内部审计人员应当考虑下列控制要素中与信息技术相关的内容。

（一）控制环境

内部审计人员应当关注组织的信息技术战略规划对业务战略规划的契合度、信息技术治理制度体系的建设、信息技术部门的组织结构和关系、信息技术治理相关职权与责任的分配、信息技术人力资源管理、对用户的信息技术教育和培训等方面。

（二）风险评估

内部审计人员应当关注组织风险评估的总体架构中信息技术风险管理的框架、流程和执行情况，信息资产的分类以及信息资产所有者的职责等方面。

（三）信息与沟通

内部审计人员应当关注组织的信息系统架构及其对财务、业务流程的支持度，董事会或最高管理层的信息沟通模式，信息技术政策/信息安全制度的传达与沟通等方面。

（四）内部监督

内部审计人员应当关注组织的监控管理报告系统、监控反馈、跟踪处理程序及组织对信息技术内部控制的自我评估机制等方面。

二、信息技术一般性控制的审计

信息技术一般性控制是指与网络、操作系统、数据库、应用系统及其相关人员有关的信息技术政策和措施，以确保信息系统持续稳定的运行，支持应用控制的有效性。对信息技术一般性控制的审计应当考虑下列控制活动。

（一）信息安全管理

内部审计人员应当关注组织的信息安全管理政策，物理访问及针对网络、操作系统、数据库、应用系统的身份认证和逻辑访问管理机制，系统设置的职责分离控制等。

（二）系统变更管理

内部审计人员应当关注组织的应用系统及相关系统基础架构的变更、参数设置变更的授权与审批、变更测试、变更移植到生产环境的流程控制等。

（三）系统开发和采购管理

内部审计人员应当关注组织的应用系统及相关系统基础架构的开发和采购的授权审批，系统开发的方法论，开发环境、测试环境、生产环境严格分离情况，系统的测试、审核、移植到生产环境等环节。

（四）系统运行管理

内部审计人员应当关注组织的信息技术资产管理、系统容量管理、系统物理环境控制、系统和数据备份及恢复管理、问题管理和系统的日常运行管理等。

三、业务流程层面相关应用控制的审计

业务流程层面相关应用控制是指在业务流程层面为了合理保证应用系统准确、完整、及时完成业务数据的生成、记录、处理、报告等功能而设计、执行的信息技术控制。对业务流程层面应用控制的审计应当考虑下列与数据输入、数据处理及数据输出环节相关的控制活动。

（一）授权与批准

信息系统中的授权与批准控制仍然是非常重要的内部控制，如对登录系统的人员进行用户名和密码的授权控制，利用用户名对登录人员在系统中进行浏览、编辑设置授权控制。

（二）系统配置控制

系统配置包括对硬件、软件和网络资源的配备和整合。硬件控制是构筑在计算机硬件设备内部的一种控制，用来检测并处理设备故障和错误，保证系统的可靠性。常见的硬件控制包括边界保护、二模冗余、N模表决、双电路、回送校验、互锁、文件保护环、奇偶校验、反向相乘、有效性检查、程序固化、缓慢降级、溢出检验、不中断电源系统等。软件控制包括从对软件功能的需求、研发、测试、运行、变更等各个环节的控制。网络控制则是对网络中各种通信设备和通信线路以及接近用户的传输线路和终端等网络资源的控制，如数据加密、断口保护、主体验证、数据完整性保护、通信流分析控制等。

（三）异常情况报告和差错报告

信息系统应当设置对异常情况和差错的检测和报告控制，在对不期望出现的异常情况和差错进行定义的基础上，在系统中设定检测控制，一旦出现被定义的异常情况和差错，系统会自动向相关的部门和人员进行报告，以方便组织及时采取纠正措施。

（四）接口/转换控制

信息系统中往往配置很多硬件设备，这些硬件设备是通过各种形式的接口连接的，系统中的数据也是通过这些接口进行转换和传输的，为此对这些接口以及数据的转换进行控制也是非常必要的。

(五)一致性核对

信息系统在将来自组织各个职能部门的各种类型的数据进行整合之前,需要对数据的一致性进行核对,并对存在不一致的信息进行必要的调查和处理。

(六)职责分离

在信息系统环境下最重要的需要分离的数据处理职责包括以下内容。(1)系统分析员。系统分析员负责系统总体设计,他确定整个系统的目标及个别应用方面的具体设计。(2)程序设计员。程序设计员根据系统设计员确定的各个具体目标,开发具体的程序流程图、编程、测试程序、验收。对程序设计员来说,不接触输入数据进行计算机操作是十分重要的,因为熟悉程序就很容易设计违规程序为己谋利。(3)计算机操作员。计算机操作员通过计算机程序负责会计信息在系统中的处理,操作员必须根据程序设计员开发的程序运行手册的指令进行工作。理想的情况是,操作员不具备程序设计方面的知识,他不能在操作前或操作中修改程序。(4)资料管理员。资料管理员负责保管计算机程序、业务档案和其他重要的计算机记录。资料管理员对这些记录进行实物控制,其他人只有经过批准才能接触到这些记录。(5)数据控制小组。数据控制小组的职能是测试系统所有方面的效率和效果,包括各种控制的适当性、输入的质量、输出的合理性。控制小组人员的工作与内部审计人员十分相似,因此其是否独立是十分重要的。

(七)系统访问权限

接触控制保证只有经过批准的人员,才能使用计算机,接触软件和数据文件。如系统使用密码和权限控制,只有掌握正确密码的人才能进入系统,只有拥有权限的人才能调用相应的功能或接触有关的文件。对在开放系统中存放的程序或数据文件的目录加密,使一般人不经系统认证难于直接调用、浏览或篡改。

(八)系统计算

信息系统的正常运转是建立在系统能够实现正确计算基础上的。系统要求规定了系统的主要目标,任何程序的开发与设计都必须按照系统要求进行。程序设计文件规定了软件程序的开发和测试,包括为开发或编写程序以及测试或改变详细流程图的特殊要求。程序运行指令规定了各种计算机程序的操作顺序和各种指令。在文件编辑标准中,应该对输入详细的操作指令的可能结果进行说明,并说明输出情况。

第四节 信息系统审计的方法和技术

在信息系统的审计中,审计的对象和内容都发生了很大的变化,对审计的方法和技术也提出了新的要求。传统的评价内部控制、证据收集和证据评价的审计技术和方法中的一部分仍然可以使用,但是计算机数据处理和手工数据处理毕竟存在许多不同之处,从而需要对传统的审计方法和技术进行改进,并开发全新的更加适合于信息系统审计的方法和技术。

一、信息系统审计的基本方法

传统的手工审计注重对历史数据进行证据的收集,在信息技术环境下则更注重对业务事项、处理过程和系统设置进行证据的收集，因此信息系统审计的基本方法都是根据信息系统的特点设计的。依据是否对计算机系统内部的文件和程序以及处理和控制功能进行直接审查，可以将审计的基本方法分为绕过计算机审计方法和穿过计算机审计方法。在穿过计算机审计方法中，按照审查直接对象的不同，又可以分为审查数据法和审查系统法。

（一）绕过计算机审计方法

绕过计算机审计方法又称"黑盒法"，它是将进行电子数据处理的计算机系统作为一个黑盒来看待，无须对计算机系统的处理过程加以详细了解，只是对计算机的输入和输出资料加以检查和核对，借以确定关于系统内部控制状况和输出结果正确性的一种方法。

1. 绕过计算机审计方法的适用条件

绕过计算机审计方法的运用依赖于下列的假设：若系统的输入、输出是正确的，则可以认定系统进行数据处理的过程也是正确的。因此，内部审计人员可以绕过计算机，在不知道计算机数据处理具体内容和方法的前提下，通过检查肉眼可见的输入输出文件形成判断或结论。如果输入是正确的，而输出是错误的，就可以肯定计算机处理过程存在问题。使用绕过计算机审计方法进行审计测试，工作的重点在于检查与核对，目的在于验证输出结果的正确性。

绕过计算机审计方法的使用必须以下列条件的存在为前提。(1)审计线索完整、可见，所有的业务均保留原始凭证，并在有关的输出账簿中留有详细的记录。(2)处理过程相对简单明了，在某些情况下，计算机输入与输出的关系较为简单直接，检查核对的工作量也比较小，如对应收账款和固定资产的审查；在另外一些情况下，输入与输出的关系则较为复杂，如对工资、产品成本的审查，相应检查核对的工作量也很大，甚至相当困难，此种情况则不适合使用绕过计算机审计方法。(3)内部审计人员可以得到完整的系统文档，否则的话，内部审计人员对系统的处理与控制功能一无所知，审计证据也缺乏证明力。(4)系统使用的软件被广泛使用，并经过严格的测试，在这种情况下，系统的功能一般较为齐全、可靠，内部审计人员不直接对计算机系统内部进行检查，一般也不会遗漏重大的控制弱点。(5)该方法比较适合于对批处理系统的审查。

2. 绕过计算计审计方法的优缺点

绕过计算机审计方法的主要优点在于：内部审计人员即使不掌握计算机的相关知识，不了解被审计单位计算机系统的具体情况，同样可以进行审计测试，因此成为审计实践中使用较为普遍的一种方法。

但是，使用绕过计算机审计方法也存在明显的缺陷，具体表现在以下几点。(1)用手工方式验证输出结果耗费时间较多。(2)输出结果中如果发现错误，往往无法判定其产生的原因，因为导致计算机数据处理过程中出现错误的因素有很多，既可能是硬件或软件的错误，也可能是操作的错误，内部审计人员无法判定导致错误的原因将影响到审计结论或建议的质量。(3)该方法只适用于计算机输入/输出关系较为简单、直接的情况，手工方式下肉眼可见的文件和审计线索大部分仍然保留的情况，而随着计算机技术的飞速发展，软件开发水平的不断提高，信息系统的不断完善，为充分有效地利用计算机的数据处理和存储能力，由计算机完成的处理内容将更加丰富和复杂，中间结果一般不会打印出来，最终的输出也只有很少的部分形成书面文件,此种情况下使用绕过计算机审计方法,当发现输出中存在错误时,内部审计人员只能接受被审计单位的解释而无法辨别真假,审计的质量和效率都会受到影响。

(二)穿过计算机审计方法

穿过计算机审计方法又称"白盒法",它是将计算机的输入输出和数据处理过程本身均作为审计的直接对象进行测试的一种方法。

1. 穿过计算机审计方法的适用条件

随着计算机技术的发展和数据处理水平的提高,数据处理系统出现了一些明显的趋势。(1)联机输入越来越普遍。在有些系统中,工作人员收到顾客打来的订货电话或电子邮件后,就直接将数据输入系统,而没有留下任何可见的原始凭证。(2)打印输出越来越少,甚至消失。多数系统中输出形式越来越多地采用屏幕显示方式,通过联机查询系统可直接获取有关资料,系统只打印输出一些例外报告。(3)大量采用实时系统。在实时系统中,业务发生后立即更新有关文件,在某一时点打印输出的文件是无法反映最新情况的,因为当打印资料送到内部审计人员手中时,新的业务已经发生,系统文件已被更新。另外,如果操作人员有意做手脚的话,可能导致打印资料与机内存储的文件数据不一致的情况,这就要求内部审计人员必须对计算机系统的运行过程、处理功能等进行多方面的审查,此时则需要使用穿过计算机审计方法。但是,值得注意的是,穿过计算机审计方法并不排除手工操作的可能性和必要性。

2. 穿过计算机审计方法的优点

穿过计算机审计方法的最大优点是大大提高了信息系统审计的深度,扩大了审计的范围。在信息系统中由于审计线索的变化而导致的审计困难基本上被克服了,对输出中发现的问题可以进行更为深入的分析和检查,对审计结论的形成提供了充分的审计证据,并可以动态地评价系统适应变化的能力,节省详细验证输出的人力、物力和时间的耗费,内部审计人员的形象和地位也可得到巩固和提高。由于它适应会计及管理信息系统发展的特点和要求,体现了审计现代化的内在要求,因此应该成为信息系统审计方法的发展趋势。

(三)审查数据法与审查系统法

在对信息系统的审计中,数据文件、程序和系统三个部分存在着紧密的内在联系,穿过计算机审计方法将这三者作为一个整体实施全面的检查。如果在审核检查中主要以数据作为直接检查的对象,则称之为审查数据法。审查数据可以是被审计单位的真实数据,也可以是模拟数据,审查的一般方式是将真实数据或模拟数据在被审计程序运行的结果与内部审计人员按照正确程序处理得到的结果相比较,以得出相应的结论。审查数据法既可以用于内部控制的评审,又可以用于实质性测试。审查的结果既可以帮助了解有关的程序控制状况或程序正确性,又可以直接确定计算机输出结果的正确性。从总体情况来看,审查数据法更适合于实质性测试。

如果在信息系统审计中侧重于对系统和程序的审查,则称之为审查系统法。审查系统法虽涉及对数据的检查,但是它更多地与电子数据处理模型、计算机硬件技术等直接联系,如整体化测试法、标记与追踪、并行模拟法等。由于计算机系统、程序的技术性要求很强,审查系统法中使用的各种技术也相对较为复杂。

二、信息系统审计的具体方法

内部审计人员在进行信息系统审计时，可以单独或者综合运用下列审计方法获取相关、可靠和充分的审计证据，以评估信息系统内部控制的设计合理性和运行有效性。

(一)询问相关控制人员

内部审计人员通过个别面谈和召开会议的形式与组织负责信息系统相关控制的人员进行谈话，以调查了解信息系统在规划、实施、应用与管理方面的控制情况。同时，内部审计人员还可以向被审计单位的高层管理人员、信息部门主管、系统管理人员、各业务部门应用系统的使用人员等询问有关信息系统在管理、应用和控制方面存在的问题，并根据对方的回答获取审计测试所需要的资料。

(二)观察特定控制的运用

内部审计人员应当查看特定控制下相关人员正在从事的活动或执行的程序。观察特定控制的运用有利于内部审计人员了解特定控制的具体设计和执行情况，获取组织的经营环境、信息化环境、业务运转情况及内部控制执行情况等方面的第一手资料。

(三)审阅文件和报告及计算机文档或者日志

内部审计人员通过查阅有关文件和书面材料可以了解组织信息系统及具体的内部控制运行情况。通常情况下，每一个信息系统都应该有规范完整的文档资料，以增强系统的可维护性和可审性。系统文档主要包括可行性分析报告、系统分析报告、系统概要设计说明书、系统详细设计说明书、源程序表、系统测试报告、操作手册、系统评审报告等。系统文档不仅可以为改进和维护系统提供必要的资料，还可以为信息系统审计提供重要线索。内部审计人员通过审核系统文档可以了解信息系统的开发、实施、测试和评审等方面的情况。

(四)根据信息系统的特性进行穿行测试，追踪交易在信息系统中的处理过程

内部审计人员应当从计算输入开始，跟踪某项业务在信息系统中的所有处理过程，直至计算机输出，以检验应用程序、控制程序和系统可靠性。穿行测试不需对信息系统的处理进行大范围的测试，只需对一笔或几笔交易的处理过程进行测试，其主要目的在于帮助内部审计人员了解信息系统的处理流程。

(五)验证系统控制和计算逻辑

验证系统控制和计算逻辑属于内部审计在信息系统审计中通常会运用的一种系统功能审查方法。内部审计人员可以通过比较被审计程序和模拟程序对被审计单位真实业务数据处理的结果，以判断被审计程序的功能运行是否正确的。

(六)登录信息系统进行系统查询

内部审计人员可以登录组织的信息系统以查询相关信息，从而了解信息系统内部控制的设置和运行情况。

(七)利用计算机辅助审计工具和技术

内部审计人员可以利用计算机辅助审计工具和技术进行审计,如采用测试数据法、基本案例系统评估、追踪法、综合测试法、受控再处理法等。

(八)利用其他专业机构的审计结果或者组织对信息技术内部控制的自我评估结果

在信息系统审计中,内部审计人员还可以利用外部审计机构的审计结果或组织内部的自我评估结果,并作为审计参考。

三、信息系统审计的具体技术

信息系统审计人员可以根据实际需要利用计算机辅助审计工具和技术进行数据的验证、关键系统控制/计算的逻辑验证、审计样本选取等;内部审计人员在充分考虑安全的前提下,可以利用可靠的信息安全侦测工具进行渗透性测试等。在对信息系统实施审计时,内部审计人员往往需要一系列的专门技术"穿透"计算机进行审计测试,伴随计算机技术的发展和审计理论与实践水平的提高,信息系统审计的具体技术也在不断丰富和发展。

(一)测试数据法

1. 测试数据法的概念

测试数据法又叫模拟数据法,是一种有效的、常用的、对信息系统的功能进行审查的方法。其目的在于确定被审计单位的计算机程序能否正确处理所发生的有效或无效的经济事项。为达到这一目的,内部审计人员要预先编制一些不同类型的经济业务输入被审计单位的信息系统中,并在自己的控制下进行处理。模拟数据的使用可以有两种方式:(1)模拟数据与实际数据共同运行,这种方式使测试能够在真实的环境下进行,但也有可能对被审计单位的真实数据造成影响;(2)只运行模拟数据,这种方式不会对被审计单位的实际数据造成影响,但内部审计人员必须确定取得的程序副本与原版程序内容完全相同。

2. 测试数据法的使用

使用测试数据法,测试数据的选择与设计是一个关键问题。为测试被审计单位的计算机程序能否对不同类型的数据做出正确反映,内部审计人员在测试数据中既要包括正常的经济业务,也要包括不正常的经济业务。但同时尽可能使用较少的数据,以减少审计工作量。

值得注意的是,使用测试数据法测试数据的正确性受到多种因素的影响,内部审计人员必须对测试过程进行必要的控制。如果在被审计单位计算机上进行测试,应该首先确认系统控制的可靠性,并且对数据的准备、输入和处理过程予以必要的监督。如果测试数据的操作由被审计单位人员执行,在将模拟数据交给操作人员后,内部审计人员应在一旁监督,以防弄虚作假。测试完成后,应立即取得运行结果,这样才能合理地排除其他因素的影响,确定程序的正确性状况。另外一个选择是在内部审计机构的计算机上运行测试,此时也需要对数据准备、输入和处理过程进行一定的监督,只是手段略有差别。

3. 测试数据法的优缺点

测试数据法可以大大减少测试所需要的数据量,一条业务记录往往可以检测几种控制。

采用测试数据法，还可以对每一种应有的程序化控制加以检查，为了解、评价被审计程序的处理和控制功能提供确切的审计证据。此外，这种方法还不需要内部审计人员具有太多的计算机知识。

但是，测试数据法也有局限性。首先，设计模拟数据是一项技术性要求很高的工作，在数据的设计过程中，内部审计人员容易忽略某些条件，尤其是对于复杂的程序，可能的错误条件极多，更容易被遗漏；其次，对于复杂程序，模拟数据的测试需要花费大量的时间、人力和财力；再次，如果内部审计人员对计算机操作一无所知，有可能无法保证对处理过程的有效监督，有经验的操作人员有可能用其他程序代替被审计程序而不被审计人员发觉；最后，测试数据法是一种静态方法，它只能测试系统和程序在某一固定时刻的处理功能，而不能动态地测试。因此，测试数据法比较适合于成批处理系统的测试，而且一般仅能用于对单项应用的测试。

(二)程序编码检查法

1. 程序编码检查法的概念

程序编码检查法也称为静态校验法、编码检查法等，是检查人员通过逐一阅读检查程序语句以确定程序是否存在错误和程序中设置的控制是否有效的一种人工检查方法。在控制测试中，检查的目标是分析确定程序中应设置的控制是否存在，其有效性如何；在实质性测试中，检查的目标则是确定程序的正确性及其处理功能的正确性。

2. 程序编码检查法的使用

例如，在控制测试中，检查输入数据的有效性校验是否存在和有效时，若输入的业务事件的顾客号码中包含校验数字，内部审计人员通过阅读、分析进而确定校验数字的计算与比较是否符合逻辑，编码是否正确，以达到评价内部控制的目的。

在实质性测试中，内部审计人员通过对程序以下几个方面的检查，可以确定程序的正确性以及程序的运行是否将给出正确的结果：(1)数据类型的定义及使用是否正确；(2)计量单位的使用前后是否一致；(3)参数的引用是否正确；(4)使用的表达式是否恰当；(5)是否存在执行非法程序的模块等。

在使用程序编码检查法时，应特别注意所检查的程序与被审计单位使用的程序是否完全一致。在此过程中，可以利用计算机作为辅助工具，将已检查的程序和被审计单位使用的程序复制到同一磁性介质中，然后利用计算机软件自动比较两个程序是否一致。

3. 程序编码检查法的优缺点

程序编码检查法的优点是免去了收集和处理数据的工作，节约了此方面的审计费用。该方法可以详细地了解程序中所包含的内容，各种类型的程序问题基本上都可以用这种方法检查。但是，该方法要求内部审计人员具有较高水平的计算机知识和技能，要求被审计单位电子数据处理会计系统的各种文件齐全，说明的内容完整、明确，而且该方法使用时耗费时间较多。因此，除了对程序中关键性内容考虑采用此种方法，一般情况下可以采取其他方法。

(三) 编码比较程序检查法

1. 编码比较程序检查法的概念

编码比较程序检查法是专门用来检查两个程序文本一致性的计算机程序。内部审计人员通过将两个独立保管的应用程序版本输入计算机，由编码比较程序对两个版本进行比较检查，可以确定两个版本内容是否一致。在实际应用中，一般是由内部审计人员保存一个经过审查并确定其内容和控制功能完备的程序副本，在再度对该程序进行检查时，采用编码比较程序检查法即可发现被查程序在两次审计过程中是否有所改动。比较的内容可以是源程序，也可以是目标程序。由于计算机不直接执行源程序，所有比较源程序不如比较目标程序可靠性高。可以请计算机专家编写编码比较程序，也可以利用某些计算机磁盘操作系统具有的文件比较功能。

2. 编码比较程序检查法的优缺点

编码比较程序检查法的优点是设计简单，使用方便，可以检查出许多非法的修改。但该方法也有一定的局限性，它不能检验出合法修改中的非法子程序，也不能检验出已被修复的程序改动，特别难以解决的问题是对发现的差异原因查找起来非常困难。而且，使用该技术要求内部审计人员必须保留被审计程序的合法副本，应用程序的修改应及时通知内部审计人员并及时更新程序副本。所以，该方法只能用于再次审计，而不适用于对程序、系统的初次审查。

(四) 受控处理法

1. 受控处理法的概念

受控处理法是内部审计人员在审计测试中，挑选一组被审计单位的实际业务数据，将其输入被审计系统中，在内部审计人员的控制监督下进行处理，并将处理结果与事先用手工方法确定的预期结果加以比较，进而达到测试目的的检查方法。

受控处理法既可以用于控制测试，也可以用于实质性测试。在控制测试中，测试的目的是确定在实际环境下，被审计系统与被审计程序的输入、处理及输出控制是否有效；在实质性测试中，测试的目的则是在于确定被审计系统及被审计程序对于实际数据处理的准确性。

2. 受控处理法的优缺点

受控处理法的主要优点是简便易行、省时省力，而且不需要内部审计人员具有高深的计算机知识。另外，它可以直接检查被审计单位使用中的程序，不必再行比较被审计程序与实际使用程序的一致性。但在处理过程中，内部审计人员必须进行监督和控制，防止被审计单位操作人员以其他程序代替平时使用的程序。

该方法也存在以下缺陷：(1) 选择的实际业务数据可能不足以评价各种控制的功能，如实际业务数据多为正确数据，要想找到足够的业务数据对应用系统的各种控制进行全面的测试往往是不可能的；(2) 内部审计人员尽管不需要掌握较多的计算机程序知识，但要进行有效的控制和监督以防止被审计单位操作人员偷换程序或数据，还是应该具有相当的操作知识；(3) 内部审计人员对实际业务数据的监督、控制及比较，可能影响被审计单位正常的数据处理。

（五）受控再处理法

1. 受控再处理法的概念

受控再处理法与受控处理法类似，也是在内部审计人员的监督下，将实际业务数据输入被审计系统或程序进行处理，与受控处理法的不同之处在于，输入的实际业务数据不是尚未处理的数据，而是已由被审计系统处理过的数据；再处理的结果也不是与内部审计人员手工处理的结果相比较，而是与首次处理的结果相比较，看两次处理结果是否一致，以达到测试目的。

2. 受控再处理法的使用

受控再处理法应用于控制测试时，与受控处理法一样，测试目的在于确定应用控制的有效性；应用于实质性测试时，除能够确定程序处理数据的准确性外，还能够检查在数据两次处理期间，程序是否有改动，或看这种改动是否正确。

使用受控再处理法必须以曾经对该程序进行过测试，并已证实其控制功能恰当，处理结果准确为前提；否则，再处理的结果将无从比较，或者比较毫无意义。所以在对某系统或程序进行初次审计时，不能采用此种方法。此外，如果被审计单位以前的主文件没有保留，这种方法也无法采用。

除具有与受控处理法相同的优点外，受控再处理法的应用对被审计单位正常业务的影响较小，因为审计测试选择在什么时候进行，可视内部审计人员及被审计单位的方便而定。

（六）并行模拟法

1. 并行模拟法的概念

并行模拟法是审计人员使用一个简化的，但是具有与被审计系统相同的基本特征的模拟系统，将被审计单位原始数据同时在模拟系统和真实系统中运行，将结果比较以确定系统的正确性、可靠性的一种检查方法。

2. 并行模拟法的使用

并行模拟法既可以用于控制测试，也可以用于实质性测试；既可用于程序的检查，也可用于数据文件的检查。采用这种方法可以省去分析数据大量繁重的手工劳动，使内部审计人员在较短的时间内获得有关程序和数据正确性、有效性的证据，还能够使内部审计人员摆脱对被审计单位人员、程序和其他设施的依赖，使测试结果更具客观性。

但是，这种方法要求内部审计人员应具备相当的计算机知识和编程能力，而且设计模拟程序与实际程序往往耗时、费力，还需付出较高的成本。另外，在比较分析模拟程序与设计程序处理的差异时，常常很难找到造成差异的具体原因，即使是有经验的内部审计人员也常遇到困难。因此，并行模拟法一般仅用于对程序关键部分及其功能的测试。

（七）整体测试法

1. 整体测试法的概念

整体测试法在应用系统中建立一个模拟的实体，如一个假设的车间、部门、顾客等，并将模拟数据与实际业务数据一同输入应用系统进行处理，然后将处理结果与预先处理的正确结果进行比较，以检查系统的处理功能和程序的控制功能。

应用该方法的基本步骤如下：(1)在被审计系统中设立一个虚拟的实体，如在审查应收账款模块时，可以设立一个虚拟的客户；(2)根据审计测试的具体目标要求，设计与虚拟实体有关的业务数据，并得出预期处理结果；(3)将虚拟实体的模拟数据与被审计单位的实际业务数据一同输入被审计系统进行有关的处理；(4)将虚拟实体模拟数据的实际处理结果与预先计划的正确结果比较，进行分析以评价系统的功能。

2. 整体测试法的优缺点

整体测试法具有以下显著的优点：(1)在测试中，模拟数据与实际业务数据之间的联系更加密切，内部审计人员可以连续输入或随时输入模拟数据，并同实际业务数据一同进行处理，从而连续地对实际程序进行直接测试，因此，该方法是一种动态审计方法；(2)该方法测试面广，在一次测试中，可以对所有需动用的程序都进行检查；(3)该方法特别适合于对实时系统的审计，在具体测试中的工作组织较为方便，但是由于系统能够识别检验数据，因而不能肯定检验数据与实际数据的处理步骤和内容是否完全一致。

整体测试法的主要缺点是设计的初始成本较高，此外，为使模拟数据达到有效地测试系统的目的而又不至于影响被审计系统的正常业务处理，需要做好安全保密和额外的沟通、协调及处理工作。

(八) 嵌入审计程序法

1. 嵌入审计程序法的概念

嵌入审计程序法在被审计系统的开发阶段，在被审计应用系统中嵌入能够执行某些审计测试功能的程序模块。当业务数据输入计算机系统时，由应用程序对其进行编辑和处理，同时，嵌入的审计程序模块也对数据实施检查，如果符合既定的条件，则自动将其复制到审计控制文件上，内部审计人员可以定期或不定期地将审计控制文件打印输出，以对程序和数据处理情况进行检查和评价。

2. 嵌入审计程序法的使用

嵌入审计程序法一般可以完成以下四个方面的工作：(1)收集和储存有关经济业务的信息以便今后审核；(2)发现和记录任何不正确的、与审计关系密切的项目以作为确定审查重点的依据；(3)定期地检验正在处理的文件的一致性，当错误发生时，记录发生错误的事件与时间；(4)汇总计算经济业务数据处理中发生错误或偏差的水平，为分析系统工作可靠性提供真实可靠的资料。

内部审计人员在设计审计程序模块时，应结合具体情况选择适当的记入系统审计控制文件的标准，既要达到审计测试的全面性要求，又不能将标准定得太宽，使记入系统审计控制文件的业务数据过多。

嵌入审计程序法可以应用于成批处理系统，也可以用于实时系统。作为日常监控手段，非常适用于内部审计的使用。该技术的最大特点是在数据处理过程中执行某些审核检查工作，弥补了信息系统中审计线索不充分而形成的审计工作的某些空白。该技术的不足之处，一是成本过高，二是不能检查内部审计人员未曾预料到的情况。

此外，在对信息系统的审计测试中，程序关键路径分析、系统日志分析、数据库分析等技术也都发挥着一定的作用。在审计实践中，无论是审查数据还是审查程序，采用的技术并不是单一的，内部审计人员应合理选择使用的技术，并将它们很好地组合在一起，充分发挥这些技术的作用，切实改进审计质量与效率。

第十二章

内部经济责任审计

经济责任审计是适应我国社会主义经济、政治体制改革的需要而逐步建立和发展起来的一种特殊的审计类型。党的十七大报告、国家"十二五"规划都明确了经济责任审计在加强对权力运行的制约和监督、加强反腐倡廉建设中的重要地位。经济责任审计的实践也充分说明了其在严肃财经法纪、加强科学管理、提高效益、贯彻落实科学发展观、促进领导干部依法行政、规范权力运行、健全领导干部监督管理机制等方面均发挥了至关重要的作用。2019年7月15日,中共中央办公厅、国务院办公厅印发了修订之后的《党政主要领导干部和国有企业领导人员经济责任审计规定》(以下简称两办《规定》),明确了经济责任审计的对象,涵盖了部门和单位内部管理领导干部,这部分审计工作由部门、单位的内部审计机构组织实施(以下简称内部经济责任审计),与外部审计机关共同构成实施经济责任审计的两个基本审计主体。两办《规定》深入贯彻了习近平新时代中国特色社会主义思想和党的十九大精神,强调了坚持党对审计工作的集中统一领导。两办《规定》聚焦领导干部经济责任,既强化了对权力运行的制约和监督,又贯彻了"三个区分开来"要求,对加强领导干部管理监督,促进领导干部履职尽责、担当作为,确保党中央令行禁止具有重要意义。

第一节 内部经济责任审计概述

一、内部经济责任审计的产生和发展

(一)内部经济责任审计产生的动因

委托代理及受托经济责任关系的存在是审计产生的前提,受托经济责任内容的不断丰富又是审计功能拓展的源泉。事实上,受托经济责任关系并不仅在财产所有权与使用权分离的情况下才存在,还在多层次分权管理体制下广泛存在。随着组织规模的扩大,管理分权层级越来越多,其受托经济责任关系也变得异常复杂。

从我国经济责任审计产生的历史背景中不难看出,正是随着经济体制改革的不断深化,企业逐渐摆脱了传统行政附庸地位,其市场主体地位得到确立且经营自主权不断扩大,厂长(经理)任期责任制及承包经营责任制得到推行,受托经济责任的内涵不断丰富,责任主体、责任边界越来越清晰。此时,作为受托经济责任监督和鉴证的独立第三方,经济责任审计不

仅成为可能而且日益成为必要。因此,经济责任审计随之应运而生,并迅速得到发展。

对于一个组织而言,由于接受了委托人的授权而管理相关资财,因此就产生了组织整体的受托经济责任目标。随着组织规模的扩大和管理层级的增加,组织为了实现其整体受托经济责任目标,必然将这些责任分解到各个管理层次,并赋予一定的职责和权限,从而使受托经济责任呈现层级化、递进性的特征,即形成内部分层受托经济责任关系,这就需要组织建立保证或落实这种受托责任有效履行的内部控制体系,内部审计便是其中重要的组成部分。由此可见,不论是企事业单位,还是政府各级部门,由于组织规模扩大以及由此导致的管理复杂性增强和管理分权,都需要内部审计来帮助其实现整体受托经济责任的有效履行及组织的整体目标。同样,当这种分层受托责任关系及作为相对独立第三方的内部审计具体指向组织内部各层级受托责任领导者时,内部经济责任审计的产生就成为必然。

综上所述,内部经济责任审计既是组织健全自身管理体系,加强对内部各层级领导干部监督和考评的重要环节,也是领导干部经济责任审计整体体系的重要组成部分,与外部经济责任审计相辅相成,互为补充,并与外部经济责任审计一道,保证各级领导干部或领导人员全面、有效履行经济责任,促进组织持续健康发展,并最终确保组织整体目标的实现。

(二)内部经济责任审计的发展历程

我国现阶段实施的党政主要领导干部和国有企业领导人员经济责任审计是从 20 世纪 80 年代开始实施的厂长(经理)离任审计发展而来的,在长期的离任审计实践中产生了内部经济责任审计。纵观经济责任审计的演变历史,最初的经济责任审计是我国经济体制改革的产物,而社会主义市场经济体制改革的不断深化、国有企业改革的不断深入、民营企业的不断壮大,都促使包括内部经济责任审计在内的企业经济责任审计得以不断发展。随着我国民主、法治进程的加快,建设节约型、服务型、责任型政府目标的提出,以及公共财政体制框架的构建,经济责任审计的范围不再仅局限于最初的国有企业负责人,而是扩展到各级党政主要领导干部,所涉及的内容也不再仅限于经营、管理企业的经济责任,而是扩展到行政管理、公共服务事务的公共责任,并且在我国的政治、经济生活中发挥着日益重要的作用,成为国家和组织治理体系的重要组成部分。

纵观我国经济责任审计的发展历程,不难发现由内部审计机构开展的内部管理领导干部经济责任审计工作一直伴随着厂长(经理)离任审计、承包经营责任审计、领导干部经济责任审计的各个阶段。

1985 年,我国开展了厂长(经理)离任审计的实践。审计署于 1986 年出台了《关于开展厂长离任经济责任审计工作几个问题的通知》,该通知指出企业主管部门的内部审计机构可以接受审计机关委托进行厂长离任经济责任审计工作,其审计结果向委托的审计机关报告。1987 年,大型联合企业第二汽车制造厂审计处就开展了针对所属专业厂和分支机构的厂长(经理)经济责任履行情况的离任审计工作,并对离任审计的依据和作用做出了如下总结:"分支单位的厂长和经理都有一定的经营管理权,应当对国家和总厂承担经济责任,这就需在一定时期或在离任时进行审计,用以评价、证明和确定其是否履行了经济责任,从而表明其任期内的业绩,并使总厂负责人履行经济责任具有可靠保证。"[①]由此可见,当时内部审计实务界对内

---

① 徐森英. 厂长调离经济责任审计探讨. 审计研究,1987,1:23。

部经济责任审计已经有了较高的认识。而审计实践的突破更进一步表明内部经济责任审计在其发端就不仅是外部经济责任审计，即审计机关对企业主要领导人员经济责任审计的必要补充，同时还是企业围绕促进内部各级经济责任的有效履行，最终确保组织整体受托经济责任的有效性、可靠性，实现企业整体经营目标的重要手段和工作环节，是企业健全内部控制体系，加强自我约束、自我监督机制不可或缺的重要组成部分。

1988年，审计署发布的《关于全民所有制工业企业承包经营责任审计的若干规定》第三条指出，审计机关可以委托或者组织内部审计机构进行承包经营责任审计。相关的地方法规，如1989年山东省出台的《全民所有制企业承包经营责任审计办法》，其中第三条规定："主管部门审计机关负责审计本部门所属的其他企业。"这一时期，上海港务局就在主要生产单位推行了四年承包经营责任制，该局审计处从1987年开始，对局属18个主要生产单位的经理(厂长)进行了年度主要经济指标完成情况的审计，并将承包经营责任审计与财务审计、效益审计、专项审计结合起来。[①]这对我们今天开展内部经济责任审计的方式选择仍具有重要的借鉴意义。

随着经济责任审计的范围由国有企业负责人扩大到党政权力机关、事业单位的主要领导，内部审计机构开展的内部经济责任审计工作领域也得到了拓展。1999年的《国有企业及国有控股企业领导人员任期经济责任审计暂行规定》指明了内部审计机构在国有企业负责人经济责任审计工作中的地位与作用，并要求承办企业领导人员任期经济责任审计的上级内部审计机构，也要依照规定的程序和要求实施审计，并接受审计机关的监督。

2001年，中央五部委联合下发的《关于进一步做好经济责任审计工作的意见》明确规定："各级行政机关、企事业单位要进一步健全内部审计机构，充实审计力量，积极开展本部门(单位)经济责任审计工作。"2003年的《审计署关于内部审计工作的规定》第九条列出："对本单位内设机构及所属单位领导人员的任期经济责任进行审计。"这是审计署第一次对内部经济责任审计工作提出明确要求。2004年国资委公布的《中央企业经济责任审计管理暂行办法》指出"企业应当建立对主要业务部门负责人的任期或定期经济责任审计制度"，这里所指的就是内部经济责任审计。2007年中央五部委专门针对内部经济责任审计工作发布了《关于进一步加强内部管理领导干部经济责任审计工作的指导意见》，就内部经济责任审计的意义、组织、业务管理、结果利用等方面进行了明确的规定，这对新时期内部审计机构深入开展经济责任审计起到了巨大的推动作用。

2010年10月，中共中央办公厅、国务院办公厅发布的《党政主要领导干部和国有企业领导人员经济责任审计规定》更是具有划时代意义。两办《规定》第四十一条指出，部门和单位可以根据本规定，制定内部管理领导干部经济责任审计的规定。为了贯彻落实两办《规定》，中国内部审计协会于2010年12月发布了立场公告《深化内部管理领导干部经济责任审计》指出，开展内部管理领导干部经济责任审计对内部审计机构既是责任，也是机会，强调要规范经济责任审计工作。

为了进一步推动内部经济责任审计的深入开展，更好地贯彻落实2010年两办《规定》的有关要求，2011年7月中国内部审计协会发布了《内审审计实务指南第5号——企业内部经

[①] 上海港务局审计处. 以经济责任审计为重点，不断完善企业内部审计. 审计研究，1989，5：34。

济责任审计指南》,并于 2016 年 3 月发布了《内部审计具体准则第 2205 号——经济责任审计》,就内部经济责任审计的准备、实施、内容、评价及审计结果运用等方面做了详细的规定,体现了内部经济责任审计的特点,具有较强的实践指导意义。

2019 年 7 月 15 日,中共中央办公厅、国务院办公厅印发了修订之后的《党政主要领导干部和国有企业领导人员经济责任审计规定》,其中第五十条明确规定:有关部门、单位对内部管理领导干部开展经济责任审计参照本规定执行,或者根据本规定制定具体办法。

为了与修订后的两办《规定》相衔接,进一步规范内部审计机构开展的经济责任审计工作,中国内部审计协会组织修订了《内部审计具体准则第 2205 号——经济责任审计》,并自 2021 年 3 月 1 日起施行。此次修订充分落实两办《规定》的新精神和新要求,与两办《规定》实现有效衔接,同时总结了近年来内部经济责任审计实践中积累的经验做法,体现了内部经济责任审计的特点,在原准则框架内容的基础上做了进一步的补充和完善。修订的主要内容包括:进一步明确了经济责任审计的指导思想和工作目标;完善了经济责任和经济责任审计的概念;扩大了经济责任审计的对象范围;规范了经济责任审计计划管理;丰富和细化了经济责任审计的内容;增强了对审计评价的要求,引入容错纠错机制,落实"三个区分开来";调整了责任类型,同时明确了领导干部承担不同责任的具体情形;细化了审计报告的编制和报送程序;进一步明确了内部审计机构在推动审计结果运用方面的职责等。新修订的《内部审计具体准则第 2205 号——经济责任审计》对于进一步规范和推动内部经济责任审计工作,对于全面贯彻落实党对审计工作的集中统一领导,充分发挥内部审计在党和国家审计监督体系中的作用具有十分重要的意义。

综上所述,无论是国家审计机关还是部门、单位的内部审计机构,都曾在经济责任审计的探索实践中发挥着重要的作用。经济责任审计由最初的厂长(经理)离任审计,发展到后来的承包经营责任审计,直至现阶段的党政领导干部和国有企事业单位负责人经济责任审计,其审计对象范围已经突破国有企业负责人,拓展到各级党政领导干部和企业领导人员。与此同时,经济责任审计的审计内容也已经超越狭义上的经济责任范畴,更加强调领导干部在推动经济社会科学发展上的责任。所有这些历史变迁都在不断完善着这一具有中国特色的审计监督制度,使其在我国政治经济生活中发挥着完善国家治理、公司治理的重要作用。

二、内部经济责任审计的概念

内部经济责任审计是指内部审计机构、内部审计人员对本单位所管理的领导干部在任职期间的经济责任履行情况的监督、评价和建议活动。经济责任审计工作应当以马克思列宁主义、毛泽东思想、邓小平理论、"三个代表"重要思想、科学发展观、习近平新时代中国特色社会主义思想为指导,贯彻创新、协调、绿色、开放、共享的新发展理念,聚焦经济责任,客观评价,揭示问题,促进党和国家经济方针政策和决策部署的落实,促进领导干部履职尽责和担当作为,促进权力规范运行和反腐倡廉,促进组织规范管理和目标实现。

经济责任是指领导干部在本单位任职期间,对其管辖范围内贯彻执行党和国家经济方针政策、决策部署,推动本单位事业发展,管理公共资金、国有资产、国有资源,防控经济风险等有关经济活动应当履行的职责。例如,企业内部经济责任审计所称的经济责任就是企业内部管理领导干部在任职期间因其所任职务,依法对所在企业或部门的财务收支及有关经济活动应当履行的职责和义务。经济责任的内涵，首先是基于被审计内部管理领导干部所任的部门、单位的领导职责；其次是被审计内部管理领导干部所任职务应当履行的职责和义务；再次是与财政财务收支及有关经济活动相关联的职责和义务。

内部经济责任审计应当根据干部监督管理需要和审计资源等实际情况有计划地进行，对审计对象实行分类管理，科学制订年度审计计划，推进领导干部履行经济责任情况审计全覆盖。内部经济责任审计可以在领导干部任职期间进行，也可以在领导干部离任后进行，以任职期间审计为主。因此，内部经济责任审计可以分为离任经济责任审计、任中经济责任审计和专项经济责任审计。离任经济责任审计是指内部管理领导干部任期届满，或者任期内办理调任、免职、辞职、退休等事项前进行的经济责任审计。任中经济责任审计是指内部管理领导干部在任职期间进行的经济责任审计，包括实行年薪制及股权激励机制的企业（包括试点企业）在任期内奖励兑现前的审计、任期届满连任时的审计，以及任职时间较长、上级企业根据规定和需要安排的审计。专项经济责任审计是指内部管理领导干部存在违反廉洁从业规定和其他违法违纪行为，或其所任职企业发生债务危机、长期经营亏损、资产质量较差等重大财务异常状况，以及发生合并分立、破产关闭、重组改制等重大经济事项情况下进行的经济责任审计。

三、内部经济责任审计的特点

任何一种审计活动都必然涉及审计委托人、审计主体、审计对象，三者共同形成了审计关系，审计关系也是审计活动得以开展的前提。审计关系的不同使国家审计、内部审计及注册会计师审计各自具有不同的特点。内部经济责任审计委托人、审计主体、审计对象也具有自身的特点，构成了内部经济责任审计特有的审计关系。

（一）审计委托人是党政机关、企事业单位的最高管理层

审计委托人通常是审计活动及其结果的需求者，直接决定着审计活动的依据和导向，而受托经济责任的性质则是决定审计委托人角色的基础。党政机关和企事业单位内部的受托经济责任关系是基于分权管理而产生的。为了提高经营管理效率，规模日益扩大的政府部门与企业必须从最高管理层开始进行适度分权，按照权责对等原则明确下级内部各机构或职能部门领导人员所应当承担的经济责任，并根据经济责任履行结果实施奖惩，此时就需要组织内部审计机构开展经济责任审计对内部管理领导干部的经济责任进行界定和评价。因此，内部经济责任审计活动的委托人就是党政机关、企事业单位的最高管理层，诸如企业的董事会或高级管理层，及其相关主管部门，如干部人事部门、纪检监察部门等。为此，党政机关和企事业单位的内部审计机构应在最高管理层的授权下或按照其要求实施经济责任审计，经济责任审计的结果和报告也应及时提交给组织的最高管理层。

（二）审计主体是党政机关、企事业单位的内部审计机构

根据两办《规定》，目前我国的经济责任审计工作主要由国家审计机关和部门（单位）的内部审计机构实施。依照干部管理权限确定审计对象的原则，由内部审计机构对本部门（单位）的内部管理领导干部实施经济责任审计工作。内部审计机构作为部门（单位）的内部组织，与国家审计、注册会计师审计相比，对组织的审计环境更加熟悉，且具有较强的信息资源优势。

因此，对内部经济责任审计中发现的问题，内部审计机构往往可以从更深层次上分析原因，提出切实可行的整改建议，这将更加有利于充分发挥内部经济责任审计的功能。当然，内部审计机构作为内部经济责任审计的主体，在任务重、人员相对紧缺的情况下，可以通过合同约定方式合理利用注册会计师审计的人力资源。但是，外部审计的参与必须服从内部审计机构制定的整体审计目标和审计工作方案确定的范围、内容、重点要求，其审计查证、工作底稿的编制、成果的反映也应符合内部审计机构的要求。

（三）审计对象是党政机关、企事业单位的内部管理领导干部

审计的对象是审计活动的施加对象，即受托经济责任关系中的受托人，审计对象也是由受托经济责任关系的性质决定的。组织内部由于分权管理而产生的上下级受托经济责任关系是内部经济责任审计产生和存在的根本原因，内部经济责任审计的审计对象也必然是部门（单位）内部管理的领导人员。为此，经济责任审计的对象包括：党政工作部门、纪检监察机关、法院、检察院、事业单位和人民团体等单位所属独立核算单位的主要领导干部，以及所属非独立核算但负有经济管理职能单位的主要领导干部；企业（含金融机构）本级中层主要领导干部，下属全资、控股或占主导地位企业的主要领导干部，以及对经营效益产生重大影响或掌握重要资产的部门和机构的主要领导干部；上级要求以及本单位内部确定的其他重要岗位人员等。例如，企业内部经济责任审计的对象包括企业主要业务部门的负责人、企业下属全资或控股企业的法定代表人（包括主持工作一年以上的副职领导干部）等。对于党政机关及事业单位，审计对象则是其所属具有经济职能的内设机构及下属单位的主要负责人。

（四）审计的依据是两办《规定》及中国内部审计协会的有关规定

内部经济责任审计是一项相对复杂的审计工作，其审计内容不仅包括内部管理领导干部所在部门（单位）财政财务收支的真实性、合法性，还包括与管理、决策等活动相关联的经济效益、社会效益和环境效益等。同时，由于审计对象的任期时间较长，许多党政机关及企事业单位尚未对其内部机构、所属单位负责人制定科学合理的经济责任制，这就使内部经济责任审计评价缺乏可供参考的标准，致使审计结果有失公正的风险较高，从而对内部管理领导干部的任免、奖惩造成不良影响。这些问题必然导致内部经济责任审计通常具有较高的审计风险，这就要求内部审计机构在开展经济责任审计工作时，必须遵循权威性的规定，以降低审计风险，提高审计质量。

2019年新修订的两办《规定》是指导全国经济责任审计工作的纲领性文件，对审计组织协调、内容安排、实施程序、审计评价及结果运用等方面均做出了详细的规定。2011年中国内部审计协会发布的《内部审计实务指南第5号——企业内部经济责任审计指南》和2021年3月开始实施的《内部审计具体准则第2205号——经济责任审计》均就内部经济责任审计的准备、实施、内容、评价及审计结果运用等方面做出了更加详细的规定。党政机关、企事业单位开展内部经济责任审计应该充分遵照上述法规准则进行，并结合本部门和企事业单位的特点，制定符合自身情况的内部经济责任审计具体规定。

（五）审计的目的主要在于为本部门（单位）考核干部、加强管理服务

从审计内容与程序方法上来看，内部审计机构开展的内部经济责任审计与审计机关开展的经济责任审计有很多相似之处，但由于内部审计机构作为组织中的一个重要部门，其设

立旨在通过应用系统的、规范的方法，评价并改善组织风险管理、控制和治理过程的效果，帮助组织增加价值和改善组织的运营，以实现其目标。因此，内部经济责任审计作为部门（单位）一种重要的内部控制机制，在审计目的上具有与外部审计机关不同的特点，这主要表现在：一方面，通过审计工作，加强对内部管理领导干部受托经济责任的考核，可以增强其受托责任意识，在部门（单位）内部营造良好的受托责任文化，有利于领导干部自觉全面、有效地履行受托经济责任；另一方面，内部审计机构针对审计中发现的问题，提出审计建议，有利于提高本部门（单位）的内部管理水平，促进各项事业科学发展。可见，内部审计机构开展的经济责任审计工作，其目的主要在于为本部门（单位）的经营管理服务，以帮助组织实现发展目标。

四、内部经济责任审计的作用

（一）满足对内部管理者实施监管，解除责任和实行奖惩的需要

在政府公共管理领域，出于对社会公共利益的需要，公众需要将私人财产让渡与国家，由政府各级管理部门利用这些资源财产进行公共管理活动，并为社会提供满足社会需要的公共产品与服务。此时政府与公众之间的关系就体现在政府预算上，政府部门进行公共财政活动主要就是通过事先提交预算、事后呈送决算的办法向代表公众的立法机关进行报告，因此立法机关对公共预算具有审批、制定及控制的权力，以此来约束、规范、监督政府的财政活动，保证公共财政活动符合社会公众的利益要求。政府预算反映了一段时期内政府进行公共管理活动的内容，因此政府部门需要将财政预算在政府机关内部层层分解执行，并制定相应的管理制度，以确保政府目标的实现。此时政府预算就体现为公众、政府和政府部门内部就政府活动的范围和方向所形成的委托代理关系，并产生了"公众—立法机关—政府—政府职能部门—职能部门内部机构"这一复杂的委托代理链。由于每一层级的委托受托双方的效用函数并不一致，加之信息不对称、机会主义等原因产生了"逆向选择"和"道德风险"，就会导致代理成本的产生，给公共利益造成损失。这时就需要设计一系列制度安排来降低代理成本，经济责任审计便是这一制度安排中的重要方式之一。国家审计机关实施经济责任审计主要关注的是委托代理链"公众—立法机关—政府—政府职能部门—职能部门内部机构"中前四个环节的受托经济责任，而最后一个环节的受托经济责任则主要是由内部审计机构来实施审计评价的。政府部门领导干部为了完成组织整体的受托经济责任，就需要部门内部审计机构对内部各个机构负责人的经济责任履行情况加强监管，重点关注受托财务责任（收支真实合法性与资产安全完整性）、受托管理责任（资金资产绩效性）、受托社会责任（社会公平福利性与环保性）以及受托报告责任（财政信息公开性）。内部审计机构根据预算法、会计法等财经法规及内部管理制度规定对内部机构的财政收支、国有资产管理、投资项目等内容进行审计，以此评价其主要领导干部的经济责任履行情况，并由组织人事部门根据经济责任审计结果，依据公务员管理、行政问责、廉洁从政等方面的法规，对内部管理领导干部实施考核、任免和奖惩。由此可见，实施内部管理领导干部经济责任审计是健全各级政府部门干部考核和任用机制的需要。

对于企业而言，随着企业规模的扩大及所处环境的复杂性，企业最高领导层为了提高经营管理效率，必须在企业内部进行适度的分权管理。分权管理的初衷在于被授权部门以企业

的整体利益为决策目标,对企业的财务活动、生产经营活动、资产管理活动进行合法有效的管理。为了完成外部受托经济责任,企业最高管理层需要在分权的同时,明确各个业务部门、下属全资或控股企业负责人的职责并制定相应的干部考核、任用机制,以此规制、激励企业内部各级机构负责人能够全面有效地履行其所承担的受托经济责任。由内部审计机构实施的企业内部经济责任审计能够公平地鉴证内部管理领导干部经济责任的履行情况,科学合理地界定领导干部对各种不当行为应当承担的直接责任、主管责任及领导责任,因此就成为企业内部管理干部考核、任用机制中最为关键的一个环节。

(二)强化党政机关和国有企事业单位廉政建设的需要

随着我国经济的快速发展,经济体制改革的深入进行,我国党政机关和国有企事业单位各级领导干部掌握的经济权力日益庞大,各类权力寻租腐败现象层出不穷,频发的腐败案件严重侵蚀了国家财富,破坏了社会公众利益,损害了党和政府的形象。为此,党和政府历来都十分重视反腐倡廉、党风廉政建设工作,并将其作为加强党的执政能力建设、推进依法治国进程的重要举措。党政机关和国有企事业单位的内部管理领导干部是否廉洁自律关系到党和政府对党风廉政建设与反腐败工作的整体部署要求能否顺利实现,深入推进党风廉政建设和反腐败斗争,重点就是要抓好反腐倡廉的制度建设,而经济责任审计制度正是制度反腐中极为重要的环节。党的十七届四中全会发布的《关于加强和改进新形势下党的建设若干重大问题的决定》明确要求,加快推进惩治和预防腐败体系建设,健全权力运行制约和监督机制,完善党政主要领导干部和国有企业领导人员经济责任审计,加强对财政资金和重大投资项目审计。《建立健全惩治和预防腐败体系2008—2012年工作规划》《关于实行党风廉政建设责任制的规定》《国有企业领导人员廉洁从业若干规定(试行)》等规定均指出了经济责任审计制度在加强干部监管、促进党风廉政建设方面的重要作用。两办《规定》的颁布和修订更加明确地指出经济责任审计应当关注领导干部遵守有关廉洁从政(从业)规定的情况。

内部审计机构在开展经济责任审计项目时,可以从内部管理部门的预算执行、其他财政财务收支、重要投资项目及国有资产管理状况中发现领导干部是否存在滥用职权、贪污贿赂、腐化堕落、失职渎职等行为,并将线索移交至相关部门进行查处,从而在促进对权力的监督制约、促进党风廉政建设等方面发挥其独特的作用。同时,内部审计机构也应当深刻地剖析领导干部贪腐问题产生的根本原因,坚持把经济责任审计结果与源头预防和腐败治理相结合,关注党中央提出的惩防腐败体系中的廉政文化建设,从而推动本部门(单位)党风廉政建设的不断深入。

(三)保证实现组织整体发展战略的需要

组织战略是指在符合和保证实现组织使命的条件下,在充分利用环境中存在的各种机会和创造新机会的基础上,确定组织同环境的关系,规定组织从事的经营范围、成长方向和竞争对策,合理地调动组织结构和分配组织的全部资源,从而使组织获得某种竞争优势。良好的组织战略必然带来组织业绩的提升,其最终目标就是组织价值的长期和不断增值。战略管理是对组织战略的全过程动态管理,具体包括战略分析制定、战略实施与战略控制三个环节。战略管理涉及组织的各个管理层次、各个业务部门、子公司或控股企业。战略管理的根本目的就是保证组织正确的战略目标能够顺利实现，最终使组织价值最大化。内部审计作为一种独立、客观的确认和咨询活动，通过应用系统、规范的方法，评价并改善风险管理、控制和治理过程的效果，能够帮助组织实现其目标。

为确保组织战略目标的顺利实现，充分发挥内部审计帮助组织实现其战略目标的职能，组织的内部审计机构在实施内部经济责任审计时，应当将组织各级内部管理领导干部在组织战略管理中应当承担的经济责任的履行情况作为重要的审计评价内容。(1)实施战略选择的合理性审计。①审查战略分析是否基于组织内外部环境，组织所处的外部宏观环境，如国内外政治法律环境因素、经济环境因素、社会和文化环境因素、技术环境因素；外部市场及行业环境，如市场规模，组织现有的、潜在的竞争对手；组织内部环境，如有形无形资源，研发、生产、营销、财务、组织管理能力，核心竞争力。②审查组织战略选择的合理性，如组织整体战略的合理性，即成长型、稳定型、收缩型战略是否做出符合组织发展要求；审查业务单位战略的合理性；审查职能战略，如生产、财务、营销、研发、人力资源管理等方面是否与整体战略、业务单位战略相适应。(2)实施战略预算管理审计。预算是对组织战略重点和管理方针的基本描述，组织各个管理层将战略目标进行层层分解，每级战略都要有体现日常经营活动的预算与之相配套，组织长远战略才能够与现实经营活动相联系，各种预算指标体系才能够保证组织战略的实现。战略预算管理审计就是要审查组织各层级是否根据已经制定的战略进行全面预算管理，预算目标指标体系是否能够反映战略管理的重点，预算报表(资产负债表、损益表、现金流量表)的编制是否科学合理等。(3)实施战略实施流程审计。组织战略需要通过高效、协调业务流程价值链来实现，包括经营流程、创新流程、售后服务流程。内部审计机构应当对经营流程的生产产品和服务、提交产品和服务等环节进行审查；创新流程的审查主要是监督评价组织是否根据市场的需求，进行产品或服务的开发，是否符合客户群体的需要；售后服务流程的审查包括确认产品维修、次品退货和付款等手续的处理是否恰当，可以用时间、质量、成本等指标进行考核。(4)实施战略实施结果的审计。组织战略具有长期性、稳定性，对战略实施的阶段性成果进行审计有利于及时发现战略执行的经济性、效率性和效果性。同时，对根据预算目标指标体系的完成情况确认不同层级管理者受托管理责任是否全面有效履行。审查评价的标准包括市场份额是否得到扩大，组织在行业中的地位是否得到了提升，组织的竞争力是否有明显的提升，所有这些是否给组织带来了持续增长的经营业绩等。

战略管理贯穿于组织的各个管理层次，涉及组织内部各业务部门、下属全资或控股企业。对这些部门(单位)的主要领导人员所承担的战略管理责任进行审计评价，科学界定其对战略管理中出现的问题应该承担的直接责任、主管责任、领导责任，并提出改进建议，从而促进组织整体战略目标的顺利实现。

(四)完善组织内部控制，健全组织管理体系的需要

组织建立和健全内部控制的目的在于：(1)合理保证企业经营管理合法合规；(2)维护资产安全；(3)保证财务报告及相关信息真实完整；(4)提高经营效率和效果；(5)促进企业实现发展战略等。为此，两办《规定》和中国内部审计协会准则及指南都将组织内部控制的建立和执行情况确定为内部经济责任审计的主要内容之一。事实上，各类组织，包括党政机关、企事业单位在财务收支、资产管理等方面出现问题的根本原因大多源于内部控制的

缺失、不健全或执行不力，都需要强化具有纠错防弊功能的内部控制建设。同时，各类组织为实现长期持续健康快速发展，确保国有资产的不断增值，也需要建立战略导向型内部控制，以合理地调动组织结构和分配组织资源，使组织获得长期竞争优势。为此，组织内部审计机构对组织内部管理领导干部所在部门的内部控制建立与执行情况进行评价，关注内部控制是否基于组织的发展战略设定，提出改进建议，从而完善组织内部控制，健全组织管理体系。

对于政府等公共管理部门而言，为履行其公共受托经济责任，也需要通过建立和完善行政事业单位内部控制予以保证。政府预算执行中出现的屡审屡犯的问题，通常源于内部控制缺失或执行不力。良好的内部控制可以对政府、事业单位及其职员的行为进行监督，以实现纠错防弊的功能。同时，政府部门的内部控制还可以提高政府风险管理的水平，帮助政府实现公共管理的目标。为此，行政事业单位内部审计机构在实施内部管理领导干部经济责任审计时，也同样需要关注和评价这些领导干部所在部门内部控制的建立与执行情况。

第二节 内部经济责任审计的目标和内容

一、内部经济责任审计的目标

审计目标是审计行为的出发点，是审计活动要完成的任务及所要达到的境地。审计目标决定了审计的主要方向，影响着审计的范围、内容，以及审计取证和分析评价的程序、方法，进而影响审计报告的内容及结果。由此可见，审计目标非常重要。对于内部经济责任审计也是如此，在实施审计之前，内部审计机构需要先确定内部经济责任审计的总体目标，并根据总体目标设定具体目标。

（一）内部经济责任审计的总体目标

两办《规定》第十六条规定："经济责任审计应当以领导干部任职期间公共资金、国有资产、国有资源的管理、分配和使用为基础，以领导干部权力运行和责任落实情况为重点，充分考虑领导干部管理监督需要、履职特点和审计资源等因素，依规依法确定审计内容。"因此，内部经济责任审计的总体目标可以归纳为以下三个方面。

1. 评价内部管理领导干部经济责任履行情况，促进各级领导干部认真履行经济职责

内部管理领导干部是本部门（单位）的组织、决策、管理和指挥者，对本单位经济、事业的发展肩负首要责任。内部经济责任审计的首要目标就是通过审计，检查并合理界定、评价内部管理领导干部任职期间各项经济责任的履行情况，即通过对领导干部所在或所领导的部门（或单位，对于内部管理领导干部而言，主要指部门所属机构、所属单位，企业的内设机构、子公司或分公司等）的财政、财务收支，以及重大经济决策事项、经济活动的真实性、合法性、效益性进行审计，分清其在有关经济活动及事业发展中的功过是非，揭示存在的主要问题和领导干部应当承担的经济责任，促进领导人员全面履行经济责任，促进本部门（单位）的科学发展。

2. 加强对内部管理领导干部的考核，为管理层或上级人事部门考核、奖惩、任用干部提供依据

作为管理层或上级人事部门，对领导干部的考核包括德、能、勤、绩、廉等各个方面，在以经济建设为中心的大环境下，对其经济业绩的考核已经成为领导干部考核的主要内容。随着社会主义市场经济体制、公共财政体制的建立和发展，一个部门、单位的财政财务收支规模日益扩大，重大经济事项日渐增多，同时经济活动日趋复杂，领导干部的受托经济责任以及与此有关的公共责任也越来越重，这就需要由专门的机构、专业的人员对领导干部的经济责任进行独立的监督和评价。

3. 促进被审计单位改进内部管理，加强廉政建设

领导干部经济责任审计是在对领导干部所在单位财政财务收支及有关重大经济事项的真实性、合法性、效益性进行审计的基础上，对领导干部履行经济责任的情况进行鉴证、评价的过程，而绝不仅仅是对领导干部个人的审计。内部经济责任审计实际上是将人与事相结合，领导干部个人与其所在部门、单位相结合，财政财务收支审计与效益审计相结合的一种综合审计；而廉政建设既是经济工作的底线，同时也是高压线，保持廉政、勤政是对领导干部的基本要求。领导干部经济责任审计正是加强对权力制约和监督的一种有效方式。对于审计中所发现的问题，从组织层面讲都需要采取有效措施，包括后续问责、完善内部控制、加强内部管理、改进组织和执行方式等，切实加以纠正和改进。因此，促进企业规范管理自然成为内部经济责任审计的目标之一。

(二)内部经济责任审计的具体目标

具体审计目标是审计机构及审计人员针对具体审计事项、审计对象及审计任务，对总体审计目标的分解和细化。按照两办《规定》，结合当前内部经济责任审计实践中对具体目标的选择和确定，可将内部经济责任审计的具体目标归纳为以下七个方面。

1. 贯彻和执行相关政策与部署的及时性、有效性

政策是国家或政党为了实现一定历史时期的路线和任务而制定的国家机关或者政党组织的行动准则。认真、及时地贯彻并逐项落实上级部门及本单位的有关方针政策、决策部署、经营发展战略或主营业务发展计划等，是内部管理领导干部的一项重要职责，自然也是内部审计机构在实施内部经济责任审计中的一项重要目标。

2. 决策的科学性、民主性及效果性

内部管理领导干部作为部门、企事业单位内设机构、分支机构的负责人，对涉及本单位及所属单位的重大经济事项，如重大基本建设项目、对外投资项目、重大资金筹集和专项经费的使用、资产处置等，在其职责范围内拥有较大的自主决策权，同时还需要结合本单位实际，对上级主管部门发展规划或发展战略确定的主要目标、工作任务提出具体的工作目标、任务及措施，并合理配置各项资源，完成预定任务和工作目标，在某种程度上行使或部分行使决策权。因此，决策是内部管理领导干部履行经济责任的重要一环。对于内部管理领导干部而言，他们既是决策的参与者同时也是决策的执行者，因此，重大经济事项的决策及执行效果是其领导能力的集中体现。

3. 内部控制的健全性及有效性

内部控制建设对一个单位、一个系统甚至一个行业的持续健康发展都具有根本性保证作用。随着社会经济的日益发展，领导干部所承担的经济责任事项越来越多，尤其是随着组织规模的不断发展，领导干部不可能事无巨细，对每一经济事项都亲自布置、亲自过问，甚至亲自实施，但领导干部作为本单位的主要负责人，受上级部门或出资人的委托，对本单位及所属单位进行全面管理，对本单位及所属单位存在的违法违规、管理不规范等问题，理应负有不同程度的领导责任。解决这一矛盾的根本途径就是建立并不断完善本单位内部控制体系，这是领导干部的一项重要职责。因此，对于被审计领导干部所在单位存在的主要问题，不能一概由领导干部自身承担，也不能一推了之，完全解除其责任。在内部经济责任审计中，既要关注被审计领导干部对其所负责事项及所管辖单位内部控制建立情况，还要关注其执行情况。

4. 纪律和廉政建设的严肃性、有效性

纪律属于制度范畴，廉政属于合法性范畴，领导干部经济责任审计的目的以及当前的政治经济和反腐倡廉的环境，决定了在内部经济责任审计中，需要将纪律和廉政尤其是领导干部自身遵纪守法和廉洁自律情况作为一项具体的审计目标予以审查。领导干部自身遵纪守法和廉洁自律情况，对于本单位廉政建设具有巨大的影响和示范作用，也是上级主管部门、组织人事部门关注的重点。廉政工作既是生命线，也是高压线，应当作为内部经济责任审计的重要目标。

5. 真实性

在内部经济责任审计中，真实性目标具体包括存在或发生目标、完整性目标、权利和义务目标，以及计算准确性目标。存在或发生目标是指内部管理领导干部在任职期间所履行的相关职责、义务及经济后果确实存在或已经发生，不存在虚假、高估、推测等情况。完整性目标是指内部管理领导干部或被审计单位是否将领导任职期间的所有重大经济决策事项进行报告，有无隐瞒相关决策环节及形成的历史档案资料、相关资金收付情况以及最终结果等情况。权利和义务目标是指内部管理领导干部行使的权力，包括重大事项决策权、审批权、资源配置使用权、财产处置权等，以及领导干部所获取的利益与责任义务及后果相匹配的情况。计算准确性目标是指各项资产、负债、损益等会计要素得到正确计量，按恰当的账户和金额进行核算，相关的计算正确无误，准确反映被审计单位经济活动、财政财务收支的真实情况。

6. 合法性

合法性是指被审计单位的各项经济活动及其财政财务收支活动遵守了《中华人民共和国预算法》《中华人民共和国会计法》《企业会计准则》及其他涉及本行业、本专业法律法规及部门规章的规定。

7. 效益性

效益性是指被审计单位经济活动尤其是重大经济决策事项及财政财务收支活动的经济性、效率性和效果性。经济性是指各项经济活动及财务收支是否实现了节约；效率性是指投入产出的比率关系，即在同等质量下，以一定的投入实现较大的产出，或实现一定的产出使用较少的投入；效果性是指被审计单位经济活动及财政财务收支是否实现了预期的目标，并实现可持续发展。在内部经济责任审计中，审计人员除应当关注被审计单位的经济效益外，还应当关注被审计单位的社会效益。

上述七项具体审计目标，不仅涵盖了财政财务收支审计、效益审计、财经法纪审计的主要目标，同时也体现了既对事又对人（被审计领导干部或领导人员）的经济责任审计内在要求和促进各项事业科学发展的本质要求，体现了内部经济责任审计的特点。在具体审计实践中，内部审计人员可以结合被审计领导干部及其所在单位的实际情况，以及委托部门的委托目的和要求，有所侧重地确定每个项目的具体审计目标。

二、内部经济责任审计的内容

内部经济责任审计的内容包括：(1)贯彻执行党和国家经济方针政策和决策部署，推动单位可持续发展情况；(2)发展战略的制定、执行和效果情况；(3)治理结构的建立健全和运行情况；(4)管理制度的健全和完善，特别是内部控制和风险管理制度的制定和执行情况，以及对下属单位的监管情况；(5)有关目标责任制完成情况；(6)重大经济事项决策程序的执行情况及其效果；(7)重要经济项目的投资、建设、管理及效益情况；(8)财政、财务收支的真实、合法和效益情况；(9)资产的管理及保值增值情况；(10)自然资源资产管理和生态环境保护责任的履行情况；(11)境外机构、境外资产和境外经济活动的真实、合法和效益情况；(12)在经济活动中落实有关党风廉政建设责任和遵守廉洁从业规定情况；(13)以往审计发现问题的整改情况；(14)其他需要审计的内容。结合当前内部经济责任审计实践，内部审计机构可以考虑将以下方面确定为重点审计内容。

（一）被审计单位经营发展情况、财政财务收支情况、履行国有资产出资人经济管理和监督职责情况

1. 被审计单位财政财务收支的真实性、合法性和效益性

针对被审计单位经营发展情况、财政财务收支情况、履行国有资产出资人经济管理和监督职责情况的审计，可以重点审查被审计单位财政财务收支的真实性、合法性和效益性。

对于财政财务收支的真实性审计，应当重点审查被审计单位内部管理领导干部任职期间，被审计单位的财政财务收支状况和经营成果是否真实、完整，账实是否相符，会计核算是否准确，合并财务报表范围是否完整等。主要审计内容包括：(1)企业财务会计核算是否准确、真实，是否存在财务状况和经营成果不实的问题；(2)企业财务报表的合并范围、方法、内容和编报是否符合规定，是否存在故意编造虚假财务报表等问题；(3)企业会计账簿记录与实物、款项和有关资料是否相符；(4)企业采用的会计确认标准或计量方法是否正确，有无随意变更或者滥用会计估计和会计政策，故意编造虚假利润等问题。

对于财政财务收支的合法性审计，应当重点审查被审计单位内部管理领导干部任职期间，被审计单位的财政财务收支管理和核算是否符合国家有关规定。主要审计内容包括：(1)被审计单位收入、成本费用的确认和核算是否符合有关规定，有无虚列、多列、不列或者少列收入及成本费用等问题；(2)被审计单位资产、负债、所有者权益的确认和核算是否符合有关规定，有无随意改变确认标准或计量方法，以及虚列、多列、不列或者少列资产、负债、所有者权益等问题。

对于财政财务收支的效益性审计，应当重点审查被审计单位的盈利能力状况、资产质量状况、债务风险状况、经营增长状况等方面经济指标完成情况。主要审计以下内容。(1)盈利能力状况审计。主要通过资本及资产报酬水平、成本费用控制水平和经营现金流量状况等反映被审计单位盈利能力的财务指标，审查被审计单位内部管理领导干部在任职期间企业的投入产出水平和盈利能力。可参考指标包括净资产收益率、总资产报酬率、销售(营业)利润率、成本费用利润率等。(2)资产质量状况审计。主要通过资产周转速度、资产运行状态、资产结构以及资产有效性等方面的财务指标，审查被审计单位内部管理领导干部任职期间企业占用经济资源的利用效率、资产管理水平与资产的安全性。可参考指标包括总资产周转率、应收账款周转率、不良资产比率、资产现金回收率等。

2. 被审计单位资产质量状况

对于资产质量状况的审计，应当重点对被审计单位的不良资产进行审计，按照被审计单位内部管理领导干部任期职责、任期时间及不良资产产生原因等情况，分清被审计单位不良资产产生的责任。内部审计人员应当注意核实被审计单位内部管理领导干部任期以前存在的不良资产、任期内消化的任期以前的不良资产、任期内新增不良资产以及任期内因客观因素新增的不良资产。其中，客观因素主要是指国际环境、国家政策、自然灾害等，主观因素主要是指决策失误、经营不善等。

3. 被审计单位债务风险状况

对于债务风险状况的审计，应当主要通过债务负担水平、资产负债结构、或有负债情况、现金偿债能力等方面的财务指标，审查被审计单位内部管理领导干部任职期间，被审计单位的债务水平、偿债能力及其面临的债务风险。可供参考的指标包括资产负债率、速动比率、现金流动负债比率、带息负债比率、或有负债比率等。

4. 被审计单位经营增长状况

对于被审计单位经营增长状况的审计，应当主要通过市场拓展、资本积累、效益增长以及技术投入等方面的财务指标，审查被审计单位内部管理领导干部任职期间，被审计单位的经营增长水平、资本增值状况及持续发展能力。可供参考的指标包括销售(营业)增长率、资本保值增值率、任期年均资本增长率、销售(营业)利润增长率、总资产增长率等。

(二)被审计单位遵守法律法规和贯彻执行国家有关经济工作方针政策和决策部署情况、制定和执行重大经济决策情况

对于被审计单位遵守法律法规和贯彻执行国家有关经济工作方针政策和决策部署情况、制定和执行重大经济决策情况进行审计，应当重点审查被审计单位内部管理领导干部任职期间，被审计单位重大决策、重要人事任免、重大项目安排和大额度资金运作事项(以下简称"三重一大"事项)的决策规则和程序是否建立健全，经济决策方案是否得到良好的执行以及执行的结果是否达到决策目标要求等内容，明确被审计单位内部管理领导干部在重大经济决策中应当承担的责任。

重大经济决策制定和执行情况审计的具体内容包括：(1)被审计单位是否建立了"三重一大"事项决策机制，制定的基本程序是否符合规定，是否存在未经决策机构集体讨论、由被审计单位内管干部个人或少数人决策的问题；(2)重大经济决策的内容是否符合国家有关法律法规、政策及规定；(3)重大经济决策是否经国家有关部门核准或审批，所签订协议或者合同内容是否符合被审计单位实际,是否存在损害被审计单位利益的条款;(4)重大经济决策方案是否得到良好执行,是否明确了具体的管理部门,是否进行了过程监控;(5)重大经济决策是否存在重大风险,决策方案中有无预防和控制风险转化为损失的应对措施,决策执行的结果是否达到决策目标要求,是否给被审计单位造成损失或潜在损失等。

(三)内部控制建立及执行情况

对于内部控制建立及执行情况的审计,应当审查被审计单位内部管理领导干部所在单位内部控制的健全性、适当性和有效性,并结合被审计单位内部管理领导干部的职责要求确定其在内部控制建立及执行中应当承担的责任。

内部控制建立及执行情况的审计,应当重点审查以下内容。(1)内部环境。审查被审计单位治理结构是否合理,机构设置与权责分配是否明确,内部审计机构是否健全,人力资源政策是否有效制定和实施等。(2)风险评估。审查被审计单位是否能够及时识别经营活动中与实现内部控制目标相关的内、外部风险,是否采用定性与定量相结合的方法,系统分析风险并合理确定风险应对策略等。(3)控制活动。审查被审计单位不相容职务分离控制、授权审批控制、会计系统控制、财产保护控制、预算控制、运营分析控制和绩效考评控制等控制措施是否恰当、有效,能否运用控制措施,对各种业务和事项的风险控制在可承受范围之内。(4)信息与沟通。审查被审计单位是否建立信息与沟通制度,内部控制相关信息的收集、处理和传递程序是否明确,内部控制相关信息能否在被审计单位内、外部各方面及时沟通和反馈,是否建立反舞弊机制等。(5)内部监督。审查被审计单位是否制定内部控制监督制度,是否明确内部审计机构和其他内部机构在内部监督中的职责权限,是否制定内部控制缺陷认定标准,是否定期对内部控制有效性进行自我评价等。

(四)被审计单位内部管理领导干部遵守廉洁从业规定情况

对于被审计单位内部管理领导干部遵守廉洁从业规定情况的审计,应当主要审查被审计单位内部管理领导干部有无违反国家法律法规和廉政纪律,以权谋私、贪污、挪用、私分公款,转移国家资财,行贿受贿和挥霍浪费等行为。主要审计内容包括:(1)有无以权谋私和违反廉洁从业规定的问题;(2)根据人事、纪检监察部门的意见,需要审计查证的事项;(3)根据群众反映,需要审计查证的问题;(4)其他违法、违纪问题。对以上内容进行审计,审计人员应当收集的资料包括:单位年度工作总结、领导干部个人的述职、述廉书面报告,领导干部个人收入和税收缴纳、因公出国(境)、公务消费、个人用车、个人住房等方面的资料,单位党委(组)会、负责人办公会的文件及相关会议纪要,以及上级主管部门内设的组织人事部门、纪检监察部门提供的该领导干部个人重大事项报告情况等。

(五)被审计单位内部管理领导干部贯彻落实科学发展观,推动经济社会科学发展情况

对被审计单位内部管理领导干部贯彻落实科学发展观,推动经济社会科学发展情况的审计,应当主要审查领导干部贯彻执行党和国家有关经济的方针政策和决策部署情况。例如,贯彻实施积极的财政政策和稳健的货币政策情况;贯彻国家产业结构调整和转变经济发展方式等政策情况,包括贯彻执行国家节能减排、限制高能耗、高污染、高排放和产能过剩产业发展情况,对新兴产业的发展扶持情况等;贯彻执行国家有关税收政策及行政事业性收费政策情况;执行国家最严格的耕地保护制度、水资源保护制度情况,以及生态环境保护制度情

况；执行国家三农政策和"两减免、三补贴"政策，强农惠农情况；执行国家社会保障政策，提高本部门、本单位、本企业职工社保水平情况，等等。同时，还应当主要审查领导干部贯彻落实国家或上级部门制定的发展规划、发展战略情况。内部审计机构可以审查被审计领导干部任职期间结合本单位实际，贯彻落实国家和上级主管部门相关规划所采取的具体措施、执行情况及收到的效果，并以此为依据做出审计评价。

(六) 被审计单位内部管理领导干部与履行经济责任有关的管理、决策等活动的经济效益、社会效益和环境效益情况

内部审计机构实施内部经济责任审计时，除关注被审计单位经营及财务收支活动的合法性、合规性，以及依法纳税等情况之外，还应当关注被审计单位责任管理信息、诚信管理信息、公益信息等。例如，对外提供的企业信息、财务信息是否真实完整，有无主观误导行为，导致投资者或债权人损失；向市场提供的产品是否有质量保证，有无安全隐患，使客户遭受损失或伤害；企业投资建设用地是否履行了合法审批手续，有无违规用地并侵占被征地者合法权益行为；企业生产经营是否采取了相关安全保护措施、环境保护措施，有无重大生产安全隐患、安全事故及对周边环境造成严重污染的行为；有无违反劳动合同，侵害单位职工合法权益的行为，影响企业发展和社会稳定等。另外，还应当重点审查被审计单位事业发展情况，结合领导干部所在单位承担的主要职责和事业发展主攻方向，对其所在单位主要的经济和业务指标、财务指标等完成情况，对人员的培训情况，解决历史遗留问题，进行体制、制度、机制、科技创新活动，促进本单位事业良性发展情况，以及取得的经济效益、社会效益和环境效益进行审计或开展调查，并运用纵向对比分析、横向对比分析等方法，对被审计领导干部履行职责情况、存在的问题及取得的成效进行评价。

第三节 内部经济责任审计的实施

审计项目的实施通常包括审计准备、审计实施和审计终结三个阶段。对内部经济责任审计而言，受其审计目标的导向和制约，对审计结果的充分、有效利用和后续跟踪问效、问责无疑是内部经济责任审计工作的重要环节(审计结果运用及后续审计)。内部经济责任审计自身的特点和规律，也决定了内部经济责任审计在审计准备、审计实施及审计终结阶段，与其他类型审计相比，既具有一定的共通性，也具有相对独特的内涵，同时具有与其他审计不同或不完全相同的具体步骤和内容。这些既符合审计的一般性程序要求，同时又兼具内部经济责任审计特点的具体步骤和内容，对实现内部经济责任审计目标都是非常重要的，尤其是对于全面、客观、准确地评价领导干部的经济责任更是至关重要的。

一、审计准备阶段

内部经济责任审计的审计准备工作主要包括以下内容。

(一) 审计立项

内部审计机构根据有关法律法规和组织内部规章制度，接受所在组织董事会或高级管理层的委派或相关干部管理部门的委托(以下简称相关单位委派或委托)进行审计立项，做出审计计划安排。特殊情况下，可以调整审计计划，追加审计项目，例如，针对群众反映的被审计领导干部存在的重大经济决策和经济管理等问题，或初步掌握的被审计领导干部个人存在的经济违法线索等问题，以及对所涉及的内部管理领导干部职责岗位的重大调整等事项。

(二)编制经济责任审计工作方案

内部审计机构收到相关部门关于内部管理领导干部经济责任审计委托计划或委托书后，应及时进行研究，充分考虑管理层的总体工作部署要求、审计资源等因素，编制经济责任审计工作方案，提出拟安排审计的内部管理领导干部人选名单及时间安排顺序等。经济责任审计工作方案通常包括审计目标、审计对象、审计范围、审计内容与重点、审计组织与分工，以及工作要求。

(三)确定审计组

内部审计机构应当根据经济责任审计事项，如经济责任审计年度工作计划安排、被审计领导人员所处的岗位及应履行的经济职责、任职期间的长短，其所任职单位包括所属单位财政、财务收支及资产规模的大小、经济活动特点、所要实现的具体目标，以及委托部门的特定委托要求等因素，选派审计人员组成审计组。审计组实行组长负责制。审计组应当由具有相关工作经验和专业知识的人员组成；审计组组长由内部审计机构确定，审计组组长应当是具有经济责任审计工作经验或具有较高相关专业技术资格的业务负责人。

(四)制发审计通知书

内部审计机构应当在实施审计三日前，向被审计单位内部管理领导干部及其所在单位送达审计通知书，并抄送同级纪检监察机构、组织人事部门等有关部门。具有特殊目的的经济责任审计项目，也可以在审计实施时送达审计通知书。审计通知书应由审计组起草，经内部审计机构审核，报内部审计机构主管领导签发。审计通知书的内容主要包括被审计领导干部及单位名称、审计依据、审计目的、范围、审计起始时间、审计组组长及其他成员名单和被审计单位配合审计工作的要求等。

审计通知书可以附相关单位委派或委托书、需提供的审计资料清单等。被审计单位内部管理领导干部及其所在单位和其他有关单位，应当按照审计通知书的要求提供与被审计单位内部管理领导干部履行经济责任有关的下列资料：(1)被审计单位内部管理领导干部任期内财务收支相关资料；(2)工作计划、工作总结、会议记录、会议纪要、合同、考核指标下达及其检查结果、内部控制制度和业务档案等资料；(3)主管部门有关批准文件；(4)相关监督管理部门的检查报告、内部与外部审计结果及其相关资料；(5)重大事项，包括重大历史遗留问题、重大诉讼事项和重大违纪事项等的处理情况；(6)被审计单位内部管理领导干部履行经济责任情况的述职报告。

其中，被审计单位内部管理领导干部履行经济责任情况述职报告主要内容应当包括：(1)任职期限、职责范围和分管的工作；(2)任期内各项目标任务及其完成情况，重要规章制度及内部控制的制定、完善和执行情况，任职前和任期内重大经济遗留问题及其处理情况等；(3)任期内被审计单位资产、负债、损益情况，重大经济决策事项、决策过程及其执行效果；(4)任期内存在的主要问题；(5)任期内个人遵守廉洁从业规定的情况；(6)其他需要说明的情况。

被审计单位内部管理领导干部及其所在单位应当对所提供资料的真实性、完整性负责，并做出书面承诺。审计通知书送达后,被审计单位内部管理领导干部或所在单位要求内部审计人员回避的,内部审计机构应当按照回避制度的规定决定是否回避。应当回避的,调整审计组成员并告知被审计单位内部管理领导干部或所在单位。

二、审计实施阶段

内部经济责任审计实施阶段的工作主要包括以下内容。

(一)召开审计组进点会议

审计组进驻被审计单位内部管理领导干部所在单位时,应当召开由审计组主要成员、被审计单位内部管理领导干部及其所在单位有关人员参加的进点会议,安排审计工作有关事项。

内部审计机构主管领导或审计组组长应当说明审计目的和依据、审计范围、审计内容、工作程序、参审人员、审计场所、实施时间、审计纪律、举报电话等,并提出需要协助、配合审计的有关事项和要求。被审计单位内部管理领导干部应当就其任职期间履行经济责任的情况进行述职。

(二)开展审前调查

审计组在编制审计实施方案前,应当根据审计项目的规模、性质、紧急程度,安排适当的人员和时间,调查了解被审计单位内部管理领导干部及其所在单位的有关情况。

审计组在编写经济责任审计实施方案前,应当熟悉与审计事项有关的法律法规和政策,调查了解被审计单位内部管理领导干部及其所在单位的基本情况,并对所在单位的内部控制进行初步测试。需要了解的基本情况包括以下内容:(1)所在单位的历史沿革、机构设置、人员编制、经营范围、财务状况、财务和业务管理体制、关联方关系等;(2)被审计单位内部管理领导干部的职责范围和分管工作;(3)经营环境,如国家宏观经济环境、产业政策、经营风险,行业现状和发展趋势等;(4)相关法律法规、政策,特定的会计、税收、外汇、贸易等惯例的要求及执行情况;(5)所在单位适用的业绩指标体系以及业绩评价情况;(6)所在单位内部控制建立健全及执行情况;(7)以前年度接受审计、监管、检查及其整改情况;(8)内部组织人事、纪检监察等部门掌握的被审计单位内部管理领导干部遵守廉洁从业规定等方面的情况;(9)信息系统及其电子数据;(10)其他需要了解的情况。

(三)编制审计实施方案

审计组应根据国家有关法律法规、政策及被审计单位内部有关规定和审前调查的情况,按照重要性和谨慎性原则,在评估风险的基础上,围绕审计目标确定审计的范围、内容、方法和步骤,编制审计实施方案。审计实施方案主要包括以下内容:(1)编制依据;(2)被审计单位内部管理领导干部所在企业的名称和基本情况;(3)审计目标、审计范围;(4)审计内容、重点、方法及具体实施步骤;(5)预定审计工作起讫日期;(6)重要性水平及对审计风险的评估;(7)审计组组长、审计组成员及其分工;(8)审计质量控制措施;(9)编制单位、日期;(10)其他有关内容。审计实施方案应由审计组编制,经审计组组长审核,报内部审计机构主管领导批准实施。经济责任审计实施方案的审计目标、审计组组长、审计重点、预定的审计工作完成时间等内容发生重大变化的,应报经内部审计机构主管领导批准后实施。

审计组根据实际情况和工作需要,通过访谈、问卷调查、个别询问等调查方式,进一步了解被审计单位内部管理领导干部及所在单位的有关情况。调查对象一般包括被审计单位内部管理领导干部所在单位董事会、监事会成员，其他领导人员，部门负责人，企业工会、部分职工代表及其他相关人员等。

审计组应当按照审计实施方案，对被审计单位内部管理领导干部所在单位内部控制的健全性和有效性进行测试，设计实质性审查的程序和范围。测试的主要方法包括文字表述法、流程图法和测评表法。测试时，可以任选一种方法，也可以几种方法同时并用。审计人员决定不依赖某项内部控制的，或被审计单位规模较小、业务比较简单的，审计人员可以对审计事项直接进行实质性审查。

在实施审计中，审计组通过调查了解和内部控制测试，如发现存在下列情形之一的，应当及时调整审计实施方案：(1)审计实施方案的主要内容与所了解的情况存在重大差异的；(2)内部控制测试结果显示审计组需要调整审计重点、步骤和方法的；(3)发现重大违法违纪事项，需要改变审计内容和审计重点的；(4)审计范围受到限制，不能正常开展工作的；(5)审计组成员及其分工发生重大变化的；(6)其他需要调整的情形。

(四)现场审计取证

审计组实施审计时，可以运用检查、观察、询问、重新计算、重新操作、外部调查等方法，获取充分、适当、可靠的审计证据。对被审计单位内部管理领导干部所在单位的信息系统，可以采取复制、截屏、拍照等方法取得审计证据。审计人员向有关单位和个人进行调查询问取得的审计证据，应当有提供者的签名、盖章。不能取得提供者签名和盖章的，由审计人员注明原因，并由两名以上审计人员签字予以证明。审计组组长应当对审计人员收集审计证据工作进行督导，并对审计证据进行审核。发现审计证据不符合要求的，应当责成审计人员进一步取证或采取替代审计程序。

(五)编制审计工作底稿

审计人员对审计实施方案确定的审计事项，均应当编制审计工作底稿。审计工作底稿应当包括以下内容：(1)审计项目及审计事项名称；(2)审计过程、审计结论及定性依据；(3)审计人员姓名、编制日期；(4)复核人员姓名、复核意见、复核日期；(5)索引号、所附审计证据的数量及清单；(6)被审计单位意见、签字及盖章。

审计工作底稿应当经审计组组长或其指定人员复核，并对以下事项提出复核意见：(1)事实是否清楚；(2)证据是否充分、适当；(3)定性依据是否准确；(4)审计结论是否恰当；(5)审计意见、建议是否恰当。

现场审计结束前，审计组应当对取得的审计证据进行综合分析，并与被审计单位内部管理领导干部及其所在单位就审计事项初步交换审计意见。对审计中发现的重大问题，审计组应当及时向内部审计机构报告。对特别重大的事项，内部审计机构应当及时向董事会或高级管理层报告。

(六)撰写经济责任审计报告(征求意见稿)

审计组实施审计后，由审计组组长或其指定的审计人员，在对审计工作底稿、审计证据及相关资料进行汇总和分析的基础上，考虑被审计单位内部管理领导干部及其所在单位关于审计事项的初步意见，撰写经济责任审计报告(征求意见稿)。

1. 经济责任审计报告的格式

被审计单位内部管理领导干部经济责任审计报告应当按照以下格式编写：

(1) 标题。***（企业名称和被审计单位内部管理领导干部职务）***（被审计单位内部管理领导干部姓名）同志任期（或任中）经济责任审计报告（征求意见稿）。

(2) 主送。委派或委托的相关单位，包括董事会或者主要领导、组织人事部门等。

(3) 正文。主要包括审计基本情况说明、被审计单位内部管理领导干部及其所在单位情况介绍、审计发现的问题、审计评价、审计意见和建议等内容。

(4) 附件。其他资料。

(5) 落款。***（被审计单位内部管理领导干部姓名）同志、经济责任审计组、时间。

2. 经济责任审计报告的内容

(1) 审计基本情况。审计基本情况部分应当概要说明审计依据、审计对象、审计范围、内容、方式和起止时间，延伸、追溯审计重要事项的情况，以及被审计单位内部管理领导干部及其所在单位配合审计工作的情况。

(2) 被审计单位内部管理领导干部及其所在单位基本情况。该部分主要包括被审计单位内部管理领导干部的任职期间、职责范围、分管工作，所在单位的历史沿革、机构设置、人员编制、经营范围、财务状况等基本情况。

(3) 被审计单位内部管理领导干部的主要工作及成绩，包括主要考核指标完成情况。

(4) 审计发现的与被审计单位内部管理领导干部履行经济责任有关的主要问题。该部分包括财务收支真实、合法、效益情况，重大经济决策的制定和执行情况，内部控制的建立和执行情况，被审计单位内部管理领导干部遵守廉洁从业规定情况及其他方面的问题。如有相关单位委托的特别事项，应专门对该事项的审计结果进行报告。"其他方面的问题"主要是指责任主体并非被审计单位内部管理领导干部或其所在单位的问题、被审计单位内部管理领导干部及其所在单位在审计过程中自行纠正的问题等。

报告中应当写明问题事实、违反相关法律法规或内部规章制度的具体内容、所造成的影响或后果等，并逐项说明被审计单位内部管理领导干部应当承担的责任及认定原因。

(5) 审计评价。审计评价主要是在审计职权范围内，概括并评价被审计单位内部管理领导干部任职期间开展的主要工作。同时，根据审计查证或者认定的事实，以国家有关法律法规、相关考核目标和行业标准等为依据，对被审计单位内部管理领导干部履行经济责任情况进行综合评价。

(6) 审计意见和建议。对审计发现的问题，审计组应当提出审计处理意见和审计建议。例如，针对审计发现的违反财经法纪问题，内部控制的薄弱环节，以及涉及体制、机制的问题，提出纠正、加强和改进管理，提高资金、资源使用效益的意见和建议。对违法违规和造成损失浪费的单位和人员，提出追究责任的建议。

(七) 征求被审计单位内部管理领导干部及其所在单位意见

审计组应当征求被审计单位内部管理领导干部及其所在单位对经济责任审计报告（征求意见稿）的意见。被审计单位内部管理领导干部及其所在单位自收到审计报告（征求意见稿）之日起十日内提出书面反馈意见；在规定期限内没有提出书面意见的，视同无异议。

被审计单位内部管理领导干部及其所在单位对审计报告(征求意见稿)有异议的,审计组应当研究、核实,撰写审计组关于采纳情况的书面说明,并考虑是否需要修改审计报告(征求意见稿)。审计报告(征求意见稿)经审计组集体讨论,由审计组组长审核定稿。

三、审计终结阶段

内部经济责任审计终结阶段的工作主要包括以下内容。

(一)审计组提交经济责任审计报告

审计组应当在收到被审计单位内部管理领导干部及其所在单位书面意见或征求意见期限届满之日起十日内提交经济责任审计报告,重大、疑难的审计事项经内部审计机构主管领导批准可以在三十日内提交报告,但最长不得超过六十日。

对被审计单位违反国家或单位内部规定的财务收支行为、内部审计机构有权做出处理的,审计组应同时起草审计决定书。审计决定书应载明违反国家或单位内部规定的财务收支行为的事实、定性、处理处罚决定、法律法规或内部规定等依据,以及处理处罚决定的执行期限。

审计组应当将经济责任审计报告、被审计单位内部管理领导干部及其所在单位对经济责任审计报告的书面意见、审计组的书面说明、审计实施方案、审计工作底稿、审计证据、审计决定书以及其他有关材料报送内部审计机构。审计组组长应当对所提交经济责任审计报告的真实性负责。对审计中发现的被审计单位内部管理领导干部违反廉洁从业规定的问题,审计组组长和审计人员不得隐瞒不报。

(二)经济责任审计报告的复核与审定

内部审计机构应当对下列事项进行复核,并出具书面复核意见。复核的主要内容包括:(1)审计目标是否实现;(2)审计实施方案确定的审计事项是否完成;(3)审计发现的重要问题是否在审计报告中反映;(4)事实是否清楚、数据是否准确;(5)审计证据是否充分、适当;(6)审计评价、定性、处理处罚意见是否适当,适用法律、法规、规章和标准是否适当;(7)被审计单位内部管理领导干部及其所在企业提出的建议是否采纳,如未采纳,理由是否充分;(8)其他需要复核的事项。

内部审计机构应当将经济责任审计报告、审计决定书、复核意见一并报送内部审计机构主管领导。一般审计事项的经济责任审计报告和审计决定书等审计文书,由内部审计机构主管领导审定;重大审计事项的经济责任审计报告,由审计业务会议审定。审计业务会议应当在充分讨论的基础上做出决定。内部审计机构应当根据审计业务会议决定修改经济责任审计报告、审计决定书等。

(三)撰写经济责任审计结果报告

经济责任审计报告经审定后,内部审计机构可以根据审定意见,撰写并向委派或委托审计事项的单位报送经济责任审计结果报告。被审计单位内部管理领导干部经济责任审计结果报告应当按照以下格式编写。

(1)标题。***(内部审计机构)关于***(企业名称和被审计单位内部管理领导干部职务)***(被审计单位内部管理领导干部姓名)同志任期(或任中)经济责任审计结果报告。

(2)主送。委派或委托的相关单位,包括董事会或者主要领导、组织人事部门等。
(3)正文。正文格式同经济责任审计报告,但对相关内容表述应进一步提炼汇总和归类整理。
(4)附件。被审计单位内部管理领导干部及其所在单位对经济责任审计报告的意见。
(5)落款。内部审计机构(印章)、时间。
(6)抄送。联席会议及有关部门。

(四)出具审计决定书

针对审计中发现的违反财经法规的问题,内部审计机构可根据审计署关于内部审计工作的有关规定及单位主要负责人、权力机构的授权,在职责范围内做出处理处罚的决定。对审计中发现的涉嫌经济犯罪的案件线索,应报告单位主要负责人并移送司法机关进一步调查处理。内部审计机构应当将审定后的审计决定书等审计文书,报送内部审计机构主管领导签发。

(五)出具移交(移送)处理书

对经济责任审计中发现的被审计单位内部管理领导干部违法违纪等问题,审计组应起草移交(移送)处理书,由有关部门分别予以处理。对需要由被审计单位内部管理领导干部承担一般经济责任的,移交相应管理部门处理;对被审计单位内部管理领导干部违反党纪政纪的,移交纪检监察部门处理;对应依法追究被审计单位内部管理领导干部刑事责任的,移送司法机关处理。经济责任审计报告、审计决定书应及时送达被审计单位内部管理领导干部及其所在单位,并抄送有关部门。内部审计机构应向下达审计指令的董事会或高级管理层提交经济责任审计结果报告,并抄送有关部门。

(六)监督审计结果执行落实情况

内部审计机构应对审计发现问题的整改情况进行跟踪监督,并根据实际情况确定是否实施后续审计。后续审计结束后应当出具书面报告。

(七)建立审计档案

审计结束后,内部审计人员应当整理相关资料,并建立、保管审计档案。下列资料应当归入审计档案:(1)相关单位的委派或委托书、审计工作方案、审计实施方案、审计通知书;(2)审计工作底稿及相关审计取证材料;(3)经济责任审计报告征求意见稿及反馈意见;(4)审计报告复核意见书;(5)审计报告;(6)审计决定书、移交(移送)处理书;(7)企业整改情况报告;(8)其他相关资料。

四、审计结果运用及后续审计

审计结果的运用及后续审计是内部经济责任审计全部工作流程的最后一环,也是发挥领导干部经济责任审计各项作用的关键环节。审计结果得到充分有效运用,会极大地发挥领导干部经济责任审计所产生的示范效应,有力促进各级领导干部以及各级员工认真履行自身的经济职责,提高遵纪守法意识,推动被审计单位的各项管理,健全内部控制,有利于各项事业的持续健康发展;反之,效果则会大打折扣。

(一)对经济责任审计结果运用的途径或方式

被审计单位董事会、管理层、干部管理部门或其他相关部门应当注重对被审计单位内部管理领导干部经济责任审计结果的运用,强化经济责任审计效果。对经济责任审计结果的运用,可以有以下几种途径或方式。

(1)委派或委托内部审计机构对被审计单位内部管理领导干部进行经济责任审计的管理层或部门,可以采取适当的方式在一定范围内通报审计结果。

(2)被审计单位内部管理领导干部经济责任审计结果,应当作为对被审计单位内部管理领导干部考核、任免、奖惩的重要依据,并以适当方式将审计结果运用情况反馈内部审计机构。

(3)经济责任审计结果报告可以归入被审计单位内部管理领导干部本人档案。

(4)对于有轻微违纪行为或有苗头性、倾向性问题的被审计单位内部管理领导干部,单位可以开展诫勉教育。

(5)若因经济决策失误给企业造成重大损失,或存在资产状况不实、经营成果虚假等问题,单位应当视其影响程度对被审计单位内部管理领导干部做出处理。

(二)后续审计

在经济责任审计工作中,发现被审计单位其他领导干部存在严重问题的,经董事会或高级管理层批准,内部审计机构可以进行延伸审计。后续审计是指内部审计机构为检查被审计领导干部及其所在单位,对经济责任审计发现的问题及处理决定所采取的纠正措施及实施效果的跟踪审计。后续审计有利于保证经济责任审计应有的成效,促进经济责任的进一步落实。后续审计应体现重要性原则,即主要针对重要性问题的纠正措施和整改情况进行审计,未进行整改或整改不到位的,要进一步查明原因,提出审计意见,并报告适当管理层。如因被审计单位的外部环境、内部控制等因素发生较大变化,是原有审计决定和建议不再适用时,应进行必要修订,并在上报管理层的报告中予以说明。

第四节 内部经济责任审计的方法、评价及经济责任界定

内部审计机构对被审计单位内部管理领导干部履行经济责任情况实施审计后,应当根据审计查证或者认定的事实,依照法律法规、国家有关政策和规定、责任制考核目标、行业标准等,对被审计单位内部管理领导干部履行经济责任情况做出客观公正的评价。审计评价不应超出审计的职权范围和实际实施的审计范围。评价结论应当有充分的审计证据支持。

一、内部经济责任审计的方法

经济责任审计是一项综合性的审计工作。单一的审计技术和方法是无法满足其目标要求的,内部审计人员需要综合运用多种审计技术与方法,在合理选择传统财政财务审计方法的基础上,更应该沿着经济责任审计特有的思维方法,设计适合于经济责任审计的取证和分析方法。经济责任审计方法就是与经济责任审计测试和取证的顺序与范围相关的程序性方法的集合。凡是能够有助于内部审计人员在执行经济责任审计时获取审计证据的手段都可以被作为经济责任审计的方法。只要内部审计人员能够将具体审计方法同特定审计环境完美结合,将所运用审计方法的效能充分体现出来,就能为实现经济责任审计目标发挥事半功倍的作用。为此,除合理应用常规的审计技术与方法之外,内部审计人员评价被审计单位内部管理领导

干部经济责任还可以采用一些特殊的方法,主要包括业绩比较法、量化指标法、环境分析法、主客观因素分析法、责任区分法等。

(一)业绩比较法

业绩比较法包括纵向比较法(即任期初与任期末业绩比较法,或先确定比较基期再将比较期与之进行对比的方法)和横向比较法(即将相关业绩与同行业平均水平进行比较的方法)。纵向比较法注重在时间范围上的比较,横向比较法注重在空间范围上的比较。例如,将被审计领导干部就任时与离任时的业绩进行对比就是纵向比较的典型做法,而将被审计领导干部的相关业绩与同类部门其他领导干部的业绩进行比较就是横向比较的典型做法。通过纵向比较可以判断领导干部就职后为组织带来的增值影响或不利影响主要体现在哪些方面,从而确定领导干部对组织的主要贡献或工作失误。通过横向比较可以在同等管理环境中分析比较不同领导干部的业绩完成情况,便于对其工作的优劣进行较为客观的评判。

(二)量化指标法

量化指标法是运用能够反映被审计单位内部管理领导干部履行经济责任情况的相关经济指标,分析其完成情况,总结相关经济责任的方法。定量评价是通过分析被审计领导干部经济责任履行情况相关的数量关系或所具备性质间的数量关系而得出评价结论。量化指标就是可以量化的指标,如数字或者可以比较的等级,像A、B、C等。正是通过对各种指标的比较或不同时期同一指标的对照才能反映出数量的多少、质量的优劣、效率的高低、消耗的大小、发展速度的快慢等特性,才能作为鉴别和判断的依据。

(三)环境分析法

环境分析法是将被审计单位内部管理领导干部履行经济责任的行为置于相关的社会政治经济环境中加以分析,做出客观评价。内部经济责任审计评价是一项系统性的综合评价,其最终目标在于得出对被审计领导干部的整体评价,但是由于被审计领导干部经济责任履行情况涉及的环境因素很多,内部审计人员如果不能对这些环境因素进行分项评价就不可能得出对被审计领导干部的整体评价结论。例如,根据被审计领导干部的任职目标和职权范围可以将评价指标分为财务活动管理指标、财产实物管理指标、人力资源管理指标、业务经营管理指标等,内部审计人员先对分项指标进行评价,再将分项指标评价结果进行综合来得出对被审计领导干部的总体评价结论。

(四)主客观因素分析法

主客观因素分析法是对具体行为或事项进行主客观分析,推究其具体的主客观原因,分析该具体行为或事项是由于被审计单位内部管理领导干部的主观过错,还是由于客观因素的影响,进而做出客观评价。例如,被审计单位业绩不佳是由于领导干部主观过错、不负责任、缺乏努力进取精神,还是受客观条件影响或限制,只有搞清楚真正的原因才能进而做出实事求是的评价。

(五)责任区分法

责任区分法应当分清被审计单位内部管理领导干部的责任,正确划分被审计领导干部的任期责任与前任责任、直接责任与间接责任、主观责任与客观责任、主要领导责任与重要领导责任、集体责任与个人责任。

在现代审计环境中，任何的审计工作都存在风险。作为一种新型审计的经济责任审计存在着比常规审计更多的矛盾，审计对象的范围尚未十分明确，人们对经济责任审计的认知也还处于探索阶段，经济责任审计的风险更加巨大。将风险基础审计法应用于经济责任审计就是要求内部审计人员首先充分识别经济责任审计中存在的各种风险，这些风险有的来自外部环境，有的则是审计体制和审计工作本身不能适应外部环境所造成的。例如，国家干部管理机制的缺陷、领导干部责任划分不清、领导干部任职时间过长、领导干部评价标准不规范等都构成了经济责任审计中的固有风险；领导干部个人专断、领导干部任职目标不明确、信息传递渠道受阻等都构成了经济责任审计中的控制风险；审计资源严重不足、审计方法选择不当、审计证据评价不准等都构成了检查风险。在充分识别经济责任审计中的各项风险之后，内部审计人员应该评估这些风险的可能程度以及造成不良结果的严重程度，对于造成严重不良结果且可能性很大的风险，内部审计人员必须采取有效的防范或应对措施。

二、内部经济责任审计评价

（一）内部经济责任审计评价的概念

内部经济责任审计评价是内部审计机构通过对党政机关、企事业单位内部管理领导干部任职期间的财政、财务收支及有关经济活动进行审计，在审计结果报告中对其应当承担的经济责任做出的结论性评论。内部经济责任审计评价是经济责任审计报告的重要组成部分，是干部管理部门认定被审计领导干部履行经济责任情况的主要参考依据。围绕审计内容，确定经济责任的界定依据，设计一套从不同角度及不同层次对被审计领导干部履行经济责任进行客观公正评价的评价体系，对于提高经济责任审计质量，确保经济责任审计结果的公允性是至关重要的。在经济责任审计的实际操作中，审计机关可以根据党政部门领导干部所在部门的职责和事业发展要求，定性与定量相结合，设计适当的经济责任审计评价方法，力求全面覆盖各项审计内容，并进行系统的归纳、计量与分析，为形成恰当的内部经济责任审计评价意见奠定坚实的基础。

（二）内部经济责任审计评价的特点

内部经济责任审计需要评价的是一项极为复杂的事物，因评价对象所承担的职务、从事的职业、所处的行业、任职的单位以及所承担的经济责任、任期内工作目标、职务行为等因素的差异而呈现复杂多变的状况，需要运用综合评价的方法。内部经济责任审计的综合评价就是对被审计领导干部经济责任履行情况的真实性、合法性、有效性的全面评价，同时也包括对被审计对象组织、协调与管理能力和绩效的全面评价。由此可见，内部经济责任审计评价与一般审计评价相比，无论是从内涵还是从外延都存在明显的不同。内部经济责任审计评价不仅需要内部审计人员依据财经法规和审计证据对被审计领导干部所在单位的财政、财务收支的真实、合法和效益进行评判和界定，还要对领导干部的经济责任履行情况以及是否存在违法违纪等行为进行评判和界定。

(三)内部经济责任审计评价的意义

1. 为相关部门正确了解、评价和使用干部提供关键依据

内部经济责任审计评价不仅影响着审计过程的总体质量,也与审计结果的有效性密切相关,是最能体现审计职业责任和业务技能的审计工作,审计评价的质量将直接影响经济责任审计目标的最终实现程度。内部经济责任审计评价的最终目标就是确保利用经济责任审计结果的有关机构和部门直接了解审计结果,特别是被审计领导干部经济责任的履行情况。因此,客观公正、清晰明了的经济责任审计评价结论是各级党委、人大、政府和组织人事部门正确了解、评价和使用干部的关键依据,也为这些部门形成良好的用人导向创造了条件。

2. 促进领导干部更好地履行自身的经济责任,遏制违规违纪行为

内部经济责任审计评价的重点是针对领导干部经济责任履行情况的评价,这一评价机制的设立和运行必然对领导干部扎实工作、创造实绩,更好地履行自身的经济责任具有显著的促进作用。同时,在经济责任审计评价中通过对领导干部经济政绩的量化还可以达到对其经济责任履行情况更客观和更科学的评价,也为其经济责任的有效履行设定可供参考的标准和目标。经济责任审计评价在促进领导干部更好地履行自身经济责任的同时,对领导干部的浮夸虚报等弄虚作假行为也将起到有效的遏制作用,通过对领导干部遵守法规法纪方面责任的审计评价还能促进领导干部廉洁自律、自觉遵守财经法纪、杜绝和减少违法违规行为的发生,从而在一定程度上对纠正经济领域的不正之风、端正党风和社会风气起到重要的推动作用。

(四)内部经济责任审计评价的基本原则

1. 全面性原则

全面性原则要求内部经济责任审计评价应该能够全面或基本全面覆盖被审计领导干部经济责任的涵盖范围。每个领导干部的任期有长有短,其经济责任审计评价涵盖的时间范围应该与其任职时间范围相一致;每个领导干部的领导职务不同,其承担的经济责任应该与其所行使的职权范围相一致。因此,内部审计人员在进行经济责任审计评价时必须充分考虑被审计领导干部的任职时间和职权范围,在领导干部的经济责任评价方面不能有任何的重大遗漏。

2. 重要性原则

重要性原则要求内部经济责任审计评价必须以领导干部履行经济责任当时所处的环境为前提,对那些足以影响领导干部评价结果的重要经济责任事项进行评价。重要性原则与全面性并不矛盾,全面性原则强调的是一种空间的范围,它对应的是局部或片面性,重要性原则强调的是性质的严重程度,它对应的是次要或普通性。内部经济责任审计评价如果能够覆盖审计领域的每个重点内容就是全面性原则与重要性原则的完美结合。同时,重要性原则还需要配合差异性原则,内部经济责任审计评价要考虑不同的部门因为职责范围和管理对象的不同,对于领导干部履行经济责任所存在的差异,应该运用不同的评价标准对领导干部进行区别性的评价。

3. 谨慎性原则

谨慎性原则要求内部经济责任审计评价必须坚持以事实为依据,以法律、政策为准绳的谨慎态度。对被审计领导干部履行经济责任过程中存在的问题所应当承担的直接责任、主管责任、领导责任进行明确和适当的界定,立足于审计职责范围、审计实施范围进行评价。不论是评功还是论过,都要取得充分的审计证据,最好有数据说明和支持,不能凭主观臆测或仅凭被审计单位提供的资料来进行评价,要努力保证审计评价的公正性和审计结果的参考性。内部审计人员还要保持审计的独立性,在审计评价中不能掺杂个人感情,或者受到第三人左右以及利益的影响而做出夸大成绩、回避问题等违背事实的评价。

4. 沟通性原则

沟通性原则要求内部经济责任审计评价必须与相关人员和组织,如被审计领导干部、其上级领导、其所在部门或审计委派部门等进行适当的沟通和联系,以获得各方面的合作与支持,也使审计评价过程和结果能够得到各方的认可。这种沟通和联系可以通过个别谈话、召开会议和书面沟通等方式进行,内部审计人员要注意沟通内容和对象的合理安排,还要特别考虑审计委派方的具体要求,其具有个性化特征的具体要求往往是内部经济责任审计评价的重要影响因素。

三、内部经济责任审计评价指标

内部经济责任审计评价指标是用来衡量内部经济责任审计评价对象是非、优劣的尺度,也是执行内部经济责任审计时内部审计人员得出审计结论的重要依据。在内部经济责任审计中,与被审计单位内部管理领导干部履行其经济责任相关的书面记录资料、财产物资实物、决策管理活动行为都是审计的查证对象,而被审计内部管理领导干部则是审计的评价对象。内部经济责任审计通用评价指标的选择就是考虑了审计查证对象和评价对象的共性,适应于不同类型的被审计单位和承担不同领导职责的被审计领导干部。

(一)评价"贯彻执行经济法律法规、党中央和国务院关于经济工作的方针政策及决策部署,推动事业发展情况"的指标

1. 任期内上级交办事项完成情况指标

(1)采取措施的及时性

采取措施的及时性指标以天数计量,该指标考察领导干部落实上级交办事项的及时性。

采取措施的及时性(天)=Σ(采取贯彻落实措施的时间−部门收到上级交办事项通知的时间)÷N

其中,采取贯彻落实措施的时间一般以部门召开研究交办事项的会议时间,领导干部做出贯彻落实安排批示的具体时间来为准;部门收到上级交办事项通知的时间一般根据部门机要文电管理单位具体收文时间来确定;N代表部门收到上级交办事项的总件数。

该指标的参考评价标准为3~5天,因此计算结果小于3天的,可评价为"贯彻上级交办事项迅速";计算结果在3~5天的,可评价为"能够及时贯彻上级交办事项";计算结果大于5天的,可评价为"贯彻上级交办事项不够及时"。

(2) 贯彻落实效果

贯彻落实效果以贯彻落实率指标予以衡量，该指标考察领导干部落实上级交办事项的贯彻落实情况与取得的实际效果。

贯彻落实率=Σ（贯彻落实上级交办各具体事项的主要成效÷上级交办事项的具体量化要求）÷N×100%

该指标的参考评价标准为100%，因此计算结果大于或等于100%的，可评价为"贯彻落实上级交办事项成效显著"；计算结果小于100%的，可评价为"上级交办事项的贯彻落实情况不佳"。

2. 贯彻执行经济法律法规、党中央和国务院关于经济工作的方针政策及决策部署的具体措施

(1) 依法行政情况

依法行政情况以行政审批（许可）事项合规率指标予以衡量，该指标考察部门贯彻执行经济法律法规、依法办理行政事务的情况。

行政审批（许可）事项合规率=(1-领导干部任期内部门办理不符合有关规定的行政审批（许可）事项数量÷领导干部任期内部门办理行政审批（许可）事项总数量)×100%

该指标的参考评价标准为100%，因此计算结果大于或等于100%的，可评价为"该部门能够做到依法行政"；计算结果小于100%的，可评价为"该部门依法行政能力有待提高"。

(2) 经济方针政策落实情况评价

经济方针政策落实情况可以用"制定经济方针政策落实措施（制度）的数量及执行效果"指标来反映，该指标为绝对值指标，体现了被审计领导干部贯彻经济方针政策的主要思路、组织管理能力和采取落实举措的直接成效。

(二) 评价"事业发展情况"的指标

1. 任期内部门中长期发展规划和年度工作目标完成情况

(1) 任期内部门中长期发展规划完成进度及效果

任期内部门中长期发展规划完成进度及效果以规划目标实现率予以衡量，该指标考察领导干部主持制定的部门中长期发展规划的完成情况与取得的实际效果。

规划目标实现率=Σ（任期内贯彻部门中长期发展规划各项措施取得的主要成效÷任期内部门中长期发展规划涉及的具体量化要求）÷N×100%

执行部门中长期发展规划取得的主要成效应在计算各单项贯彻措施完成进度及效果的基础上进行汇总并进行加权统计。对于各单项贯彻措施的具体成效，审计人员一般应对重要的基础数据、量化成果进行抽查核定。

该指标的参考评价标准为80%~100%，因此计算结果大于或等于100%的，可评价为"主持制定的中长期发展规划执行成效显著"；计算结果在80%~100%的，可评价为"主持制定的中长期发展规划得到较好的执行"；计算结果在80%以下的，可评价为"主持制定的中长期发展规划未能得到有效执行"。

(2) 任期内年度工作目标完成进度及效果

任期内年度工作目标完成进度及效果以年度工作目标平均实现率指标予以衡量，该指标

考察领导干部任期内各年度工作目标的完成情况与取得的实际效果。

年度工作目标平均实现率=Σ[Σ（贯彻年度工作计划各项举措取得的主要成效÷年度工作计划涉及各项目标的具体量化要求）÷n×100%]÷N

其中，n代表各年度工作计划涉及的具体工作目标数量；N代表领导干部任期所涉及的工作年度数量。该指标涉及的检查内容与计算方法、具体评价标准与"规划目标实现率"指标相同。

2. 任期内部门、系统法定统计指标所反映的部门职能和事业发展的单项和总体变化情况

任期内部门、系统法定统计指标所反映的部门职能和事业发展的单项和总体变化情况以事业发展率指标予以衡量，该指标主要围绕党政工作部门"三定方案"所确定的职能职责进行设计，重点考察核心经济业务完成情况以及行业发展情况。

事业发展比率=Σ（截至审计日该部门某项核心经济业务统计数据÷任初该部门某项核心经济业务统计数据）÷N×100%

该指标的参考评价标准为80%～100%，因此计算结果大于或等于100%的，可评价为"任期内该行业（部门）事业发展较快"；计算结果在80%～100%的，可评价为"任期内该行业（部门）事业发展平稳"；计算结果在80%以下的，可评价为"任期内该行业（部门）事业发展停滞"。

（三）评价"重要经济决策制定和执行情况"的指标

1. 决策管理制度的建立健全情况

决策管理制度的建立健全情况以决策制度完备程度指标予以衡量，该指标主要考察被审计单位已经建立的决策管理制度的覆盖程度。

决策制度完备程度=n÷N×100%

其中，n代表截至审计日被审计部门已经制定的确定能够覆盖应当具备的决策管理制度涵盖类别的数量；N代表干部人事部门认定领导干部所在部门应当具备的决策管理制度主要类别数量。

该指标的参考评价标准为60%～100%，因此计算结果等于100%的，可评价为"任期内该部门决策管理制度较为健全"；计算结果在60%～100%的，可评价为"任期内该部门建立了一定的决策管理制度"；计算结果在60%以下的，可评价为"任期内该部门决策管理制度不够完善"。

2. 重要决策内容及程序的合法合规性

重要决策内容及程序的合法合规性以重要决策合规率指标予以衡量，该指标主要考察被审计领导干部违规和不当决策数量占全部重要经济决策的比重。

重要决策合规率=(1−违规和不当决策数量÷审计检查重要经济决策数量)×100%

该指标的参考评价标准为90%～100%，因此计算结果等于100%的，可评价为"任期内该部门重要决策内容及程序完全符合法定要求"；计算结果在90%～100%的，可评价为"任期内该部门重要决策内容及程序基本符合法定要求"；计算结果在90%以下的，可评价为"任期内该部门重要决策内容及程序不完全符合法定要求"。

3. 重要决策的执行情况及效果

重要决策的执行情况及效果以重要决策实现率予以衡量，该指标主要考察被审计领导干部所进行重要决策的实际成效。

重要决策实现率=Σ（任期内各项重要决策取得的主要成效÷任期内各项重要决策涉及的具体量化要求）÷N×100%

内部审计人员在应用该指标时应在计算各单项决策执行情况及效果的基础上进行算术平均统计。针对任期内各项重要决策取得的主要成效，内部审计人员一般应对重要的基础数据、量化成果进行抽查核定和统计分析。对任期内各项重要决策涉及的具体量化要求，内部审计机构部门应认真分析量化评价的可行性、主要的考察点和评价标准。

该指标的参考评价标准为80%～100%，因此计算结果大于或等于100%的，可评价为"任期内主持制定的重要决策成效显著"；计算结果在80%～100%的，可评价为"任期内主持制定的重要决策执行情况基本符合目标"；计算结果在80%以下的，可评价为"任期内主持制定的重要决策效果不够明显"。

（四）评价"预算执行和其他财政财务收支的真实、合法、效益情况"的指标

评价"预算执行和其他财政财务收支的真实、合法、效益情况"的指标可以分为真实性、合法性、效益性三个方面。

1. 真实性评价指标

（1）部门预算整体编报的真实完整性

部门预算整体编报的真实完整性以部门预算整体编报的真实性、完整性指标予以衡量，该两个指标分别反映部门编报收入、支出预算的真实程度，以及预算编报的完整程度。

部门预算整体编报的真实性=内容真实的收入（支出）预算÷部门收入（支出）预算总额×100%

部门预算整体编报的完整性=已纳入部门收入（支出）预算的金额÷应纳入部门收入（支出）预算的金额×100%

（2）部门基本支出真实完整性

部门基本支出预算编报真实性、完整性指标与部门预算整体编报真实性、完整性指标基本相同，主要区别在于该两指标取值仅限于部门预算中的基本支出部分。

部门基本支出的真实性=内容真实的基本支出预算÷部门支出预算总额×100%

部门基本支出的完整性=已纳入部门基本支出预算的金额÷应纳入部门基本支出预算的金额×100%

对于部门基本支出的相关数据，内部审计人员可以通过审查部门预算中基本支出预算表、机构人员情况表及财政部批复的基本定员定额文件来获得。

（3）部门项目支出真实完整性

部门项目支出真实完整性以项目支出真实性、完整性指标予以衡量，该两指标反映针对抽查的单个项目所发生的实际支出，以及其与项目预算相比的真实性和完整性。

项目支出真实性=内容真实的项目支出÷项目列支金额×100%

项目支出完整性=项目支出总额÷项目预算×100%

(4) 财务会计信息准确率

被审计单位提供的财务会计信息是内部审计人员执行经济责任审计的重要证据来源，为此这些财务会计信息的准确率是决定经济责任审计工作质量的重要保证。

财务会计信息准确率 = (1 − Σ会计差错的金额 ÷ Σ所涉及会计科目年度核算金额) × 100%

(5) 部门决算报表的真实完整性

部门决算报表的真实完整性主要以审计调整率指标予以衡量，该指标主要考察审计后对决算报表的调整金额大小。另外，还应关注部门预决算差异率和部门决算完整性两个指标。

审计调整率 = Σ审计对决算报表的调整金额 ÷ Σ所涉及决算报表科目金额 × 100%

部门预决算差异率 = 部门决算金额 ÷ 部门预算金额 × 100%

部门决算完整性 = 应纳入部门决算的金额 ÷ 部门决算额 × 100%

2. 合法性评价指标

(1) 虚报多领财政资金比例

虚报多领财政资金比例 = 审计发现虚报多领的财政资金 ÷ 所涉及的项目预算(或基本支出经济分类预算)总额 × 100%

(2) 扩大财政资金使用范围比例

扩大财政资金使用范围比例 = 审计发现扩大财政资金使用范围的金额 ÷ 所涉及的项目预算(或基本支出经济分类预算)总额 × 100%

(3) 账表外资产比例

账表外资产比例 = 部门本级或下属单位账表外资金(资产) ÷ 部门货币资金(部门总资产) × 100%

(4) 部门违规收费金额的比例

部门违规收费金额的比例 = 违规收费金额 ÷ 收费总额 × 100%

(5) 非税收入应缴未缴比例

非税收入应缴未缴比例 = 年底应缴未缴的非税收入 ÷ 全年应上缴的非税收入总额 × 100%

(6) 政府采购完整率

政府采购完整率 = 任期内已实施政府采购金额 ÷ 任期内应实施政府采购金额 × 100%

(7) 国有资产流失(损失)率

国有资产流失(损失)率 = 任期内国有资产流失(损失)金额 ÷ 任期内部门所管理的资产总额 × 100%

(8) 违法违规问题金额比率

违法违规问题金额比率 = 审计查出违法违规问题金额 ÷ 审计总金额 × 100%

(9) 审计发现问题整改落实率

审计发现问题整改落实率 = 任期内接受国家审计发现问题落实整改数量 ÷ 任期内接受国家审计发现的问题总数量 × 100%

(10) 屡查屡犯问题金额比率

屡查屡犯问题金额比率 = 审计查出屡查屡犯问题金额 ÷ 审计总金额 × 100%

3. 效益性评价指标

(1) 公用经费控制率

公用经费控制率 = 公用经费支出 ÷ 公用经费支出预算 × 100%

(2) 重点项目支出目标实现率

重点项目支出目标实现率 = 项目完成后所取得的成果 ÷ 项目任务书中所列的任务 × 100%

(3) 部门业务量增长率

部门业务量增长率 =（当年业务量–任前业务量）÷ 任前业务量 × 100%

(4) 国有资产流失（损失）率

国有资产流失（损失）率 = 任期内国有资产流失（损失）金额 ÷ 任期内部门所管理的资产总额 × 100%

(5) 国有资产保值增值率

国有资产保值增值率 = 部门决算报表反映的任期末国有资产净值 ÷ 部门决算报表反映的任期初国有资产净值 × 100%

（五）评价"重要经济管理制度的制定与执行情况"指标

1. 重要经济管理制度的建立健全情况

重要经济管理制度的建立健全情况以重要经济管理制度的完备程度指标予以衡量，该指标考察被审计领导干部任职期间制定和完善制度情况。

重要经济管理制度完备程度 = $n \div N \times 100\%$

其中，n 代表截至审计日被审计部门已经制定的确定能够覆盖应当具备的重要经济管理制度涵盖类别的数量；N 代表审计机关认定领导干部所在部门应当具备的重要经济管理制度主要类别数量。相关的参考数值为 5，即一般分为五类：预算管理、财务管理、资产管理、内部审计监督和突发事件应急处理预案等。

该指标的参考评价标准为 60%～100%，因此计算结果等于 100% 的，可评价为"任期内该部门重要经济管理制度较为健全"；计算结果在 60%～100% 的，可评价为"任期内该部门建立和完善了部分重要经济管理制度"；计算结果在 60% 以下的，可评价为"任期内该部门重要经济管理制度不够健全"。

2. 对直接分管部门和所属单位履行经济监管职责情况

对直接分管部门和所属单位履行经济监管职责情况以经济监督管理有效性指标予以衡量，该指标既能考察领导干部任职期间对分管部门和所属单位的监管情况，也能体现该部门重要经济管理制度的实际执行情况与效果。

经济监督管理有效性 =（1–审计发现存在违法违规问题单位的数量 ÷ 干部直接分管部门和所属单位的总数量）× 100%。

该指标的参考评价标准为 80%～100%，因此计算结果在 90%（含）～100%（含）的，可评价为"重要经济管理制度得到有效执行，内部监督管理成效明显"；计算结果在 80%（含）～90% 的，可评价为"在内部监督管理上取得了一定成效"；计算结果在 80% 以下的，可评价为"重要经济管理制度未能得到有效执行，内部监督管理工作水平有待提高"。

3. 任期内部门及所管理行业（系统）重大责任事故、干群矛盾事件、重大历史遗留问题数量及处理效果

任期内部门及所管理行业（系统）重大责任事故、干群矛盾事件、重大历史遗留问题数量及处理效果指标主要考察党政干部重大问题处理及内部管理能力。因为重大责任事故、干群矛盾事件、重大历史遗留问题久拖不决等情况本身就是被审计部门内部管理问题突出的体现。该项评价内容可以用"任期内重大事件处理情况"指标来反映。

(六)评价"领导干部本人履行经济责任过程中遵守有关廉政规定情况"指标

评价"领导干部本人履行经济责任过程中遵守有关廉政规定情况"指标考察部门廉政责任制度的履行情况，以及领导干部本人在有关经济活动中遵守《中国共产党党员领导干部廉洁从政若干准则》相关规定的情况。该指标为绝对值指标，可以用"廉政责任制执行情况"指标来反映，重点关注领导干部本人违规占用财政资金和国有资产的数量、亲属及下属人员利用领导干部职权获得的违法所得情况、任期内部门及所属单位发生集体性侵占国有资产等重大违法事项的数量与情形等。内部审计人员可以通过走访领导干部所在人事、纪检监察部门，审阅述职述廉报告、民主生活会报告等材料获取相关情况，审计人员还可以根据群众举报和审计发现的问题线索，在职权范围内进行核查。

四、审计分类评价标准与综合评价应用

(一)审计分类评价标准

内部审计人员在对各项经济责任审计评价指标收集证据之后，应以各项评价指标为基础，采取指标权重分析法、因素分析法等方法进行综合分析，对领导干部履行社会经济发展责任、科学民主决策责任、规范管理责任和廉洁从政责任等情况进行分类评价。

1. 对领导干部履行社会经济发展责任，促进部门社会经济全面协调发展的评价

根据完成年度经济工作目标考核任务的情况，给予"×××同志任职期间，……，全面完成了(基本完成、没有完成)经济工作目标(绩效管理考核目标)考核任务"的评价意见。

各项目标考核指标完成95%以上的，评价为"全面完成"；各项目标考核指标完成70%～95%以内，且主要经济指标全面完成的，评价为"基本完成"；各项目标考核指标完成70%以下的，评价为"没有完成"。

2. 对领导干部履职过程中重大经济政策制定和重大经济活动决策合法合规性的评价

对领导干部履职过程中重大经济政策制定和重大经济活动决策合法合规性的评价可以根据审计情况并结合重大经济政策制定和重大经济活动决策效果等做出。

根据重大经济政策制定和经济活动决策合法合规性、有效性审计情况，给予"在审计范围内，根据提供的审计资料，×××同志领导制定的重大经济政策和做出的重大经济活动决策，符合(基本符合、违反或严重违反)国家有关法律法规规定"的评价意见。

"符合规定"的评价标准包括：(1)相关重大决策的制度健全；(2)重大经济决策内容合法、程序规范；(3)重大决策得到较好执行，实现决策目标。

"基本符合规定"的评价标准包括：(1)建立相关重大决策的制度或议事规则；(2)个别程序不符合规定，但不影响决策程序的合法性；(3)重大决策在个别环节没有得到较好执行，决策目标基本实现。

"违反规定"的评价标准包括：(1)缺少相关重大决策的制度或议事规则或制定的重大经济政策违反有关规定；(2)违反决策的有关规定和程序；(3)没有实现决策目标。

"严重违反规定"的评价标准包括：(1)制定的重大经济政策严重违反党和国家的规定；(2)重大决策事项严重违法违规或重大决策严重失误；(3)重大决策的执行出现严重损失。

3. 对领导干部履职过程中国有资产浪费和流失情况的评价

根据国有资产损失浪费审计情况，给予"在审计范围内，根据提供的审计资料，未发现(发现)由于领导干部决策失误、管理不善等原因造成国有资产损失浪费(部分损失浪费或严重损失浪费)的问题"的评价意见。

4. 对领导干部履职过程中执行路线方针政策情况的评价

对领导干部履职过程中执行路线方针政策情况的评价，结合部门实际，根据领导干部执行财政经济方针政策以及执行效果情况，给予"×××同志在履行经济工作职责过程中，严格执行(基本执行)党和国家有关财政经济方针政策，收到明显效果(一定成效或成效不明显)"；或"×××同志在履行经济工作职责过程中，违反(严重违反)党和国家有关财政经济方针政策"的评价意见。

"严格执行政策"的评价标准是国家相关财政经济政策全面落实，并取得明显效果。

"基本执行政策"的评价标准是国家相关财政经济政策绝大部分得到落实，并取得一定成效。

"违反政策"的评价标准是国家相关财政经济政策没有得到落实，或部分落实但成效不明显。

"严重违反政策"的评价标准是有令不行，有禁不止，存在较多违反国家财政经济政策规定的行为。

5. 对领导干部履职过程中财政财务决算真实性的评价

根据领导干部所在部门财政财务决算和企业会计报表真实性审计情况，给予"×××同志任职期间，……财政财务决算真实(基本真实、不真实或严重失真)"的评价意见。

"真实"的评价标准包括：(1)会计核算和财务报表如实反映了该部门财政财务收支情况；(2)会计资料全面、真实地反映了与其相应的经济、业务或经营活动。

"基本真实"的评价标准包括(1)会计核算和财务报表虽存在个别不真实事项，但总体上不影响对该部门财政财务收支情况的反映；(2)会计资料基本真实反映了与其相应的经济、业务或经营活动。

"不真实"的评价标准包括：(1)会计核算和财务报表没有如实反映该部门财政财务收支情况；(2)会计资料没有真实反映与其相应的经济、业务或经营活动。

"严重失真"的评价标准包括：(1)会计核算和财务报表对该部门财政财务收支情况的反映严重不实；(2)存在销毁、隐匿会计资料和经济、业务、经营活动资料等行为，提供的会计资料与所反映的经济事项严重不符。

6. 对领导干部财政财务收支合规合法性的评价

根据领导干部所在单位财政财务收支合规合法性审计情况，给予"×××同志在履行经济工作职责过程中，严格遵守(基本遵守、违反或严重违反)国家有关财经法律法规的规定，不存在(存在部分或存在严重)违反国家财经法律法规规定的问题"的评价意见。

"严格遵守规定"的评价标准包括：(1)严格执行国家的会计核算制度，会计业务处理正确；(2)严格执行国家财政财务制度规定，没有发现存在违反国家规定的行为。

"基本遵守规定"的评价标准包括：(1)能较好执行国家的会计核算制度，会计业务处理基本正确；(2)基本执行国家财政财务制度规定。

"违反规定"的评价标准包括：(1)没有按国家会计核算制度规定处会计业务；(2)存在违反国家财政财务制度规定，但尚不构成给予党纪政纪处理的行为。

"严重违反规定"的评价标准是存在数额较大、严重违反国家财政财务制度规定并构成给予党纪政纪或司法处理的行为。

7. 对领导干部履职过程中规范管理责任情况的评价

对领导干部履职过程中规范管理责任情况的评价，根据所在部门管理制度建立执行情况、资金物资管理情况及对下属部门经济业务活动的监督管理情况，给予"×××同志任职期间，制定了……管理规定，采取了……管理措施，有效(较为有效)地加强了对本部门的内部管理"或"×××同志任职期间，没有制定相应的管理规定，没有采取有效措施对本部门的财政经济活动进行管理，……"的评价意见。

"管理有效"的评价标准是内部管理制度、内部控制制度健全，制度执行有效，实现管理目标。

"管理较为有效"的评价标准是内部管理、内部控制制度健全，制度执行较为有效，基本实现管理目标，没有出现重大内部控制漏洞。

"管理无效"的评价标准是内部管理、内部控制制度不健全，制度执行无效，出现重大内部控制漏洞，没有实现管理目标。

8. 对领导干部履职过程中个人遵守国家财经法律法规和履行廉洁从政情况的评价

对领导干部履职过程中个人遵守国家财经法律法规和履行廉洁从政情况的评价，依据领导干部个人遵守国家财经法律法规和领导干部廉政纪律规定的情况，做出"在审计范围内，根据被审计单位和被调查单位提供的财务会计资料和其他相关情况显示，未发现×××同志存在违反国家财经法律法规(领导干部廉政纪律)的行为"或"在审计范围内，根据被审计单位和被调查单位提供的财务会计资料和其他相关情况显示，×××同志在遵守国家财经法律法规、领导干部廉政纪律规定方面，存在……等违反(严重违反)国家财经法律法规(领导干部廉政纪律规定)的问题"的评价意见。

(二)审计综合评价应用

在分类评价的基础上，内部审计人员应该结合领导干部所在部门实际情况和相关问题的性质、情节及产生的原因等因素，对领导干部履行经济责任情况进行综合评价。

对领导干部履行经济责任情况的综合评价，视其情况分别给予："审计结果表明，×××同志在任职期间，履行经济责任情况好(较好、一般或差)"的评价意见。

"履行经济责任情况好"的评价标准包括：(1)各分类评价主要为最好档次评价意见；(2)给予"未发现×××同志个人存在违反国家财经法律法规或领导干部廉政纪律的行为"意见；(3)审计查出所在部门存在一般性违纪违规问题，并界定为领导干部承担一般领导责任。

"履行经济责任情况较好"的评价标准包括：(1)各分类评价主要为较好档次评价意见；(2)给予"未发现×××同志个人存在违反国家财经法律法规或领导干部廉政纪律的行为"意

见；(3)审计对所在部门违纪违规问题仅做经济处理，并界定为领导干部承担主管以下领导责任，不存在对领导干部个人进行经济处罚。

"履行经济责任情况一般"的评价标准包括：(1)各分类评价主要为一般档次评价意见；(2)给予"发现×××同志个人存在……等违反国家财经法律法规或领导干部廉政纪律的行为"意见的；(3)所在部门存在严重违纪违规问题并界定为领导干部承担主管以上领导责任，对领导干部个人进行经济处罚但不构成给予党纪政纪处分；或者发现其他经济案件，并界定为领导干部承担主管以上领导责任。

"履行经济责任情况差"的评价标准包括：(1)各分类评价主要为最差档次评价意见；(2)给予"×××同志在遵守国家财经法律法规和领导干部廉政纪律规定方面，存在……等严重违反国家财经法律法规或领导干部廉政纪律规定的问题"的评价意见；(3)审计查出所在部门的违纪违规问题性质严重，对领导干部个人应当给予党纪政纪处分或移送司法处理，并界定为领导干部承担个人责任和直接领导责任。

五、经济责任的界定

内部经济责任审计的目的是分析评价被审计单位内部管理领导干部履行经济责任的情况。而经济责任是一个动态的、立体的、综合的概念，即被审计领导干部履行经济责任是在一个特殊的环境之中，不可避免地会受到外在客观环境的制约和影响，履行责任或未履行责任有时不能够完全归咎于被审计领导干部，因此要正确界定被审计单位或被审计领导干部属于其自身努力和自我行为前提下的经济责任履行情况，将那些非主观因素导致的失责现象加以剔除，才能客观公正地对被审计领导干部的经济责任履行情况进行认定。对被审计领导干部经济责任的界定就是要正确划分被审计领导干部的任期责任与前任责任、直接责任与间接责任、主观责任与客观责任、主要领导责任与重要领导责任、集体责任与个人责任。同时，在内部经济责任审计中，经济责任的分类，即责任的划分和界定标准必须是针对领导干部履行经济责任过程中存在问题的行为，其他行为不属于界定责任的范畴。

(一)经济责任的分类

1. 直接责任

直接责任是领导干部对履行经济责任过程中的下列行为应当承担的责任：(1)直接违反有关党内法规、法律法规、政策规定的；(2)授意、指使、强令、纵容、包庇下属人员违反有关党内法规、法律法规、政策规定的；(3)贯彻党和国家经济方针政策、决策部署不坚决不全面不到位，造成公共资金、国有资产、国有资源损失浪费，生态环境破坏，公共利益损害等后果的；(4)未完成有关法律法规规章、政策措施、目标责任书等规定的领导干部作为第一责任人(负总责)事项，造成公共资金、国有资产、国有资源损失浪费，生态环境破坏，公共利益损害等后果的；(5)未经民主决策程序或者民主决策时在多数人不同意的情况下，直接决定、批准、组织实施重大经济事项，造成公共资金、国有资产、国有资源损失浪费，生态环境破坏，公共利益损害等后果的；(6)不履行或者不正确履行职责，对造成的后果起决定性作用的其他行为。

2. 主管责任

主管责任是领导干部对履行经济责任过程中的下列行为应当承担的责任：(1)除直接责任

外，领导干部对其直接分管的工作不履行或者不正确履行经济责任的行为；(2)主持相关会议讨论或者以其他方式研究，并且在多数人同意的情况下决定、批准、组织实施重大经济事项，由于决策不当或者决策失误造成重大经济损失浪费、国有资产(资金、资源)流失等严重后果的行为。

3. 领导责任

领导责任是除直接责任和主管责任之外，领导干部对其不履行或者不正确履行经济责任的其他行为应当承担的责任。从领导行为的实施过程中可以知道，领导责任相对于直接责任和主管责任要轻，因为主要领导把权力下放给分管领导和直接承接工作的人员，所要承担的责任也是次要的。

领导干部对履行经济责任过程中的下列行为应当承担领导责任：(1)民主决策时，在多数人同意的情况下，决定、批准、组织实施重大经济事项，由于决策不当或者决策失误造成公共资金、国有资产、国有资源损失浪费，生态环境破坏，公共利益损害等后果的；(2)违反单位内部管理规定造成公共资金、国有资产、国有资源损失浪费，生态环境破坏，公共利益损害等后果的；(3)参与相关决策和工作时，没有发表明确的反对意见，相关决策和工作违反有关党内法规、法律法规、政策规定，或者造成公共资金、国有资产、国有资源损失浪费，生态环境破坏，公共利益损害等后果的；(4)疏于监管，未及时发现和处理所管辖范围内本级或者下一级地区(部门、单位)违反有关党内法规、法律法规、政策规定的问题，造成公共资金、国有资产、国有资源损失浪费，生态环境破坏，公共利益损害等后果的；(5)除直接责任外，不履行或者不正确履行职责，对造成的后果应当承担责任的其他行为。

(二)经济责任的区分标准

1. 任期责任与前任责任的区分

内部经济责任审计是对现任领导干部任期内的经济责任进行的审计，但是其所在单位往往都是一个连续经营的实体，前一任期的经营管理活动不可避免地会对本任期的经营管理活动产生影响。在内部经济责任审计中，任期责任与前任责任的划分关键是要对存货的质量、债权的可收回程度、固定资产投资决策等进行分析和评价，对于一些前任留下的历史遗留问题，需要以严谨认真的态度、实事求是地分析和评价，以界定前任与现任双方的责任。对于一些工程投资巨大、工期长的"烂尾"项目，出现重大事故、遗留重要债权债务纠纷，经营不善造成的不良社会影响等，要分析评价前任领导重大经营决策以及经营管理失误给后任领导干部带来的影响，这是前任领导干部的决策不善的责任，而不是后任领导干部执行不力的结果。如果后任领导干部能够控制局面，使前任不良影响得到减缓，并逐步开始良性循环，这不仅不是后任领导干部之过，反而是其功，是其履行经济责任最好的例证。当然，前任领导干部做出的错误决策造成的经济损失，应当追究前任的经济责任，不能因为前任领导干部调离就不再追究。

2. 直接责任与间接责任的区分

政府部门或企事业单位主要领导对其所处部门或单位的管理工作负责，对其经济工作、经济效益及所负的经济责任负全面责任。但是，这并不意味着这个部门、单位的所有经济责任都由领导干部一人承担。按照经济责任分工原则，部门或单位领导干部对其直接分工负责的工作承担直接责任，对其他领导干部分工的工作只承担间接责任或管理责任，即对其任期内直接决定的重大事项承担直接责任，对未经其审批的各职能部门负责的日常经营管理过程中发生的问题，由当事人负直接责任，领导干部负间接责任。如果领导干部直接指示或授意属下从事违法违纪活动，领导干部负直接责任，如果基层负责人违背领导指示办事，自行其是，或打着领导干部的名义造成的不良后果，领导干部应负管理不严的领导责任，即间接责任。

3. 主观责任与客观责任的区分

主观责任是政府部门或企事业单位领导干部以权谋私、滥用职权、谋取私利、玩忽职守等主观故意给组织和社会造成损失的行为。由于一些不可抗拒的外在因素或不可预料的随机因素造成的不良后果或其他问题属客观责任。对于领导干部任职期间的经营管理决策的失误，要看其是否遵循了正常的决策程序，有无外在环境变化造成的不可抗拒的客观因素，有无事先不可预计的变故，如果有这种变故是否足以造成领导干部决策的困难。由于未按科学程序决策，对经济形势和投资情况掌握不准所造成的损失属于主观责任，而由于经济体制转变过程中国家政策调整、市场巨变，在实施过程中遇到重大自然灾害、上级指令性任务等因素造成的损失属于客观责任。

4. 主要领导责任与重要领导责任的区分

区分主要领导责任和重要领导责任的关键是对领导干部直接主管的工作。由于不负责任、不履行或不正确履行职责，对造成损失承担直接领导责任的应以主要领导责任对其进行追究；而对协助他人分管的工作或参与决策的工作，由于不履行或不正确履行职责，对造成损失承担次要责任的应以重要领导责任对其进行追究。

5. 集体责任与个人责任的区分

区分集体责任与个人责任的关键是由被审计单位领导班子集体研究决定的事项如果出现问题应追究集体责任，同时要追究领导班子正职的责任，因为主要负责人对班子决策有主导责任。对违反民主集中制原则，由领导班子正职或其他成员个人决定的事项，应由个人承担经济责任。因此，无论是行政事业单位，还是企业单位的重大决策，其成功与失败不能完全归结为单位领导干部个人，要根据决策时的具体情况而定。由集体决策造成的失误应由集体负责，由领导干部决策造成的失误或业绩应由领导干部个人负责。

第十三章

建设项目内部审计

我国自实施改革开放政策、大力发展社会主义市场经济以来，经济建设得到了快速的发展，国家和企业在建设项目上的投资日益增多，与此同时，我国固定资产投资体制改革和建设项目管理体制改革也在不断深化。以三峡工程、南水北调工程、京沪高速铁路、西气东输工程等为代表的建设项目，都在很大程度上吸引着社会公众和政府决策者的关注。这些项目建设的成败，或影响区域经济发展，或牵涉地方生态环境，或涉及行业产业布局，对政府、企业、人民都具有举足轻重的影响。在这样的大背景下，加强对建设项目的审计工作就显得越来越重要。当前，建设项目审计已经成为我国对建设项目实施现代化管理的一种基本手段和方法，强化建设项目审计工作，对加强对建设项目投资的监督、管理和控制，提高建设项目的投资效益等方面均具有重要的现实意义。

第一节 建设项目内部审计概述

建设项目作为一个整体，在宏观经济层面具有举足轻重的地位，对具体建设项目的投资方、建设方、使用方也具有重要的影响。住宅、厂房、公路、铁路、机场、港口……，这些项目建设是否能按期完成，工程质量如何，能否按预定寿命安全服役，是否能成功承载设计负荷，使用成本是否合理，建设项目的这些质量、工期、成本因素，无一不对使用者甚至社会公众的利益造成影响，与投资方的回报更加息息相关。因此，无论是什么性质的建设项目，对其建设过程的跟踪审计和项目的全方位审计都是非常重要的。全方位的审计不仅有利于提高项目管理水平，提升项目建成后的效益，还有利于提高企业整体管理水平，实现社会、经济可持续的健康发展。

一、建设项目内部审计的概念

建设项目内部审计是指组织内部审计机构和人员对建设项目实施全过程的真实性、合法性、效益性进行的独立监督和评价活动。由于建设项目内部审计对项目规范管理和绩效提升的显著作用，建设项目审计已经成为内部审计的重要工作内容，也成为出资人对建设项目进行管理和监督的重要环节。

当前，随着建设项目内部审计的不断开展和逐步深化，审计范围已经较为全面地覆盖了各参建单位建设行为的合法性、合规性、项目财务收支的真实性和项目的综合效益。建设项目内部审计围绕促进提高固定资产投资效益和反腐倡廉建设，已经加强了针对建设项目的预算执行情况和竣工决算情况的审计，积极开展了关系国家利益和社会公共利益的建设项目跟踪审计，以及特定建设事项的专项审计调查。今后，建设项目内部审计应当进一步加大对征地拆迁、工程招投标、设备材料采购、资金管理使用和工程质量管理等重点环节的审计力度，督促相关单位加强资金和项目管理，完善法律、法规和制度，提高投资效益，推进廉政建设，促进深化投资体制的改革。

二、建设项目内部审计的目标

建设项目内部审计与内部审计机构实施的其他审计类型相比存在很多的不同之处。项目管理的基本目标是在限定的时间内，在既定的资源条件下，以尽可能快的进度、尽可能低的费用完成项目建设任务，并发挥预期建设效益。建设项目内部审计的对象主要是项目投资控制、工期控制、质量控制，以及与之相关的其他项目管理活动。为此，内部审计机构应当围绕建设项目成本管理、质量管理、过程管理、效益管理等方面实施建设项目内部审计。也就是说，建设项目内部审计的目的可以概括为促进建设项目实现"质量、速度、效益"三项目标。

（一）质量目标

质量目标是指工程实体质量和工作质量达到要求。内部审计机构实施建设项目内部审计，应当通过审计评价建设工程项目的建设质量，包括评价工程施工质量是否符合设计要求、设计是否满足使用需求。在建设工程的质量审计方面，内部审计机构可以参考专业机构的结论，在必要的时候，内部审计机构也需要对工程质量实施实体监测，如对混凝土、路面、回填土等工程钻孔开挖取样，进行实验室检测等。

（二）速度目标

速度目标是指工程进度和工作效率达到要求。内部审计机构实施建设项目内部审计，应当关注项目建设施工过程各个阶段的进度完成情况和各个环节的管理效率，如是否全面落实了建设项目的合同管理、监理、招投标等制度，是否建立健全了内部管理制度、规程，对工程工期、质量、成本有没有相应具有资质和专业胜任能力的专业人员实施管理等。

（三）效益目标

效益目标是指工程成本及项目效益达到要求。内部审计机构实施建设项目内部审计，应当通过审计确认项目建设的成本，内部审计机构对一个项目大到亿万元的总价，小到一个具体工程项目某项几十元上百元的结算单价，都应当做出审计评价。在审查建设项目成本的同时，内部审计机构更应当关注建设项目的效益，通过对建设项目投入产出的关系进行分析，关注其与同类项目相比是否实现了节约高效的目标。建设项目内部审计对效益目标的关注可以促进企业投资主管部门、各事业部和项目单位加强项目管理能力建设，完善项目管理手段和措施，加强对项目经济性、效率性、效果性等绩效指标的考核，以提高企业资金的使用效益。

三、建设项目内部审计的特点

相对于财务收支审计、经济责任审计、各类专项资金审计而言，内部审计机构实施建设项目内部审计应当在适应建设项目自身管理的科学规律的基础上形成自身的特点。建设项目内部审计实际上是财务审计与管理审计的融合，内部审计机构应当将风险管理、内部控制、效益的审查和评价贯穿于建设项目审计的各个环节，并与项目法人制、招标投标制、合同制、监理制执行情况的检查相结合。

(一)审计对象的多样性

建设项目都有各自的造型结构，需要逐个进行勘查规划、设计、施工，个体差异十分突出。因此，建设项目内部审计的对象是千差万别的，必须针对不同项目的具体情况，选择适当方法实施审计，不能简单照搬一般的审计方法。例如，在水利堤坝等建设项目审计中，内部审计人员就需要运用水文、水利学知识，进行洪水演算，推导堤坝建设高程、结构等必要技术参数，并对工程建设成果进行审计评价。再例如，在铁路工程等建设项目审计中，内部审计人员又需要采用恰当方法，测量铁路路基、轨道工程的建成质量、工程数量，以便对建设成本效益进行恰当评判。

(二)审计内容的广泛性

由于固定资产投资活动涉及面较广，相关影响因素较多，经济责任关系复杂，技术问题和经济问题紧密联系，所以建设项目审计涉及的内容比较广泛，一般要涉及政策问题、经济责任问题、技术问题、管理问题等。这就要求内部审计人员应当站在综合监督的高度，以财务收支为导向，抓住投资活动的主线，查清建设项目投资活动各方面、各环节的主要问题，以便得出比较全面的综合性的审计意见。

(三)审计目标的层次性

建设项目的建设活动及其管理活动所具有的层次性，决定了建设项目审计也存在宏观、中观和微观几个目标层次。例如，内部审计机构可以分别对建设项目财务收支、工程造价、经济效益等实施审计。再例如，内部审计机构还可以对建设项目的工程质量、工程招投标、合同等实施审计。

(四)审计过程的阶段性

由于项目建设周期较长，实施中要分阶段按程序进行，其资金运动在不同阶段也存在不同的表现形式和规律，所以建设项目审计的阶段性特征十分明显，也就是说，对同一个建设项目需要分阶段进行多次连续的审计，审计活动应当贯穿于固定资产投资活动的全过程。

1. 投资估算审计

在建设项目从提出项目建议书开始，内部审计机构就可以根据需要，对项目总投资的估算进行审计，并确定投资的来源渠道是否落实、是否合规等。

2. 初步设计概算审计

在建设项目确定拟立项，经过可行性研究、编制初步设计概算后，内部审计机构可以开展初步设计概算审计。

3. 建设全过程跟踪审计

在项目建设过程中，经过施工图设计、建筑安装施工、设备材料采购等一系列工作，将其货币形态转化为实物工作量。内部审计机构可以开展工程造价审计、项目资金和财务审计，也可以开展建设过程的跟踪审计。建设项目跟踪审计是内部审计机构对整个建设期间各参建单位建设活动全面开展的审计监督活动的总称，其内容涵盖了针对建设程序、资金、造价、安全、质量等方面的审计工作。

4. 竣工决算审计

在建设项目各项工程全部完工以后，经过编制竣工决算，计算投资转移成固定资产的结果，反映投入产出的经济效益。内部审计机构可以开展竣工决算审计和建设项目全面绩效审计，对建设项目的合规性、经济性、效益性做出综合评价。

四、建设项目内部审计的实施

(一) 建设项目内部审计的常见组织方式

建设项目内部审计组要求成员在专业能力方面能够形成合理的配置，除需要配备审计、财务、会计等专业人员外，还必须配备具备与拟开展的工程审计项目相关的专业知识的人员。尤其是审计组技术负责人更应当是具备工程管理和审计知识的复合型人才。因此，在内部审计机构自身人力资源无法满足上述要求时，内部审计机构需要考虑以下的审计组织方式。

1. 内部审计机构适当聘请熟悉相关工程的专业人员参加审计工作

在内部审计机构自身人员具备组织开展建设项目审计的基本能力的前提下，某些审计的特殊领域如果缺乏具备专业能力的审计人员时，可以考虑聘请专业技术人员参与部分领域的审计工作。但是，审计工作的复核、审计报告的起草等关键环节工作，应当由内部审计人员完成。

2. 内部审计机构聘用有资质的工程咨询机构共同完成审计项目

内部审计机构对于外聘工程咨询机构的选择需要充分考虑内部审计机构的经费预算、审计目标的确定和具体审计内容等因素。内部审计机构可以在由内部审计人员组成的审计组充分审核建设项目的相关资料的基础上，针对发现的可能存在疑点的环节，聘用第三方机构参与审计。内部审计机构还可以在审计项目即将开始之时，根据对项目特点的分析，针对审计项目中容易出现问题而自身力量又无法达到的审计内容，聘请第三方机构进行审查。

3. 直接委托第三方机构进行审计

对于项目建设内容比较单一、工程技术通用性强，且工程保密性要求不高的建设项目，内部审计机构可以直接委托第三方工程咨询机构或会计师事务所进行审计，由这些第三方机构根据其执业标准，针对委托方的要求开展审计，并出具审计报告。

(二) 建设项目跟踪审计方式的选择

跟踪审计是近年来兴起的建设项目内部审计模式。实施跟踪审计的关键在于提前审计介入建设项目的时间，从原来的项目建成事后审计或项目建设中期审计，提前到项目建设开始就同步审计，甚至提前到项目立项前的可行性研究阶段。实施跟踪审计还可以增加审计频次，原来对一个建设项目从开始建设至建成的几年之间最多审计1～2次,在跟踪审计中则可以达到一年一次、半年一次、一月一次、驻场审计或者按建设项目各阶段工作进展情况分步骤开展设计审计、标底审计、招标审计、材料采购审计、进度结算审计等。通过实施建设项目的跟踪审计,很多组织的内部审计机构都取得了丰富的审计成果,大幅度削减了建设项目投资,节约了建设成本,也对组织完善建设项目管理提出了更多、更切实的建议,进而提升了内部审计的地位。但是,跟踪审计的实施也将消耗过多的审计资源,为此,在涉及具体的建设项目时,内部审计机构需要根据具体情况对是否应当开展跟踪审计以及如何开展跟踪审计做出合理的决策。为了很好地解决建设项目跟踪审计资源和审计成果利用之间存在的不可兼顾的矛盾,内部审计机构可以遵循以下原则。

1. 针对所有建设项目普遍开展工程结算审计和竣工决算审计,针对重点建设项目开展跟踪审计

尽管针对建设过程的跟踪审计通常可以取得更加显著的审计成果,但是,鉴于内部审计人力配备和投资项目建设的强度,针对所有的建设项目普遍开展跟踪审计显然并不现实。因此,内部审计机构应当对纳入审计范围内的建设项目开展普遍的调研,选择其中较为重要、关系到组织战略发展、工程技术或地质条件相对复杂、项目管理团队相对较弱的项目重点开展跟踪审计,针对多数其他项目,则应当以审计效果最为显著的工程结算审计和竣工决算审计为主。

2. 内部审计机构对建设项目的跟踪审计应以重要环节的阶段性跟踪审计为主

一个组织的领导和内设机构往往具有相对的长效稳定性特征,建设项目内部审计的主要目标应当更加注重长远实效,注重建设项目建设成本的核减和建设效益的提升,而不一定必须强调提交审计报告的时间效应。因此,内部审计机构对建设项目的跟踪审计应当更多地采取对关键环节的阶段性跟踪审计方式,既无须常驻项目现场,也无须严格按照年度安排审计工作。跟踪审计的环节主要包括对建设项目最终投资影响最大的可行性研究估算编制、初步设计概算编制、招标概算编制、标底(招标控制价)编制、招标评标、合同谈判、单项工程合同完工结算、项目竣工决算等。

(三)实施建设项目跟踪审计的基本原则

在开展建设项目内部审计时,内部审计机构应当在充分考虑成本效益原则的基础上,结合本组织内部审计资源和实际情况,合理安排实施项目全过程的审计,或者实施项目部分环节的专项审计。建设项目内部审计在工作中应遵循的原则和方法包括以下方面:(1)技术经济审查、项目过程管理审查与财务审计相结合;(2)事前审计、事中审计和事后审计相结合;(3)注意与项目各专业管理部门密切协调、合作参与;(4)根据不同的审计对象、审计所需的证据和项目审计各环节的审计目标选择不同的方法,以保证审计工作质量和审计资源的有效配置。

第二节 建设项目内部审计的内容

建设项目内部审计的内容包括对建设项目投资立项、设计(勘察)管理、招投标、合同管理、设备和材料采购、工程管理、工程造价、竣工验收、财务管理、后评价等过程的审查和评价。

一、投资立项审计

投资立项审计是指对已立项建设项目的决策程序和可行性研究报告的真实性、完整性和科学性进行的审查与评价。在投资立项审计中，审计的主要依据应当是行业主管部门发布的《投资项目可行性研究指南》及组织决策过程的有关资料。

(一) 投资立项审计的主要内容

1. 可行性研究前期工作审计

可行性研究前期工作审计主要包括检查项目是否具备经批准的项目建议书，以及项目调查报告是否经过充分的论证。

2. 可行性研究报告真实性审计

可行性研究报告真实性审计主要包括检查市场调查及市场预测中数据获取方式的适当性及合理性，以及检查财务估算中成本项目是否完整，并对历史价格、实际价格、内部价格及成本水平的真实性进行测试等。

3. 可行性研究报告内容完整性审计

可行性研究报告内容完整性审计主要包括以下内容。

(1) 检查可行性研究报告是否具备行业主管部门发布的《投资项目可行性研究指南》规定的内容。

(2) 检查可行性研究报告的内容是否完整，包括：报告中是否说明建设项目的目的；是否说明建设项目在工艺技术可行性、经济合理性及决定项目规模、原材料供应、市场销售条件、技术装备水平、成本收益等方面的经济目标；是否说明建设地点及当地的自然条件和社会条件、环保约束条件，并进行选址比较；是否说明投资项目何时开始投资、何时建成投产、何时收回投资；是否说明项目建设的资金筹措方式，等等。

4. 可行性研究报告科学性审计

可行性研究报告科学性审计主要包括以下内容：

(1) 检查参与可行性研究机构资质及论证的专家的专业结构和资格；

(2) 检查投资方案、投资规模、生产规模、布局选址、技术、设备、环保等方面的资料来源；

(3) 检查原材料、燃料、动力供应和交通及公用配套设施是否满足项目要求；

(4) 检查是否在多方案比较选择的基础上进行决策；

(5) 检查拟建项目与类似已建成项目的有关技术经济指标和投资预算的对比情况；

(6) 检查工程设计是否符合国家环境保护的法律法规的有关政策，需要配套的环境治理项目是否编制并与建设项目同步进行等。

5. 可行性研究报告投资估算和资金筹措审计

可行性研究报告投资估算和资金筹措审计主要包括以下内容：

(1) 检查投资估算和资金筹措的安排是否合理；

(2) 检查投资估算是否准确，并按现值法或终值法对估算进行测试。

6. 可行性研究报告财务评价审计

可行性研究报告财务评价审计主要包括以下内容：

（1）检查项目投资、投产后的成本和利润、借款的偿还能力、投资回收期等的计算方法是否科学适当；

（2）检查计算结果是否正确、所用指标是否合理。

7. 决策程序的审计

决策程序的审计主要包括以下内容：

（1）检查决策程序的民主化、科学化，评价决策方案是否经过分析、选择、实施、控制等过程；

（2）检查决策是否符合国家宏观政策及组织的发展战略，是否以提高组织核心竞争能力为宗旨；

（3）检查对推荐方案是否进行了总体描述和优缺点描述；

（4）检查有无主要争论与分歧意见的说明；

（5）重点检查内容有无违反决策程序及决策失误的情况等。

（二）投资立项审计的主要方法

1. 审阅法

审阅法是指通过对与被审计建设项目投资立项有关的各种书面资料进行仔细观察和阅读以取得审计证据的审计方法。内部审计人员可以根据有关法规、政策理论、方法等审阅标准或依据对书面资料进行审阅，借以鉴别资料本身所反映的建设项目和建设活动是否真实、正确、合理及有效。

审阅法是一种十分有效的审计技术，不仅可以帮助内部审计人员取得一些直接证据，同时还可以取得一些间接证据。例如，通过审阅，内部审计人员可以找出可能存在的问题和疑点，并作为进一步审查的线索。在建设项目的投资立项阶段往往存在大量的书面资料，如建设项目的前期调研报告、可行性研究报告、审批文件、决策记录等。因此，审阅法也成为内部审计人员在建设项目投资立项审计工作中使用最基本、最广泛的技术方法。审阅法的运用要求内部审计人员必须具有丰富的工作经验和较高的理论水平，还需要掌握建设项目可行性分析和决策程序等相关政策依据。

2. 对比分析法

对比分析法也称为比较分析法，就是通过对客观事物进行比较，以达到认识事物的本质和规律并做出正确的评价。在投资立项审计中，对比分析法就是内部审计人员通过将相关资料与技术经济指标进行对比（如拟建项目与国内同类项目对比）以确定差异，并发现问题的审计方法。

对比分析法是将两个相互联系的指标数据进行比较，从数量上展示和说明建设项目规模的大小，水平的高低，速度的快慢，以及各种关系是否协调等。在投资立项审计中运用对比分析法时，内部审计人员应当选择合适的对比标准，这也是运用该方法的关键步骤。选择的比较标准合适，才能有助于内部审计人员做出客观的评价，如果选择不合适，评价就可能得出错误的结论。

二、设计(勘察)管理审计

设计(勘察)管理审计是指对项目建设过程中勘察、设计环节各项管理工作质量及绩效进行的审查和评价。

(一)设计(勘察)管理审计的主要目标

设计(勘察)管理审计的主要目标如下:

(1)审查和评价设计(勘察)环节的内部控制及风险管理的适当性、合法性和有效性;

(2)审查和评价勘察、设计资料依据的充分性和可靠性;

(3)审查和评价委托设计(勘察)、初步设计、施工图设计等各项管理活动的真实性、合法性和效益性。

(二)设计(勘察)管理审计依据的主要资料

设计(勘察)管理审计依据的主要资料如下:

(1)委托设计(勘察)管理制度;

(2)经批准的可行性研究报告及估算;

(3)设计所需的气象资料、水文资料、地质资料、技术方案、建设条件批准文件、设计界面划分文件、能源介质管网资料、环保资料概预算编制原则、计价依据等基础资料;

(4)勘察和设计招标资料;

(5)勘察和设计合同;

(6)初步设计审查及批准制度;

(7)初步设计审查会议纪要等相关文件;

(8)组织管理部门与勘察、设计商往来函件;

(9)经批准的初步设计文件及概算;

(10)修正概算审批制度;

(11)施工图设计管理制度;

(12)施工图交底和会审会议纪要;

(13)经会审的施工图设计文件及施工图预算;

(14)设计变更管理制度及变更文件;

(15)设计资料管理制度。

(三)设计(勘察)管理审计的主要内容

1. 委托设计(勘察)管理审计

委托设计(勘察)管理审计包括以下内容:

(1)检查是否建立健全委托设计(勘察)的内部控制,看其执行是否有效;

(2)检查委托设计(勘察)的范围是否符合已报经批准的可行性研究报告;

(3)检查是否采用招投标方式来选择设计(勘察)商及其有关单位的资质是否合法合规,招投标程序是否合法、公开,其结果是否真实、公正,有无因选择设计(勘察)商失误而导致的委托风险;

(4)检查组织管理部门是否及时组织技术交流,其所提供的基础资料是否准确、及时;

(5)检查设计(勘察)合同的内容是否合法、合规,其中是否明确规定双方权利和义务以及针对设计商的激励条款;

(6)检查设计(勘察)合同的履行情况,索赔和反索赔是否符合合同的有关规定。

2. 初步设计管理的审计

初步设计管理的审计包括以下内容:

(1)检查是否建立健全初步设计审查和批准的内部控制,看其执行是否有效;

(2)检查是否及时对国内外初步设计进行协调;

(3)检查初步设计完成的时间及其对建设进度的影响;

(4)检查是否及时对初步设计进行审查,并进行多种方案的比较和选择;

(5)检查报经批准的初步设计方案和概算是否符合经批准的可行性研究报告及估算;

(6)检查初步设计方案及概算的修改情况;

(7)检查初步设计深度是否符合规定,有无因设计深度不足而造成投资失控的风险;

(8)检查概算及修正概算的编制依据是否有效、内容是否完整、数据是否准确;

(9)检查修正概算审批制度的执行是否有效;

(10)检查是否采取限额设计、方案优化等控制工程造价的措施,限额设计是否与类似工程进行比较和优化论证,是否采用价值工程等分析方法;

(11)检查初步设计文件是否规范、完整。

3. 施工图设计管理的审计

施工图设计管理的审计包括以下内容:

(1)检查是否建立健全施工图设计的内部控制,看其执行是否有效;

(2)检查施工图设计完成的时间及其对建设进度的影响,有无因设计图纸拖延交付而导致的进度风险;

(3)检查施工图设计深度是否符合规定,有无因设计深度不足而造成投资失控的风险;

(4)检查施工图交底、施工图会审的情况以及施工图会审后的修改情况;

(5)检查施工图设计的内容及施工图预算是否符合经批准的初步设计方案、概算及标准;

(6)检查施工图预算的编制依据是否有效、内容是否完整、数据是否准确;

(7)检查施工图设计文件是否规范、完整;

(8)检查设计商提供的现场服务是否全面、及时,是否存在影响工程进度和质量的风险。

4. 设计变更管理的审计

设计变更管理的审计包括以下内容:

(1)检查是否建立健全设计变更的内部控制,有无针对因过失而造成设计变更的责任追究制度以及该制度的执行是否有效;

(2)检查是否采取提高工作效率、加强设计接口部位的管理与协调措施;

(3)检查是否及时签发与审批设计变更通知单,是否存在影响建设进度的风险;

(4)检查设计变更的内容是否符合经批准的初步设计方案;

(5)检查设计变更对工程造价和建设进度的影响,是否存在工程量只增不减从而提高工程造价的风险;

(6)检查设计变更的文件是否规范、完整。

5. 设计资料管理的审计

设计资料管理的审计包括以下内容:
(1)检查是否建立健全设计资料的内部控制制度,看其执行是否有效;
(2)检查施工图、竣工图和其他设计资料的归档是否规范、完整。

(四)设计(勘察)管理审计的主要方法

1. 分析程序

分析程序是内部审计人员通过研究不同财务数据之间以及财务数据与非财务数据之间的内在关系,以调查和识别出与其他相关信息不一致或与预期数据严重偏离的波动和关系。例如,在设计(勘察)管理审计中,内部审计人员通过将经批准的可行性研究报告及估算与工程设计相关的气象资料、水文资料、地质资料、技术方案、建设条件批准文件、设计界面划分文件、能源介质管网资料、环保资料概预算编制原则、计价依据等基础资料进行比较,寻找其中是否可能存在不正常和不合理的地方。

2. 复算法

复算法是指内部审计人员以重复计算与设计(勘察)管理相关的资料为手段,检查设计(勘察)环节的内部控制及风险管理的适当性、合法性和有效性,勘察、设计资料依据的充分性和可靠性,委托设计(勘察)、初步设计、施工图设计等各项管理活动的真实性、合法性和效益性。

3. 文字描述法

文字描述法是内部审计人员将审查和评价设计(勘察)环节的内部控制及风险管理的适当性、合法性和有效性等实际情况以文字说明的形式记录下来,内部控制和风险管理的各个环节和控制管理的各种方式均可以用文字描述法详细地加以说明。

4. 现场核查法

现场核查法是内部审计人员通过现场视察对建设项目的设计(勘察)情况进行核查的方法。例如,内部审计人员可以通常对施工现场进行现场核查以检查建设项目可行性报告和施工图设计的内容是否存在不合理的地方。

三、招投标审计

招投标审计是指对建设项目的勘察设计、施工等各方面的招标和工程承发包的质量及绩效进行的审查和评价。

(一)招投标审计的主要目标

招投标审计的主要目标如下:
(1)审查和评价招投标环节的内部控制及风险管理的适当性、合法性和有效性;
(2)审查和评价招投标资料依据的充分性和可靠性;
(3)审查和评价招投标程序及其结果的真实性、合法性和公正性,以及工程承发包的合法性和有效性。

(二)招投标审计应依据的主要资料

招投标审计应依据的主要资料如下：

(1)招标管理制度；

(2)招标文件；

(3)招标答疑文件；

(4)标底文件；

(5)投标保函；

(6)投标人资质证明文件；

(7)投标文件；

(8)投标澄清文件；

(9)开标记录；

(10)开标鉴证文件；

(11)评标记录；

(12)定标记录；

(13)中标通知书；

(14)专项合同。

(三)招投标审计的主要内容

1. 招投标前准备工作的审计

招投标前准备工作的审计包括以下内容：

(1)检查是否建立健全招投标的内部控制，看其执行是否有效；

(2)检查招标项目是否具备相关法规和制度中规定的必要条件；

(3)检查是否存在人为肢解工程项目、规避招投标等违规操作风险；

(4)检查招投标的程序和方式是否符合有关法规和制度的规定，采用邀请招投标方式时，是否有三个以上投标人参加投标；

(5)检查标段的划分是否适当，是否符合专业要求和施工界面衔接需要，是否存在标段划分过细，增加工程成本和管理成本的问题；

(6)检查是否公开发布招标公告、招标公告中的信息是否全面、准确；

(7)检查是否存在因有意违反招投标程序的时间规定而导致的串标风险。

2. 招投标文件及标底文件的审计

招投标文件及标底文件的审计包括以下内容：

(1)检查招标文件的内容是否合法、合规，是否全面、准确地表述招标项目的实际状况；

(2)检查招标文件是否全面、准确的表述招标人的实质性要求；

(3)检查采取工程量清单报价方式招标时，其标底是否按《建设工程工程量清单计价规范》的规定填制；

(4)检查施工现场的实际状况是否符合招标文件的规定；

(5)检查投标保函的额度和送达时间是否符合招标文件的规定；

(6)检查投标文件的送达时间是否符合招标文件的规定、法人代表签章是否齐全,有无存在将废标作为有效标的问题。

3. 开标、评标、定标的审计

开标、评标、定标的审计包括以下内容:

(1)检查是否建立健全违规行为处罚制度,是否按制度对违规行为进行处罚;

(2)检查开标的程序是否符合相关法规的规定;

(3)检查评标标准是否公正,是否存在对某一投标人有利而对其他投标人不利的条款;

(4)检查是否对投标策略进行评估,是否考虑投标人在类似项目及其他项目上的投标报价水平;

(5)检查各投标人的投标文件,对低于标底的报价的合理性进行评价;

(6)检查中标人承诺采用的新材料、新技术、新工艺是否先进,是否有利于保证质量、加快速度和降低投资水平;

(7)检查对于投标价低于标底的标书是否进行答辩和澄清,以及答辩和澄清的内容是否真实、合理;

(8)检查定标的程序及结果是否符合规定;

(9)检查中标价是否异常接近标底,是否有可能发生泄漏标底的情况;

(10)检查与中标人签订的合同是否有悖于招标文件的实质性内容。

(四)招投标审计的主要方法

1. 观察法

观察法是内部审计人员通过实地观察来获取审计证据的一种审计技术。通过观察,内部审计人员可以取得环境证据,帮助内部审计人员对被审计对象进行合理的判断,观察法是获取间接证据的方法。观察法又可以分为环境观察、行为观察和实物观察。例如,内部审计人员可以通过实施观察法检查被审计单位是否建立健全招投标的内部控制制度,并确定其执行是否有效。

2. 询问法

询问法是内部审计人员以口头询问的方式面对面地向被审计单位内部有关人员询问有关的情况。在招投标审计过程中,内部审计人员如果对某些情况了解不够清楚,或者对某些事项有疑点,或者发现不正常情况需要进一步查实时,都可以向被审计单位有关人员进行口头询问。例如,内部审计人员可以询问建设工程招标人员是否存在人为肢解工程项目、规避招投标等违规操作风险。

3. 分析程序

分析程序是内部审计人员通过研究不同财务数据之间以及财务数据与非财务数据之间的内在关系,以调查和识别出与其他相关信息不一致或与预期数据严重偏离的波动和关系。例如,内部审计人员可以通过分析各投标人的投标文件,对低于标底的报价的合理性进行评价。

4. 文字描述法

文字描述法是内部审计人员将审查和评价招投标环节的内部控制及风险管理的适当性、

合法性和有效性等实际情况以文字说明的形式记录下来，内部控制和风险管理的各个环节和控制管理的各种方式均可以用文字描述法详细地加以说明。

5. 现场核查法

现场核查法是内部审计人员通过现场视察对建设项目的招投标情况进行核查的方法。例如，内部审计人员可以通过检查施工现场的实际状况评价其是否符合招标文件的规定。

四、合同管理审计

合同管理审计是指对项目建设过程中各专项合同内容及各项管理工作质量及绩效进行的审查和评价。

（一）合同管理审计的主要目标

合同管理审计的主要目标如下：

(1) 审查和评价合同管理环节的内部控制及风险管理的适当性、合法性和有效性；

(2) 审查和评价合同管理资料依据的充分性和可靠性；

(3) 审查和评价合同的签订、履行、变更、终止的真实性、合法性以及合同对整个项目投资的效益性。

（二）合同管理审计应依据的主要资料

合同管理审计应依据的主要资料如下：

(1) 合同当事人的法人资质资料；

(2) 合同管理的内部控制；

(3) 专项合同书；

(4) 专项合同的各项支撑材料。

（三）合同管理审计的主要内容

1. 合同管理制度的审计

合同管理制度的审计包括以下内容：

(1) 检查组织是否设置专门的合同管理机构以及专职或兼职合同管理人员是否具备合同管理资格；

(2) 检查组织是否建立了适当的合同管理制度；

(3) 检查合同管理机构是否建立健全防范重大设计变更、不可抗力、政策变动等的风险管理体系。

2. 专项合同通用内容的审计

专项合同通用内容的审计包括以下内容：

(1) 检查合同当事人的法人资质、合同内容是否符合相关法律和法规的要求；

(2) 检查合同双方是否具有资金、技术及管理等方面履行合同的能力；

(3) 检查合同的内容是否与招标文件的要求相符合；

(4) 检查合同条款是否全面、合理，有无遗漏关键性内容，有无不合理的限制性条件，法律手续是否完备；

(5) 检查合同是否明确规定甲乙双方的权利和义务；

(6) 检查合同是否存在损害国家、集体或第三者利益等导致合同无效的风险；

(7) 检查合同是否有过错方承担缔约过失责任的规定；

(8) 检查合同是否有按优先解释顺序执行合同的规定。

3. 各类专项合同的审计

(1) 勘察设计合同的审计

勘察设计合同审计应检查合同是否明确规定建设项目的名称、规模、投资额、建设地点，具体包括以下内容：①检查合同是否明确规定勘察设计的基础资料、设计文件及其提供期限；②检查合同是否明确规定勘察设计的工作范围、进度、质量和勘察设计文件份数；③检查勘察设计费的计费依据、收费标准及支付方式是否符合有关规定；④检查合同是否明确规定双方的权力和义务；⑤检查合同是否明确规定协作条款和违约责任条款。

(2) 施工合同的审计

施工合同的审计应检查的内容包括以下方面：①检查合同是否明确规定工程范围，工程范围是否包括工程地址、建筑物数量、结构、建筑面积、工程批准文号等；②检查合同是否明确规定工期，以及总工期及各单项工程的工期能否保证项目工期目标的实现；③检查合同的工程质量标准是否符合有关规定；④检查合同工程造价计算原则、计费标准及其确定办法是否合理；⑤检查合同是否明确规定设备和材料供应的责任及其质量标准、检验方法；⑥检查所规定的付款和结算方式是否合适；⑦检查隐蔽工程的工程量的确认程序及有关内部控制是否健全，有无防范价格风险的措施；⑧检查中间验收的内部控制是否健全，交工验收是否以有关规定、施工图纸、施工说明和施工技术文件为依据；⑨检查质量保证期是否符合有关建设工程质量管理的规定，是否有履约保函；⑩检查合同所规定的双方权利和义务是否对等，有无明确的协作条款和违约责任；⑪检查采用工程量清单计价的合同，是否符合《建设工程工程量清单计价规范》的有关规定。

(3) 委托监理合同的审计

委托监理合同的审计应检查的内容包括以下方面：①检查监理公司的监理资质与建设项目的建设规模是否相符；②检查合同是否明确所监理的建设项目的名称、规模、投资额、建设地点；③检查监理的业务范围和责任是否明确；④检查所提供的工程资料及时间要求是否明确；⑤检查监理报酬的计算方法和支付方式是否符合有关规定；⑥检查合同有无规定对违约责任的追究条款。

(4) 合同变更的审计

合同变更的审计应检查的内容包括以下方面：①检查合同变更的原因，以及是否存在合同变更的相关内部控制；②检查合同变更程序执行的有效性及索赔处理的真实性、合理性；③检查合同变更的原因以及变更对成本、工期及其他合同条款的影响的处理是否合理；④检查合同变更后的文件处理工作，有无影响合同继续生效的漏洞。

(5) 合同履行的审计

合同履行的审计应检查的内容包括以下方面：①检查是否全面、真实地履行合同；②检查合同履行中的差异及产生差异的原因；③检查有无违约行为及其处理结果是否符合有关规定。

(6)终止合同的审计

终止合同的审计应检查的内容包括以下方面：①检查终止合同的报收和验收情况；②检查最终合同费用及其支付情况；③检查索赔与反索赔的合规性和合理性；④严格检查合同资料的归档和保管，包括在合同签订、履行分析、跟踪监督，以及合同变更、索赔等一系列资料的收集和保管是否完整。

(四)合同管理审计的主要方法

1. 审阅法

内部审计人员通过对被审计建设项目合同管理制度和合同内容的审阅，对项目建设过程中各专项合同内容及各项管理工作质量及绩效进行审查和评价。

2. 核对法

核对法是对与建设项目审计相关的各项数据资料按照它们之间的内在关系互相进行核对而获取审计证据的一种审计技术。通过核对能够验证被审计资料的真实性和合理性。核对法是一种获取书面证据的审计技术。由于核对法所获取的证据大部分都是直接证据，在实施合同管理审计的过程中核对法就成为一种必须使用的审计技术。例如，在合同管理审计中，内部审计人员可以核对合同当事人的法人资质、合同内容是否符合相关法律法规的要求；核对合同的内容是否与招标文件的要求相符合等。

3. 重点追踪审计法

重点追踪审计法是内部审计人员按照审计疑点提供的审计方向和审计线索，对其发生原因和结果进行分析和追查的方法。内部审计人员运用重点追踪审计法应当首先找出审计疑点产生和发展的运行轨迹，然后再根据其轨迹追查建设项目活动的事实真相。为此，内部审计人员应当充分掌握建设项目中各项合同应当包括的重要内容，以确定合同条款是否全面、合理，有无遗漏关键性内容，有无不合理的限制性条件，法律手续是否完备等。

五、设备和材料采购审计

设备和材料采购审计是指对项目建设过程中设备和材料采购环节各项管理工作质量及绩效进行的审查和评价。

(一)设备和材料采购审计的主要目标

设备和材料采购审计的主要目标如下：
(1)审查和评价采购环节的内部控制及风险管理的适当性、合法性和有效性；
(2)审查和评价采购资料依据的充分性与可靠性；
(3)审查和评价采购环节各项经营管理活动的真实性、合法性和有效性等。

(二)设备和材料采购审计应依据的主要资料

设备和材料采购审计应依据的主要资料如下：
(1)采购计划；
(2)采购计划批准书；

(3) 采购招投标文件；
(4) 中标通知书；
(5) 专项合同书；
(6) 采购、收发和保管等的内部控制制度；
(7) 相关会计凭证和会计账簿。

(三) 设备和材料采购审计的主要内容

1. 设备和材料采购环节的审计

(1) 设备和材料采购计划的审计

设备和材料采购计划的审计内容包括以下方面：①检查建设单位采购计划所订购的各种设备、材料是否符合已报经批准的设计文件和基本建设计划；②检查所拟定的采购地点是否合理；③检查采购程序是否规范；④检查采购的批准权与采购权等不相容职务分离及相关内部控制是否健全、有效。

(2) 设备和材料采购合同的审计

设备和材料采购合同的审计内容包括以下方面：①检查采购是否按照公平竞争、择优择廉的原则来确定供应方；②检查设备和材料的规格、品种、质量、数量、单价、包装方式、结算方式、运输方式、交货地点、期限、总价和违约责任等条款规定是否齐全；③检查对新型设备、新材料的采购是否进行实地考察、资质审查、价格合理性分析及专利权真实性审查；④检查采购合同与财务结算、计划、设计、施工、工程造价等各个环节衔接部位的管理情况，是否存在因脱节而造成的资产流失问题。

(3) 设备和材料验收、入库、保管及维护制度的审计

设备和材料验收、入库、保管及维护制度的审计内容包括以下方面：①检查购进设备和材料是否按合同签订的质量进行验收，是否有健全的验收、入库和保管制度，检查验收记录的真实性、完整性和有效性；②检查验收合格的设备和材料是否全部入库，有无少收、漏收、错收以及涂改凭证等问题；③检查设备和材料的存放、保管工作是否规范，安全保卫工作是否得力，保管措施是否有效。

(4) 各项采购费用及会计核算的审计

各项采购费用及会计核算的审计内容包括以下方面：①检查货款的支付是否按照合同的有关条款执行；②检查代理采购中代理费用的计算和提取方法是否合理；③检查有无任意提高采购费用和开支标准的问题；④检查会计核算资料是否真实可靠；⑤检查会计科目设置是否合规及其是否满足管理需要；⑥检查采购成本计算是否准确、合理。

2. 设备和材料领用的审计

设备和材料领用的审计包括以下内容：

(1) 检查设备和材料领用的内部控制是否健全，领用手续是否完备；

(2) 检查设备和材料的质量、数量、规格型号是否正确，有无擅自挪用、以次充好等问题。

3. 其他相关业务的审计

其他相关业务的审计包括以下内容：

(1) 设备和材料出售的审计

设备和材料出售的审计内容包括检查建设项目剩余或不适用的设备和材料以及废料的销售情况。

(2) 盘盈盘亏的审计

盘盈盘亏的审计内容包括检查盘点制度及其执行情况、盈亏状况以及对盘点结果的处理措施。

(四) 设备、材料采购审计的主要方法

1. 审阅法

内部审计人员通过对被审计建设项目实施过程中与设备、材料采购相关的各项资料的审阅，对项目建设过程中采购资料依据的充分性与可靠性，采购环节各项经营管理活动的真实性、合法性和有效性等进行审查和评价。

2. 网上比价审计法

内部审计人员可以通过网上比价审计法确定建设项目构建过程中采购设备和材料的价格是否合适。网上比价审计法的关键在于确定设备和材料的公允价格，而确定合理的公允价格的关键在于是否能够及时获取各项设备和材料的实时价格行情。内部审计机构可以根据本单位建设项目的特点和采购的设备及材料的种类等情况，建立适合的价格信息查询体系，通过建立计算机信息网络，加入互联网，与权威的价格信息中心联网建立价格查询系统等各种途径，获取相关价格信息，以确定所采购设备和材料的价格是否合理。

3. 跟踪审计法

在建设项目的购建过程中，设备和材料的采购环节经历了采购计划的制订和审批，采购合同的协商和签订，购入设备和材料的验收、入库、保管及维护，各项采购费用的确认和核算，以及设备和材料后续的领用、处置等。跟踪审计法就是内部审计人员根据设备和材料采购环节的各项业务流程，追踪审查与业务相关的资料、原始单据和内部控制，对各个环节业务处理的适当性进行评价。

4. 分析程序

内部审计人员可以通过设备和材料采购中的各个相关事项，如采购计划、采购文件、投标文件中的相关指标进行对比、分析和评价，来发现是否存在不正常的关系或异常的波动，为进一步的审计工作提供线索。内部审计人员可以通过实施分析程序检查采购计划是否符合工程进度要求，采购合同的签订是否符合规定，采购价格、库存量和经济订购批量是否合理等。

5. 现场观察法

为直接了解和评价在建设项目构建过程中设备和材料采购各个环节内部控制的设计和执行情况，确定所采购设备和材料等实物的实际状况，内部审计人员可以采用现场观察法。通过现场观察，内部审计人员可以获取所采购设备和材料的存在性，账务记录的完整性，以及设备的使用状况和材料的管理情况等。

6. 实地清查法

为获取在建设项目构建过程中所采购设备和材料等实物的实际数量状况，内部审计人员可以采用实地清查法。例如，走访设备的使用地点、勘察存放材料的仓库、清查设备的数量、盘点材料的数量等。内部审计人员通过实地清查法，不仅可以准确地确定设备和材料的数量，还可以直观地了解设备的使用状况和材料的管理情况等。

六、工程管理审计

工程管理审计是指对建设项目实施过程中的工作进度、施工质量、工程监理和投资控制所进行的审查和评价。

(一)工程管理审计的主要目标

工程管理审计的主要目标如下：

(1)审查和评价建设项目工程管理环节的内部控制及风险管理的适当性、合法性和有效性；

(2)审查和评价工程管理资料依据的充分性和可靠性；

(3)审查和评价建设项目工程进度、质量和投资控制的真实性、合法性和有效性。

(二)工程管理审计应依据的主要资料

工程管理审计应依据的主要资料如下：

(1)施工图纸；

(2)与工程相关的专项合同；

(3)网络图；

(4)业主指令；

(5)设计变更通知单；

(6)相关会议纪要。

(三)工程管理审计的主要内容

1. 工程进度控制的审计

工程进度控制的审计包括以下内容：

(1)检查施工许可证、建设及临时占用许可证的办理是否及时，是否影响工程按时开工；

(2)检查现场的原建筑物拆除、场地平整、文物保护、相邻建筑物保护、降水措施及道路疏通是否影响工程的正常开工；

(3)检查是否有对设计变更、材料和设备等因素影响施工进度采取控制措施；

(4)检查进度计划(网络计划)的制订、批准和执行情况，网络动态管理的批准是否及时、适当，网络计划是否能保证工程总进度；

(5)检查是否建立了进度拖延的原因分析和处理程序，对进度拖延的责任划分是否明确、合理(是否符合合同约定)，处理措施是否适当；

(6)检查有无因不当管理造成的返工、窝工情况；

(7)检查对索赔的确认是否依据网络图排除了对非关键线路延迟时间的索赔。

2. 工程质量控制的审计

工程质量控制的审计包括以下内容：

(1)检查有无工程质量保证体系;

(2)检查是否组织设计交底和图纸会审工作,对会审所提出的问题是否严格进行落实;

(3)检查是否按规范组织了隐蔽工程的验收,对不合格项的处理是否适当;

(4)检查是否对进入现场的成品、半成品进行验收,对不合格品的控制是否有效,对不合格工程和工程质量事故的原因是否进行分析,其责任划分是否明确、适当,是否进行返工或加固修补;

(5)检查工程资料是否与工程同步,资料的管理是否规范;

(6)检查评定的优良品、合格品是否符合施工验收规范,有无不实情况;

(7)检查中标人的往来账目或通过核实现场施工人员的身份,分析、判断中标人是否存在转包、分包及再分包的行为;

(8)检查工程监理执行情况是否受项目法人委托对施工承包合同的执行、工程质量、进度费用等方面进行监督与管理,是否按照有关法律法规、规章、技术规范、设计文件的要求进行工程监理。

3. 工程投资控制的审计

工程投资控制的审计包括以下内容:

(1)检查是否建立健全设计变更管理程序、工程计量程序、资金计划及支付程序、索赔管理程序和合同管理程序,看其执行是否有效;

(2)检查支付预付备料款、进度款是否符合施工合同的规定,金额是否准确,手续是否齐全;

(3)检查设计变更对投资的影响;

(4)检查是否建立现场签证和隐蔽工程管理制度,看其执行是否有效。

(四)工程管理审计的主要方法

1. 关键线路跟踪审计法

关键线路就是将建设项目实施过程中的每条线路所有活动的历时分别相加后所确定的耗费时间最长的线路,关键线路上的活动就是关键活动。要想有效地缩短建设工期就必须根据项目活动之间的相互关系和进度,利用时差调整优化关键活动和关键线路的起始时间安排,以求得最短工期。当然,还需要同时考虑成本与资源问题,求得建设项目计划方案的综合优化,以合理安排建设项目各项活动最早、最晚的开始和完成时间。内部审计人员通过对建设项目关键线路的确定和优化,实施和管理开展跟踪审计,可以评价关键线路和关键活动确定的有效性,项目计划方案优化的合理性,以及工程管理与关键线路安排的配合性。

2. 技术经济分析法

技术经济分析法是对不同的技术政策、技术规划和技术方案进行计算、比较、论证,评价其先进性,以达到技术与经济的最佳结合,取得最佳技术经济效果的一种分析方法。应用技术经济分析法时,一般是采用较完整的指标体系,包括定性指标和定量指标。所谓定性指标是不能用数值或货币计量表示的指标,定量指标是可以计算并用数值或货币计量表示的指标。在实际分析中,定性分析与定量分析应当有机地结合,以便选择最优方案。内部审计人员可以通过技术经济分析法评价建设项目工程进度、质量和投资控制的效率性、效果性和经济性等。

3. 质量鉴定法

对建设工程质量的监控是工程管理的核心内容,工程管理审计的重要环节就是对工程质量的控制。内部审计人员可以通过实施质量鉴定法,检查工程质量保证体系的运行情况,隐蔽工程的验收和不合格项的处理情况,进入现场的成品、半成品的验收和不合格品的控制情况等。

4. 现场核定法

内部审计人员可以通过实施现场核定法,检查组织设计交底和图纸会审工作情况,不合格工程和工程质量事故的原因分析、责任划分和返工或加固修补情况,工程资料与工程的同步情况,资料管理的规范情况,工程监理的执行情况等。

七、工程造价审计

工程造价审计是指对建设项目全部成本的真实性、合法性进行的审查和评价。

(一)工程造价审计的主要目标

工程造价审计的主要目标如下:

(1)检查工程价格结算与实际完成的投资额的真实性、合法性;

(2)检查是否存在虚列工程、套取资金、弄虚作假、高估冒算的行为。

(二)工程造价审计应依据的主要资料

工程造价审计应依据的主要资料如下:

(1)经工程造价管理部门(或咨询部门)审核过的概算(含修正概算)和预算;

(2)有关设计图纸和设备清单;

(3)工程招投标文件;

(4)合同文本;

(5)工程价款支付文件;

(6)工作变更文件;

(7)工程索赔文件。

(三)工程造价审计的主要内容

1. 设计概算的审计

设计概算的审计包括以下内容:

(1)检查工程造价管理部门向设计单位提供的计价依据的合规性;

(2)检查建设项目管理部门组织的初步设计及概算审查情况,包括概算文件、概算的项目与初步设计方案的一致性、项目总概算与单项工程综合概算的费用构成的正确性;

(3)检查概算编制依据的合法性;

(4)检查概算具体内容,包括设计单位向工程造价管理部门提供的总概算表、综合概算表、单位工程概算表和有关初步设计图纸的完整性,组织概算会审的情况,重点检查总概算中各项综合指标和单项指标与同类工程技术经济指标对比是否合理。

2. 施工图预算的审计

施工图预算审计主要检查施工图预算的量、价、费计算是否正确，计算依据是否合理。施工图预算审计包括直接费用审计、其他直接费用审计、间接费用审计、计划利润和税金审计等内容。

(1) 直接费用审计包括对工程量计算、单价套用的正确性等方面的审查和评价。其中，工程量计算审计是指采用工程量清单报价的，应检查其符合性。在设计变更，发生新增工程量时，应检查工程造价管理部门与工程管理部门的确认情况。单价套用审计是指检查是否套用规定的预算定额、有无高套和重套现象；检查定额换算的合法性和准确性；检查新技术、新材料、新工艺出现后的材料和设备价格的调整情况，检查市场价的采用情况。

(2) 其他直接费用审计包括检查预算定额、取费基数、费率计取是否正确。

(3) 间接费用审计包括检查各项取费基数、取费标准的计取套用的正确性。

(4) 计划利润和税金审计主要检查计划利润和税金计取的合理性。

3. 合同价的审计

合同价的审计是指检查合同价的合法性与合理性，包括固定总价合同的审计、可调合同价的审计、成本加酬金合同的审计。检查合同价的开口范围是否合适，若实际发生开口部分，应检查其真实性和计取的正确性。

4. 工程量清单计价的审计

工程清单计价的审计包括以下内容：

(1) 检查实行清单计价工程的合规性；

(2) 检查招标过程中，对招标人或其委托的中介机构编制的工程实体消耗和措施消耗的工程量清单的准确性、完整性；

(3) 检查工程量清单计价是否符合国家清单计价规范要求的"四统一"，即统一项目编码、统一项目名称、统一计量单位和统一工程量计算规则；

(4) 检查由投标人编制的工程量清单报价目文件是否响应招标文件；

(5) 检查标底的编制是否符合国家清单计价规范。

5. 工程结算的审计

工程结算的审计包括以下内容：

(1) 检查与合同价不同的部分，其工程量、单价、取费标准是否与现场、施工图和合同相符；

(2) 检查工程量清单项目中的清单费用与清单外费用是否合理；

(3) 检查前期、中期、后期结算的方式是否能合理地控制工程造价。

(四) 工程造价审计的主要方法

1. 重点审计法

重点审计法就是内部审计人员选择建设项目中工程量大、单价高，对造价有较大影响的单位工程、分部工程进行重点审查的方法。重点审计法主要用于审查材料用量、单价是否正确、工资单价、机械台班是否合理等。

2. 现场检查法

现场检查法就是内部审计人员对施工现场进行直接考察的方法,主要用于观察现场工作人员及管理活动,检查工程量、工程进度,所用材料质量是否与设计相符等。

3. 对比审计法

对比审计法就是将已经建筑完成的项目预决算或虽未完成但已经审计过的项目预算与拟建项目预决算进行对比审计的一种方法。内部审计人员通过将已经审计的工程量与拟审计类似工程进行对比审计就是对比审计法的具体应用。这种方法一般应根据工程的不同条件和特点区别对待。例如,两项工程采用同一个施工图,但是基础部分和现场条件及变更情况不尽相同时,内部审计人员就可以对拟审计工程基础以上部分采用对比审计法。再例如,两项工程的设计相同,但是建筑面积不同,内部审计人员就可以根据两项工程建筑面积之比与两项工程分部分项工程量之比基本一致的特点,将两项工程每平方米建筑面积造价以及每平方米建筑面积的各分部分项工程量进行对比审查。如果基本相同就说明拟审计工程造价是正确的,或拟审计的分部分项工程量是正确的。反之,则说明拟审计工程造价存在问题,内部审计人员应督促被审计单位找出差错原因并加以更正。如果拟审计工程与已审计工程的面积相同,但是设计图纸不完全相同时,内部审计人员可以将相同部分,如厂房中的柱子、房架、屋面、砖墙等进行工程量的对比审计,不能对比的分部分项工程按图纸或签证计算。

八、竣工验收审计

竣工验收审计是指对已完工建设项目的验收情况、试运行情况及合同履行情况进行的检查和评价活动。

(一)竣工验收审计应依据的主要资料

竣工验收审计应依据的主要资料如下:

(1)经批准的可行性研究报告;
(2)竣工图;
(3)施工图设计及变更洽谈记录;
(4)国家颁发的各种标准和现行的施工验收规范;
(5)有关管理部门审批、修改、调整的文件;
(6)施工合同;
(7)技术资料和技术设备说明书;
(8)竣工决算财务资料;
(9)现场签证;
(10)隐蔽工程记录;
(11)设计变更通知单;
(12)会议纪要;
(13)工程档案结算资料清单。

(二)竣工验收审计的主要内容

1. 验收审计

验收审计包括以下内容:
(1)检查竣工验收小组的人员组成、专业结构和分工;
(2)检查建设项目验收过程是否符合现行规范,包括环境验收规范、防火验收规范等;
(3)对于委托工程监理的建设项目,应检查监理机构对工程质量进行监理的有关资料;
(4)检查承包商是否按照规定提供齐全有效的施工技术资料;
(5)检查对隐蔽工程和特殊环节的验收是否按规定作了严格的检验;
(6)检查建设项目验收的手续和资料是否齐全有效;
(7)检查保修费用是否按合同和有关规定合理确定和控制;
(8)检查验收过程有无弄虚作假行为。

2. 试运行情况的审计

试运行情况的审计包括以下内容:
(1)检查建设项目完工后所进行的试运行情况,对运行中暴露出的问题是否采取了补救措施;
(2)检查试生产产品收入是否冲减了建设成本。

3. 合同履行结果的审计

合同履行结果的审计主要检查业主、承包商因对方未履行合同条款或建设期间发生意外而产生的索赔与反索赔问题,核查其是否合法、合理,是否存在串通作弊现象,赔偿的法律依据是否充分。

(三)竣工验收审计的主要方法

1. 现场检查法

在竣工验收审计中,内部审计人员亲临现场进行现场检查是十分重要的。通过现场检查法的运用,内部审计人员可以对已完工建设项目的验收情况、试运行情况及合同履行情况进行的检查和评价。

2. 设计图与竣工图循环审查法

设计图与竣工图循环审查法就是内部审计人员通过分析设计图与竣工图之间的差异来分析评价相关变更、签证等的真实性与合理性的方法。

九、财务管理审计

财务管理审计是指对建设项目资金筹措、资金使用及其账务处理的真实性、合规性进行的监督和评价。

(一)财务管理审计应依据的主要资料

财务管理审计应依据的主要资料如下:
(1)筹资论证材料及审批文件;

(2)财务预算;

(3)相关会计凭证、账簿、报表;

(4)设计概算;

(5)竣工决算资料;

(6)资产交付资料。

(二)财务管理审计的主要内容

1. 建设资金筹措的审计

建设资金筹措的审计包括以下内容:

(1)检查筹资备选方案论证的充分性,决策方案选择的可靠性、合理性及审批程序的合法性、合规性;

(2)检查筹资方式的合法性、合理性、效益性;

(3)检查筹资数额的合理性,分析所筹资金的偿还能力;

(4)评价筹资环节的内部控制。

2. 资金支付及账务处理的审计

资金支付及账务处理的审计包括以下内容。

(1)检查、评价建设项目会计核算制度的健全性、有效性及其执行情况。

(2)检查建设项目税收优惠政策是否充分运用。

(3)检查"工程物资"科目。①检查"专用材料""专用设备"明细科目中的材料和设备是否与设计文件相符,有无盲目采购的情况。②检查"预付大型设备款"明细科目所预付的款项是否按照合同支付,有无违规多付的情况。③检查据以付款的原始凭证是否按规定进行了审批,是否合法、齐全。④检查支付物资结算款时是否按合同规定扣除了质量保证期间的保证金。⑤检查工程完工后剩余工程物资的盘盈、盘亏、报废、毁损等是否做出了正确的账务处理。

(4)检查"在建工程"科目。①检查"在建工程——建筑安装工程"科目累计发生额的真实性,主要包括以下内容:是否存在设计概算外其他工程项目的支出;是否将生产领用的备件、材料列入建设成本;据以付款的原始凭证是否按规定进行了审批,是否合法、齐全;是否按合同规定支付预付工程款、备料款、进度款;支付工程结算款时,是否按合同规定扣除了预付工程款、备料款和质量保证期间的保证金。②检查"在建工程——在安装设备"科目累计发生额的真实性,主要包括以下内容:是否将设计概算外的其他工程或生产领用的仪器、仪表等列入本科目;是否在本科目中列入了不需要安装的设备、为生产准备的工具器具、购入的无形资产及其他不属于本科目工程支出的费用。③检查"在建工程——其他支出"科目累计发生额的真实性、合法性、合理性,主要包括以下内容:工程管理费、征地费、可行性研究费、临时设施费、公证费、监理费等各项费用支出是否存在扩大开支范围、提高开支标准以及将建设资金用于集资或提供赞助而列入其他支出的问题;是否存在以试生产为由,有意拖延不办固定资产交付手续,从而增大负荷联合试车费用的问题;是否存在截留负荷联合试车期间发生的收入,不将其冲减试车费用的问题;试生产产品出售价格是否合理;是否存在将应由生产承担的递延费用列入本科目的问题;投资借款利息资本化计算的正确性,有无将应由生产承担的财务费用列入本科目的问题;本科目累计发生额摊销标准与摊销比例是否适当、正确；是否设置了"在建工程其他支出备查簿"，登记按照建设项目概算内容购置的不需要安装设备、现成房屋、无形资产以及发生的递延费用等，登记内容是否完整、准确，有无弄虚作假、随意扩大开支范围及舞弊迹象。

3. 竣工决算的审计

竣工决算的审计包括以下内容：

(1)检查所编制的竣工决算是否符合建设项目实施程序，有无将未经审批立项、可行性研究、初步设计等环节而自行建设的项目编制竣工工程决算的问题；

(2)检查竣工决算编制方法的可靠性，有无造成交付使用的固定资产价值不实的问题；

(3)检查有无将不具备竣工决算编制条件的建设项目提前或强行编制竣工决算的情况；

(4)检查"竣工工程概况表"中的各项投资支出，并分别与设计概算数相比较，分析节约或超支情况；

(5)检查"交付使用资产明细表"，将各项资产的实际支出与设计概算数进行比较，确定各项资产的节约或超支数额；

(6)分析投资支出偏离设计概算的主要原因；

(7)检查建设项目结余资金及剩余设备材料等物资的真实性和处置情况，包括：检查建设项目"工程物资盘存表"，核实库存设备、专用材料账实是否相符；检查建设项目现金结余的真实性；检查应收、应付款项的真实性，关注是否按合同规定预留了承包商在工程质量保证期间的保证金。

(三)财务管理审计的主要方法

1. 调查法

调查法是内部审计人员运用各种审计调查手段，包括询问、问卷等向有关部门和人员就建设项目的财务管理活动所进行的专门调查活动。内部审计人员在实施调查法之前，应当根据财务管理审计的具体内容合理确定调查对象、调配调查资源，选择适当的调查方法，并确保审计调查人员熟悉政策法规、分工明细、密切沟通，综合利用各种信息和成果，有效发挥整体和个体的双重优势，根据拟定的调查程序，具体分工协作，以达到事半功倍的效果。根据审计调查的对象，内部审计人员应当事先制定审计调查方案，确保审计调查有条不紊地进行。实施调查之前，内部审计人员还需要与被调查单位和个人进行充分的沟通，明确调查的依据、范围、内容、时间，取得被调查单位和个人的密切配合。

2. 分析程序

内部审计人员可以通过对建设项目资金筹措、资金使用及其账务处理中的相关指标进行对比、分析和评价，用来发现是否存在不正常的关系或异常的波动，为进一步的审计工作提供线索。内部审计人员可以通过实施分析程序检查建设项目筹资备选方案论证的充分性，决策方案选择的可靠性、合理性，筹资方式的效益性，以及筹资数额的合理性和所筹资金的偿还能力等。

3. 抽查法

建设项目财务管理审计涉及大量有关建设项目资金筹措、资金使用及其账务处理的文件和资料,如筹资论证材料及审批文件,财务预算,相关会计凭证、账簿、报表,设计概算,竣工决算资料,以及资产交付资料等。内部审计人员对这些资料进行详细审计既没有必要也不可能做到,一般采用抽查法,抽取其中比较重要的,或者有迹象表明可能存在问题的文件资料进行审查。

十、后评价审计

后评价审计是指对建设项目交付使用经过试运行后就有关经济指标和技术指标是否达到预期目标的审查和评价。

(一)后评价审计的主要目标

后评价审计的主要目标包括对后评价工作的全面性、可靠性和有效性进行审查。

(二)后评价审计应依据的主要资料

后评价审计应依据的主要资料如下:

(1)后评价人员的简历、学历、专业、职务、技术职称等基本情况表;
(2)建设项目概算、竣工资料;
(3)后评价所采用的经济技术指标;
(4)相关的统计、会计报表;
(5)后评价所采用的方法;
(6)后评价结论性资料。

(三)后评价审计的主要内容

后评价审计的主要内容包括以下方面:

(1)检查后评价组成人员的专业结构、技术素质和业务水平的合理性;
(2)检查所评估的经济技术指标的全面性和适当性;
(3)检查产品主要指标完成情况的真实性、效益性;
(4)检查建设项目法人履行经济责任后评价的真实性;
(5)检查所使用后评价方法的适当性和先进性;
(6)检查后评价结果的全面性、可靠性和有效性。

(四)后评价审计的主要方法

1. 文字描述法

文字描述法是内部审计人员将被审计单位建设项目后评价工作的全面性、可靠性和有效性的实际情况以文字说明的形式记录下来。后评价组成人员的专业结构、技术素质和业务水平,评估的经济技术指标,主要指标完成情况,后评价所使用的方法,以及后评价结果等均可以用文字描述法详细地加以说明。

2. 对比分析法

在后评价审计中,内部审计人员可以通过将完成建设项目的各项经济指标的实际情况与计划要求进行对比分析,以评价主要指标完成情况的真实性和效益性。

3. 现场核查法

现场核查法是内部审计人员通过现场视察对建设项目交付使用经过试运行后有关经济指标和技术指标是否达到预期目标进行核查的方法。例如，内部审计人员通过实施现场核查法对后评价工作的全面性、可靠性和有效性进行审查。

第三节 建设项目内部审计的方法

建设项目内部审计不同于常规的财务审计和合规性审计，审计内容还将延伸到对建设项目全过程和全方位的分析和评价。建设项目内部审计作为一项综合性的审计工作，单一的审计技术和方法是无法满足其目标要求的，内部审计人员需要综合运用多种审计技术与方法，在合理选择传统财政财务审计方法的基础上，更应该沿着建设项目审计特有的思维方法，设计适合于建设项目审计的取证和分析方法。

一、工程造价审计方法

(一) 工程造价的概念

工程造价有两层含义，从建设工程投资的角度说是在建设某项工程中预期或实际发生的建设工程的总投资。从承包商(供应商)的角度来说是在建设某项工程中预计或实际在土地市场、设备市场、技术劳务市场、承包市场等交易活动中所形成的建设工程价格。通常把第二种含义的工程造价认定为工程承发包价格，这一价格在固定资产投资中占主要份额。

由于建设工程的特点，建设工程具有与其他固定资产投资不同的程序，并在该程序对应的每个阶段，有相应的计价办法，如表13-1所示。

表13-1 建设工程各阶段计价方法

序号	建设工程进行阶段	相应的计价方法
1	提出项目建议书 开展项目可行性研究	投资估算
2	初步设计至扩大初步设计	设计总概算
3	施工图设计	施工图预算
4	工程招标	中标价即合同价
5	工程施工(合同实施)	工程结算
6	竣工验收	竣工结算、决算

(二) 工程造价审计的概念及方法

严格地讲，工程造价审计方法都可以归类为复核法，各阶段造价审计都应当是运用该阶段计价方法对原计价结果进行复核。因此，工程造价审计的方法，实际上也就是工程计量计价的方法。

广义的工程造价审计包括对上表中各阶段工程价格的核实。例如，在工程估算阶段，通常可以利用经验数据或者估算指标对估算价格进行评判。其中可利用的经验数据主要有两方面来源。一是外部历史数据，主要是各地的工程造价指标和相关的工程用量指标，在审计人员造价审计经验不足的情况下，这是获取经验的重要途径，将典型设计图纸与招标图纸进行比较，分析主要差异并进行换算，然后将换算后的工程用量指标与招标控制价的工程量进行比较，选择差异明显且不合理的项目进行重点审查。二是利用审计人员以往审计积累的经验数据，如经过长期审计发现，30层的高层住宅钢筋用量始终在65~75千克/平方米、混凝土用量在0.42~0.47立方米/平方米之间变动，利用这些经验数据，可以很快发现疑点。

狭义的工程造价审计就是工程结算审计，即内部审计部门在工程施工(合同实施)后，监理单位确定工程完满竣工，工程交付业主时，对承包商提交、监理和业主复核后的工程结算进行审计。工程结算审计是建设项目审计实践中最能发挥内部审计部门特长，也最能发挥节约投资作用的审计项目。工程结算的复核一般应当依据《建设工程工程量清单计划规范》规定，针对承包商报送、监理单位审核、业主单位认可的工程结算中分部分项工程量清单、措施项目清单、其他项目清单、零星工作项目表等内容，对照依据竣工图(或施工图)计算出的工程量，套用承包商投标文件的工程量清单项目综合单价，对工程结算金额进行复核。由于工程量计算工作量巨大，造价审计一般采用抽查办法。

(三)工程结算审计的程序

在工程结算审计中，内部审计人员需要按工程施工承包合同规定，以中标价格为基础，按"施工图(竣工图)及图纸会审纪要""设计变更通知单""施工现场工程签证单""设备、材料价格确认单""设备、材料进行验收合格单"等资料，审核总包人报出的工程结算。工程造价的构成目前普遍采用《工程量清单计价规范》(以下简称《规范》)。按《规范》规定的计量计价程序，总体上，工程造价审计的流程，就是针对构成工程造价的三个要素，工程量、清单价格、各项取费(量、价、费)进行逐项核实。核实中发现与事实不符、与合同约定不符、与国家规定不符的项目或各类差错，即作为核减(核增)项。因此，工程结算审计的步骤大概包括以下方面：

1. 合同工程量复核

内部审计人员要按有关设计文件、图纸、竣工资料计算合同工程量；工程量清单计价方式基本上均按照图纸标注的尺寸计算工程实体工程量(即净用量)，不考虑合理的施工损耗，内部审计人员应该对工程量的计算进行审查。审查是否存在工程量与工程实际不符、重复计算工程量、工程量计算错误、错项和漏项等问题。由于一个工程项目的分部分项工程数量众多，内部审计人员在审计中可以采用对比分析法、抽查法、利用经验数据判断等多种方法。

2. 变更工程量复核

内部审计人员要以施工合同为基础，审查因设计变更增减的工程量，核实全部工程量；材料价差以"设备、材料价格确认单"为准；对"工程(设计变更)联系单"及"工程签证单"，按合同约定条款进行审核、认定，剔除不符合合同规定及现场签证制度规定的签证单。

3. 单价复核

内部审计人员应当按照合同规定的有关结算条款、投标报价清单、有关定额、取费标准审核结算书。单价的微小差错，对总价的影响仍十分巨大。

4. 单价调整情况复核

内部审计人员应当核实材料用量、材差和调价系数是否符合有关规定和适用时限。

5. 措施费复核

内部审计人员应当核实措施费等的计算基础、适用范围。措施项目是相对工程实体的分部分项工程项目而言的,是对实际施工中必须发生的施工准备和施工过程中的技术、生活、安全、环境保护等方面的非实体项目的总称。内部审计人员应当按照招标文件中提供的措施项目清单确定其计算基础和适用范围。措施项目采用分部分项工程综合单价形式进行计价的工程量,应当按照措施项目清单中的工程量,并按规定确定综合单价;以"项"为单位的方式计价的,应当按照规定确定除规费、税金以外的全部费用。内部审计人员应当对以下事项做出具体判断。

(1)措施项目清单是否根据拟建工程的实际情况列项,所列的通用措施项目和专业措施项目是否合理。内部审计人员可以依据的资料包括勘察设计文件、施工图纸、招标文件等。

(2)措施费计算是否准确。内部审计人员可以计算工程量的措施项目,应按分部分项工程量清单的方式采用综合单价计价。内部审计人员可以参照《建筑安装工程费用项目组成》《建设工程工程量清单计价规范》及《建筑工程安全防护、文明施工措施费用及使用管理规定》对招标控制价中所列的措施项目计算是否准确进行复核。例如,夜间施工增加费是指因夜间施工所发生的夜班补助费、夜间施工降效、夜间施工照明设备摊销及照明用电等费用,夜间施工增加费=(1-合同工期/定额工期)×(直接工程费中的人工费合计/平均日工资单价)×每工日夜间施工费开支。

内部审计人员应当特别注意,措施项目清单中的安全文明施工费应按照国家或省级、行业建设主管部门的规定计价,不得作为竞争性费用。

6. 暂列金额审计

暂列金额是招标人暂定并掌握使用的一笔款项,它包括在合同价款中,由招标人用于合同协议签订时尚未确定或者不可预见的所需材料、设备、服务的采购以及施工过程中各种工程价款调整因素出现时的工程价款调整。暂列金额由招标人根据工程特点,按有关计价规定进行估算确定。

7. 暂估价审计

暂估价是在招标阶段预见肯定要发生,只是因为标准不明确或者需要由专业承包人完成,暂时又无法确定具体价格时所采用的估价。暂估价包括材料暂估价和专业工程暂估价。

8. 计日工审计

计日工是对零星项目或工作采取的一种计价方式,包括完成作业所需的人工、材料、施工机械及其费用的计价,类似于定额计价中的签证记工。计日工包括计日工人工、材料和施工机械。

9. 总承包服务费审计

总承包服务费是在工程建设的施工阶段实行施工总承包时,当招标人在法律、法规允许的范围内对工程进行分包和自行采购供应部分设备、材料时,要求总承包人提供的相关服务,例如,分包人使用总包人的脚手架、水电接剥等,以及施工现场管理等所需的费用。

上述 6～9 项暂列金额、暂估价、计日工、总承包服务费是因招标人的特殊要求而发生的与拟建工程有关的其他费用项目和相应数量。内部审计人员主要是对其他项目费的编制合理性进行审查，主要的依据包括：工程建设标准的高低、工程的复杂程度、工程的工期长短、工程的组成内容、发包人对工程管理的要求等。内部审计人员应当重点审查核实自供设备、材料价格以及提供设施等折价扣工程款，按施工合同规定的工程质量和工期要求执行的奖惩办法，以及按规定比例扣留的质量保证金等。

10. 规费计算缴纳情况审计

规费项目包括工程排污费、社会保障费（由养老保险费、失业保险费和医疗保险费构成）、住房公积金、危险作业意外伤害保险、工程定额测定费（部分行业仍保留）等五项费用组成，其计取标准由省级、行业建设主管部门依据省级政府或省级有关权力部门的相关规定制定。内部审计人员应当查看工程造价中是否按政府和有关权力部门规定将必须缴纳的费用编入清单，有无漏项，并通过计算复核规费的取费计算基础和费用是否正确。

11. 税金计算缴纳情况审计

税金是依据国家税法的规定应计入建筑安装工程造价内的，由承包人负责缴纳的营业税、城市建设维护税以及教育费附加等的总称，视工程所在地实际情况，按照相关规定计算。

内部审计人员首先应当查看工程结算编制单位是否按照《建设工程工程量清单计价规范》的要求以分部分项工程费+措施项目费+其他项目费+规费作为计算基础；然后审查计税费率是否准确，审计的重点在于计税费率因工程所在地的不同而不同，工程所在地一般分为市区、县镇和农村。

内部审计人员应特别注意：上述 10～11 项所指的规费和税金应按国家或省级、行业建设主管部门的规定计算，不得作为竞争性费用。

二、建设施工承包合同形式下的造价审计重点

常见的建设施工承包主要有三种形式，即单价承包、施工总承包和工程总承包。对不同的承包方式，内部审计人员所确定的审计重点也应有所不同。

（一）单价承包合同的审计重点

建设工程施工实行单价承包形式的，采用工程量清单方式进行验工计价，根据合同约定的单价和审核合格的施工图确定，并经监理单位验收合格的工程数量进行计价。

对于单价承包合同，由于单价已经约定，审计的重点应当放在对工程造价影响最大的工程量计量方面。同时，还应当注意单价的套用是否符合招标文件、投标文件及其所附工程量清单的约定。

（二）施工总承包合同的审计重点

建设项目实行施工总承包形式的，采用合同总价下的工程量清单方式进行验工计价。工程量清单范围内的工程，按合同约定的单价进行计价。

在施工总承包模式下，工程造价审计的重点是工程量清单范围外的工程。这部分工程属于建设单位对建设方案、建设标准、建设规模和建设工期的重大调整，以及由于人力不可抗

力造成重大损失补充合同的工程，按施工总承包合同约定的单价计价，在批准费用项下计费；其他工程由双方协商单价，按验工数量进行计价，但不得超过承包合同总价。工程全部验收合格后，承包合同计价剩余费用(不包括质量保证金)一次拨付施工总承包单位。

(三)工程总承包合同的审计重点

建设项目实行工程总承包形式的，可以采用合同总价下的节点式计价方式；计价节点一般按工程类别和工点设置，根据工点和工程类别的工作内容和工作量将总费用分摊到各节点；具体节点设定和相应费用根据项目情况在总承包合同中约定。

建设单位对建设方案、建设标准、建设规模和建设工期重大调整，以及由于人力不可抗力造成重大损失的，应签订补充合同，在批准费用项下计费，补充合同验工计价纳入节点计价范围。

对于工程总承包方式下的造价审计，主要应当审查工程计价结点的设置是否合理，是否严格遵照执行。费用分摊与工程结点的设置是否配比，是否能满足总承包方开展工程建设的需要又不造成业主资金过大压力。对于补充合同，要关注其是否违反《中华人民共和国招标投标法》有关规定，是否背离了招标文件的实质性约定。

三、建设项目内部审计中的工程质量检测方法

建设工程项目存在建成以后终检局限性大的特点，其建成后不可能像普通工业产品那样依靠终检来判断产品质量，施工、监理、建设、审计等相关单位基本上不采用将产品拆卸、解体的方法来检查其内在的质量，或对不合格零部件进行更换。正是这种终检的局限性，导致无法对工程内在质量进行检验，发生隐蔽的质量缺陷。因此，对于混凝土、钢筋、土石方、桩基等隐蔽工程，都应当采用专门的技术方法进行工程实体的质量检测。

(一)混凝土强度检测——钻芯法

1. 钻芯法基本原理

利用混凝土钻芯机，直接从所需检测的结构或构件上钻取混凝土芯样，按有关规范加工处理后，进行抗压试验，根据芯样的抗压强度推定结构混凝土立方体抗压强度，是一种局部破损的检测方法。该方法在既有建筑物或构筑物(无资料的工程)的混凝土结构构件的鉴定中被广泛应用。

2. 钻芯法的优点

钻芯法具有以下优点：

(1)试件直接取自于混凝土结构本身，能比较客观地反映出该结构体混凝土的实际强度；

(2)试件检测方法与传统的立方体试块检测方法相同，能直接在压力机上测得强度，试验直接直观，结论容易被各方所接受；

(3)芯样还可以通过劈裂试验，测得混凝土的劈裂抗拉强度。

3. 钻芯法的缺点

钻芯法具有以下缺点：

(1)钻芯时对结构造成局部损伤，钻芯数量受到限制，而且代表的区域也是有限的；

(2)钻芯时劳动强度大,测试成本高;
(3)钻芯后需要及时修补,且要防止钻断主筋。

(二)混凝土强度检测——回弹法

1. 回弹法基本原理

由于混凝土的抗压强度与其表面硬度之间存在某种关系,而回弹仪的弹击锤被一定的弹力打击在混凝土表面上,其回弹高度(通过回弹仪读得回弹值)与混凝土表面硬度成一定的比例关系。因此,以回弹值反映混凝土表面硬度,根据表面硬度则可推求混凝土的抗压强度。

由于回弹法是通过回弹仪检测混凝土表面硬度从而推算混凝土强度的方法,因此不适用于表层和内部质量有明显差异或内部存在缺陷的混凝土结构或构件的检测,当混凝土表面遭受了火灾、冻伤、受化学物质侵蚀或内部有缺陷时,就不能直接采用回弹法检测。

2. 回弹法的优点

回弹法具有以下优点:
(1)对结构没有损伤;
(2)仪器轻巧、使用方便;
(3)测试速度快;
(4)测试费用相对较低;
(5)可以基本反映结构混凝土抗压强度规律。

3. 回弹法的缺点

回弹法具有以下缺点:
(1)受设备、环境、结构物材料等因素的影响较多。例如,测试角度的影响、不同浇筑面的影响、不同模板材料的影响、养护条件的影响、龄期与碳化深度的影响等;
(2)该方法本身有时会有系统不确定性问题,存在系统误差。

(三)混凝土强度检测——超声回弹综合法

1. 超声回弹综合法基本原理

超声回弹综合法是根据实测声束值和回弹值推算混凝土强度的一种无损检测方法,超声波的速度主要反映材料的弹性性质,由于它能穿过材料,因此能反映混凝土内部离析、蜂窝、空洞、开裂等情况,将超声和回弹两种单一的检测方法综合后,各自发挥其特点,混凝土龄期和湿度的影响可以相互抵消,弥补了单一参数法的不足,精度相对更高。

2. 超声回弹综合法的优点

较之单一的超声或回弹非破损检验方法,超声回弹综合法具有以下优点:
(1)减少了龄期和含水率的影响;
(2)弥补了相互不足;
(3)提高了测试精度。

3. 超声回弹综合法的缺点

该方法不适用于检测因冻害、化学侵蚀、火灾、高温等造成表面疏松、剥落的混凝土。

(四)钢筋检测——电磁感应法

钢筋混凝土结构中钢筋的主要作用是承受拉力并赋予结构以延性,直接关系到建筑物结构的安全性和耐久性。因此,混凝土中的钢筋已成为工程质量鉴定和验收的必检项目,主要检测指标包括混凝土中钢筋直径、间距及保护层厚度等。

根据电磁感应原理,由于金属的存在引起的干扰使磁场强度产生局部变化,可以通过相应的仪器由量表显示出来,从而检测混凝土结构及构件中钢筋间距、保护层厚度和直径的方法。根据钢筋对钢筋探测仪探头所发出的电磁场的感应强度来判定钢筋的大小和深度。

该方法的优点在于无破损;缺点在于定量较差,应用面较小,只能适用于保护层厚度检测。

(五)钢筋检测——雷达法

雷达法是利用不同介质电磁属性和几何形态的差异,通过发射和接收到的毫微秒极电磁波来检测混凝土结构和构件中的钢筋间距和保护层厚度的方法。

该方法的优点在于无破损,有良好的测定精度;其缺点在于雷达背面的钢筋无法检出,存在一定的局限性。

(六)桩基检测——钻芯法

由于灌注桩的成桩过程无法看见,因此基桩完整性检测已经成为基桩质量检测中的一项重要内容。该方法是对桩身截面尺寸相对变化、桩身材料密实性和连续性进行综合定性,是对桩身缩颈、断裂、蜂窝、松散、夹泥等现象进行判定。对于检测不合格的桩,应采取相应的措施进行补救。

钻芯法需要用钻机钻取芯样以检测桩长、桩身缺陷、桩底沉渣厚度以及混凝土的强度、密实性和连续性,判定桩端岩土性状的方法。该方法适用于受检桩的混凝土龄期达到 28 天或预留同条件养护试块强度达到设计强度。

第十四章

内部环境审计

众所周知，伴随社会经济和科学技术飞速发展的是环境危害问题的日益严重，不断加剧的环境污染已经迫使企业开始重视自身的环境管理和内部的可持续发展。与此同时，内部审计为组织增加价值的职能定位使其在企业中的地位越来越重要。为了充分发挥内部审计在组织治理、风险管理和内部控制中的作用，内部审计也越来越重视对企业环境问题的关注，将环境审计纳入内部审计的工作计划，加强对企业自身进行环境监督，以帮助企业实现可持续发展的战略目标。环境审计是我国内部审计的一个全新业务领域，也是组织积极履行社会责任、参与生态文明建设的重要方式。

第一节 内部环境审计概述

一、内部环境审计的产生和发展

（一）国外内部环境审计的产生和发展

内部环境审计起源于 20 世纪 70 年代，最早在欧美等发达国家的大型企业中开展，并逐渐成为企业环境管理系统的基石。1972 年，联合国环境规划署在瑞典首都斯德哥尔摩召开的人类环境会议上提出，环境问题不仅是一个重要的社会经济问题，不能只用科学技术方法去解决，还需要使用经济、法律、行政等综合的方法和措施，从其与社会经济发展的联系中全面解决。为响应这一号召，很多国家都制定和颁布了一系列的环境保护法律法规，企业为了避免和减少因污染环境遭受的罚款损失也开始倡导内部审计机构开展内部环境审计。

进入 20 世纪 80 年代，伴随"可持续发展战略"的提出，环境审计得到了进一步的发展，在世界范围内被普遍认为是在资源稀缺的情况下解决环境问题的最好方法之一。有关环境审计的定义、目的、作用、组织和方法的相关规范日臻完善，权威机构还编制了大量的环境审计操作流程用以指导和推广环境审计的具体实施。

20 世纪 90 年代，各国的环境法规得到了进一步的完善，环境审计制度不断强化。1992 年，最高审计机关国际组织第 14 届大会专门成立了环境审计委员会。1995 年，最高审计机关国际组织将环境和可持续发展问题的审计列为会议主题。1996 年，国际内部审计师协会在美国奥兰多举办全球性论坛会议，与会代表在展望 21 世纪的内部审计时，将环境审计列为重要议题，并发表了协会的研究成果《内部审计师在环境审计中的作用》。

(二) 我国内部环境审计的产生和发展

我国自改革开放以来，在经济发展领域取得的成绩有目共睹，但是伴随经济发展的环境问题也已经发展成为危害人民健康、制约经济发展和影响社会稳定的重大问题。当前，党中央、国务院高度重视环境保护工作，将其作为贯彻落实科学发展观的重要内容，作为转变经济发展方式的重要手段，作为推进生态文明建设的根本措施。审计署从成立以来一直致力于环境审计的理论研究和实践推广。审计署通过多次召开环境审计专题研讨会，组织专门的环境审计课题研究等对环境审计的本质和规律展开理论探讨，我国关于环境审计的理论研究成果日益丰富，对指导我国的环境审计实践、促进环境审计工作的更好开展提供了理论支撑。审计署早在 1985 年和 1993 年对 20 个城市排污费的征缴和使用情况进行了审计。1998 年开始，审计署对部分城市环境保护专项资金、46 个重点城市排污费、天然林资源保护工程和退耕还林试点工作等开展了多项环境审计。目前，我国的环境审计包括对生态建设审计和环境污染治理审计，审计内容主要包括对环境专项资金的审计、对环境建设项目的审计、对环境保护部门的审计、对环境政策法规执行情况的审计等。近几年，审计署还组织实施了生态林业建设资金审计调查、排污费审计、天然林资源保护工程审计、退耕还林工程审计、三峡库区水污染防治资金审计、医疗废弃防治资金审计和自然保护区建设管理情况审计调查等环境审计项目，我国环境审计工作已经初见成效。

在环境保护相关法律法规日益完善的大背景下，企业对自身的污染环境行为需要承担的责任越来越重，企业为了解脱自身的环境责任，主动实施内部环境审计，以表现其在环境保护方面的诚信和清白，并尽可能减少因违反环境保护相关法律法规而增加的成本支出和罚款损失等。同时，企业内部环境审计在我国的环境审计工作中具有先行作用，企业主动实行内部环境审计可以为我国的环境审计打开新的突破口，企业履行环境审计主体义务还可以减轻政府环境审计的压力。

二、内部环境审计的概念界定

组织生产经营在消耗资源、能源的同时，对生态环境也会造成不同程度的损害。采取措施降低资源、能源消耗成本和环境风险，不仅是法律法规的强制性要求，还是组织管理的内在需要。内部审计机构和人员通过对组织与环境保护相关的内部控制和经营活动进行审查和评价，可以帮助组织将环境风险降低到最低程度。内部审计机构和人员还可以通过参与组织的环境相关管理和控制活动，帮助组织提高环境保护和资源利用的效率和效果，增加组织实现环境目标的机会，提高组织在环境保护和节约资源方面的社会形象。

内部环境审计是内部审计机构和人员对组织内部与环境相关的内部控制和经营活动进行的确认和咨询活动。内部环境审计是组织环境管理系统的一个组成部分，是一个监督子系统，通过审查与评价组织内部与环境相关的内部控制和经营活动的适当性、合法性和有效性，并通过参与组织与环境相关的内部控制和经营活动提供专家意见以促进组织环境目标的实现。内部环境审计的主体是内部审计机构和人员，客体是与环境相关的内部控制和经营活动。内部环境审计的对象是组织内部直接从事环境保护相关工作的部门。内部环境审计与内部审计机构和人员开展的其他审计业务没有本质上的区别，也包括财务审计、遵循性审计和绩效审计等类型，主要的不同在于内部环境审计是内部审计机构和人员从环境视角开展的内部审计活动。

三、内部环境审计的类型

对内部环境审计的分类有多种不同的方式，不同的分类方式可以帮助内部审计人员从不同的角度理解内部环境审计的特点。例如，依据不同的环境主题，可以将内部环境审计分为水环境审计、大气环境审计、固体废物环境审计等；按照传统的审计业务分类方式，可以将内部环境审计分为财务审计、合规审计和绩效审计等。

（一）《索耶内部审计学》对内部环境审计的分类

《索耶内部审计学》将内部环境审计分为以下七种类型。

1. 合规性审计

合规性审计是确定活动和业务是否在规定的法律约束范围之内，详细地对现在、过去和计划操作的现场实施的具体评估。合规性审计涉及三种审计活动：(1)初始评估用来为可能存在问题的领域提供识别，特别是即将进行的审计；(2)环境审计更详细地关注具体操作，包括对许可证和批准文书的验证；(3)环境调查或现场评估是费时费力的工作，包括对技术分析的解释，在显示有污染或其他不合规风险的初期采用。

2. 环境管理系统审计

环境管理系统审计重点关注环境管理系统的合理性以确保能恰当地管理好未来的环境风险。

3. 交易审计

交易审计是对购并和剥离股权的审计，产权转移的现场评估，产权转移的估价和尽职调查审计。审计作为一种风险管理工具，为银行、土地购买者、贷款机构以及其他为办公地点而购地或者因接受礼物或捐赠而获得土地的任何组织提供服务。

4. 处理储存和处置设施审计

处理储存和处置设施审计包括对危险物质的存在性的跟踪。所有的危险物质从产生到毁灭都必须跟踪（从产生到终点），这些物质的所有者在拥有这些物质的任何时期都要对其负责。对于出租、管理或者贷款也应该应计负债。

5. 预防污染审计

预防污染审计是对有助于使浪费降到最低而污染能被消除的机会的行动评价，而不是在浪费或者污染发生后再加以控制。

6. 应计环境负债审计

应计环境负债审计是对已知环境问题量化和报告的应计负债进行技术性的法律检查。

7. 产品审计

产品审计是对一个部门的产品流程进行评价，以确认此类产品是否符合规定和敏感的环境利益。

（二）《现代内部审计》对内部环境审计的分类

《现代内部审计》将内部环境审计分为以下八种类型。

1. 环境管理系统审计

环境管理系统审计属于内部控制审计范畴，是内部审计机构和人员对组织环境管理系统的健全性、有效性进行的监督和评价活动。

2. 建设项目环境影响评价审计

建设项目环境影响评价审计是内部审计机构和人员对建设项目遵循环境影响评价相关法律制度情况进行的监督和评价活动。

3. 清洁生产审计

清洁生产审计是内部审计机构和人员对组织开展的清洁生产审核工作的合规性和效果进行的监督和评价活动。

4. 节能审计

节能审计是指内部审计机构和人员对组织能源节约措施实施情况和效果进行的监督和评价活动。

5. 污水处理审计

污水处理审计是内部审计机构和人员对组织污水排放和水污染防治措施的合规性和效果进行的监督和评价活动。

6. 固体废物处理审计

固体废物处理审计是内部审计机构和人员对组织固体废物产生和处理措施的合规性和效果进行的监督和评价活动。

7. 废气处理审计

废气处理审计是内部审计机构和人员对组织废气产生和处理措施的合规性和效果进行的监督和评价活动。

8. 环境支出审计

环境支出审计是内部审计机构和人员对环境支出的真实性、合法性进行的监督和评价活动。

四、内部环境审计的组织方式

环境问题是贯穿组织生产经营活动全过程的问题，环境管理也是组织内部控制系统的重要组成部分，因此，一些内部环境审计项目并不适合单独开展。例如，针对建设资金中的环境保护资金的审计就无法将其从整个资金中分出来单独审计。为此，内部审计机构和人员可以用更为灵活的方式开展内部环境审计。对于适合单独实施的内部环境审计项目，内部审计机构可以将其单独列入年度审计计划，安排专门的时间、人力和物力实施，并出具专门的审计结果报告。例如，对污水处理设施建设和运营情况进行审计、对环境支出情况进行审计、对清洁生产情况进行审计等。单独实施的环境审计项目对内部审计人员的能力要求比较高，需要内部审计人员对相关环境事项应当具有比较深入的了解和把握。对于不适合单独实施的环境审计项目，内部审计机构应当在开展其他审计业务时，完成对相关环境事项的审计，并在最终的审计结果中反映环境审计的相关内容。例如，在开展财务收支审计时，对环境收支进行重点审计；在开展基本建设项目投资审计时，对建设项目环境影响评价程序的遵循情况进行审计；在开展经济责任审计时，关注领导干部任职期间节能减排工作目标责任制的完成情况等。

第二节　内部环境审计的目标和内容

内部环境审计的目标就是内部审计机构和内部审计人员实施内部环境审计项目预期要完成的任务和能实现的结果。内部环境审计的内容就是对内部环境审计目标的具体化，是为实现内部环境审计的目标而专门设计和安排的具体审计工作和审计程序。确定恰当的内部环境审计目标和清晰的内部环境审计内容是成功开展内部环境审计项目的关键。

一、内部环境审计的目标

内部环境审计的目标应该是包括总体目标和具体目标的目标体系。内部环境审计的总体目标应当与组织环境工作的最终目标保持一致，即遵守与环境相关的法律法规、履行组织与环境相关的社会责任。内部环境审计的具体目标则应当与内部环境审计的内容和类型密切相关。

（一）内部环境审计的具体目标

1. 审查和评价组织环境管理系统的充分性和有效性

环境管理系统是组织全面管理系统的组成部分，包括为制定、实施、实现、评审和保持环境方针所需要的组织机构、规划活动、机构职责、惯例、程序、过程和资源，还包括组织的环境方针、目标和指标等管理方面的内容。良好的环境管理系统可以确保组织有计划、有组织地协调其与环境保护相关的管理活动，环境管理系统包括规范的动作程序和文件化的控制机制，通过包含明确职责、义务的组织结构来贯彻落实，其目的在于防止组织对环境造成不利影响，同时减少组织因违反环境保护相关法律和法规而可能遭受的各种损失和影响。环境管理系统作为组织的一项内部管理工具，旨在帮助组织实现自身设定的环境表现水平，并不断地改进环境行为，不断达到更新更佳的高度。为确保组织环境管理系统能够得到更好的运行，组织的内部审计机构和人员就应当审查和评价组织环境管理系统的充分性和有效性。充分性是指环境管理系统及其所包含的控制程序对实现特定的环境目标是充分的，有效性是指环境管理系统确实存在并能有效地发挥管理环境的作用，降低环境管理风险。

2. 审查和评价组织经营活动遵守环境保护相关法律法规、政策和标准的情况

如果组织存在违反环境保护相关法律法规、政策和标准的行为，其后果可能是非常严重的。组织不仅可能面临巨额的罚款，还会面临社会声誉的极度受损，甚至危及组织未来的持续经营。组织内部审计通过实施环境保护相关法律和法规的遵循性审计，可以防范和及时发现组织的违法行为。常见的环境审计标准来源包括法律法规、规章和其他规范性文件，国家有关方针和政策，会计准则和会计制度，国家和行业的技术标准，预算、计划和合同，组织

的管理制度和绩效目标，组织的历史数据和历史业绩，公认的业务惯例或者良好实务，专业机构或者专家的意见等。内部审计人员在选择审计标准时，应当兼顾标准的权威性和适用性，特别是应当结合组织的实际情况选择适当的审计标准，避免过分强调权威性而脱离组织实际。跨国组织的内部审计机构和人员在开展环境遵循性审计时，还应当考虑组织经营活动遵守国际特别是所在国的环境法律法规和相关标准的情况。

3. 审查和评价环境会计报告的客观性和公允性

组织有义务向社会公众或相关职能部门就环境相关事项进行报告，组织必须保证环境会计报告的客观性和公允性。客观公允是指环境会计报表与附注中反映的内容是客观的、公允的，包括环境会计报告中能以货币计量在报表中反映的内容和不能以货币计量而在报表附注中披露的内容。环境会计信息是企业持续经营、业绩评价和投资决策过程中不可或缺的重要信息。通过对环境会计信息的披露，管理层可以了解企业的环境行为及其影响，进一步改善企业的内部管理；企业的利益关系人，通过了解企业对环境的污染及其环境保护责任的履行情况，在此基础上做出理性的判断和决策。

我国目前尚未形成环境会计核算体系，现有会计报表主要提供的是经济效益指标，而对生态效益、社会效益指标均未披露。内部审计机构和人员尚不具备全面开展环境会计报告审计的条件，但是，内部审计人员可以通过关注环境支出、环境或有事项的认定和会计处理的合理性，促进组织向有关各方提供准确有效的环境信息，以满足加强组织环境管理和决策者分析决策的需要。

4. 审查和评价组织与环境保护相关的经营活动的绩效

不论是组织的管理层还是组织的各类相关利益方都会非常关注组织与环境保护相关的经营活动的绩效，内部审计机构和内部审计人员就需要通过执行内部环境审计项目对组织与环境保护相关的经营活动的绩效进行评价。例如，审查和评价组织在环境投入和资源的使用方面是否节约和合理，即绩效审计中的经济性目标；审查和评价组织环境保护和资源节约方面的投入产出关系是否有效，即绩效审计中的效率性目标；审查和评价组织环境保护和资源节约的目标是否实现，即绩效审计中的效果性目标。在内部环境审计的实践中，内部审计人员可以对上述三类审计目标进行统筹考虑，例如，内部审计人员在检查评价组织污水处理设施的运营情况时，既要评价运营成本的高低，即经济性目标，又要评价组织投入取得的环境效益，即效率性目标，还要评价组织污水处理目标的实现程度，即效果性目标。

(二) 确定内部环境审计目标应考虑的因素

内部审计机构和内部审计人员需要在审计计划阶段确定审计目标，并在审计实施过程中视情况的变化进行必要的调整，在确定和调整内部环境审计目标时，内部审计人员应当充分考虑以下因素。

1. 内部审计机构的职责

内部审计机构的职责因所在组织的不同而有所不同，内部审计机构在开展环境审计时应当结合自身的职责确定具体审计目标。例如，如果组织确定的内部审计机构职责是对组织的财务收支进行审计，在开展环境支出审计时就应当将环境支出的合规性和绩效性确定为主要的审计目标。

2. 内部审计人员的专业胜任能力

内部审计人员的专业胜任能力是影响审计目标能否实现的关键因素,内部环境审计的特殊性和对胜任能力的更专业要求使该因素的影响程度更大。在内部环境审计的起步阶段,内部审计机构和人员可以从较为简单和传统的审计目标开始,循序渐进地开展内部环境审计项目。同时,内部审计机构还可以根据需要引进具有环境相关知识和技能的审计人员,并对现有的内部审计人员进行必要的环境知识和技能的培训。

3. 外部支持

由于内部审计所处组织环境的特殊地位,内部审计机构和内部审计人员的工作本身将会受到各种外部因素的影响,如组织治理层和管理层的支持、被审计部门的协作、其他相关部门和人员的合作等。内部审计成果的利用也会受到这些外部因素的影响。例如,在多数情况下,组织采纳内部审计就环境事项提出的建议,意味着在短期内将会增加组织的营运成本,如采纳审计建议建立环境管理系统、增加环境治理投入等。这些外部因素的影响都有可能导致内部环境审计在起步阶段较难获得组织管理层和被审计部门和人员的有效支持。内部审计机构和内部审计人员在确定内部环境审计目标时,应当视自身获得外部支持的程度选择最为恰当的审计目标。

二、内部环境审计的内容

内部环境审计的内容包括对组织内部控制系统中的环境管理系统进行的审计以及对组织内部环境保护相关活动的遵循性、绩效性进行的审计。内部审计机构和内部审计人员对环境管理系统的审计主要关注组织内部控制系统中的环境管理系统,属于内部控制审计的范畴。内部审计机构和内部审计人员对组织内部环境保护相关活动的遵循性和绩效性的审计包括对组织建设项目环境影响评价的审计、对组织在污染防治和节能等方面的审计以及对环境支出的审计。对建设项目环境影响评价的审计主要关注组织的建设活动对环境的影响,内部审计机构和内部审计人员主要针对组织应对措施的合规性和效果性进行审计。对组织在污染防治和节能等方面的审计主要关注组织的生产经营活动对环境的影响,包括清洁生产审计、节能审计、污水处理审计、固体废物处理审计、废气处理审计。其中,清洁生产审计和节能审计关注污染的前端预防,污水处理审计、固体废物处理审计和废气处理审计关注污染的末端治理。另外,内部审计机构和内部审计人员对环境支出的审计主要关注组织环境支出的真实性以及环境或有事项会计处理的合规性。

(一) 环境管理系统审计

环境管理系统是组织管理系统的一部分,用来制定和实施其环境方针并管理其环境因素。环境管理系统审计是内部审计机构和内部审计人员对组织环境管理系统的健全性、有效性所进行的监督和评价活动。环境管理系统审计主要适合在有意建立、实施、保持并改进环境管理系统的组织内部开展,环境管理系统审计的主要标准是 ISO14001 标准体系。

1. 实施环境管理系统审计应当取得的资料

实施环境管理系统审计应当取得以下资料:

(1) 组织的环境管理文件;

(2) 环境保护制度、环境保护岗位设置等资料；

(3) ISO14001 标准文件。

2. 环境管理系统审计的内容和方法

(1) 环境管理系统的存在性

内部审计机构和内部审计人员应当查阅组织的环境管理文件，询问组织环境管理机构的工作人员，检查组织是否建立了环境管理系统并形成了正式的文件，审查文件要素是否齐全。

(2) 环境管理系统的健全性

内部审计机构和内部审计人员应当查阅组织的环境管理系统文件，与相关人员座谈，检查组织是否确立了本组织的环境方针；组织制定的环境方针是否适合组织活动、产品和服务的性质、规模和环境影响；组织是否确立了环境目标；组织是否对污染预防做出了承诺；组织是否对遵守环境法规做出了承诺；组织是否向员工就组织的环境管理系统进行了宣传；组织是否对外就组织的环境管理目标和措施进行了宣传。

(3) 环境管理活动

内部审计机构和内部审计人员应当查阅组织的环境管理系统文件，与相关人员座谈，检查组织是否建立并实施了相应程序，以识别组织面临的环境风险和组织内能与环境发生作用的活动、产品和服务等环境要素；组织是否对这些要素进行排序，确定可能对环境具有重大影响的因素，即重要的环境因素；组织是否将这些信息形成文件并及时更新；组织是否在建立、实施和保持环境管理系统时，对重要环境因素进行了充分的考虑；组织是否建立并实施了相应程序，以识别适用于其活动、产品和服务中环境因素的法律法规和其他应遵守的要求，并建立了获取这些要求的渠道；组织是否建立并实施了环境目标和指标，环境目标和指标是否符合国家有关规定和标准；组织是否考虑了环境管理活动在技术、财务方面的可行性。

(4) 环境管理系统实施情况

内部审计机构和内部审计人员应当查阅组织的环境管理系统文件，与相关人员座谈，检查组织是否确保为环境管理系统的建立和实施提供了必要的人力、基础设施、技术和财力资源；组织是否有专人负责建立和实施环境管理系统，并定期报告环境管理系统的运行情况；组织是否开展了培训，以确保从事环境管理相关人员具备相应的能力；组织是否建立并实施了相应的程序，在组织内部各层次和职能间，以及与组织外部就环境信息进行交流；组织是否建立和实施了相应程序，规定了环境管理系统的运行规则，以控制因缺乏程序文件而导致偏离环境方针、目标和指标的情况；组织是否建立和实施了相应程序，以识别可能对环境造成影响的潜在的紧急情况和事故，并制定了相应的措施。

(5) 环境管理系统监督情况

内部审计机构和内部审计人员应当查阅组织的环境管理系统文件，与相关人员座谈，检查组织是否建立和实施了相应程序，对可能具有重大环境影响的活动进行例行的监测和测量；组织是否建立和实施了相应程序，定期评价对适用的法律法规的遵守情况；组织是否建立和实施了相应程序，以处理实际或潜在的不合规情况，并采取了纠正措施和预防措施；组织是否根据需要，建立并保持了必要的记录，用来证实对环境管理系统的遵守情况和实现的结果；组织是否确保按照计划的时间间隔对管理体系进行了内部审核，以判定环境管理系统是否符合组织对环境管理工作的预定安排；组织是否按计划的时间间隔，对组织的环境管理系统进行了评审，以确保其持续适宜，以及保持充分性和有效性。

(二) 建设项目环境影响评价审计

建设项目环境影响评价是指依据《中华人民共和国环境影响评价法》等法律法规的规定，对建设项目实施中和实施后可能造成的环境影响进行分析、预测和评估，提出预防或者减轻不良环境影响的对策和措施，以及进行跟踪监测的方法与制度。建设项目环境影响评价审计是指内部审计机构和内部审计人员对建设项目遵循环境影响评价相关法律制度的情况所进行的监督和评价活动。建设项目环境影响评价审计的审计对象可能涉及内部审计机构所在组织之外的单位，如施工单位、监理单位等。内部审计机构和内部审计人员应当根据审计权限或沟通情况，确定是否延伸审计这些单位，以及是否延伸审计的内容和方式等。

1. 实施建设项目环境影响评价审计应当取得的资料

实施建设项目环境影响评价审计应当取得以下资料。

(1) 项目建议书、可行性研究报告、开工报告等资料；环境影响评价文件，环境影响评价委托书或合同；建设项目周边环境条件的基础数据和现场调查报告等资料；环境影响评价有关法律法规和技术规范。

(2) 初步设计(含变更设计)、施工图设计等设计文件、图纸，主要设备和材料明细表；概算编制有关规定、各类定额、取费标准和工程造价信息；初步设计概算、施工图预算等。

(3) 施工单位的内部环境保护管理制度；施工组织设计；施工便道、场地、营地、取(弃)土场和砂石料场等临时工程的平面布置图；各项环境保护措施施工记录；已完工工程量清单；环境监理和工程监理资料；环境保护验收记录。

(4) 会计核算资料；竣工决算资料。

2. 建设项目环境影响评价审计的内容和方法

(1) 立项环节环境影响评价的开展情况

内部审计机构和内部审计人员应当查阅建设项目可行性研究资料和环境影响评价文件，检查建设单位是否按环境影响评价有关法律法规编写和报批环境影响评价文件，环境影响评价文件是否得到批准；查阅环境影响评价委托合同等资料，检查环境影响评价文件编制单位是否具备规定资质，选择过程是否经过公开招标程序，收取的评价费用是否合理；查阅环境影响评价文件、建设项目周边环境条件的基础数据和现场调查报告等资料，对照环境影响评价有关法律法规和技术规范，检查环境影响评价文件对建设项目周边环境条件的描述是否与实际情况相符，提出的环境保护措施是否可行等。

(2) 设计环节环境影响评价文件的落实情况

内部审计机构和内部审计人员应当查阅项目初步设计文件，检查初步设计文件是否包括了环境保护篇章，是否在环境保护篇章中落实了防治环境污染和生态破坏的措施以及环境保护设施投资概算，所确定的环境保护措施及投资额是否与环境影响评价文件有关内容一致；查阅施工图设计，对照相关环境技术规范，检查施工图设计是否符合环境保护设计规范和有关要求，审查其技术可行性、经济合理性；查阅初步设计概算、施工图预算编制所依据的概算定额、预算定额、费用定额、税率等,检查其是否适用,是否考虑了项目建设所在地的自然、技术和经济条件;查阅包含环境保护措施工程的设计变更施工图,结合专家意见,检查变更是否合理,有较大变更的环境保护相关设计是否经相关部门或单位批准,是否不利于环境保护。

(3)环境保护资金的管理和使用情况

内部审计机构和内部审计人员对环境保护资金的管理和使用情况的审计通常会结合建设项目资金的审计同时进行。内部审计机构和内部审计人员应当查阅初步设计概算,会计资料,检查环境影响评价文件和初步设计概算中批复的环境保护投资是否落实到位并投入使用;查阅初步设计概算,会计资料,竣工决算资料,检查初步设计概算中的环境保护单项工程投资预算是否完成,工程是否按批复建成。

(4)施工环节环境保护措施的落实情况

内部审计机构和内部审计人员应当审查环境保护措施的建设情况,包括查阅施工单位的内部环境保护管理制度、施工组织设计、环境监理和工程监理资料、环境保护设施验收记录,察看现场,检查是否设置、安装了处理施工和生活废污水的污水处理装置;施工营地设置、堆放含有害物质的物料是否远离地表水体;施工中是否采取了废污水限排的施工工艺;是否设置、布设了生产、生活垃圾分类收集设施,是否将垃圾分别送至垃圾处理场或其他规定地点进行处理;是否设置、安装了消声、减噪装置;是否制定了专门的施工计划和施工方法,限制了作业时间;是否设置、安装了除尘、减排装置;是否采用了有利于大气环境保护的施工工艺。

内部审计机构和内部审计人员应当审查植被、自然景观、水土保持、动物保护措施的落实情况,包括查阅施工组织设计、各项环境保护措施相关施工记录、已完工工程量清单、环境监理和工程监理资料、环境保护设施验收记录等;现场察看,检查施工现场是否按照设计要求采取了拦渣、挡土墙、护坡、防风固沙、防洪、防治泥石流等工程或绿化措施;是否对特殊保护地区的表土和原生地表草皮采取了移植、养护、存放和回铺措施,各项工程措施是否符合相应技术规程;检查施工活动是否限制在规定范围内,有无违规进入自然保护区核心区采石取土或其他活动;检查为减少工程阻隔陆生动物迁徙而专门设置的动物通道,或为减少工程阻隔水生动物洄游而专门设置的过鱼设施的设置和建设情况。

内部审计机构和内部审计人员应当审查临时工程环境保护措施的实施情况,包括查阅施工组织设计、施工便道、场地、营地、取(弃)土场和砂石料场等临时工程的平面布置图、各项环境保护措施相关施工记录、已完工工程量清单、环境监理和工程监理资料、环境保护设施验收记录等;检查临时工程设置地点是否合理,占地面积、取土深度、取土范围、取弃土(砂石)量是否超过地方主管部门的批准范围;是否按照设计指定的位置和规模取用土和砂石;是否按设计要求利用挖土和隧道出渣,对弃渣和弃土全部进行了防护;是否按照设计要求和技术规范对使用后的临时工程用地进行了清理、整治和恢复。

内部审计机构和内部审计人员应当审查环境保护设备的采购和安装情况,包括查阅采购合同、现场盘点、检查建设单位或施工单位是否按照合同要求和约定购进环境保护材料和环境保护专用设备并安装用于设计用途。

(三)清洁生产审计

清洁生产是指组织不断采取改进设计、使用清洁的能源和原料、采用先进的工艺技术与设备、改善管理、综合利用等措施,从源头削减污染,提高资源利用效率,减少或者避免生产、服务和产品使用过程中污染物的产生和排放,以减轻或者消除对人类健康和环境的危害。清洁生产审计是内部审计机构和人员对组织开展的清洁生产审核工作的合规性和效果进行的监督和评价活动。清洁生产审计可以与清洁生产审核工作同步进行,也可以对清洁生产实施情况进行单独的监督和评价。

1. 实施清洁生产审计应当取得的资料

实施清洁生产审计应当取得以下资料。

(1)省级环境保护行政主管部门发布的实施强制性清洁生产审核的企业名单,《中华人民共和国循环经济促进法》《中华人民共和国清洁生产促进法》等法律法规,组织内部关于清洁生产的各项规定等。

(2)清洁生产审核资料,清洁生产项目立项文件、投资计划,核算清洁生产项目收支的会计资料等。

(3)清洁生产实施方案,生产用主要原材料和包装材料使用说明,生产用主要工艺设备参数,"三废"产生和利用情况表,资源能源消耗统计表,资源消耗和污染物排放情况监测报告等。

2. 清洁生产审计的内容和方法

(1)清洁生产相关法律法规的遵循情况

对照省级环境保护行政主管部门发布的实施强制性清洁生产审核的企业名单,内部审计机构和内部审计人员应当查看本企业是否被列入实施强制性清洁生产审核名单的企业;如果是,询问有关工作人员,检查组织是否在规定时间内(名单公布后一个月内),在所在地主要媒体上公布了主要污染物排放情况,并在规定时间内(在名单公布后两个月内)开展清洁生产审核工作。

内部审计机构和内部审计人员应当查阅有关法律法规,检查企业是否符合申请国家专项资金(如循环经济发展专项资金)申报条件,符合条件的是否申请相关资金支持;内部审计机构和内部审计人员应当查阅相关税收优惠政策,对企业使用或者生产列入国家清洁生产、资源综合利用等鼓励名录的技术、工艺、设备或者产品的,检查是否符合申请享受国家规定的税收优惠政策的条件,符合条件的是否申请享受相关优惠政策。

(2)清洁生产的审核程序

内部审计机构和内部审计人员应当查阅组织实施清洁生产审核的有关资料,检查组织是否认真进行审核前的准备,包括是否在组织内部开展培训和宣传,是否成立清洁生产审核工作小组,是否制订工作计划;是否按规范要求开展预审核,是否对组织基本情况进行全面调查,并通过定性和定量分析,确定清洁生产审核的重点和组织清洁生产的目标;是否通过对生产和服务过程的投入产出分析,找出物料流失、资源浪费环节和污染物产生的原因;是否按规范要求选择清洁生产的实施方案,在选择之前是否对物料流失、资源浪费、污染物产生和排放进行了分析,是否对初步筛选的清洁生产方案进行技术、经济和环境可行性分析,并最终确定企业拟实施的清洁生产方案;是否按规范要求编写清洁生产审核报告,并在规定时间内(名单公布之日起一年内),将清洁生产审核报告报当地环境保护行政主管部门和发展改革(经济贸易)行政主管部门;对聘请相关咨询服务机构协助组织开展清洁生产审核工作的,检查咨询机构是否具备相应的资格条件和良好的经营记录。

(3)清洁生产的实施情况

内部审计机构和内部审计人员应当查阅清洁生产实施方案、生产用主要原材料和包装材料使用说明、生产用主要工艺设备参数、三废"产生和利用情况表、资源能源消耗统计表、资源消耗和污染物排放情况监测报告等;检查组织是否采用无毒、无害或者低毒、低害的原料,替代毒性大、危害严重的原料;是否采用资源利用率高、污染物产生量少的工艺和设备,替代资源利用率低、污染物产生量多的工艺和设备;生产过程中产生的废物、废水和余热等,是否进行综合利用或者循环使用,或者转让给有条件的其他企业和个人利用;是否采用了达到国家或者地方规定的污染物排放标准和污染物排放总量控制指标的污染防治技术;产品和包装物的设计是否考虑了对人类健康和环境的影响,是否优先选择无毒、无害、易于降解或者便于回收利用的方案,是否存在过度包装现象;是否采用节能、节水和其他有利于环境保护的技术和设备;对生产、销售被列入强制回收目录的产品和包装物的组织,检查是否按规定在产品报废和包装物使用后对该产品和包装物进行回收;是否对生产和服务过程中的资源消耗以及废物的产生情况进行监测。

(4)清洁生产项目资金的使用情况

内部审计机构和内部审计人员应当查阅清洁生产项目立项文件,核算清洁生产项目收支的会计资料等,检查自筹资金是否足额筹集到位;申请的中央补助清洁生产专项资金是否及时到位;项目资金是否按照规定用途使用,有无挪用和损失浪费问题。

(四)节能审计

节能审计是指内部审计机构和内部审计人员对组织能源节约措施实施情况和效果进行的监督和评价活动。

1. 实施节能审计应当取得的资料

实施节能审计应当取得以下资料:

(1)组织内部的节能方案;
(2)节能评估资料;
(3)合同能源管理资料;
(4)能源消耗统计资料;
(5)节能项目申请资料和资金核算资料;
(6)《中华人民共和国节约能源法》;
(7)《固定资产投资项目节能评估和审查暂行办法》;
(8)《合同能源管理项目财政奖励资金管理暂行办法》;
(9)《合同能源管理技术通则》等法规和标准。

2. 节能审计的内容和方法

(1)节能的管理情况

内部审计机构和内部审计人员应当查阅组织的节能方案、能源消耗统计资料等,检查组织是否制定并实施了节能计划和节能技术措施;组织是否建立了节能目标责任制;组织是否定期开展节能教育和岗位节能培训；组织是否按照规定配备和使用经依法检定合格的能源计量器具；组织是否建立能源消费统计和能源利用状况分析制度，对各类能源的消费是否实行分类计量和统计，并确保能源消费统计数据真实、完整。

(2) 节能评估的开展情况

内部审计机构和内部审计人员应当查阅组织的节能评估资料，检查组织是否根据固定资产投资项目建成投产后年能源消费量编制节能评估报告书、节能评估报告表或者填写节能登记表；组织是否委托有能力的机构编制节能评估文件，节能评估报告书内容是否符合要求；节能评估文件的编制费用是否列入项目概预算；节能评估文件是否送相应的发展改革部门实施节能审查并获批准。

(3) 节能资金使用情况

对获得中央或地方节能专项补助资金支持的企业，内部审计机构和内部审计人员应当查阅节能项目申请资料和资金核算资料，检查资金申请资料是否真实，有无骗取资金的嫌疑；资金是否足额到位，是否按规定使用；资金对应项目的完成情况，是否实现预期目标。

(4) 合同能源管理

内部审计机构和内部审计人员应当查阅合同能源管理合同等资料和相关会计资料，检查组织是否委托具备备案资格的节能服务公司提供专项节能服务，并签订合同能源管理合同；节能服务公司是否按合同履行投入、管理等义务；合同能源管理项目是否达到计划节能量，实现预定的节能效益；组织是否按合同约定支付节能服务费用；组织是否符合申请合同能源管理项目财政奖励资金的条件，如果符合，是否申请，申请的资金是否及时到位。

(五) 污水处理审计

对组织生产经营和职工生活产生的污水进行适当处理并达标排放，是组织的一项法律义务，其目的在于削减污水中的污染物，保护水体质量。污水处理审计就是内部审计机构和内部审计人员对组织污水排放和水污染防治措施的合规性和效果进行的监督和评价活动。

1. 实施污水处理审计应当取得的资料

实施污水处理审计应当取得以下资料：

(1) 排污登记资料；
(2) 排污许可证；
(3) 环境影响评价资料；
(4) 污水排放统计资料；
(5) 污水处理设施运行记录；
(6) 水质监测设施运行记录；
(7) 水质监测资料；
(8) 污染减排责任书；
(9)《中华人民共和国水污染防治法》等法律法规。

2. 污水处理审计的内容和方法

(1) 环境影响评价的开展情况

内部审计机构和内部审计人员应当查阅环境影响评价资料，检查组织新建、改建、扩建直接或者间接向水体排放污染物的建设项目和其他水上设施，是否进行环境影响评价；项目投入生产或者使用之前，水污染防治设施是否经过环境保护部门检验，并达到相关要求。

(2) 排污登记情况

对于直接或者间接向水体排放污染物的企业事业单位，内部审计机构和内部审计人员应当查阅排污登记资料；询问相关人员；检查组织是否按规定向县级以上环境保护主管部门进行排污申报登记。

(3) 排污许可情况

在江河、湖泊设置排污口的，内部审计机构和内部审计人员应当查阅排污许可证及相关资料；现场察看；检查组织是否报经水行政主管部门批准设置排污口，并在指定位置设置排污口。

(4) 排污监测情况

对于重点排污单位，内部审计机构和内部审计人员应当查看检测设备运行记录，检查组织是否按规定安装水污染物排放自动监测设备；自动监测设备是否与环境保护主管部门的监控设备联网，并保证监测设备正常运行；组织是否对其所排放的工业废水进行监测，并保存原始监测记录。

(5) 污水处理情况

企业自行处理污水的，内部审计机构和内部审计人员应当查阅污水处理设施运行记录，检查处理工艺是否符合规范要求，是否能够有效去除污水中的污染物；全部污水是否都经过处理，污水处理设施的污水处理量是否达到设计要求；处理后的污水回用的，是否达到回用标准；处理后的污水向水体排放的，是否达到国家或地方规定的排放标准；污水处理成本是否得到有效控制；其他水污染防治措施的实施情况及效果。

(6) 污水排放情况

内部审计机构和内部审计人员应当查阅污染减排责任书、污水排放统计资料，检查组织是否完成减排目标；是否向水体排放禁止排放的物质。

(六) 固体废物处理审计

固体废物主要包括生活垃圾、工业固体废物和危险废物等，对水环境、居住环境和人民群众的生命安全有较大的影响。固体废物处理审计就是内部审计机构和内部审计人员对组织固体废物产生和处理措施的合规性和效果进行的监督和评价活动。

1. 实施固体废物处理审计应当取得的资料

实施固体废物处理审计应当取得以下资料：

(1) 排污登记资料；

(2) 环境影响评价资料；

(3) 固体废物产生和处理的统计资料；

(4) 固体废物处置记录；

(5) 环境事故应急预案；

(6)《中华人民共和国固体废物污染环境防治法》；

(7)《危险化学品安全管理条例》；

(8)《废弃危险化学品污染环境防治办法》等法规。

2. 固体废物处理审计的内容和方法

(1) 环境影响评价的开展情况

内部审计机构和内部审计人员应当针对建设产生工业固体废物的项目以及建设贮存、处置固体废物的项目，查阅环境影响评价资料，检查组织是否按规定开展环境影响评价；项目投入生产或者使用之前，固体废物贮存、处置设施是否经过环境保护部门检验，并达到相关要求。

(2) 固体废物处理情况

内部审计机构和内部审计人员应当针对产生工业固体废物的单位，查阅排污登记资料，询问相关人员，检查是否按照规定向所在地县级以上环境保护行政主管部门提供工业固体废物的产生量、流向、贮存、处置等有关资料；查阅固体废物处置记录，察看固体废物处置设施运转情况，检查是否按照规定建设贮存或者处置的设施、场所，用于贮存或者处置不能利用或者暂时不利用的工业固体废物；检查露天贮存的冶炼渣、化工渣、燃煤灰渣、废矿石、尾矿和其他工业固体废物，是否设置专用的贮存设施、场所，是否对周围水体、土壤造成污染；其他固体废物污染防治措施的实施情况及效果。

(3) 危险废物处理情况

内部审计机构和内部审计人员应当针对产生危险废物的单位，查阅排污登记资料，询问相关人员，检查是否按照规定申报登记；查阅危险废物处置记录，查看危险废物处置设施运转情况，检查组织是否按规定对危险废物进行处置，或送到集中处置设施处置；转移危险废物的，检查组织是否按照规定填写危险废物转移联单，并向危险废物移出地和接受地的县级以上地方人民政府环境保护行政主管部门报告；查阅环境事故应急预案，检查组织是否制定在发生意外事故时采取的应急措施和防范措施，并向所在地县级以上地方人民政府环境保护行政主管部门报告。

(七) 废气处理审计

组织生产经营中排放的废气是大气污染物的重要来源。废气处理审计就是内部审计机构和内部审计人员对组织废气产生和处理措施的合规性和效果进行的监督和评价活动。

1. 实施废气处理审计应当取得的资料

实施废气处理审计应当取得以下资料：

(1) 排污登记资料；

(2) 环境影响评价资料；

(3) 废气排放统计资料；

(4) 废气处理设施运行记录；

(5) 废气监测设施运行记录；

(6) 废气监测资料；

(7) 污染减排责任书；

(8)《中华人民共和国大气污染防治法》等法律法规。

2. 废气处理审计的内容和方法

(1)环境影响评价的开展情况

内部审计机构和内部审计人员针对新建、扩建、改建向大气排放污染物的项目,应当查阅环境影响评价资料,检查项目是否按规定开展了环境影响评价;项目投入生产或者使用之前,大气污染防治设施是否经过环境保护部门检验,并达到相关要求。

(2)申报登记情况

内部审计机构和内部审计人员应当查阅排污登记资料,询问相关人员,检查向大气排放污染物的单位,是否按规定向所在地的环境保护部门申报拥有的污染物排放设施、处理设施和在正常作业条件下排放污染物的种类、数量、浓度,并提供防治大气污染方面的有关技术资料。

(3)废气治理情况

内部审计机构和内部审计人员应当查阅废气排放统计资料、废气处理设施运行记录、废气监测设施运行记录、废气监测资料等,检查向大气排放的含放射性物质的气体和气溶胶是否符合国家有关放射性防护的规定;向大气排放的恶臭气体是否采取措施防止周围居民区受到污染;向大气排放的粉尘是否采取了除尘措施;向大气排放的污染物如果超过规定的排放标准,是否采取了有效措施进行治理。

(4)脱硫情况

内部审计机构和内部审计人员针对燃煤电厂和其他大中型企业,应当查阅二氧化硫排放统计资料、脱硫设施运行记录、污染减排责任书,检查组织是否建设了配套的脱硫、除尘装置或者采取了其他控制二氧化硫排放和除尘的措施;脱硫装置是否取得了预定效果;组织是否完成了二氧化硫减排目标。

(八)环境支出审计

环境支出是组织为了防止对环境造成污染而发生的各种费用,以及为改善环境、恢复自然资源的数量和质量而发生的各种费用。常见的环境支出包括排污费、污水处理费、水资源费、环境保护税和各种环境治理支出。环境支出审计就是内部审计机构和内部审计人员对环境支出的真实性、合法性进行的监督和评价活动。

另外,组织在生产经营过程中,可能会对土地、空气和水造成不同程度的污染,在重组的过程中也可能购入会对环境造成污染的生产线和工艺技术,以及受污染的资产等,这些事项的结果可能导致组织在将来需要承担环境治理责任,组织需要将这些环境污染整治事项合理地确认为或有事项。内部审计机构和内部审计人员应当保持高度的职业敏感性,对组织是否面临此类或有事项及其会计处理方式进行审查与评价,并向管理层提出应对建议。

1. 实施环境支出审计应当取得的资料

实施环境支出审计应当取得以下资料:

(1)排污费、水资源费、污水处理费等各类费用的缴费通知单、缴费标准和相关法规,污水处理协议,相关会计资料等。

(2)企业重组协议、土地购置协议等资料,主要关注重组对象的历史环境负债和治理义务、购置土地的污染状况等,以及重组双方、购置双方关于历史遗留环境问题治理义务的约定。

2. 环境支出审计的内容和方法

(1) 排污费或环境保护税的计缴情况

内部审计机构和内部审计人员应当核对环境保护部门下达的"排污费缴费通知单"和组织实际计缴排污费的数量,检查组织是否足额、及时计缴排污费;申请的排污费缓缴或免缴手续是否合规;是否重复缴纳排污费和污水处理费。

(2) 水资源费计缴情况

内部审计机构和内部审计人员应当核对水资源主管部门下达的"水资源费缴费通知单"和组织实际缴纳的水资源费,检查组织是否足额缴纳水资源费;是否按规定自收到缴纳通知单之日起七日内办理缴纳手续;对超过批准年度取水计划取水的,检查组织是否按累进费率缴纳水资源费;申请缓缴水资源费的手续是否合规。

(3) 污水处理费计缴情况

内部审计机构和内部审计人员应当核实污水处理费征收协议确定的应交污水处理费金额,或主管部门下达的污水处理费缴纳通知单金额,并与组织实际支出的污水处理费进行比较,检查组织是否足额、及时支付污水处理费;申请污水处理费"减、免、缓"的手续是否合规;是否重复缴纳排污费和污水处理费。

(4) 环境或有事项

内部审计机构和内部审计人员应当查阅土地购置协议,了解购置地块的土壤污染状况,以及购置双方关于土壤污染治理义务的约定,检查组织是否因购置污染土地而需要承担土壤污染治理的义务;查阅相关会计准则和组织的会计政策,检查组织对上述或有事项的会计处理方式是否合规,是否应在会计报表附注中披露预计负债;或有事项相关义务确认为预计负债时,检查组织是否充分考虑与或有事项有关的风险和不确定性,并在此基础上按照最佳估计数确定了预计负债的金额。

第三节 内部环境审计的方法

内部环境审计是在组织复杂多变的法律和文化环境中实施的,必然面临纷繁复杂的风险环境,对于已经身处巨大的差异化运作环境的内部审计职业而言更是巨大的风险挑战。内部审计机构和内部审计人员为了能够更好地实现环境审计目标,必须认真考虑的一个重要问题就是如何更好地在内部环境审计的计划、实施、报告以及后续追踪阶段合理地贯彻系统化的内部审计过程的设计思路,结合对风险的识别、评估和应对采取规范化的内部审计方法,强化对内部审计活动的规划、管理和控制,并开发和应用适用于环境审计项目的特殊方法,以改善内部环境审计的工作效果和效率,从而实现内部审计为组织增加价值的功能定位。

一、内部环境审计的通用方法

在内部审计活动中常用的审计方法,如审核、观察、监盘、访谈、调查、函证、计算、分析程序等,均可广泛地应用于内部环境审计项目之中。内部审计人员可以充分利用自身对这些常规审计方法掌握熟练的优势,结合环境审计的特殊要求合理调整和规划这些通用的审计方法,使之发挥更大的效果。

（一）审核

内部审计机构和内部审计人员在实施内部环境审计项目时，需要对来自各种不同来源的文件资料进行审核，除审计中最常见的会计资料之外，在内部环境审计项目中还将涉及组织内部的环境管理系统资料，经营活动资料，组织外部的法律法规、国家和地方标准等资料，在范围上远远超过其他审计项目所需要审核的资料，其中许多资料还可能来源于第三方，如环境监测部门的监测报告等。审核是内部审计人员所使用的最传统的审计方法，通过运用审核方法，内部审计人员可以对组织的资源开发利用，环境治理保护资金的筹集、管理、使用，特别是资金的流向实施审计；在对组织资源环境保护法规、制度的建立、健全性实施审计，以及在对资源环境开发、保护的决策情况实施审计时，针对与组织环境事项有关的账册、法规、文件、记录进行查阅。

（二）观察

内部审计机构和内部审计人员在实施内部环境审计项目时，需要实地观察组织的生产运行、环境设施运转和污染状况，现场观察组织资源环境状况是否良好，采取的有关措施、手段是否产生了效果，以及组织从事资源环境工作的人员的业务活动或执行的程序是否符合相关规定，以获取有关生产工艺、环境设施运转、污染物排放等方面的相关审计证据。由于环境审计项目的专业性较强，内部审计人员利用观察法获取审计证据时，通常需要由组织的专业人员或外部专家陪同和协助。

（三）监盘

内部审计机构和内部审计人员在实施内部环境审计项目时，需要对组织环境污染防治设施的数量、环境应急设施的数量等进行实地盘点，以评价组织环境设施的运营情况和环境风险的应急能力。

（四）访谈

内部审计机构和内部审计人员在实施内部环境审计项目时，需要通过与组织了解环境事项的人员或专家进行访谈，获取口头或书面证据，从而增加对组织环境问题的认识，降低环境审计风险。

（五）调查

内部审计机构和内部审计人员在实施内部环境审计项目时，需要就组织与环境相关的各项情况实施必要的调查，如就组织的环境保护情况向长期生活在相应区域内的有关居民进行调查。内部审计人员可以根据调查目的和内容事先设计合理的调查问卷，有效地组织问卷的发放和回收，完成调查后对调查结果进行系统的归纳和总结。

（六）函证

内部审计机构和内部审计人员在实施内部环境审计项目时，需要就组织与环境相关的各项情况向第三方获取资料。函证是获取此类证据的有效方法，如通过发函向环境保护等部门索取相关证据，但是，内部审计机构通过函证方式向主管部门或以营利为目的的机构索取证据时可能需要支付一定的费用，如向环境保护部门购买监测数据、向测绘单位购买测绘数据等。此时，内部审计人员需要进行成本效益分析，以决定是否采用这一方法。

(七) 计算

内部审计机构和内部审计人员在实施内部环境审计项目时，需要对环境支出等数据进行计算，或者对其真实性进行复算，有时也会对其他环境数据进行复算，如污水排放量数据等。内部审计人员在进行计算或复算时，应当事先与组织相关人员进行沟通，就计算依据和计算方法等取得一致，避免发生分歧。

(八) 分析程序

内部审计机构和内部审计人员在实施内部环境审计项目时，需要研究与环境事项相关的各种数据之间，特别是财务数据与非财务数据之间的内在关系，进而对组织的资源环境开发和保护情况做出恰当的评价。当前，信息技术已在资源环境领域得到普遍的使用，有关部门的业务数据库已经能够提供资金结算、能源消费、环保统计、在线监测等数据，这就为内部审计人员在内部环境审计项目中实施分析程序提供了丰富的数据来源。内部审计人员还可以通过实施分析程序对调查识别出的、与其他相关信息不一致或与预期数据严重偏离的波动和关系进行分析，查找原因并采取必要的措施。

二、内部环境审计的特殊方法

虽然说通用的审计方法在内部审计机构和内部审计人员实施内部环境审计项目时是适用的，但是由于内部环境审计的特殊性，必然需要大量特殊的和专门的审计分析方法，以应对内部环境审计项目的具体目标和要求。

(一) 调查问卷

调查问卷是内部审计机构和内部审计人员在内部环境审计项目的实施过程中调查了解与环境事项相关情况的有效手段，特别是匿名调查问卷，能够较为全面、客观地了解被调查对象的真实想法和观点，从而提高审计证据的相关性和可靠性。例如，内部审计人员计划对组织"三废"污染的防治效果进行评价，就可以向居住在企业周边的群众开展问卷调查，了解居民对污染状况的直接感受。再例如，在对组织的环境管理系统进行审计时，审计人员可以通过在组织内部开展问卷调查的方式，了解组织内的工作人员对组织环境管理系统的认知程度，评价组织开展的环境管理系统宣传工作的效果。

(二) 环境成本分析

内部审计机构和内部审计人员可以通过开展环境成本分析为组织内其他部门提供与环境事项相关的咨询服务。组织的环境成本包括组织为达到环境保护法规所强制实施的环境标准而发生的所有费用，如污染治理投入，以及国家在实施经济手段保护环境时，组织所发生的成本费用，如环境保护税、排污费等。内部审计人员可以根据不同目的对组织的环境成本进行分析预测。例如，为测算一定时期内的环境成本，可对组织面临的长期环境成本支出和短期环境成本支出进行分析测算。长期环境成本支出包括因环境问题，组织在一个较长时期内均需持续支付的费用，如企业每年缴纳的排污费；短期环境成本支出包括组织为解决环境问题一次性支付的费用，如企业的环境保护设备支出。再例如，为权衡一项经营活动或事项在不同进展阶段的环境成本，以便于更好地控制组织的环境成本，内部审计人员可以对事前环境成本、事中环境成本和事后环境成本分别进行分析。事前环境成本包括为减轻对环境的污染而事前予以开支的成本,如环境资源保护项目的研发费用、组织内部环境保护部门的管理费用;事中环境成本包括生产过程中发生的环境成本,如治理污染水源的成本;事后环境成本包括对因生产遭受的环境资源损害给予修复而引起的开支,诸如污水处理成本。

(三)在线监测法

许多环境数据都具有地理属性,如排污口的地理位置信息、垃圾清运车辆的位置信息、林地面积等。当前,资源环境领域的监测网络正在不断完善之中,如卫星遥感数据接收系统、GPS全球定位系统、空气监测系统、排污监测系统、GIS地理信息系统等。内部审计机构和内部审计人员可以运用GPS和GIS技术,收集和处理含有地理信息的数据,提高审计取证的准确性和效率性。例如,垃圾清运企业的内部审计人员,可以利用GPS技术对装有定位设施的垃圾清运车辆进行实时定位和运行线路分析,判断车辆运行状况、分析不同运行线路的成本效益。再例如,购置污染土地企业的内部审计人员,可以利用GIS软件对购置土地的面积进行重新测量,辅助估算污染治理成本;森工企业的内部审计人员可以利用GIS技术,对管辖林区不同时期的卫星图片进行比对,查找非法采伐区域的线索。

(四)机会成本法

企业对环境资源的开发、利用和保护通常需要对多种互斥的方案进行选择,而资源的有限性又决定了选择一种形式就要放弃其他形式,放弃方案中的最大经济效益就是所选方案的机会成本。对机会成本进行测算的方法就是机会成本法,该方法适用于内部审计人员对因水资源短缺、废弃物占地等原因造成的经济损失所进行的计量。

(五)资产价值法

环境条件的差别可以通过地价或宅价予以反映,并据此推算环境资源的价值。资产价值法适用于内部审计人员对宅地周边的森林、草坪等环境资源的绿色效益进行计量。内部审计人员还可以运用回归分析法计算、测定环境条件对地价的贡献度,该贡献度也可以视为环境资源的价值。

(六)人力资本法

人力资本法专门用于评估和计量环境污染影响人体健康的经济损失,该法将环境污染引起的人体健康损失分为医疗费、丧葬费等直接经济损失和护理费等间接经济损失。人力资本法适用于内部审计人员对人身危害重大的重污染企业的环境污染损失的计量。

(七)恢复费用法

当环境资源遭受破坏之后,改善的效益通常是较难评价的。恢复费用法可以估计恢复或防护一种资源不受污染所需的最低费用。恢复费用法适用于内部审计人员对消烟除尘、污水处理等治理费用的计量。

(八)防护费用法

防护费用法是利用消除和减少环境污染的有害影响所愿意承担的费用来衡量环境污染损失的方法。例如,内部审计人员对为防护噪声污染需要安装消音或隔音装置的费用进行测算。

(九) 调查评价法

内部环境审计的专业性和政策性较强，开展审计所需要的专业知识和技能有可能是内部审计人员所不具备或不擅长的。在这种情况下，外聘专家是解决能力不足最有效和最具成本优势的做法。外聘专家主要提供专家咨询服务，服务于内部环境审计项目的审计取证工作。利用专家的方式包括协助取证、开展专业数据分析、提供审计评价意见等。例如，当环境物品的供给数量或质量发生变化时，内部审计人员可以咨询专家或环境利用者人们愿意支付或接受补偿的金额，并按照调查结果进一步评价环境资源损失价值或保护措施的效益。调查评价法可以运用于评价诸如洪水对农田、水利设施等造成的经济损失。

在利用外聘专家时应当坚持成本和有用原则：首先明确需求，包括详细论证审计取证需求，明确需要专家给予哪方面的帮助、解决什么具体问题等；其次提高权威性，包括优先聘请行业公认或组织公认的外部专家提供专家咨询服务；再次加强管理，包括签订合同和保密协议，加强对外聘专家工作的约束，保证审计质量。如果需要长期聘请专家，可以建立"专家库"，制定专家管理办法，明确专家的权利和义务，并对专家利用情况进行日常记录和定期评估。

(十) 决策和风险分析法

通常情况下，企业对资源环境的开发计划和保护措施或方案都是具有多种选择的，部分资源环境项目难以用年度来体现，有的项目可以当年完成，而有的却要跨年度甚至多年度才能完成。有的项目当时对资源环境没有影响或影响不大，却会在几年后产生影响或出现长期的影响。为此，如何正确评价、预测项目的成本和效果就成为内部环境审计的重要难题。内部审计人员可以运用决策和风险分析法，通过对各个项目的风险状况进行识别、评估，进而向组织管理层提出切实可行的风险应对措施。

综上所述，内部环境审计的特有方法体现了其专业性和高科技性，难度和广度也对内部审计人员的专业素质提出了挑战。为此，需要开展内部环境审计的组织应当做好长远规划，引进熟悉资源环保知识、环保技术的专门人才，培养专业的环境审计人员。同时还需要及时总结内部环境审计的经验，逐步建立起内部环境审计的理论框架、作业规则与报告标准，使内部环境审计工作逐步规范化、制度化，为内部环境审计工作打好理论基础。组织内部审计机构还应当建立专家储备制度，实现与专业机构、专业部门的合作联动，利用他们熟悉专业技术知识和法律知识的优势，提高内部环境审计的质量。组织内部审计机构还可以探索内部环境审计与其他审计项目的有机结合，如与经济责任审计的结合，可以更全面地对干部任职期间的职能履行情况进行评价；与投资审计的结合，可以借助投资审计的一些方法、技术，分析环境资源项目的经济、社会效益及增值性，还可以测试估量项目对资源环境的影响。

参考文献

[1] 中国内部审计协会. 国际内部审计专业实务框架. 北京：西苑出版社，2020.
[2] 瓦莱布哈内尼. CIA 考试指南.实施内部审计业务（理论卷）. 北京：电子工业出版社，2010.
[3] 叶陈云. 公司内部审计. 北京：机械工业出版社，2013.
[4] 赵建平. 现代内部审计理论与实务. 苏州：江苏大学出版社，2009.
[5] 斯维茨尔. 后萨奥时代的内部审计报告. 王光远，等译. 北京：中国时代经济出版社，2011.
[6] 劳伦斯·索耶. 索耶内部审计学. 北京：中国财政经济出版社，2005.
[7] 中国内部审计协会. 中国内部审计准则，2021.
[8] 罗伯特·莫勒尔. 布林克现代内部审计学. 北京：中国时代经济出版社，2006.
[9] 罗伯特·莫勒尔. SOX 与内部审计新规则. 北京：中国时代经济出版社，2007.
[10] 罗伯特·莫勒尔. 布林克现代内部审计：通用知识体系. 北京：电子工业出版社，2015.
[11] 罗伯特·莫勒尔. COSO 内部控制实施指南. 北京：电子工业出版社，2015.
[12] 张庆龙，沈征. 内部审计理论与方法——基于 2013 内部审计准则的解释. 北京：中国财政经济出版社，2014.
[13] 菲尔·格里夫茨. 风险导向内部审计. 北京：中国金融出版社，2014.
[14] 鲍国明. 内部经济责任审计. 北京：中国时代经济出版社，2013.
[15] 中国内部审计协会. 建设项目审计. 北京：中国时代经济出版社，2008.
[16] 赵保卿. 绩效审计理论与实务. 上海：复旦大学出版社，2007.
[17] 陈耿. 信息系统审计、控制与管理. 北京：清华大学出版社，2014.
[18] 毛华扬，张志恒. 审计信息化原理与方法. 北京：清华大学出版社，2014.
[19] "企业审计制度方法和技术建设"课题组. 信息化环境下企业审计的技术方法. 北京：中国时代经济出版社，2011.
[20] 上海国家会计学院. 管理信息系统. 北京：经济科学出版社，2011.
[21] 秦荣生. 公司治理与内外部审计. 北京：化学工业出版社，2013.
[22] 秦荣生. 现代内部审计学. 上海：立信会计出版社，2017.
[23] 中国审计学会计算机审计分会. 信息系统审计研究报告. 北京：中国时代经济出版社，2015.
[24] 高林，俞文平，周平. 信息系统审计之道. 北京：清华大学出版社，2016.
[25] 袁亮亮. 勇气求实：探索内部审计发展之路. 上海：立信会计出版社，2020.
[26] 叶陈刚，韩燕，胡咏华. 内部控制与风险管理. 北京：经济科学出版社，2019.
[27] 梁雄. 增值：内部审计且行且思. 上海：立信会计出版社，2019.